租税史回廊

税務経理協会

まえがき

　本書は，筆者が，この40年以上の間，記憶の中にしまっておいた租税の歴史等に関する様々なトピックを拾い上げて整理し，過去の租税の歴史が，現在の租税制度の在り方に対してどのように影響を及ぼしてきたか，また，過去の租税の歴史が将来の税制に対してどのように影響を及ぼしていくかという視点から，まとめたものである。必ずしも筆者の専門分野それ自体のものではないものも含まれているが故に，本格的な研究論文のかたちをとっておらず，やや一般的な体裁・内容のものとなっている。課税権の歴史に関する研究論文としては，中里実「財政と金融の法的構造」（有斐閣，2018年）をご覧いただきたい。

　具体的には，本書は，2015年の春から4年間にわたって税経通信に連載した「租税史回廊」及び「続租税史回廊」を中心に，それに日本税務研究センターの雑誌「税研」に連載している「税制展望」の関連項目を補充的に附加して，以下のように第一部と第二部にまとめ，
・第一部　「租税史回廊」と若干の「税研」の小論
・第二部　「続租税史回廊」と若干の「税研」の小論
その上で，さらに，以下のものを加えて，一つの書物としたものである。
・第三部　税経通信その他に発表した第一部と第二部の関連論文
・第四部　日本税理士会連合会の機関紙「税理士界」に発表した海外調査報告書
・第五部　日本租税研究協会の「租税研究」に発表した講演筆記録
　それぞれに，オリジナルの出典と発表時期を明示しておいたが，オリジナルの執筆時期が少し古くなるものについては，参照の便宜と内容の理解を容易にするために，法改正を織り込む等，多少の修正を加えたかたちになっている。

　昭和53年3月に大学を卒業してから今年でちょうど41年が経過したが，その間，日本や世界の租税制度は大きく変化をした。しかし，そのような変化は，突然に生じたものではなく，過去の歴史の上にもたらされたものである。また，

現在議論されている将来における制度改正の方向性も，過去及び現在における租税制度及び政治・経済・社会の動きを前提として決められていかざるを得ないものである。その意味で，歴史から自由な租税制度は存在しない。本書においては，この点を具体例をもって示すことに注力した。

　研究者の活動といっても，突き詰めれば，個人個人が見聞きしたことを元にあれこれと考えて，調査を行っていく以外になく，その限りにおいて，たまたま過去に見聞きしたことを元に漠然と考えたにすぎないことの意味も，決して小さくはない。その点で，専門の学問分野以外のことがらも含めた様々な事象について私が見聞きしたことも，当然に，私の研究に相応の影響を与えているのではないかと思われる。したがって，本書のような，自分の専門領域を少し外れたところで，あれこれと思考をめぐらすことも，自分の専門領域の研究にとってそれなりに重要なのではないかと考える。

　例えば，研究室の助手時代に，経済学部の貝塚啓明先生のゼミの聴講を許され，イギリスのミード報告書 (The Institute for Fiscal Studies, The structure and reform of direct taxation, Report of a Committee chaired by Professor J. E. Meade, 1978) を読んだ。記憶がはっきりしないのであるが，その際に紹介された，James E. Meade（ノーベル経済学賞受賞のケンブリッジ大学教授）の「理性的急進主義者の経済政策――混合経済への提言」（渡部経彦訳，1977年，岩波書店。The Intelligent Radical's Guide to Economic Policy, 1975 の翻訳）の中に，アメリカの国防総省において，ビジネス・スクール出身者が，追加的1ドルの支出で追加的に敵を何人倒せるかという議論をしていたのに驚いたという叙述があったように思う（私は，これを kill ratio というように記憶していたのであるが，どうもそれは，空中戦における彼此の損害比率のことのようである）。私も，経済学の限界概念がそのように使われることに衝撃を受けた。これなどは，他で見聞きしたことが全然別のかたちで用いられることの一つの顕著な例といえよう。

しかし，私は，せっかくなら，自分がこれまでに見聞きしたことを，国民生活が豊かになるように少しでも生産的なかたちで生かしたいと常々考えている。その意味で，本書は，個人的な見分も含めて，歴史を振り返り，その上に現在と将来を考えることにより，一人の研究者として生産的な理論の用い方を考え出すことができるのではないかという淡い希望の下に執筆されたものである。

令和元年6月
中里　実

目　　次

第一部　租税史回廊　―租税の歴史―

一　総　　論

1　総論１　租税の歴史の意義（2015 年 5 月）────── 3
　(1)　まえがき ────── 3
　(2)　過去を振り返る意味 ────── 4
　(3)　本編の概要 ────── 5

2　総論２　時代区分と財産権の在り方（2015 年 6 月）────── 6
　(1)　時 代 区 分 ────── 6
　(2)　各時代のおおまかな特徴 ────── 6
　(3)　国家・公法の発展と，租税史 ────── 7
　(4)　財産権の在り方と課税権 ────── 8
　(5)　財政と金融 ────── 9

3　総論３　歴史における制度の重要性（2015 年 7 月）────── 9
　(1)　制度の意味と重要性 ────── 9
　(2)　新制度派経済学における制度の歴史と経済発展 ────── 10
　(3)　制度の効率性 ────── 11

二　古代から近代

4　古代　ローマ，塩税，租庸調，徴税請負人（2015 年 8 月）────── 13
　(1)　ローマ法における国庫 ────── 13
　(2)　財政物資と塩税 ────── 14
　(3)　租庸調と鎌倉幕府 ────── 14
　(4)　徴税請負人 ────── 15

i

5 中世　リアリズム，財産権としての課税権，十字軍と議会の課税承認
　　（2015年9月）————————————————————————— 16
　　(1) 中世のリアリズム ————————————————————— 16
　　(2) 財産権としての課税権 ———————————————————— 17
　　(3) 十字軍と議会の課税承認 ——————————————————— 18
　　(4) ま　と　め ————————————————————————— 18
6 近世1　ウェストファリア条約と主権国家の成立（2015年10月）—————— 19
　　(1) 主権概念とその実定法化 ——————————————————— 19
　　(2) 主権国家の成立と課税権の変容 ———————————————— 20
　　(3) 現代における中世の残存 ——————————————————— 20
7 近世2　名誉革命と財政国家（2015年11月）————————————— 22
　　(1) は じ め に ————————————————————————— 22
　　(2) 名誉革命で打ち立てられた財政・金融の議会による支配 ————— 23
　　(3) 財政軍事国家 ————————————————————————— 23
　　(4) フランス革命 ————————————————————————— 25
8 近世3　中央銀行と国債（2015年12月）——————————————— 25
　　(1) 財政と金融 ————————————————————————— 25
　　(2) 名誉革命期における財政と金融 ———————————————— 26
　　(3) 金融革命とイングランド銀行 ————————————————— 26
　　(4) 租税と国債 ————————————————————————— 27
　　(5) 国債と政府紙幣 ——————————————————————— 28
9 近代1　市 民 革 命（2016年1月）—————————————————— 28
　　(1) アンシャン・レジーム下の租税 ———————————————— 29
　　(2) フランス革命後の租税制度 —————————————————— 29
　　(3) アメリカ独立革命 ——————————————————————— 30
　　(4) 市民革命と租税 ——————————————————————— 31
10 近代2　明治維新―地租と関税（2016年2月）———————————— 32
　　(1) 明治維新以降の統治機構の確立 ———————————————— 32
　　(2) 財政・金融制度の確立 ———————————————————— 32
　　(3) 明治国家の財政金融 ————————————————————— 33

(4) 金子宏『租税法』の歴史叙述 ──────────────── 34
11 近代3　租税法律主義と法治主義（2016年3月）──────────── 35
　　　(1) 租税法律主義と，法律による行政の原理との間の混乱 ────── 35
　　　(2) 租税法律主義の一般行政への転用 ──────────────── 36
　　　(3) 租税法律と議会の財政権 ───────────────────── 36
　　　(4) 予算と租税法律の差異 ────────────────────── 37
12 近代4　19世紀における財政に関する学問の変遷（2016年4月）──── 38
　　　(1) 王の家計と家政学 ──────────────────────── 38
　　　(2) 官房学の成立と分化 ─────────────────────── 38
　　　(3) 財政に関する学問 ──────────────────────── 39
　　　(4) 日本における租税に関する学問 ────────────────── 40

三　現　　代

13 現代1　所得概念の発展―アメリカとヨーロッパ（2016年5月）──── 42
　　　(1) 所得税の二類型―分類所得税と包括的所得税 ─────────── 42
　　　(2) ヨーロッパの制限的所得概念とアメリカの包括的所得概念 ──── 43
　　　(3) 日本への影響 ────────────────────────── 44
14 現代2　フランスにおける所得税の総合化―分類所得税から単一の所得税へ
　　（2016年6月）────────────────────────── 45
　　　(1) フランスにおける所得税の導入 ────────────────── 45
　　　(2) 1948年の改革 ───────────────────────── 46
　　　(3) 1959年の改革 ───────────────────────── 47
　　　(4) ま と め ──────────────────────────── 47
15 現代3　法人税の課税（2016年7月）────────────────── 48
　　　(1) 日本における法人税の歴史 ──────────────────── 48
　　　(2) 課税の根拠 ─────────────────────────── 49
　　　(3) 理論的批判 ─────────────────────────── 50
　　　(4) 方　　向 ──────────────────────────── 50
15a 税研204号　所得税と法人税の関係（2019年3月）─────────── 51
16 現代4　シャウプ勧告（2016年8月）────────────────── 53

		(1) シャウプ使節団	53
		(2) 第一次シャウプ勧告	54
		(3) 第二次シャウプ勧告	54
		(4) シャウプ博士の業績についての本	55
		(5) シャウプ税制使節団の評価	55
17	現代5　附加価値税の誕生と発展（2016年9月）		56
		(1) 附加価値の意義	56
		(2) 二種類の附加価値税	57
		(3) ヨーロッパの共通税制	58
		(4) 法人所得税との関係	59
17a	税研186号　複雑な制度の円滑な執行（2016年3月）		59
		(1) 執行困難な制度	60
		(2) 公平性の追求と制度の複雑化	60
		(3) 本末転倒を避けるために	61
		(4) 円滑な執行のための措置	61
17b	税研164号　EU税制の統一化―ヨーロッパ租税法の開拓者を偲ぶ（2012年7月）		61
18	現代6　国際課税の変遷（2016年10月）		63
		(1) 国際課税制度	63
		(2) 戦前における国内法の整備	63
		(3) 戦後における国内法の整備	64
		(4) 租税条約の発展	65
		(5) 最近の議論	66
19	最近の動き1　租税と政治・世論（2016年11月）		66
		(1) 租税制度と民主主義	66
		(2) 税制改革・租税政策における参照軸	67
		(3) 税制改革における専門家の役割	68
		(4) 国家機関の役割	69
20	最近の動き2　租税と経済理論（2016年12月）		69
		(1) 租税をめぐる様々な学問	69

		(2) 法律学と経済学の融合の動き ——————————— 70
		(3) 租税法研究に取り入れられた経済学 ——————— 71
		(4) 租税政策と法 ————————————————— 71
		(5) 経済と法の関係を考える格好の素材としての租税 ——— 72
	20 a	税研 170 号　実物取引と金融緩和 (2013 年 7 月) ————— 72
	21	最近の動き 3　納税者憲章と小さな政府 (2017 年 1 月) ——— 74
		(1) はじめに ——————————————————— 74
		(2) OECD 報告書 ————————————————— 75
		(3) 納税者憲章に関する三つの類型 ————————— 76
		(4) アメリカの独自性 ——————————————— 77
		(5) 日本の今後 —————————————————— 78
	21 a	税研 149 号　納税者の権利章典 (2010 年 1 月) —————— 79
	22	最近の動き 4　課税逃れ商品 (2017 年 2 月) ——————— 80
		(1) 1981 年以降の個人的経験 ————————————— 80
		(2) 納税環境整備小委員会 ————————————— 81
		(3) 課税逃れ業界の特性 —————————————— 82
		(4) 合法的課税逃れへの対処 ———————————— 83
	22 a	税研 173 号　納税者になろうとしない存在 (2014 年 1 月) —— 83
	23	最近の動き 5　BEPS プロジェクト (2017 年 3 月) ————— 85
		(1) はじめに ——————————————————— 85
		(2) 租税制度の構造 ———————————————— 85
		(3) 取引実態把握の必要性 ————————————— 87
		(4) 専門家養成の必要性 —————————————— 88
	23 a	税研 183 号　BEPS と FIFA (2015 年 9 月) ——————— 88

四　ま　と　め

	24	第一部のまとめ (2017 年 4 月) ————————————— 90
		(1) はじめに ——————————————————— 90
		(2) 日本の中等教育の状況 ————————————— 90
		(3) 専門家教育における歴史の扱い ————————— 91

(4) 租税史のライトモチーフ ―――――――――――――― 92
　　　(5) 今後の方向性 ―――――――――――――――――― 93

第二部　続租税史回廊 ―過去と現在―

一　はじめに

　1　はじめに（2017年5月）――――――――――――――― 97
　　　(1) 第二部の開始 ―――――――――――――――――― 97
　　　(2) 理論と現実の調整 ――――――――――――――――― 97
　　　(3) 安易な提案への警鐘 ―――――――――――――――― 98
　　　(4) 今後の連載の具体的内容 ――――――――――――――― 99
　　　(5) 一点豪華主義による我田引水を避けるために ―――――――― 100

二　制度論の補充

　2　制度論の補充1　明治以降の税目の変化と経済発展（2017年6月）――― 102
　　　(1) 日本の租税制度の発展 ―――――――――――――――― 102
　　　(2) 税目変遷の流れ ―――――――――――――――――― 102
　　　(3) 執行の民主化・効率化 ―――――――――――――――― 104
　　　(4) 社会変化に的確に対応した制度改正 ―――――――――――― 104
　3　制度論の補充2　申告納税制度と税理士制度（2017年7月）―――― 105
　　　(1) はじめに ―――――――――――――――――――― 105
　　　(2) 戦後改革と税理士制度 ―――――――――――――――― 105
　　　(3) 税務と法律学 ――――――――――――――――――― 106
　　　(4) 確定申告と年末調整 ――――――――――――――――― 106
　　　(5) 執行に光を当てる ――――――――――――――――― 107
　4　制度論の補充3　税制調査会の活動（2017年8月）―――――――― 108
　　　(1) 法的根拠と役割 ―――――――――――――――――― 108
　　　(2) 歴　　史 ――――――――――――――――――― 109
　　　(3) 存在意義と，憲法の制約 ――――――――――――――― 109
　　　(4) 開始された執行の在り方に関する議論 ―――――――――― 111

4a　税研158号　震災復興財源（2011年7月（当時の議論））———————— 111
5　制度論の補充4　資産税・流通税・個別消費税・地方税（2017年9月）—— 113
　　(1)　はじめに ————————————————————————— 113
　　(2)　資産移転税・流通税と，古い租税の理論的分類 ———————— 113
　　(3)　環境税化する個別消費税 ——————————————————— 114
　　(4)　地　方　税 ——————————————————————————— 115
　　(5)　国や地方団体以外が課する賦課金 ——————————————— 115
6　制度論の補充5　租　税　教　育（2017年10月）————————————— 116
　　(1)　国家の根幹としての近代的租税制度 —————————————— 116
　　(2)　租税教育の例 —————————————————————————— 117
　　(3)　租税教育の様々な局面 ——————————————————————— 118
　　(4)　電子化への対応 ————————————————————————— 118
　　(5)　ま　と　め ———————————————————————————— 119

三　現代における動き

7　現代における動き1　課税の役割の拡張（2017年11月）—————————— 120
　　(1)　国家観の変遷 ——————————————————————————— 120
　　(2)　課税目的の変化 ————————————————————————— 121
　　(3)　租税法の変化 ——————————————————————————— 122
7a　税研155号　金子名誉教授の国際人道税構想から生まれた国際連帯税
　　　（2011年1月）————————————————————————————— 123
8　現代における動き2　政策と外部不経済の内部化（2017年12月）————— 124
　　(1)　はじめに ————————————————————————————— 124
　　(2)　外部不経済の内部化 ——————————————————————— 124
　　(3)　現実と理論 ———————————————————————————— 126
　　(4)　政府税制調査会における政治と理論 —————————————— 126
8a　税研152号　Bads課税と狙い撃ち（2010年7月）——————————— 127
8b　税研139号　租税特別措置の延長（2008年5月）—————————— 129
9　現代における動き3　課税庁による情報収集（2018年1月）—————— 130
　　(1)　はじめに ————————————————————————————— 130

vii

	(2)	ICT化の進展の意味するもの ————————————————————————————	131
	(3)	調査に関する行政法的な発想 —————————————————————————————	131
	(4)	納税者利便の向上 ————————————————————————————————————	132
	(5)	課税の公平の実現という視点 —————————————————————————————	132
	(6)	まとめ——思想対立を超えて ————————————————————————————	133
9a	税研195号　北欧等の『記入済み申告制度』と申告納税制度 (2017年9月) ————————————————————————————————————	133
	(1)	税調における納税手続をめぐる議論 ———————————————————————	133
	(2)	税調の海外調査 ——————————————————————————————————————	133
	(3)	記入済み申告書 ——————————————————————————————————————	134
9b	税研201号　「新たに得られた情報」の意義（2018年9月）———————————	135
10	現代における動き4　課税とコーポレート・ガバナンス（2018年2月）——	136
	(1)	はじめに ——	136
	(2)-1	租税法の会社法依存 ———————————————————————————————	137
	(2)-2	会社法の租税回避抑圧機能 —————————————————————————	137
	(3)-1	租税法の会社法に対する影響 ————————————————————————	138
	(3)-2	コーポレート・ガバナンスと租税法 ————————————————————	139
	(4)	企業活動の統合的把握の必要性 —————————————————————————	139
10a	税研189号　タックスヘイブン子会社の利用と会社法（2016年9月）———	140
11	現代における動き5　課税逃れ産業の構造（2018年3月）———————————	141
	(1)	はじめに ——	141
	(2)	歴　　史 ——	141
	(3)	課税逃れ商品の構造 ————————————————————————————————	142
	(4)	課税逃れ産業の特質 ————————————————————————————————	143
	(5)	対応の変化 ———	143
	(6)	対策の限界と効果 ——————————————————————————————————	144
12	現代における動き6　財政赤字の蔓延（2018年4月）——————————————	144
	(1)	はじめに ——	144
	(2)	財政赤字の蔓延 ——————————————————————————————————————	145
	(3)	財政赤字の二つの根本要因 —————————————————————————————	145

	(4) 公共財の提供の停滞 ———————————————————— 147
12a	税研167号 財政赤字増大の不可避性とブキャナン（2013年1月）——— 148
13	現代における動き7 租税心理学と財政錯覚（2018年5月）————— 150
	(1) は じ め に ———————————————————————— 150
	(2) 反 税 運 動 ———————————————————————— 150
	(3) 国民意識と租税 ———————————————————————— 151
	(4) 財 政 錯 覚 ———————————————————————— 152
	(5) 民主主義の下の税制改革と税務執行 ———————————————— 152
14	現代における動き8 課税と政治─保守派と進歩派，大きな政府と小さな政府等（2018年6月）———————————————————————————— 153
	(1) は じ め に ———————————————————————— 153
	(2) 租税制度と政治思想の関り ————————————————————— 153
	(3) 租税制度をめぐる基本的な利害対立軸 —————————————— 154
	(4) ま と め ———————————————————————————— 155
14a	税研198号 組織再編税制と連結納税制度（2018年3月）————— 156
	(1) 連結納税制度の条文の突出 ————————————————————— 156
	(2) 組織再編税制と連結納税制度の共通性 —————————————— 157
	(3) 課題認識の方向性 ———————————————————————— 157
15	現代における動き9 税制改革のプロセス（2018年7月）————— 158
	(1) は じ め に ———————————————————————— 158
	(2) アメリカの状況 ———————————————————————— 158
	(3) 日本の状況 ———————————————————————————— 160
	(4) 租税法律主義 ———————————————————————————— 161
15a	税研180号 税制改革に影響を及ぼす要素（2015年3月）————— 161
	(1) 世論・理論・政治と税制改革─立法への影響 ———————— 161
	(2) 市場と税制改革─企業行動による税制の変容 ———————— 162
	(3) 租税制度の役割 ———————————————————————— 162
16	現代における動き10 税理士制度─外国との比較（2018年8月）——— 163
	(1) は じ め に ———————————————————————— 163
	(2) 英米法系統の国 ———————————————————————— 163

(3) 大陸法系統の国 ———————————————————— 165
　　　(4) 日本の状況 —————————————————————— 165
　17　現代における動き11　税務と法務（2018年9月）———————— 166
　　　(1) はじめに ——————————————————————— 166
　　　(2) 企業会計と会社法 ————————————————————— 166
　　　(3) 税務と会社法 ——————————————————————— 167
　　　(4) プラットフォームとしての会社法務 ———————————— 168
　17a　税研145号　税務訴訟と租税訴訟（2009年5月）——————— 169
　18　現代における動き12　租税訴訟の変化（2018年10月）————— 171
　　　(1) はじめに ——————————————————————— 171
　　　(2) 興銀訴訟 ——————————————————————— 171
　　　(3) 政治的訴訟から経済的訴訟へ ————————————————— 172
　　　(4) 将来の方向性 ——————————————————————— 173

四　戦後日本における理論的対立

　19　戦後日本における理論的対立1　シャウプ勧告による租税法講座の設立
　　　（2018年11月）———————————————————————— 175
　　　(1) はじめに ——————————————————————— 175
　　　(2) シャウプ第二次勧告 ————————————————————— 175
　　　(3) 日本の大学の法学部に租税法講座が開設された意味 ———— 176
　　　(4) ハーバード・ロースクールのInternational Tax Program ———— 177
　　　(5) シャウプ税制の歴史性 ————————————————————— 177
　　　(6) まとめ ———————————————————————— 178
　20　戦後日本における理論的対立2　租税回避をめぐる議論（2018年12月）—— 178
　　　(1) はじめに ——————————————————————— 178
　　　(2) 租税回避の概念 —————————————————————— 178
　　　(3) 租税回避の否認 —————————————————————— 179
　　　(4) 一般的租税回避否認規定の導入をめぐる最近の議論 ———— 179
　　　(5) 否認されない租税回避は，果たして租税回避か？ ————— 180
　　　(6) 抽象論から具体的議論に ————————————————— 180

20a　税研176号　存在を否認すべきではない組織（2014年7月）——— 181
21　戦後日本における理論的対立3　他の学問分野との関係（2019年1月）— 183
　　(1)　はじめに ——— 183
　　(2)　私法との関係 ——— 183
　　(3)　経済学との関係 ——— 184
　　(4)　外国法との関係 ——— 185
21a　税研192号　配偶者控除と民法（2017年3月）——— 186
22　戦後日本における理論的対立4　裁判の動き（2019年2月）——— 187
　　(1)　はじめに ——— 187
　　(2)　四つの流れ ——— 188
　　(3)　実体法重視と，政治的動機の減少 ——— 188
　　(4)　租税法における私法重視や，事実認定・社会通念の重視 ——— 189
　　(5)　国際課税をめぐる事案の増加 ——— 189
　　(6)　経済理論の影響 ——— 190
　　(7)　まとめ ——— 190
22a　税研161号　金銭債権としての租税債権と，私法的な納税者の救済
　　（2012年1月）——— 190
23　戦後日本における理論的対立5　残された問題点（2019年3月）——— 192
　　(1)　はじめに ——— 192
　　(2)　理論と実務の対立 ——— 192
　　(3)　アプローチによる専門家の分断 ——— 193
　　(4)　無用の混乱を避けるために ——— 193
　　(5)　一つの指針 ——— 194
23a　税研142号　相続税廃止論者が見落としていること（2008年11月）——— 195

五　ま　と　め

24　ま　と　め（2019年4月）——— 197
　　(1)　はじめに ——— 197
　　(2)　歴史学の厳格さ ——— 197
　　(3)　歴史探求の必要性 ——— 198

(4)　租税法について ———————————————————— 199
　　　(5)　ま　と　め ————————————————————— 200

第三部　関 連 論 文

一　制度の効率性と租税（論究ジュリスト 10 号 84-91 頁，2014 年夏号）

　　は じ め に ——————————————————————— 203
　1　課税と私法―経済分析の出発点 —————————————— 204
　2　制度の在り方と経済成長 ————————————————— 205
　3　新制度派経済学とは何か ————————————————— 206
　　　(1)　新制度派経済学 ——————————————————— 206
　　　(2)　新制度派経済学と経済発展 —————————————— 206
　　　(3)　制度への投資と経済発展の日本における例 ——————— 207
　4　新制度派経済学による歴史研究 —————————————— 208
　　　(1)　新制度派経済学と歴史 ———————————————— 208
　　　(2)　ノース等の名誉革命の研究 —————————————— 210
　5　新制度派経済学と租税制度 ———————————————— 211
　　　(1)　租税制度と経済発展 ————————————————— 211
　　　(2)　Greif による制度分析 ———————————————— 212
　　　(3)　Institution としての租税制度 ————————————— 213
　　　(4)　日本に即した租税制度の効率性の議論 ————————— 215
　　ま　と　め —————————————————————————— 217

二　講演録「フランスにおける流通税の歴史」
　　（税大ジャーナル 11 号 1-10 頁，2009 年 6 月）

　　は じ め に ——————————————————————— 219
　1　中世フランスにおける王の収入 —————————————— 223
　2　中世フランスにおける課税 ———————————————— 225
　3　三部会の役割 —————————————————————— 227
　4　流通税の歴史 —————————————————————— 230

(1) 登　録　税 ——————————————————— 230
　　　(2) 印　紙　税 ——————————————————— 231
　終 わ り に ——————————————————————— 232

三　租税法と市場経済取引（学士会会報 843 号 46-51 頁，2003 年 4 号）

　学生時代の悩み ————————————————————— 234
　1　経済学との出会い ——————————————————— 235
　2　租税法と他の学問分野との交流 ——————————————— 236
　3　租税法と経済学，租税法と私法 ——————————————— 236
　4　租税法と経済学 ———————————————————— 238
　5　租税法と私法 ————————————————————— 239
　6　経済学，私法，公法のクロスする領域としてのソフトロー ————— 239

四　納税者になろうとしない存在と租税制度

　　（税経通信 69 巻 1 号（通巻 978 号）9-15 頁，2014 年 1 月号）

　は じ め に ——————————————————————— 241
　1　これまでの課税逃れ取引の研究 ——————————————— 242
　　　(1) 世の中の急激な変化 ————————————————— 242
　　　(2) 課税逃れ取引の実態に関する研究 ———————————— 243
　　　(3) 法制度の経済的分析に関する研究 ———————————— 244
　　　(4) ファイナンス取引の研究 ——————————————— 244
　2　租税法に関する基本的な考え方 ——————————————— 245
　　　(1) 課税の三層構造 ——————————————————— 245
　　　(2) 課税逃れ取引の特殊性 ———————————————— 246
　3　専門家委員会における発言 ————————————————— 248
　4　国際課税問題と執行問題の連動 ——————————————— 251
　5　今後の税制調査会の在り方 ————————————————— 252

五　私の租税教育論（税務弘報 63 巻 13 号 74-77 頁，2015 年 12 月号）

　は じ め に ——————————————————————— 254

xiii

1	小中高校での教育	255
2	大学での教育	256
3	社会人教育	257
4	専門家教育	258
5	自分の経験	258
	まとめ	260

六 全国納税貯蓄組合連合会,シャウプ勧告,租税教育
(税経通信70巻4号(通巻995号)2-3頁,2015年4月号)

1	全国納税貯蓄組合連合会の荘寛会長	261
2	金子宏先生によるシャウプ勧告の授業	262
3	日本税理士会連合会と租税教育	263

七 借用概念と事実認定——租税法における社会通念
(税経通信62巻14号(通巻886号)17-23頁,2007年11月号)

	はじめに	265
1	社会通念論	265
	(1) 借用概念と事実認定の結び付き	265
	(2) 事実認定と租税回避	266
	(3) 社会通念	266
2	具体的な事例	269
	(1) 借用概念としての「住所」「居所」	269
	(2) 住所と租税回避	270
	(3) 実務上の取扱い	271
	(4) 事実認定の重要性	273
	(5) その他の最近の事例	273
	まとめ	275

八　興銀事件に見る租税法と社会通念

　　（税務事例 43 巻 5 号（通巻 500 号）38-47 頁，2011 年 5 月号）

　　はじめに ──────────────────────────── 276
　1　出訴に至る事実関係 ────────────────────── 277
　2　地裁判決，高裁判決，最高裁判決 ───────────────── 277
　3　本最高裁判決の法的な意義―社会通念 ─────────────── 280
　4　租税法における社会通念の概念について ────────────── 282
　5　本件訴訟の社会的意義 ──────────────────── 292
　　　⑴　企業による租税訴訟提起の増加 ─────────────── 292
　　　⑵　司法国家化の進展 ──────────────────── 293
　　　⑶　企業経営への影響 ──────────────────── 293
　　　⑷　租税訴訟の在り方の変容 ───────────────── 293

第四部　海外の動き

一　2016 年秋　日税連海外調査ドイツ・スイス

　　（税理士界 1345 号　2016 年 10 月 15 日）

　　はじめに ──────────────────────────── 297
　1　調査の目的 ────────────────────────── 298
　2　調査のための訪問先 ────────────────────── 299
　3　調査の内容 ────────────────────────── 300
　4　その他の論点 ───────────────────────── 303
　　　⑴　ドイツで進行中の相続税改革について ─────────── 303
　　　⑵　EU 対アップル ────────────────────── 305
　　　⑶　ドイツにおける学説の扱いについて ─────────── 305
　　　⑷　さらに訪問すべき国について ────────────── 305
　5　調査の意義 ────────────────────────── 306
　6　調査の結果 ────────────────────────── 307
　　まとめ ──────────────────────────── 308

二　2017年秋　日税連海外調査ニュージーランド

　　（税理士界1360号　2018年1月15日）

　　はじめに ────────────────────────── 309
　1　今回の調査の経緯 ──────────────────── 309
　2　調査の準備 ───────────────────────── 310
　3　国　　　情 ───────────────────────── 311
　4　当局が税務情報を入手することについての国民の対応 ───── 312
　5　電子化の推進について ──────────────────── 312
　6　税　　　制 ───────────────────────── 313
　7　税制の暗い面 ───────────────────────── 314
　　まとめ―アジア・太平洋地域へのまなざし ─────────── 315

三　2018年冬　日税連海外調査アメリカ

　　（税理士界1374号8-10頁　2019年3月15日）

　　はじめに ────────────────────────── 316
　1　トランプ大統領登場の背景としての中間層の経済的苦境 ──── 317
　2　2017年から2018年秋までの海外調査 ─────────── 319
　3　昨年の秋からの状況―2018年11月の中間選挙以降 ───── 320
　4　地域的な格差の拡大 ─────────────────── 322
　5　現地を訪問する定点観測の重要性 ───────────── 323
　6　アメリカ社会の動き ─────────────────── 324
　7　今後の動き ───────────────────────── 325

第五部　将来に向けて

一　税制改革とアメリカ大統領選挙

　　（日本租税研究協会平成28年5月30日開催の第68回定時総会報告）

　　はじめに ────────────────────────── 331
　1　前提となる三つの国際秩序と，その変化 ───────── 331

2 アメリカにおける中間層の剥落と，大統領選挙 ——— 334
 (1) 伝統的な中間層優位の構造 ——— 334
 (2) 歴　　史 ——— 336
 (3) 現代の共和党と民主党の基本戦略 ——— 337
 (4) トランプ現象の背景 ——— 338
 (5) 税制改革への影響 ——— 340
3 国際課税と連動した課税庁による情報収集強化の動き ——— 342
 (1) 財　務　情　報 ——— 342
 (2) 国際的情報交換と税務 ——— 345
 (3) ビッグデータの利用 ——— 346
4 国際的情報収集 ——— 346
 (1) 個人的経験 ——— 346
 (2) タックス・ヘイブン ——— 350
 (3) 対　　策 ——— 352
 (4) タックス・ヘイブンと Corporate Governance ——— 352

二　世界の中間層の本音とどう向き合うか
（日本租税研究協会平成 29 年 5 月 30 日開催の第 69 回定時総会報告）

はじめに ——— 357
1 中間層の剥落 ——— 359
2 リベラルな理念の中間層の本音からの遊離 ——— 362
3 「狭量」なリベラル？ ——— 364
4 研究者層の悲哀とめざすべき方向性 ——— 366
5 アメリカ新政権の税制改革の提案 ——— 367
6 税制上の対応，特に手続的対応 ——— 368
 (1) 申告の改革—「納税実務等をめぐる近年の環境変化への対応」 ——— 370
 (2) 海外調査の重要性 ——— 371
 (3) 執行の重要性 ——— 373
 (4) 考えられる具体的な論点 ——— 374
 (5) 将来の方向性 ——— 378

三　トランプ税制の行方と経済環境の変化
（日本租税研究協会平成 30 年 5 月 30 日開催の第 70 回定時総会報告）

- はじめに ───────────────────────────── 380
- 1　トランプ税制 ─────────────────────────── 381
  - (1)　トランプ大統領登場の背景 ───────────────── 381
  - (2)　税制改革法成立の背景 ─────────────────── 382
  - (3)　トランプ税制の内容「Tax Cuts and Jobs Act」──────── 383
  - (4)　トランプ税制の評価 ──────────────────── 385
  - (5)　トランプ税制の影響 ──────────────────── 385
  - (6)　影響の読み方 ───────────────────── 387
  - (7)　背後に，経済取引や国家の在り方の本質的変容 ────────── 388
- 2　日本のデフレ ─────────────────────────── 389
  - (1)　実物経済で考える ───────────────────── 389
  - (2)　実物経済から生じた現象を金融でどれだけ解決できるか ───── 390
  - (3)　より高い附加価値を生み出す新規性のあるモデルの必要性 ───── 391
- 3　プラットフォーム経済 ────────────────────── 392
  - (1)　自己規定が本質を決定する ───────────────── 392
  - (2)　政府税調：ICT 化の進展と租税行政 ─────────────── 393
  - (3)　プラットフォームエコノミーの進展 ────────────── 394
- 4　課税問題と会社法 ──────────────────────── 398
  - (1)　コーポレート・ガバナンスの実質化 ────────────── 398
  - (2)　租税制度と会社法との連動の進展 ────────────── 399
  - (3)　税務のみ切り出して考えることの危険性 ─────────── 400
  - (4)　課税における法律事務所の役割の拡大・ジャーナリストの役割の拡大
    ─────────────────────────────── 401
  - (5)　税調の新たなテーマ？　経済学を超えた制度のマネジメント ──── 402

- 論文初出一覧 ─────────────────────────── 405
- 索　　引 ──────────────────────────── 409

第一部

租税史回廊

—租税の歴史—

一　総　論

1　総論1 ｜ 租税の歴史の意義　2015年5月

(1)　まえがき

　2015年2月14日付の産経新聞ネット版の「憲法改正『遅くとも再来年春の実現へ全力』自民・船田氏，優先項目に環境権，緊急事態，財政規律」という記事[1]に対して，Twitter上に，「財務省主導の『財政規律条項』などろくな国家的帰結をもたらさないと直観でわかるので断固反対。財務省は徹底的にバカにされるべき存在にしないといけない。……」というつぶやきが存在する (@hidetomitanaka) ことを，ある方から教えていただいた。

　この「直観」に基づく「財政規律条項」批判の背景にどのような法的・経済理論的根拠が存在するのか，短い文章なので必ずしもよくはわからない。ただ，そこからは，財政運営を職業とすること，あるいは，財政について論ずることは，極めて厳しい批判を受ける立場に身を置くことであるという点が伝わってくる。財政規模を拡大しようとしても縮小しようとしても，必ず反対の立場の方々からの批判を受ける。まして，課税については批判が想像に絶するほど激しい場合があることは，私達がしばしば経験するところである。「税経通信」やその他の税務専門誌の中にも，税制改革の在り方に関して他者を批判・否定する記述を見る。

　憲法が，その財政に関する定めにおいて，財政や租税に関する権限を国会（あるいは内閣）に帰属させているところからうかがえるように，財政や租税をめぐる議論は政治そのものであるといってよかろう。これに対して，それに関する理論には，議論を冷静に行うための基盤を提供してくれるという意味があ

---

[1]　http://www.sankei.com/politics/news/150214/plt1502140017-n1.html

る。熱い議論をやや冷静に行うためには理論が不可欠である。理論をめぐっても様々に異なる立場が存在するが，それでも思い付きのみに依拠するよりも，やや透明な議論が可能となりうる。

　ところで，財政や租税をめぐる議論を理論的・客観的に行うためには，その来し方を振り返ることが必要であると思われる。私達が現在有している財政制度や租税制度が如何にして歴史的に形成されてきたかを可能な限り客観的に振り返ることにより，財政や租税に関する理論や意見の対立の背後に存在する本質的なものをとらえることができるからである。本書は，そのようなことを目的とした，過去から現在に至る租税制度をめぐるいくつかのエピソードのおおまかな記述である。

　もちろん，私は歴史家ではないから，一次資料を批判的に読み込んで，過去に何がどのように行われたかにつき厳密に分析を加えるといった，本格的な歴史研究を行う能力は有していない。私にできるのは，租税をめぐる歴史において議論されてきたことを整理し，現代の租税制度の成立の過程を簡単に振り返ることのみである。しかし，そのような単純な作業であっても，一定の客観的な議論を可能にすることができるという希望の下に記述を進めるしかない。

(2) 過去を振り返る意味

　スイスの有名な言語学者ソシュール（Ferdinand de Saussure）も述べるように，一定の制度について比較研究を行う場合には，通時的（diachronique, 要するに歴史的）研究と，共時的（synchronique, 要するに比較制度論的）研究の二種類がある。すなわち，時間（chronos, 希：χρόνος）を超えた比較と，空間（topos, 希：τόπος）を超えた比較の二つである。税制改革が行われる場合に，後者の比較制度論的な研究がしばしばなされるのに対して，前者の歴史的研究はそれほどでもない。

　しかし，多くの問題について，今後の展開を考えるためには，来し方を眺めてみることが必要であろうことは論を俟たない。歴史家ではない私達ができることは，**租税制度という建物ないし中庭を囲む回廊をめぐる程度のことかもしれないが**，その程度のことであっても，何もしないよりは良い。

それでなくとも，租税制度をめぐっては，云々には絶対反対といった感覚的な心情告白や，特に説明もなく抽象的原則の提示が無自覚なままなされるようなことが少なくない。そのようなものにも一定の意味はあるのであろうが，しかし，冷静に客観的に理論を考える場合に，心情告白や抽象的原則の羅列だけでは心もとない。限界はあるにせよ，真実に迫る努力は必要である。

(3) 本編の概要

以下，本編においては，租税に関する古代から現代までの興味深いと思われるトピックを選んで，それについて多少議論を行いながら記述を進めていく。ただし，あまり詳しい専門的な議論には立ち入らないつもりである。

具体的には，まず，古代，中世，近世，近代，現代というおおまかな時代区分を便宜的に設定した上で，それぞれの時代における財産権と課税権の関係の本質について鳥瞰図を示し，かつ，歴史における制度の意義について新制度派経済学的観点から述べた上で，その後に，各論として，古代，中世，近世，近代，現代における租税に関するいくつかの象徴的な出来事等について順に簡単に述べていく。

私自身の能力の限界からして，網羅的な叙述など思いもよらない。記述できるのは，今まで多少調べたことのある断片的な事実についてにすぎない。そのような過去の断片的逸話の集積を歴史と呼ぶことは，歴史に対する冒涜であるとさえいえよう。にもかかわらず，このような執筆をするのは，過去の経緯の中で租税や租税制度の本質の成立や発展を押さえ，それを将来に向けた税制改革の糧としようと考えるからに他ならない。

本編は，実務的なものでも，税制改革の現在について解説するものでもない。このような内容の企画を実務雑誌に連載することをいぶかる方も少なくないと思われる。この企画が意味のあるものであるか否かは，いずれ明らかになるであろうが，これを，単なる研究者の自己満足のようなものにはしたくない。

かつて，金子宏先生から，先生の教科書「租税法」の最初の，歴史に関する部分の執筆には長い時間がかかったという話をうかがったことがある。しかし，そこにおける記述は，私にとって，見たことのない世界へ目を向けさせてくれ

2 総論2　時代区分と財産権の在り方

2015年6月

(1) 時代区分

　まるで，高校の世界史の授業のような感じもあるので，本来，このような記述を行う必要があるかどうか悩んだが，一応のけじめとして，以下の連載における時代区分の在り方について多少述べておくことにする。

　過去を振り返るにあたって，かなり複雑なのが時代区分の問題である。時代区分には，歴史の把握に関する論者の基本的な立場が濃厚に反映されるからである。また，時代区分については，国ごとに考え方が異なるし，時とともに時代区分が変遷することも少なくない。しかし，ここでは，あまり厳密に考えずに，ごくおおまかな区分にしたがって考えていくこととする。また，例えば，古代のところで，近代に叙述が飛ぶようなこともあるがお許しいただきたい。

　なお，資料の多く残っている時代・地域と，そうでない時代・地域があるので，取り上げるトピックの量にも，自ずから粗密が生ずることになるが，地域的には，主にヨーロッパを見ていく。

(2) 各時代のおおまかな特徴

　歴史学における時代区分に関する論争からいったん離れて，また，西暦何年を境目にするかといった点を度外視して（特に，近世と近代の区分についてあいまいなままにして），ヨーロッパのそれぞれの時代のおおまかな特徴について，やや感覚的に述べると，ほぼ次のようになるのではなかろうか。

【古代】

　ローマ帝国の影響が残っていた時代であるが，税制に関する資料があまり残っておらず，それについて述べ得ることは自ずから限られてくる。また，

そのような時代の出来事を現代の感覚で分析しても，見当違いになる場合も少なくないので，検討の難しい時代である。

【中世】

封建制度の下の分権的な領邦領主と，弱体な国王に特徴付けられる時代である。公権とか公法という発想のない時代で，領邦領主は，財産権的な色彩を残す領主権（あるいは，その一部としての金銭賦課権＝領有権）に基づいて，課税を行っていたと考えられる。

【近世】

主権国家と絶対王政の生成・発展に特徴付けられる時代で，ほぼ，東ローマ帝国滅亡から市民革命までである。公権的な発想はあるものの，王国の領土等は，王の私物であるかのような感覚の残っていた時代である。

【近代】

市民革命後の，国民国家と資本主義の成立・発展の時代である。人権や公法の発想の芽生えたこの時代については，現代の発想で分析することが可能である。

【現代】

ここでは，少し広めに，主に20世紀のことを指すものとして扱うことにする。単に必要に応じて課税するというのではなく，経済理論に基づいて課税を行うという発想が形成された時代なのではないかと思われる。

(3) 国家・公法の発展と，租税史

租税制度は，古代，中世，近世，近代，現代と，その基本構造を変えてきた。その変遷をながめることは，見方を変えれば，公法の生成・発展の経緯を見ていくことと表裏一体であるように思われる。その際に中心をなすのが，中世身分制議会の課税承認権に始まる議会の財政権限である。現代において，議会は，

次の二つのルートを通じて行政権をコントロールしている。

　　国家活動の法的統制……議会の立法権
　　国家活動の財政的統制…議会の財政権

　このように議会が，立法権と財政権に基づいて行政をコントロールするという構造がどのように歴史的に形成されてきたかを見ることこそが，租税史を学ぶ目的ということになろう。

(4)　財産権の在り方と課税権

　租税制度の変遷は，財産権の変遷と密接な関連を有する。イギリスで，土地の「所有権（fee simple）」の内在的制約として，police power（人民の生命と財産の保護のための警察的規制），eminent domain（収用），taxation（課税），escheat（所有者不存在の場合，国庫に帰属するということ）が挙げられる（略してPETE）。ではなぜ，課税は，財産権の侵害ではなく，財産権の内在的制約として理解されているのであろうか。

　この点について，私は，課税権そのものがそもそも財産権的色彩を有している点を重視している。すなわち，現代においても，土地の所有者は，当該土地を他者が勝手に利用しないようにできる，一種の支配権を当該土地に対して有している。また，当該土地を貸し付ける場合であっても，当該土地の所有者は，当該利用者が当該土地の形状を勝手に変更しないように要求したり，賃料を請求したりすることができる。それと同じように，中世の領邦領主は，その支配する地域について一種の財産権を有していたと考えられる。

　このように，領邦領主の権利は，現代の土地所有者の権利と似ていたと考えると，領邦領主は，その支配する土地に居住したりしている人に対して，その土地支配権の効果として（賃料徴収と同じように）課税を行うことができることが自然に導かれる。すなわち，課税権は本来，所有権に基づく賃料請求権同様の財産権の一種だったのではなかろうか。すると，課税権と財産権の衝突は，財産権同士の衝突であるということになる。そして，課税権の在り方は財産権の在り方そのものであるから，経済への影響は大きいのは当然のことである。

これらの点について詳しくは，中里実『財政と金融の法的構造』（有斐閣，2018年）を参照されたい。

(5) 財政と金融

租税法律主義と同様に重要なのが，国の債務は議会の関与の下においてのみ認められるとする憲法上の原則の存在である（日本国憲法では85条）。これは，名誉革命において，課税が議会の支配に服するとされた際に同時に認められた原則である。すなわち，将来の税収を担保とするというかたちで，国債の償還を（課税を決める）議会が保証することにより，国債が信頼されるかたちで発行されるようになったのである。このように，財政と金融は密接な関係があるという点についても十分に留意する必要がある。

以上，本書は，憲法・私法との関連に留意しつつ，財政の基本的な構造とその法的統制の在り方について，歴史的にその基礎的構造を明らかにすることを目的とする。そのために，特に，基本的に私法に根ざす封建制下の領邦領主の領有権に代わる，私法から分離された存在としての主権概念の成立とその変化に留意し，現代的な課税権成立の過程を見ていくこととする。

3 総論3 ｜ 歴史における制度の重要性

▶(参照)第三部第一論文

(1) 制度の意味と重要性

ここでは，二以降における各論の前提として，一国の経済活動に対する制度の在り方の重要性について，述べておこう。一国の制度の在り方が，その国の経済発展を左右することは，一見当然のことのように思えるが，この点について，理論的な観点から精緻な検討を加えたのが，新制度派経済学である[2]。

すなわち，経済学における制度分析については，価格理論から離れた新制度

---

2 詳しくは第三部第一論文〔中里実「制度の効率性と租税」論究ジュリスト10号84-91頁，2014年〕，及び，そこに引用の文献，参照。

派経済学という新しい経済学に基づく，財産権や法制度やルールの在り方についての検討が有用である。その出発点は，国とは institution の束であり，制度の在り方が経済成長に影響を及ぼすというものである。当然に，租税制度に関しても，租税制度や租税行政システムそれ自体が如何にして一国の長期的な経済発展に影響を及ぼすかという，制度それ自体の効率性の問題が重要となる。

制度それ自体に正面から迫る新制度派経済学は，政治体制，法制度，財産権制度，紛争解決制度等のみならず，規範意識や治安の在り方等も分析の対象とするものであるが，特に，公的部門の在り方が経済に及ぼす影響について，歴史分析や比較制度分析を行う場合に有用である。

(2) 新制度派経済学における制度の歴史と経済発展

新古典派経済学が主に市場における企業や家計の行動の分析を行い，法制度等は全て与件としていたのに対して，新制度派経済学は，従来は与件とされていた制度の在り方に着目して，その効率性について正面から論じようとする点で画期的なものであった。そこにおいては，制度は一種の無形資産であり，それへの投資が将来キャッシュ・フローを増加させるとされる。制度の中身としては，法制度そのものの他にも，インフォーマルな社会規範その他や，人々のメンタリティーの在り方も含まれる。

その代表的論者はダグラス・ノース（Douglass C. North）で，1993年に，名誉革命等の分析（王権の弱かったイギリスにおける財政・金融制度を，王権の強かったスペインのそれと比較して，前者の方が市場経済に親和性が高く経済発展が導かれたとする）によりノーベル経済学賞を受賞している。

制度分析に関して考えなければならないのは歴史である。制度は，長い時間を経て歴史的に形成されるものである。制度の在り方が，その時々の経済情勢に合えば，その国は経済的に発展する。制度は無形資産の一種であるからこそ，制度の在り方は経済発展に影響を及ぼすことになる。そもそも，過去と現在の投資が将来キャッシュ・フローを増大させるというのが，資産の本質である。それ故に，制度構築・整備の費用を，そのもたらす将来リターンのための投資と考えれば，制度を無形資産の一種であるととらえることは自然なことであり，

途上国経済における法制度整備等を，無形資産としての制度への投資と理解することは，途上国の開発問題解決に資するものとなろう。中国において新制度派経済学がもてはやされているのも，そのような理由に基づくといえよう。

(3) 制度の効率性

ノースによれば，新制度派経済学においては，institution の在り方が経済発展に影響を及ぼす。これには，informal constraints（正規の法制度ではない，様々な社会規範等）と，formal rules（憲法，法律，財産権制度等）の二種類がある。また，organization のガバナンスの在り方も経済的パフォーマンスに影響を及ぼす。これにも，政府のガバナンスの在り方（政府と個人の関係）と，企業のガバナンスの在り方（企業と株主の関係）の二種類がある。ノースは，以下のように述べて，制度と組織の相互作用に着目する（ノースのノーベル賞受賞スピーチ）。

"It is the interaction between institutions and organizations that shapes the institutional evolution of an economy. If institutions are the rules of the game, organizations and their entrepreneurs are the players."

人々の思考構造（belief structures）は，制度を通じて，社会及び経済の構造に反映されることになるが故に，思考構造と制度の間には密接な関係がある。そのような思考構造と，制度の間の相互作用の変化のプロセスが，歴史ということになるのであろう。

かつての経済史における制度の歴史分析においては，歴史学的な視点が強調されていたためか，必ずしも十分な数量的実証はなかった。数量的実証がなされなければ，どうしてそうであったかについての分析は不十分にしか行われないであろう。これに対して，新制度派経済学においては数量的実証も行う。

ノースは，制度と歴史の関係について，以下のように述べている[3]。すなわち，制度とは，政治的・経済的・社会的な人間の相互作用を枠付けるところの，人

---

3 Douglass C. North, Institutions, 5 Journal of Economic Perspectives, pp. 97–112, 1991.

間により構築された制約であり（"Institutions are the humanly devised constraints that structure political, economic and social interaction."），人類の歴史を通じて，制度は，秩序をもたらす一方で不確実性を減少させるべく人間により作り出されてきた（"Throughout history, institutions have been devised by human beings to create order and reduce uncertainty in exchange."）。他の経済的な制約条件と同様に，制度は，人々の選択肢を決定し，それ故に，取引費用及び製造費用や，経済活動に従事することの収益性や実現可能性を決定してきた（"Together with the standard constraints of economics they define the choice set and therefore determine transaction and production costs and hence the profitability and feasibility of engaging in economic activity."）。制度は，過去を現在及び未来へと繋ぎながら発展していく。歴史とは，その結果として，制度の発展の物語（a story of institutional evolution）としてとらえることが可能であり，歴史における経済的成果は連続的な物語の中の一部としてのみ理解され得るものとなる。制度は，経済のインセンティブの構造を提供し，その構造が発展するにつれて，それは，経済の変化が，成長，停滞，交代のいずれに方向付けられるかを決定する。このように，ノースは，歴史とは institutional evolution であるとし，制度の発展により経済史を説明しようとする。

　以上のような考え方を前提に，本書の以下の叙述においては，単に歴史的エピソードを羅列するだけではなく，ある歴史的事実の経済的意味と，それが現代に及ぼす影響を可能な限り念頭におきながら，叙述を進めていくこととしたい。

二　古代から近代

4　古代 ｜ ローマ，塩税，租庸調，徴税請負人

　古代の制度は現代との関連性が薄い場合が多いが，中には現代との関連が強いものもあるので，その中のいくつかについて紹介したい。古い歴史を有する制度が現代にも影響を与えている点に驚くであろう。

(1)　ローマ法における国庫

　ローマ法においては，自然人の他に権利能力を有する主体として，社団・財団とともに，国庫（羅：fiscus）が認められていた[4]。この，自然人同様に（私法上の）権利能力を有する存在としての国庫という概念が古くから用いられていたということは，国が私人と同様の私法上の取引を行っていたことの証であると考えられよう。同様のことは現代においても妥当するのであり，現代の財政法・租税法を考える際にも大きな意味を有する。すなわち，市場における国の経済活動に際しては，公法のみでは把握できないところの，国の私法上の行為（私人同様の経済取引）が重要な意味を有しているからである[5]。

　これに対して，中世においては，国王や領主は，その支配する土地に対する私的財産権の延長としてその領邦の支配を行っていたので，国庫の概念が特に意識されることは少なかったものと思われる。租税も，このような私的財産権の延長上のものであった。

　しかし，その後，絶対主義の時代においては，実定法において，主権概念が

---

[4] 中里実「LPS は法人か？―ローマ法に基づく考察」中山信弘先生古稀記念論文集所収，1003-1024 頁，2015 年。
[5] 中里実「財政の再定義―財政法の実定法化と経済学―」フィナンシャル・レビュー113 号 2-20 頁，2013 年，中里実「財政と金融の法的構造」有斐閣，2018 年，所収。

確立され，国内の土地等は，君主個人に帰属するかのように観念されるようになった。やがて，ローマ法の影響の下に，国家は権利能力を有する社団＝法人（羅：universitas，英：corporation）と観念され，そこにおける土地等の財産は当該法人に帰属するものと考えられた。のみならず，そこに，国庫概念が復活し，国家の私法的活動（国の私法上の財産管理権）が，その権力的活動（国の領土主権）と区別された。ここに，主権概念と国庫概念に裏打ちされた法人としての近代国家が成立し，その下で，租税も，中世における私法的な私有財産権的色彩を脱却して，現代につながる公法的な強行性を獲得していく[6]。

(2) 財政物資と塩税

サラリーという英語が，ローマ時代に兵士に対して支払われた塩代（羅：salarium argentums）を語源とすることはよく知られている[7]。それにとどまらず，塩は，財政物資として，（専売あるいは塩税のかたちで）国家収入を確保するために便利な存在であった。

塩は，必需品であるのみならず，製造の場所が限定されているが故に管理が容易であり，酒等とともに財政物資として重要な位置を占めてきた。このことは，紀元前1世紀の前漢の武帝の時代の塩鉄会議の記録として，桓寛『塩鉄論』が著されていることからもうかがわれよう。

なお，この専売と課税の関係については，法律学の観点から，今後さらに詳細な歴史的・理論的研究を行う必要があろう。

(3) 租庸調と鎌倉幕府

かつて，私は，大化の改新から鎌倉幕府成立までの日本の歴史における，公地公民制と租庸調の制度の崩壊と，荘園の成立の過程を，最適課税論の観点か

---

[6] cf. Michael Wilks, The Problem of Sovereignty in the Later Middle Ages, 2008, at 178-179.
[7] Minoru Nakazato, An Optimal Tax That Destroyed the Government—An Economic Analysis of the Decline of the Tang（唐）Dynasty，東京大学法科大学院ローレビュー6巻234-245頁，2011年。

ら分析した論文を発表したことがある[8]。

　日本は，6世紀後半の中国北周に始まる租庸調制（中：zuyongdiao zhi）を，隋を通じて大化の改新において受け入れた。これは，基本的に人頭税及び土地税というレントを生み出す生産要素に着目した課税方式であり，最適課税論の観点からは効率的な制度であったはずであるが，貴族や寺社や新田開墾者に対して非課税の恩典が与えられていたことから大きなほころびが生ずる。すなわち，このような租税特別措置がどんどん拡大することにより，不輸不入の特権を有する荘園が蔓延し，公地公民制は単なる名目にすぎないものとなり，税収を失った律令政府は没落し，新たに土地開発者・所有者の集団である武士団による私的政府として始まった鎌倉幕府の時代が来たのである。貞永式目は，そのような土地所有者である武士階級の法典であり，律令制と比べて簡素で現実的なものであった。それをマグナカルタと比較することさえ可能であろう。

　なお，荘園は，日本だけではなく，ヨーロッパには，現代においても存在する。アンドラやガーンジーは，そのような中世の荘園の名残であるとさえいっても過言ではなかろう。日本においても，富士山頂が静岡県にも山梨県にも属さず，富士浅間神社の所有地となっている点も，類似のものかもしれない。

(4) 徴税請負人

　ローマ時代から，徴税請負人（英：publican）の制度が存在し，それは新約聖書にも出てくる（ルカによる福音書19章1-10節参照。福音記者のマタイは徴税請負人であったとされる）だけでなく，中世以降も生き延び，フランス革命の遠因となったともいわれている。それは，課税権が領主の財産権としての性格を強く有していたことの反映であり，その課税権が徴税請負人に貸与されていたのである。特に，絶対王政期において，租税の徴収を商人等に委任するこの制度で問題だったのが，その苛斂誅求な取立て，不公平な徴収，不正の横行等であった。規定よりも多くの額を徴収し，差額を自らのものとすることも行われ

8　Minoru Nakazato & J. Mark Ramseyer, The Tax Incentives That Destroyed the Government : An Economic Analysis of Japanese Fiscal Policy, 645-1192, 社会科学研究51巻3号3-12頁，1999年。

ていた。フランス革命期に，科学者のラボアジェが処刑されたのは，徴税請負人に対する民衆の怒りのためといわれている。

　私は，かつて，ある途上国の税務署を訪問した際に，その署長が，「割当額」よりも多くの税を徴収し，その差額を職員のボーナスとしたり，署の備品の購入に充てていると述べるのを聞いたことがあるが，その時に，現代においても徴税請負制が生きていることに驚いたのを今も覚えている。

5　中世　リアリズム，財産権としての課税権，十字軍と議会の課税承認

2015年9月

▶(参照)第三部第二論文

(1)　中世のリアリズム

　ヨーロッパと日本の中世の封建制度は，類似した点を有している。特に，土地を中心とする社会構造を反映してか，人々の思想にリアリズムが存在したという点が重要である。ラファエロの絵「アテナイの学堂」において，プラトンは上を指さしているのに対して，アリストテレスは掌を下に向けた姿で描かれている。これは，プラトンが天上のイデアの世界を志向しているのに対して，アリストテレスは地上の物質的な世界を志向しているという，考え方の差を的確に表現している。天に向かってそびえ立つゴシック建築は，物質を重視するアリストテレス的発想を表現したものである。

　代々のフランス国王の眠るパリ郊外のサン・ドゥニ（Saint Denis）教会の建物には，ゴシック時代の理念を端的に表現した"mens hebes ad verum per materialia surgit."という言葉が刻まれている。これは，ラテン語で，愚かなる心性（mens hebes）＝人間は，真理へと（ad verum），物質的なものを通じて（per materialia），到達する（surgit）という意味である。それは，愚かな人間が，神の支配する真理へと到達するためには，地上の物資的なものを通じた道しかないという，アリストテレス的な思想に基づくゴシックの精神を表現している。鎌倉の若宮大路の機能性も同様の中世リアリズムに基づくものといえよう。

(2) 財産権としての課税権

　歴史との関連において租税制度を分析する場合，租税債権（納税義務）が金銭債権であり，本質において私債権と異なるところはないという事実から出発することが必要であるように思われる。このような観点から執筆したのが，中里「主権国家の成立と課税権の変容」（金子宏他編『租税法と市場』所収）であり，そこにおいては，主権概念なき時代の土地支配権を中軸とした私法的・財産権的性格を色濃く有する中世領邦領主権が変質し，絶対主義への移行と主権概念の成立に伴い公法的な課税権が成立したが，それにもかかわらず，現在も依然として課税には私法的性格が残っているという点について分析した。すなわち，主権概念成立前の中世の課税は，領邦領主の土地所有権に根差す私法的なもの（財産権の延長）であった。ところが，領邦領主の一人にすぎなかった王が，他の領邦領主や教会の支配地を徐々に支配下に置くかたちで支配権を集約化して絶対主義の時代が到来し，主権概念の成立を受けた絶対主義の時代の課税制度は極めて強権性の強いものとなった。それにもかかわらず，名誉革命における財政民主主義の確立後においても，主権概念は当然存在しているが，租税法律主義という契約を擬制した中世課税承認権の復権をうかがわせる原則もあり，依然として，租税債権に私法的性格は残っていると考えられる，というのがこの論文の要旨である。

　このような財産権としての領邦領主権を今に伝えているのが，中世の荘園の雰囲気を残すヨーロッパの地域であろう。例えば，イングランドのノルマンコンケストの途上で，ノルマンディー公ウィリアム（イングランド王ウィリアム1世）が征服したガーンジーは，現在も，エリザベス女王がノルマンディー公爵として支配する荘園（王室属領）である。また，ピレネー山脈にあるアンドラの領主は，スペインのウルヘルの司教と（フランス国王の承継者としての）フランス大統領である。さらに，かつて課税権が財産権の一種であったが故に，未だに，フランスにおいては，権利という意味を有するdroitという語を登録税等の古い租税の名称として用いる。

(3) 十字軍と議会の課税承認

　封建制が典型的なかたちで発展したフランスについて見てみると，王は領邦領主の一人にすぎず，基本的に，王国の運営を自らの領邦領主としての収入 (droits domaniaux) でまかなわなければならなかった。これを，王は自立すべし (The king must live of his own.) の原則という。ノルマン征服以来，王権の強かったイギリスにおいても，この，王は自立すべしという原則が認められていた点は注目される。

　ただし，このように王が王国の運営を自らの領邦領主としての収入でまかなうべきであるとされていたのはあくまでも通常の場合であって，内乱や戦争等の例外的・臨時的場合においては，王は，身分制議会の同意の下に，援助金 (aide féodale) という臨時の金銭の徴収を行うことが認められていた。実際に，十字軍や戦争等の種々の理由で，この臨時の収入である援助金の重要性が徐々に増大していった。そして，これについての身分制議会の同意こそが，課税承認権として，後の租税法律主義の母体となっていく。

　その後，王は，中世を通じて，領邦領主や教会の権限を次第に浸食し，自らの権限を強化していき，領邦の集中が行われた。王権は次第に拡大し，12世紀，13世紀と時を経るにしたがって強大なものとなっていった。領邦領主の領主権が財産権的性格を有するものであるが故に，その相続等を通ずる集中も可能であった。そのため，統治権もそれに付随して徐々に王に集中していくことになる。15世紀半ばのヴァロア朝の時代には，王権は領邦領主に勝利する。この，王の領主権が，王の主権と私的財産権に分離していく過程において，土地に関する封建的な領主権の財産権的部分が私法の領域へと駆逐されることにより，近代的な私的所有権が成立していったのである。

(4) ま と め

　このような公と私の分化は，結局，課税という現象が，遡れば，私法的性格を色濃く残す中世領邦領主の領主権に起源を有するものであり，主権概念の成立以降，一方的・強行的性格が強調されるようになったとはいえ，課税本来の

私法的性質が消滅してしまったわけではないという歴史的要因に基づくのではないか。すなわち，国家の財政に関する権限は，私法的性格を色濃く残した中世領邦領主の領有権ないし領主権に，主権という要素が付け加えられて形成されたもので，そこには依然として私法的性格が残されている。また，議会の公権的関与を表現する租税法律主義の原則も，納税者の代表の同意に基づく課税という点において，中世における身分制議会の課税承認を通じた租税に関する一種の契約的構成を反映したものということができる。それ故に，租税法律関係は公法と私法の融合したものとならざるを得ない。すなわち，租税は，主権と財産権の狭間に位置する存在といえるのではなかろうか。

6 近世1 ウェストファリア条約と主権国家の成立

2015年10月

いよいよ，主権概念と主権国家の成立につき概要を述べることにしたい。ここでようやく，公権力による対価なしの強制的課税という現代にまで及ぶ公法的な法現象が現れてくる。主権概念の成立こそ，そのような現代的租税概念の出発点であることを考えると，租税法の研究が，その理解を前提とすべきことは明白である。課税という法現象は，憲法の条文のみから自動的に導き出されるようなものでは決してなく，歴史的背景を前提としなければ理解のできないものといえよう。

(1) 主権概念とその実定法化

領邦領主が所有・支配する土地に関して有する私的な財産権が社会の基盤であった中世は，主権概念とは無縁であった。主権なき中世においては，私法的色彩の濃厚な「領主権＝財産権としての土地支配権」こそが法関係の要であった。その領邦ごとの分権の色彩の強い中，領邦領主の中のトップである国王の手への権力集中と絶対主義の強化を通じて，フランスを二分した宗教戦争であるユグノー戦争（1562-1598）の終結による社会の平和と安定を意図して，ジャン・ボーダン（1530-1596）により主権概念が提示される。その著書である

『Les Six Livres de la République』（6分冊，初版 1576 年）は，不朽の名著である。

ボーダンの理論的業績を受けるかたちで，1648 年のウェストファリア条約は，国家主権の概念を実定法化した。三十年戦争を終わらせたこの条約は，神聖ローマ帝国を解体・消滅させるのみならず，法的に相互に平等な地位に立つ主権国家の併存状態という現代にまで引き継がれる国際秩序をもたらした。実定法としての国際法も，ここに始まる。

(2) 主権国家の成立と課税権の変容

ウェストファリア条約以降，中世的な領邦領主の財産権的支配権の下にあった領邦は，それとは根本的に異なる王の主権により支配される近代的な国家となり，そこから絶対王政への道筋がつけられた。それに応じて，課税も，財産権的支配権を背景とする中世的・私法的課税から，主権に基づく近代的・公法的課税に移行した。すなわち，領邦領主の徴収する封建的地代から，主権国家における王の徴収する中央集権的租税への転換である[9]。

もっとも，マルクス主義歴史学においては，この王の課する租税は，中央集権化されたものとはいえ本質的には封建的地代（centralized feudal rent）にすぎず，王は，その賦課徴収した租税＝中央集権化された封建的地代を領主に再分配することにより貴族階級を官僚に変えていったと説明する[10]。

(3) 現代における中世の残存

にもかかわらず，中世から近代への移行には連続的な側面があり，その結果として，現代においても，中世的状況が断片的に残存することに留意しなければならない。

---

9 中里実「主権国家の成立と課税権の変容」，金子宏他編『租税法と市場』所収 28-53 頁，2014 年。また，中里実「国家・市場・課税」，中里他編『現代租税法講座第一巻』所収 3-27 頁，2017 年，参照。
10 例えば，William Beik, Absolutism and Society in Seventeenth-Century France : State Power and Provincial Aristocracy in Languedoc, p.24, 1985，参照。

例えば，エリザベス女王がノルマンディー公爵として保有するガーンジー島は，中世荘園の名残といえよう。また，行政法でいう国庫理論は，国家も一定の範囲で私法秩序に服し，私法上の権利能力を有することを認めるが，これも，国の財産権に中世以来の私法的要素が残存していることを示すものといえよう。さらに，アラスカの統治権がロシアからアメリカに移動したが，それは私法上の売買の結果といえよう。さらにまた，英米法でfee simple（土地所有権）の内在的制約として，課税（taxation），所有権不明の場合の財産の国庫帰属（escheat），収容（eminent domain），警察権（police power）があるとされるが，これも，国家が不動産につき中世同様に現在においても私法的権限を保有し続けることの反映と見ることができよう。すなわち，課税権が本来，（所有権に基づく賃料請求権同様の）財産権の一種だったとすると，課税権と財産権の衝突は，財産権同士の衝突であるということになる。したがって，課税は，財産権の侵害としてではなく，財産権の内在的制約として理解されていたのではなかろうか。

実は，財政についても，中世的要素が残存している点に留意しなければならない。すなわち，行政法は，行政権の法律によるコントロールを強調するが，それも合わせて，議会や裁判所が行政権を法的にコントロールするルートには，次の三つが存在するのではないかと思われる。

① 議会の財政権 ：予算法律（予算と租税法律）を通じた行政権のコントロール
② 議会の立法権 ：行政法律を通じた行政権のコントロール
③ 裁判所と普通法：私法を通じた行政権のコントロール

このうち，①は財政法の領域の問題であり，中世身分制議会の課税承認権の現代における名残である。なお，この①について，予算と租税法律を「予算法律」という一つの法律の中で統合して議決するフランス等と異なり，日本では，租税法律と予算は別物とされているが，租税法律は法律の形式を纏っているものの，実は，議会の財政権に基づいて制定されるもので，その他の法律とは性格が基本的に異なり（憲法84条は，国会の個所ではなく，財政のところに置かれている），むしろ予算と同類の存在であると考えるべきであろう。

②は行政法の領域であり，近代的な公法成立以降のものである。租税行政の

コントロールについても，手続法的部分については，議会の財政権の産物というよりも，議会の立法権の産物であると考えられる。

③は民法及び財政法の領域であるが，国家の私法的行為という点で中世の名残をとどめる。通常，私達は，国家の行う私法上の行為について注意を払わないが，国家が私法上の権利能力を有して，私法上の行為を行っている点はまぎれもない事実である。ただ，そのような法現象は，民法においても行政法においてもあまり注目されていないだけである。財政法の真の理解のためには，この点に関する理論的理解が必須のものといえよう[11]。

7 近世2 | 名誉革命と財政国家

(1) はじめに

日本の初等・中等教育における歴史の授業は政治史が中心であり，経済については付随的な扱いである場合が少なくない。市民革命についても，もっぱら革命の経緯や人権概念が重視され，その経済的効果が重視されることは少ない。また，法律学においては，市民革命の中でも特にフランス革命が強調されることが多い。しかし，後世に与えた経済的影響という点から見ると，議会の財政と金融に関する権限について重大な変革をもたらした名誉革命こそが，現代にまで至る，国家の財政・金融秩序の基礎を確立した極めて重要な出来事であると断言していいように思われる。

現代の国際的政治構造（すなわち，主権国家の併存状態）は，主権概念を実定法化したウェストファリア条約により打ち立てられたものであるが，現代の国際的経済秩序，財政・金融秩序はどこから来ているのかといえば，それは名誉革命によると考えられる。しかるに，法律学においては，従来，この点に関する研究があまり行われてこなかったのは残念なことである。

---

11 中里実「財政法の私法的構成―民法959条と国庫の関係を素材として（上）（中）（下）」ジュリスト1400号，1401号，1403号，2010年，中里実「財政と金融の法的構造」2018年所収，参照。

(2) 名誉革命で打ち立てられた財政・金融の議会による支配

　現在の国際的経済秩序の基本が成立したのは名誉革命においてであり、現代に至る財政と金融の結び付きも名誉革命により形成された。名誉革命の政治的意味合いをさておくと、それは、経済に関して大胆な改革をもたらした。その第一は、財産権の保護を打ち出したことであり、第二は、財政・金融に関して議会による支配を確立したことである。そのことが、後のイギリスの経済発展の基礎となった。

　特に、名誉革命については、国家の財政と金融が密接な関係を保つかたちで、その後の国家秩序が形成された点が重要である。すなわち、権利章典において課税に関する議会の支配が明文のかたちで定められたのみならず、名誉革命期以降、（権利章典に明文はないものの）Power of the Purse を握った議会が、国家財政、すなわち、課税、支出、借入を支配するようになった。

　法的議論においては通常さほど重視されないが、租税法律主義と同様に重要なのが、国の債務は議会の関与の下においてのみ認められるとする憲法上の原則である（日本国憲法では85条）。これは、名誉革命期に、課税が議会の支配に服するとされた際に形成された原則であると考えられる。すなわち、将来の税収を担保とするかたちで、国債の償還を（課税を決める）議会が（将来の特定の年度の特定の税収を担保として）保証することにより、国債が信頼されるかたちで発行されるようになり、財政と金融は密接な関係に立つことになった[12]のである。

(3) 財政軍事国家

　繰り返しになるが、現在のような財政金融秩序が真の意味で成立したのは、17世紀後半のイギリスの名誉革命においてである。名誉革命の世界史的な意義は、現在にまで至る財政金融秩序の基本を作り出した点にある（その意味で、議会の保持する Power of the Purse は、国家の財政・金融権限とでも訳すべきものである）。

12　中里実「BEPS プロジェクトはどこまで実現されるか」ジュリスト1483号25-30頁。

この，名誉革命によって作り出された国家体制を，財政軍事国家（fiscal military state）と呼ぶ。

すなわち，スチュアート朝の王ジェームズ2世を追放し，その娘である（オレンジ公と結婚した）メリーと，オランダ総督であったオレンジ公ウィリアムの2人を共同の王にしたのが1688-1689年の名誉革命であるが，これは，Parliamentに終局的な権力があることを示したものであった。

ウィリアムとメリーは，新大陸における植民地競争に優位に立つという目算の下，権利章典を受け入れた。財政面に関しては，前述のように，名誉革命によって議会の同意なしに課税はできないという租税法律主義が採用されたのみならず，国の借金にも議会の関与を要するようになった。このように，議会が借入れも課税もコントロールし，議会のイニシアティブの下に（オランダの金融技術を導入して）国債が発行されるようになると，国債は，課税権（それについては議会が権限を持つ）から生ずる将来の税収を当て込んで償還することができる。つまり，名誉革命以降，投資家は，議会の力により，将来税収によって国債の返済がなされるという約束の下に，イギリス国債を買うことができる。その結果，イギリス国債のデフォルトのリスクは著しく低くなり，低金利で資金調達することができるようになり，イギリスは，植民地経営と植民地戦争の資金の効率的調達に成功した。

これに対して，フランス等は，徴税請負人に依存する等，資金調達の効率化においてイギリスに後れを取った。その結果，新大陸における軍事競争に有利な効率的資金調達が可能になったイギリスが植民地競争で勝利した。これは，すなわち，Cityを支配している金融資本が覇権を確立したということである。商人達から戦争を請け負った王が軍隊を送って戦うという形になり，商人達が軍事も支配するようになったということで，財政軍事国家（fiscal military state）と呼ばれているのである。

なお，金融制度と財政制度が効率的に仕組まれたイギリスにおいて経済発展が達成されたという新制度派経済学の経済史的な分析があり，これが1993年にノーベル経済学賞を取ったダグラス・ノースの考え方である[13]。

13　第三部関連論文一，「制度の効率性と租税」論究ジュリスト10号84-91頁，2014，参照。

ここに，現代の国家構造が完成し，国の統治に関する三つの法的な柱が打ち立てられた。すなわち，以下の三つである。

① 議会の財政権（財政法の対象）⇒ 財政民主主義
② 議会の立法権（行政法の対象）⇒ ルール・オブ・ロー
③ 司法と財産権（普通法の対象）⇒ 私法による国庫支配

(4) フランス革命

フランス革命についても付言しておくと，旧制度における恣意的課税への反省から，租税制度に関しては透明性の確保が重視された。課税は，課税庁の恣意のおそれの少ない外形的な基準によるものが導入された。ここで導入された，地租，有価証券税，事業税，戸窓税の四つの直接税を四古税（les quatre vieilles contributions directes, あるいは，単に，les quatre vieilles）と呼ぶ。また，それまでの徴税請負人（ラボアジェは，革命期に処刑された）に依存していた分権的な徴税制度が非効率であるとして，中央集権的なものに改められた。

8　近世3　中央銀行と国債

(1) 財政と金融

財政とは国家の経済活動であり，また国家活動の金融的側面であって金銭を媒介とする[14]。それ故に，財政と金融には，ともに金銭を媒介とするという強い共通性がある。それにもかかわらず，両者の間には，憲法上，議会の関与の程度に大きな差異が存在する。すなわち，財政が厳格な議会のコントロールの下に置かれているのに対して，金融については，中央銀行の独立性という原則の下に大きな自律性が認められている。

それ故に，特に，国債その他の国家の公的金融に関しては，かなりの程度，

14　中里実「財政の再定義—財政法の実体法化と経済学—」フィナンシャル・レビュー 113号，2-20頁，2013年，中里実「財政と金融の法的構造」2018年所収，参照。

私法の利用（ないし，私法と公法の混在）がみられるという点に留意しなければならない。その背後には，国家の経済活動の一部を私法により規律する国庫理論・国庫概念が存在するといってよかろう。

(2) 名誉革命期における財政と金融

　一般に，財政と金融は別物のように思われているようであるが，本来，両者は密接な関係に立つものである。歴史的に見ても，中世領邦領主の領主権は課税権や貨幣発行権や裁判権を含むものであり，領主の財産権として位置付けられていた。例えば，裁判権は，そこから手数料を得ることのできる財産権的性質を有していたが故に，領主はそれを担保に借金をすることもあった。課税権も領主の財産権なので，それを担保に借金をするということも行われた。

　名誉革命において成立した財政軍事国家の体制の中，イギリス国王ウィリアム3世の下，ファルツ継承戦争，ウィリアム王戦争等，第二次の英仏百年戦争が開始された。特に，新大陸における植民地競争等に要する軍事費の調達のためには，財政の活用のみでは不十分で，財政と金融の密接な関係が必須であった。そこで，国王は，（課税に関して権限を有する）議会の承認の下，将来の税収を担保として償還する国債を発行して，戦費をまかなった[15]。その結果，イギリス国債は信用度が増して，イギリスは低金利で戦費を調達することが可能となり，新大陸における軍事競争に勝利することができた。

(3) 金融革命とイングランド銀行

　このように，主として軍事費調達の必要性から，名誉革命期にウィリアム3世とともにオランダから渡った商人達の手により，イングランドにおいて金融革命がもたらされたという点については，優れた研究が発表されている[16]。そ

15　仙田左千夫「イギリス公債史上におけるイングランド銀行」彦根論叢 167/168 号 20-38 頁，1974 年，同「イギリス公債制度発達史論」1976 年，参照。
16　P. G. M. Dickson, The Financial Revolution in England, A Study in the Development of Public Credit, 1688-1756, 1967.

のような動きの一環として 1694 年に設立されたのが，イングランド銀行 (Bank of England) なのである。

　すなわち，軍事費調達のための国債募集等を目的として，議会のホイッグ党が中心となって，民間からの公募の他，オランダからの資本も受け入れるかたちで，1694 年にイングランド銀行が設立された。イングランド銀行は，公募により集められた出資金により国債を取得し，それを資産として銀行券（銀行から見れば負債となる）を発行する特権が認められた。それ以前にも，東インド会社等，各種の特権を与えられた勅許会社は存在したが，イングランド銀行も，民間会社とはいうものの，一種の国策会社であったといえよう。

　このように，「イングランド銀行は，戦争による政府財政の逼迫を緩和する目的で設立された，いわゆる『政府の銀行』としての役割を期待された民間の銀行であった」[17]。

(4)　租税と国債

　租税法の観点から見て重要なのは，国債と租税の間に不可分一体の密接な関係があるという点である。ともに国家の資金調達の手段であり，金銭を媒介とする国家運営の手段であるという点は当然のことであるが，何よりも，国債は借入れであり，いずれは後の税収により償還しなければならないという点が重要である。実際には，臨時に巨額の支出を行わなければならない時に国債を発行して，将来の税収でそれを償還するという，臨時に借りて平時に返済する平準化の手段として国債が利用されている。すなわち，現在の支出と将来の税収が，国債を媒介として関連してくるのである。租税史において国債に触れる所以である。

　それ故，国債は，国家の財政制度・金融制度のみならず議会制度全般が整備された国でなければ，安定したかたちで発行することはできないものである。その意味で，「国債は，議会を中心に強い徴税権を持った国家が初めて発行できるもので，近代国家への試金石となる制度である」[18]。

---

[17]　春井久志「セントラル・バンキングの歴史的展開―イングランド銀行はいつ中央銀行に変貌したのか：再考―」証券経済研究 82 号，2013 年 6 月，参照。

(5) 国債と政府紙幣

　ここで，中世領邦領主の領主権の一内容としての貨幣鋳造権の歴史に触れる余裕はない。ただ，政府紙幣と国債の差異について，若干述べておくことにする。

　国家が国債を発行すれば利子を支払わなければならないが，政府が直接に紙幣を発行する場合には，利子を付する必要がない。それ故に，政府紙幣の発行を認めると，信用のない紙幣が際限なく発行されるおそれがあるとされる。実際には，国家の発行した国債その他の資産（中央銀行の貸借対照表の借方に計上される）を保有する中央銀行が，その資産の見合いとして銀行券（貸方に負債として計上される）を発行するというかたちがとられ，政府は利子なしに国債を発行できないようになっている。

　すなわち，将来の税収を担保として国債が発行され，それを中央銀行が保有し，その上で紙幣が発行されるということである。日本では，国債を発行することが国庫債務負担と並んで国会の権限とされているのに対して，紙幣の発行については日本銀行の権限とされているが，日本銀行は保有資産の見合いで紙幣を発行している点に留意されたい。なお，ここでは，中央銀行が国債を直接引き受けることの危険性についても，不換紙幣の問題点についても触れない。

9　近代1 ｜ 市民革命

　名誉革命が租税制度の発展に対して有する経済史的意義は大きかったが，今回は，その約100年後に起こった，フランス革命とアメリカ独立革命という二つの市民革命と租税との関わりについて，多少述べる。いずれも，政治史的な意義の圧倒的に大きな出来事であるが，租税制度との関わりも密接である点に留意する必要がある。

18　北村行伸「やさしい経済学―国債管理の歴史と教訓」日本経済新聞 2010 年 10 月 5 日。

(1) アンシャン・レジーム下の租税

アンシャン・レジーム（旧制度）末期において，主要な直接税として，ターユ，カピタスィオン，ヴァンティエムの三つが存在した。いずれも古い歴史をもち，時代とともに内容の変遷してきた租税であった。

アンシャン・レジーム下の租税の特色の第一は不公平性である。この不公平性は，執行上の困難から生ずる技術的なものにとどまらず，特権階級の「租税を支払わない権利」を認めるという，より本質的なものであった。アンシャン・レジーム下の租税の第二の特色は，徴収が私人（徴税請負人）により行われたという点である。その結果，租税の徴収は，不公平かつ厳格なものであった。そして，よく知られているように，このような租税制度が，フランス革命を引き起こす原因の一つとなったのである。

(2) フランス革命後の租税制度

フランス王のルイ16世（在位1774～92）は，宮廷における濫費等で危機に瀕していた王室財政の建て直しを図り，テュルゴーやネッケルらを用いて貴族や僧侶の免税特権をなくす改革を図ったものの失敗した。これに対して，貴族や僧侶は，そのような国王の動きを牽制するために，1614年以来開催されてこなかった三部会の招集を要求し，1789年5月5日に三部会が開催された。結局，これが，フランス革命のきっかけとなったのである。

フランス革命の原因の一つが租税制度であった結果として，この革命により租税制度は徹底的に変革され，不公平で複雑な上に，厳しい税務調査に基づいて査定・徴収される(1)で述べたアンシャン・レジーム下の租税は，四古税（les quatre vieilles contributions directes，あるいは，単に，les quatre vieilles）と総称される四つの直接税，すなわち，不動産税，人的動産税，営業税，及び戸窓税に置き換えられた。

これらは，アンシャン・レジーム下における経験への反省から，外部的徴憑により外形主義的に納税額を査定できる客観的かつ形式主義的な租税であった。納税者は，申告をする必要もなく，また，厳しい税務調査にさらされることも

なかった。すなわち，不動産税は土地・建物，人的動産税は有価証券等，営業税は仕事場等，戸窓税は戸と窓の数に，それぞれ着目して，それらから客観的に税額を査定する租税であった。すなわち，四古税を中心とする革命後の租税制度においては，アンシャン・レジームへの深刻な反省から，恣意性排除と客観性の追求に主眼があったのである。

(3) アメリカ独立革命

アメリカ独立革命においても，租税をめぐる植民地の人々の不満が，革命の重大な引き金となっている。イギリスの植民地に対する過酷な課税は，ボストン茶会事件などを引き起こす要因となったのである。

重商主義政策を採用する当時のイギリスは，アメリカ植民地を本国に対する原材料供給の場と位置付け，本国の産業の保護を図ろうとした。ボストン茶会事件以前にも，1733年の糖蜜法（英議会がアメリカ植民地に対し外国領産の糖蜜・砂糖の輸入に対して高率の関税を賦課した）や，その後の1764年の砂糖法（Sugar Act. アメリカ植民地に輸入される砂糖に重課をした）を経て，植民地の人々の不満が高まっていた。そこに，1765年の印紙法（Stamp Act. アメリカ植民地の証書・書類・新聞等に印紙税を賦課した）で植民地の不満はつのり，印紙法は1766年に廃止に追い込まれた。

そして，1773年に茶税法（Tea Act. イギリスの東インド会社のみにアメリカ植民地へ輸出する茶の税を免除する）が導入され，植民地の人々の不満が爆発した。その結果，1773年12月16日に，ボストンの急進派市民がモホーク族に変装し，ボストンに入港中の東インド会社の船を襲撃して，同船にあった茶の積荷342箱を海中に投棄するというボストン茶会事件（Boston Tea Party）が引き起こされたのである。

アメリカ独立戦争時のスローガンとして有名な「代表なくして課税なし（No taxation without representation）」という言葉は，租税に関わる者であれば誰でも知っているが，これは，マサチューセッツ州ボストンのWest EndのCambridge Street131番地にあるオールド・ウェスト・チャーチ（Old West Church）の牧師であったジョナサン・メイヒュー（Jonathan Mayhew）が，同教会において行った

説教において言ったのが最初であるとされる[19]。

(4) 市民革命と租税

　フランス革命とアメリカ独立革命については，両国間でかなりの連携が見られる。ニューヨークの自由の女神像が，フランスからの贈り物であり，その小型版がパリにあることはよく知られている。また，この二つの革命を同時代人として経験した人間として有名なのが，Common Sense を執筆したトーマス・ペインである。

　租税の世界においても，この二つの革命は，その後の租税制度の発展に大きな影響を与えたものといってよい。名誉革命が経済的な点で後世の財政・金融制度に対して大きな影響を与えたのに対し，フランス革命とアメリカ独立革命は，政治思想的な観点で，現在の租税制度に対して大きな影響を与えたのである。

　この二つの革命を抜きにして，自由主義，民主主義，人権の保護，公平な課税といった，現在の憲法制度の下において当然のこととされている思想が，現在のようなかたちで形成されることが可能であったとは思えない。その意味で，この二つの革命は，人類の歴史に大きな影響を与えた事件として，長く記憶にとどめられるであろう。

　租税との関連でいえば，租税制度の政治的意味合いは極めて大きく，時に革命を引き起こす原動力となり得るという点を，この二つの革命は有力に物語っている。それ故に，税制改革が，国民の利害に密接に関連する政治そのものであるという点を，私達は常に念頭におくべきであろう。

19　cf. Chris Beneke, The Critical Turn : Jonathan Mayhew, the British Empire, and the Idea of Resistance in Mid―Eighteenth― Century Boston, Massachusetts Historical Review, Vol. 10, pp. 23-56, 2008.

10 近代2 | 明治維新―地租と関税

　名誉革命，フランス革命，アメリカ独立革命についで，今回は明治維新について考える。非西欧圏最初の近代的革命である明治維新により日本は近代化への道を歩み始めたが，租税制度に関しても例外ではなかった。日本の近代化は，近代的租税制度なしに達成されることはなかったのである。

(1) 明治維新以降の統治機構の確立

　明治期の日本の文化は，江戸時代からの継続と，明治に入ってからの革新の混合体であるが，制度に関しては，基本的に新しいものが採用された。

　近代化の影響は政治経済文化の全体に及ぶが，明治国家確立について特に重要なのは，大政奉還，版籍奉還，廃藩置県であろう。これにより分権化された構造が崩れ，中央集権的な近代国家の枠が作られた。それに応じて法制度の整備が行われたが，その集大成は，大日本帝国憲法の制定であろう。非欧米圏で最初の憲法が日本で作られたことの世界史的な意義は強調しても強調しすぎることはない。制度面の整備を支えるために，中央集権的官僚制も打ち立てられた。このような統治機構の確立が財政・金融制度確立の前提となる。

(2) 財政・金融制度の確立

　以上のような統治機構の確立を背景に，欧米の制度に関する地道な研究に基づいて，根本的な財政改革や金融制度改革が行われた。財政改革として重要なのは，地租改正，関税自主権の回復，酒税の整備，明治20年勅令第5号による所得税の創設と明治32年所得税法の整備，等である。このうち，地租と酒税は，関税と並んで，明治期の財政を支える存在であった。

　明治国家が，国家の経済活動のもととなる財政制度を重視していたという点は，大日本帝国憲法に，租税法律主義の他にも，様々な会計（現代の「財政」）に関する規定が多いという点からうかがえるのではないか。この事実は，大日

本帝国憲法の起草者が国家における財政の重要性を正確に認識していた何よりの証である。すなわち，明治憲法は，議会の立法権と，議会の本来の権限である財政権との間のバランスを考えていたといえよう。その結果，議会による政府のコントロールは，立法権の行使（法律の制定）と，財政権の行使（予算の議決）の二つの道筋を通じて行われた。明治期の人々の頭の中では，議会の伝統的権限である財政権は相当の地位を占めていたのではなかろうか。一木喜徳郎「日本法令予算論」(1892年)のタイトルは，この点を如実に表しているといえよう。

他方，金融制度改革として重要なのは，貨幣制度の近代化，銀行制度の導入，私人の出資による日本銀行の設立，横浜正金銀行の開設[20]，等である。

(3) 明治国家の財政金融

次に，名誉革命との比較において，明治維新により成立した近代国家は，果たして，歴史学にいうところの財政軍事国家 (fiscal military state. すなわち，名誉革命によりイングランドで成立した財政と金融の複合により軍事費を効率的に調達する国家体制) であったか否かという点について，少し考えてみよう。

この点，詳しい統計資料は手元にないが，例えば，内閣府のデータによると，明治期の国民負担率はほぼGDPの10％から20％であった[21]。また，帝国書院の歴史統計によると，国家財政に占める軍事費の比率は，明治16年までは，（西南戦争の時期に40％ほどであったのを除いて）20％未満，その後，25％から30％で推移し，日清戦争期に70％近くに上昇した後，ほぼ40％台で推移し，日露戦争期に80％となった後に，30％台に低下した[22]。

ここから見て，明治国家の下においては，国民負担率は比較的低い水準であり，戦時を除けば，軍事費の対GDP比が他国と比べて異常に高いということはなかったといえるのではないか。すると，平時の国家予算は，産業資本の整

---

20 外国為替取引につき大きな意味を有する出来事である。立脇和夫「明治期におけるわが国商権回復過程の分析」早稲田商学364号963-984頁，参照。
21 http://www5.cao.go.jp/j-j/wp/wp-je00/wp-je00bun-2-2-1%281%29z.html
22 https://www.teikokushoin.co.jp/statistics/history_civics/index05.html

備に用いられる場合も多かったのではなかろうか。地租改正に関するRosovskyの研究（Henry Rosovsky, Capital Formation in Japan, 1961, 等）の述べるように，地租により地方の富が中央に集められて産業育成のために集中的に投資された結果，日本の産業革命が達成されたということができるかもしれない。また，直接的に産業のためとはいえないが，義務教育の推進や高等教育の整備等，人的資本の形成のためにも，政府は多額の支出を行っており，これが資本主義の発展に果たした役割は大きかったといえよう。いずれにせよ，このような点については，統計資料を駆使したより詳しい分析が必要であろう。

ただし，少なくとも，日露戦争の戦費調達に関しては，財政軍事国家的な枠組みの分析が可能といえるかもしれない。すなわち，ロンドンにおける起債が何とかできたのは，日本の国家としての信用が背景にあったと思われる。明治維新による様々な改革の結果，財政制度，金融制度，市場経済メカニズム等が整備され，憲法その他の法制度も確立されていたからこそ，経済力において圧倒的差のあったロシアとの日露戦争における外債発行による戦費調達がロンドンにおいてどうにか可能であったという議論は不可能ではない。

そして，日本の経済力・財政力を冷徹に認識して，世論の強い反対にもかかわらず，ポーツマス条約での講話の道を当時の政府が選択したことは賢明な決断であったといえよう。日本の特色は，むしろ，その後の無理な戦費調達により財政軍事国家が短期間しか機能しなかったという点にあるといえるかもしれない。その後の歴史において，経済力を無視した国家運営は，いかなるかたちのものであれうまく行かないということが実証されたといえよう。

(4) 金子宏『租税法』の歴史叙述

日本における租税制度の歴史については，金子宏『租税法』各版における叙述が，時間をかけて執筆された丁寧で高水準のものであり，簡潔でわかりやすい。そこには，戦前の制度の変遷についても極めて丁寧な解説が行われている。制度の変遷の概要を知ることなしに，租税法の勉強はありえないことがわかる。金子租税法を，租税法解釈の勉強のために読むと同時に，租税史に着目して読むと，読者にとって得られるものが多いという点を付記しておく。

11 近代3 | 租税法律主義と法治主義

(1) 租税法律主義と，法律による行政の原理との間の混乱

　租税法律主義の原則は，行政権の議会による法的コントロールに関する制度の発展に対して多大な寄与をなしてきた。行政法においては，法律による行政の原理を，法律の法規創造力（法律のみが，法規〔国民の権利義務に関する規律〕を創造できる），法律の優位（行政は法律に違反することができない），法律の留保（一定の行政活動〔その範囲は学説により異なる〕について法律の根拠を要する）の三つを内容とするものと説いている。このような考え方（特に，三つ目の，法律の留保）は，歴史的に見て，議会の承認に基づいてのみ課税を行うことができるとする租税法律主義の考え方から派生してきたものと考えられる。それにもかかわらず（あるいは，むしろ，そうであるが故に），両者が同じ平面のものとして並列的に考えられている場合が少なくないが，それは必ずしも妥当ではない。

　私達は，議会が財政に関する権限からスタートしたという歴史的事実から目を背けるべきではない。租税法律主義が，中世身分制議会の課税承認権以来の長い歴史を有するものであるのに対して，法律による行政の原理は，時間的にはるか後の近代において議会が立法機関とされてから生まれてきた後発の原則なのである。行政に対する議会のコントロール権限が必ずしも十分なものではなかった明治憲法下においても，帝国議会の財政権限は相当に強いものであった（明治憲法には，相当数の「会計」〔現代の財政〕に関する定めが置かれている）点に留意されたい。議会の権能としての財政権は，歴史的に見れば，立法権同様に，あるいはそれ以上に極めて重いものなのである。

　図式化すれば，現代においては，行政は，第一に，議会の立法権により行政法律を用いてコントロールされており，また第二に，議会の財政権により予算・租税法律を用いてコントロールされている。一般行政は，議会の立法権の下にあり，法律による行政の原理が支配する領域である。他方，財政は，議会の財政権の下にあり，支出や借入については財政民主主義，課税については租税法律主義の支配する領域である。そして，歴史的には，後者の財政権が議会

の本来の権限であり，立法権は後から出てきた権限なのである。

(2) 租税法律主義の一般行政への転用

　この連載においてすでに見てきたように，租税法律主義は，中世領邦領主の課税承認権や，マグナカルタに由来し，名誉革命において完成された原則であるということができよう。これに対して，日本流の，法律による行政の原理は，19世紀に成立したドイツの行政法理論が輸入されたものである。

　そのドイツにおいては，租税法律主義（＝租税法上の法律の留保〔steuerrechtliche Gesetzesvorbehalt〕）が，法律による行政の原理，就中，行政法上の一般的な法律の留保（allgemeine Gesetzesvorbehalt）の先駆けとされている[23]。要するに，租税法律主義の原則が後に一般行政にまで拡大されて，法律による行政の原理が形成されたということである。そして，このような歴史的経緯を無視すると，租税法律主義と，法律による行政の原理を混同する考え方も出てくるといえよう。

(3) 租税法律と議会の財政権

　身分制議会も近代的な議会も，課税承認のみならず徴収した租税の支出承認をも行うところから，租税立法と予算承認（Steuergesetzgebung und Budgetbewilligung）は，その歴史的経緯においても，その近代的な国法学的意味においても，議会の財政権の二つの側面（zwei Seiten der Finanzgewalt des Parlamentes）である[24]と考えられる。

　そもそも私達は，予算は議会の財政権に基づくものであるのに対して，租税法律は「法律」という用語を含むものである以上，議会の立法権に基づくものであると単純に考えている場合が多いのではなかろうか。租税法律が，議会の財政権に基づくものなのか立法権に基づくものなのかは，一見どうでもいいように見える問題であるが，しかし，租税法律を単純に立法権に基づくものとと

---

[23] Franz Drewes, Die steuerrechtliche Herkunft des Grundsatzes der Gesetzmaessigkeit der Verwaltung, 1958.

[24] Tübinger rechtswissenschaftliche Abhandlungen, Band 2, S. 105, 1961.

らえると，本来歴史的淵源の異なる租税法律主義と法律による行政の原理が等置されてしまい，財政権の特殊性が没却される。その意味でも，租税法律主義は，「法律」という点を強調しすぎることなく，租税議会主義と呼ぶべきかもしれない。

　予算議決と租税法律との関係について述べると，フランスでは毎年の予算法律の中に，毎年の予算と租税法律が含まれている。また，ドイツにおいては，予算も，租税法律同様に法律とされているが，予算法律は通常の法律とは異なる「形式的法律」とされてきた（18世紀の公法学者である Paul Laband は，形式的意義の法律と実質的意義の法律の区別〔Unterscheidung zwischen formellem und materiellem Gesetz〕に基づいて，予算を前者であるとする[25]）。ドイツで，租税法律が，法律のかたちをとってはいるが財政権の産物であるとされている点は，ドイツの行政法学者 Otto Mayer が，行政権力を，一般行政権力と財政権力（Finanzgewalt, 課税権力のことである）に分け，租税行政を特別視している点にも表れているように思われる。これに対して，日本においては，予算が法律の形態をとらず特別な法形式のものであり，租税法律とはそもそも別物とされているので，（予算が財政権に基づくことは当然のことであるとしても）租税法律が財政権に基づくという点が見えにくくなるのであろう。

(4) 予算と租税法律の差異

　なお，予算については基本的に司法権の審査が及ばないのが通常である。事実，予算を統治行為と絡めて議論する考え方も，フランスやドイツに根強く存在する[26]。確かに，予算という政治的な行為については司法審査は及ばないが，それが議会の厳格な留保の下に置かれている点は重要である。これに対して，租税法律が，予算と同様に財政権に基づくものでありながらも，通常の法律と同様の法律とされていることの意味は，租税法律が，予算と異なり司法審査に服することを反映しているということなのかもしれない。

25　Laband, Das Budgetrecht nach Bestimmungen der Preußischen Verfassungs—Urkunde unter Beruecksichtigung der Verfassung des Norddeutschen Bundes, 1871.
26　Gaston Jèze, Théorie générale du budget, 1922.

12 近代4 | 19世紀における財政に関する学問の変遷

2016年4月

今回は，租税を対象とする学問の変遷について，19世紀ドイツにおける動きとその日本への影響を中心に，簡単に見ていく。

(1) 王の家計と家政学

私達は，経済学というと，数式を用いた冷徹な学問を思い浮かべるが，実際の歴史を見ると，経済学の始まりは家庭の管理にあったという点を忘れるべきではない。

そのことを端的に示しているのが，英語の economy という語である。実は，この語の語源は，ギリシャ語の $οικονομία$（ラテン文字で oikonomia）であり，かつ，このギリシャ語は，$οικος$（ラテン文字で oikos，英語で house の意味）から来ているのである。要するに，economy という語は，古代ギリシャにおいては，本来，家の切り盛りを意味するものだったと考えられる。事実，その後のカトリック教会や正教会等のキリスト教においても，ギリシャ語の $οικονομία$ は，家の切り盛りを意味するものとして用いられていた。また，例えば，新約聖書の，コロサイの信徒への手紙第1章25節 (Epistle to the Colossians 1:25) においては，パウロにより，$κατὰ\ τὴν\ οἰκονομίαν\ τοῦ\ Θεοῦ$〔according to the administration of God〕という表現が用いられているように，管理という意味で $οικονομία$ が使用されている[27]。

現在において，家政学が home economics と呼ばれているのは，決して偶然ではなく，むしろ，economics という語の本来の意味に忠実なものといえよう。

(2) 官房学の成立と分化

封建時代及び絶対君主制の時代において，国家の運営とは，王の家政・家計

---

27 cf. John Goodrich, Paul as an Administrator of God in 1 Corinthians, 2012, p.12.

の運営の延長線上にあるものと考えられていた。このような考え方を受けて，上の(1)で述べた家政学の流れをくむところの，王家＝王国の切り盛りに関する学問が，17世紀から18世紀にかけての重商主義的な時代のドイツで発展した，官房学（独 Kameralismus，英 cameralism）である。官房学は，現在の行政学や政策学等に対応するところの，王家の家計の切り盛り全般に関する幅の広い学問であるが，そこには，後の財政学が当然に含まれていた。

そして，このことは，19世紀になって立憲君主制の下で官房学が変質するようになった後も同様であった。その結果，官房学は，より実践的な，国家学・国法学，行政学，財政学等へと分離していくのである。

(3) 財政に関する学問

このような変化に対応して，財政に関する学問は，特に19世紀以降のドイツ圏において，様々に変化した。その中で特に注目すべきは，ヘーゲル（Georg Wilhelm Friedrich Hegel, 1770-1831），ローレンツ・フォン・シュタイン（Lorenz von Stein, 1815-1890），アドルフ・ワーグナー（Adolf Wagner, 1835-1917）の三人なのではなかろうか。すなわち，19世紀初頭に，官房学から国家学を分離独立させたのがヘーゲルであり，そこからさらに，より法的な観点から国法学・行政学への道筋を示したのがシュタインであり，また，より経済学的な観点からドイツ財政学を集大成したのがワーグナーである。

特に，ドイツにおいては，19世紀における租税に関する学問の基本は財政学であった。それ故に，ワーグナーの業績は，現代にまで影響を及ぼしており，ゆるぎないものであった。ワーグナーは，シュタインのように法的な方向性とは異なる，経済学的な方向性を目指した。ここに，租税に関する法的対応から分化した経済学的対応が確立したのではないか。

この財政学に，さらに，真の意味での近代経済学的手法をフルに採り込んで，20世紀に至って集大成したのが，リチャード・マスグレイブ（Richard Musgrave, 1910-2007）である。経済学としての財政学は，事実上，ここに完成したといってよかろう。

その後，租税は，よりミクロ経済学的色彩の強い公共経済学において主に議

論されるようになって現在に至っている。また，最近においては，経済学において，ファイナンス理論や行動経済学の手法を採り入れた租税研究も行われるようになっている。

(4) 日本における租税に関する学問

　他方，日本における租税に関する学問において，戦前から，伝統的に財政学が圧倒的に優位であったのは，ドイツから租税に関する学問が輸入された時期が，ちょうど，ドイツにおいて財政学が優位であった時期と重なるためだったのではないかと思われる。大学の経済学部には，戦前から財政学の講座が置かれており，数多くの優秀な研究者により研究が継続されてきたのは，このためであろう。もっとも，最近の経済学においては，租税に関して，財政学よりは，むしろミクロ経済学に基礎を置く公共経済学的な研究が強くなっているようにも見受けられる。また，アメリカ等におけると同様に，行動経済学やファイナンス理論を用いた研究も行われている。

　他方，日本における租税に関する学問で，戦後極めて優勢になったのが，会計学である。これは，基準性原則の下で，法人税の課税所得計算を企業会計に準拠して行うことが昭和40年の法人税法改正で正式に採用されたことの結果といえようか。しかし，税務会計は，当然のことであるが，基本的に法人税における課税所得計算のみを扱うものであり，租税という現象全体を扱うものではなかったので，それを租税に関する学問と呼ぶことにはいささか無理があるかもしれない。もっとも，税務会計が，租税に関する理論の発展に及ぼしてきた役割について正当に評価すべきであることは，論を俟たない。

　これに対して，租税を法的に研究する学問分野としての租税法は，戦前に杉村章三郎先生等により生みだされたものであるが，戦後も，順調な発展を遂げて，現在に至っている。例えば，杉村先生を受け継ぐ東京大学における租税法講座は，シャウプ第二次勧告を受けて昭和26年に設置されたものであるが，その後，継続的に多くの研究者を世に送り出し続けている。そこにおいては，その初代専担者である金子宏名誉教授の影響を受け，幅広い比較法的研究を基礎にした上での，課税要件を中心とする租税実体法の研究が中心を占めており，

公法的要素のみならず，私法的要素，国際法的要素，その他を採り入れている。さらに，法的研究に，経済学的研究，ファイナンス理論，会計学等を広く採り入れ，総合的な方向を目指している点にも特色がある。

三　現　代

13　現代1　所得概念の発展　—アメリカとヨーロッパ

2016年 5月

　いよいよ今回から，現在に近い，比較的新しい時代における租税や租税理論の流れについて，各論的に，テーマ別で考えていくこととする。初回は，問題の重要性に鑑み，所得概念の発展について扱うこととしたい。

(1) 所得税の二類型—分類所得税と包括的所得税

　一口に所得税といっても，ヨーロッパ系統の分類所得税と，アメリカ系統の包括的所得税という，かなり性格の異なる二つの類型がある。両者の差異は，主として，キャピタル・ゲインや，偶発的・臨時的な利得に対して課税するか否かという点にあるといってよかろう。

　分類所得税は，主としてヨーロッパの諸国で伝統的に採用されてきたもので，国によっても時代によっても多少異なるが，不動産所得税，事業所得税，有価証券利子税，云々という具合に，定期的所得をもたらす所得の源泉（不動産，事業，有価証券，等）の存在に着目し，そこから生ずる所得について（のみ），そのような所得源泉ごとに比例税率で課税される所得に対する複数の租税の総称である。「資本の価値を損なうことなく継続的・定期的に生み出されるもの」，でないものは所得とされない（いわゆる，制限的所得概念，ないし所得源泉説）ので，例えば，キャピタル・ゲイン（資産の値上がり益）や，臨時的・偶発的利得は課税の対象とされてこなかった。

　これに対して，アメリカにおいては，どのようにして生み出されたものであっても1ドルは1ドルであり，同様に課税されるべきであるという考え方の下，歴史的に一貫して包括的所得税が採用されてきた。その結果，キャピタル・ゲインや臨時的・偶発的利得も課税の対象とされてきた（いわゆる，包括的

所得概念)。アメリカでは、ヨーロッパや日本における所得分類といったものは存在せず、基本的に、通常所得とキャピタル・ゲインの二種類に分ける程度である。

日本においても、戦前、分類所得税が採用されていた。現在の日本の所得税における所得分類は、その名残といってもよいかもしれない。ところが、戦後は、キャピタル・ゲインや偶発的・臨時的利得も課税の対象とするなど、包括的所得税への変更がなされ、現在に至っている。なお、ヨーロッパにおいても、最近は、キャピタル・ゲインに対しても課税するようになっている（ただし、イギリスでは、キャピタル・ゲインは所得ではないので、所得税ではなく、キャピタル・ゲイン税が課される）。

(2) ヨーロッパの制限的所得概念とアメリカの包括的所得概念

理論的に見た場合に、ヨーロッパの分類所得税の基本となっているのが制限的所得概念であるが、その背景には、民法における元物と果実の区分が存在するのではないかと思われる。

すなわち、物から生ずる収益が果実であり、果実の生ずる元となるものが元物である（民法88条参照）。要するに、元物とは資本であり、果実とは所得であると考えればわかりやすいかもしれない。そして、民法上、果実とは、元物の価値を損なうことなく継続的に生み出されるものとされており、そのような考え方を受けているためか、ヨーロッパ租税法における所得は、資本の増加であるキャピタル・ゲインや、継続的・定期的に発生するわけではない臨時的・偶発的利得は、所得と観念されてこなかったものと思われる。

これを経済学的に見ると、所得は、生産要素を用いた生産活動の対価であり、生産のないところに所得はないということになる。このような考え方に立つ場合、単なる移転は所得ではないことになる[28]。例えば、キャピタル・ゲインは生産の対価ではなく単なる移転であり、それは将来収益（これが生産の対価である）の割引現在価値の合計額の増加であるから、それに対して課税し、かつ、

---

28 中里実「所得の構成要素としての消費」金子宏編『所得課税の研究』所収38頁、参照。

将来収益に課税すれば二重課税になる，という説明になる。

　これに対して，アメリカにおいては，包括的所得概念が理論的サポートを受けて来て，それが，シャウプ勧告や，金子宏名誉教授の所得概念に関する論文(後掲)等を通じて戦後日本の所得税制度の根幹をなす理論となった。その後の流れの中で，消費型所得税の理論や，二元的所得税の理論が唱えられてきたが，少なくとも，キャピタル・ゲインや偶発的・臨時的利得も所得であるという点が大きく揺らいだことはなかったといえよう。

(3)　日本への影響

　日本では，戦前のヨーロッパ流の分類所得税に，戦後，アメリカ流の包括的所得税を無理に接ぎ木した結果，強固な所得分類の発想（これは，分類所得税の名残といえよう）が存在するにもかかわらず，(譲渡所得や雑所得の存在からうかがわれるように）所得が包括的に構成されるという，わかりにくい構造の制度となっている。

　アメリカと異なり，所得分類を強固なかたちで残す日本の所得税について，それが包括的所得概念を採用したものであるということを理論的に論証し，その後の理論及び実務に決定的な影響を与えたのが，金子宏「租税法における所得概念の構成(1)-(3・完)」（法学協会雑誌83巻9・10号1241-1282頁（1966），85巻9号1249-1267頁（1968），92巻9号1081-1143頁（1975））である。

　他方，包括的所得概念を採用すると，時間選好の問題に関していわゆる貯蓄の二重課税が生ずる（稼得した段階で課税がなされ，かつ，それを貯蓄して利子が生じた段階で再び課税がなされる）結果として，消費をした者との比較において貯蓄をした者の租税負担が重くなるという非中立性の存在についての強い批判が存在する。この点を重視する消費税論者からは，包括的所得概念に対して，消費型所得概念（稼得した利益のうち，貯蓄に充てられた部分に対して課税しない方式）の下においては，貯蓄の二重課税は発生しないという批判がなされているのである。確かに，毎年度の公平性の観点からは包括的所得税が望ましいのかもしれないが，租税の生涯負担の観点からは消費型所得概念が理論的に望ましいということができよう。

三　現　代

　しかし，世界的に見て，現実の租税制度においては，所得課税が消費型所得概念の方向に向かうのではなく，別の税目である消費税の負担増加により同じ効果が達成されつつあるといえるのではなかろうか。

14　現代2｜フランスにおける所得税の総合化 ——分類所得税から単一の所得税へ

　今回は，日本とは異なる制限的所得概念を採用するフランスを例に，所得税の課税ベースの変遷について述べることにする。以下は，基本的に，中里実「フランス企業課税における課税所得算定の法的構造」一橋大学研究年報法学研究15号115-190頁，1985年，の該当箇所の要約である。

(1)　フランスにおける所得税の導入

　フランスにおいても，公的需要の増大に対処し，納税者の担税力に応じた課税を実現するために，19世紀後半から所得税導入の動きが見られたが，実現しなかった。

　租税制度改革の主導者であった当時の大蔵大臣 Joseph Caillaux は，1900年に，プロシアに範をとった改革案を作成したが，これに対しては，イギリス型の比例税を支持する反対論が存在した。そこで，両者の妥協を図って，Caillaux は，1907年に，比例税率による分類所得税（所得類型により税率が異なる）と累進税率による一般所得税の二本立てからなる改革案を作成し，この案に沿った租税制度の改革が，1914年から1917年にかけて断行された。1914年3月29日法律において，不動産税に代わる不動産所得税の創設等が，また，1914年7月15日法律において，一般所得税の創設が，さらに，1917年7月31日法律において，不動産所得税以外の各分類所得税の創設が定められ，Système Caillaux と呼ばれる所得税制度が成立した。

　この改革で採用された所得税（複数形）は，所得全般に対し累進的に課される一般所得税と，所得類型ごとに比例税率で課される各分類所得税の二本立てであり，所得は二段階で課税された。両者は別個の租税であり，分類所得税の

45

税額に変更が加えられても，一般所得税の税額が影響を受けるわけではなかった。

　一般所得税は，所得全般に対して累進的に課される租税であり，基礎控除，扶養控助が認められる等，人税化された近代的な租税であった。同税の課税は1916年から開始された。力点は分類所得税に置かれ，一般所得税は補完的な存在にとどまった。分類所得税は，七つの所得類型の各々に対して課される税，すなわち，不動産所得税，有価証券所得税，利子所得税，農業利益税，商工業利益税，非商業利益税，給与税の総称であった。法人の所得に対しては，所得類型に応じ，分類所得税（商工業利益税，不動産所得税，有価証券所得税）のみが課され，一般所得税は課されなかった。

(2) 1948年の改革

　1948年8月17日法律の下に制定されたデクレにより，租税制度を整理・統合して簡素化することを目的とする改革が行われた。この改革は，次の二点に要約できる。

　第一に，法人税が個人所得税から独立した。法人の所得は，以後は，比例税率による法人税に服することとなった。税率は，当初，かつての商工業利益に対する分類所得税と同じ24％であったが，徐々に引き上げられ，1958年には50％となった。

　第二に，従来の分類所得税，一般所得税等が廃止されて，単一の（個人）所得税が設けられた。この所得税は，比例税と累進的付加税からなっていた。比例税は従来の分類所得税に，また，累進的付加税は従来の一般所得税に代わるものであったが，両者は，所得税という租税を構成する二つの要素にすぎない点で従来と異なる。例えば，一方についてなされた更正等は自動的に他方についても効果が及ぶとされた。

　しかし，所得税の統合は依然として不完全であった。第一に，この改革により所得類型ごとの税率の差がなくなり，比例税は一律18％とされたが，この原則には給与所得者等につき重大な例外が存在し，分類所得税の税率の統合という1948年改革の当初の目的は必ずしも十分に達せられず，不公平感は依然

として残ることとなった。第二に，比例税においては七つの所得類型が設けられていたが，類型ごとに所得（ないし利益）の定義，控除，課税物件の評価方法等の定めが異なっていた。かつ所得類型の区分は厳格であり，例えば所得類型間の損益通算は認められていなかった。第三に，比例税と累進的付加税とでは，納税義務の範囲が異なっており，比例税が，国外所得免税方式に基づきフランス国内源泉の所得にのみ課されたのに対し，累進的付加税は居住者の全世界所得について課された。租税制度の簡素化等は一定程度実現されたが，課税の原則的事項に変化はなかった。

(3) 1959年の改革

従来の制度が依然として分類所得税の名残をとどめることが複雑性と不公平性の原因であるとの認識の下に，1959年12月28日法律により租税制度の改革が行われ，一般的かつ総合的な単一の所得税が誕生した。

この改革により，比例税（税率22％）に代わって税率9％の補完税が導入され，同時に，従来の累進的付加税が所得税と名を変えた。補完税の税率は次第に引き下げられ，1969年12月24日法律により1970年以降廃止された。しかしながら，1959年改革による所得税の統合も必ずしも完全ではなかった。確かに，個人に対する所得課税が所得税という単一の租税により行われるようになり，納税義務者や課税所得の定義等が統一され，また，各所得類型間の損益通算が認められたが，所得類型の区分が残ったことに対応し，各所得（利益）の算定方法も所得類型により異なっていたのである。

(4) まとめ

以上のように，第一次世界大戦以後のフランス所得課税制度の展開は，分断された複数の租税から単一の総合的租税への発展の過程としてとらえることができる。所得課税の分野のこの発展は，1959年改革により各所得類型間の損益通算が認められたことによって一応の完成を見たといえよう。

キャピタル・ゲインについては，戦前から，事業用資産の譲渡によるものは事

業利益等に含まれるとされてきた。しかし，非事業用資産の譲渡によるキャピタル・ゲインに対しては，1976年7月19日法律と1978年7月5日法律により，ようやくキャピタル・ゲイン税（impôt sur les plus values）の課税がなされるようになったものの，所得の概念が包括的に構成されているとはいえない状態である[29]。この点に関する経緯については，Yvan Pailhes, Le Revenu Imposable—Notions—, Enseignant à l'A. M. U.（Aix Marseille Université），2012 に詳しい。

15 現代3 | 法人税の課税

通常，我々は，法人所得税の存在について疑問に思うことはないのではなかろうか。しかし，法人の所得に対してなぜ課税するかという問題は，歴史的になかなか奥の深いものであり，租税に関わる人間ならばだれでもこれを当然視しないで，課税の理由について一度は真剣に考えるべきものといえよう。

(1) 日本における法人税の歴史

わが国においては，法人擬制説→法人実在説→法人擬制説と立法が揺れ動いたが，企業利益とリンクする課税所得に課税する方式が一貫して採用されてきた。

【第一期（擬制説）】

日本に法人所得課税が導入されたのは明治32年法律17号によってである。この明治32年所得税法は法人の所得（第一種所得）に対して比例税率で所得税を課すものであった。法人と個人の間の二重課税を排除するため「此ノ法律ニ依リ所得税ヲ課セラレタル法人ヨリ受クル配当金」が非課税とされていた（同法5条7号）ことから明らかなように，同法は擬制説に基づいていた。また，第一種所得算定上，「此ノ法律ニ依リ所得税ヲ課セラレタル法人ヨリ

---

[29] Guy Gest, France, in Hugh J. Ault, Brian J. Arnold et al., Comparative Income Taxation, 2nd edition, 2004, pp. 41-42.

受クル配当金」が法人の総益金から控除されており（同法4条2項），法人の受取配当の課税もなかった。

【第二期（実在説）】

大正9年法律11号により配当に対する所得課税が行われるようになり（二重課税の肯定），法人は独立の納税義務者とされた。昭和15年に所得税法とは別に法人税法が制定された（昭和15年法律25号）。

【第三期（擬制説）】

昭和25年法律72号により，シャウプ勧告に基づく改正が行われた結果，再び擬制説が採用され，法人の受ける利益配当の益金不算入（同法9条の6）と個人株主の配当所得について25％配当控除が定められた。これが現行制度の元である。

(2) 課税の根拠

現在，多くの国で，法人所得税が存在し，課税所得と企業利益とがリンクさせられている。しかし，法人の所得に対し課税する確固とした理論的根拠は実は乏しい。

ヨーロッパの歴史を見ると，商人の商工業利益に対する分類所得税の一つである商工業利益税が存在したのが，各種分類所得税が単一の所得税に発展的に解消される中で，法人商人に対する商工業利益税が法人税として独立したという経緯を観察することができる。そのような歴史的経緯を反映してか，現在のドイツでもフランスでも，法人税の課税利益計算は，個人所得税の商工業利益の計算と同じものとなっている。

このように，法人所得税が課税される理由として考えられるのは，法人も商人として法人格を有し，個人商人同様利益計算を行うので，法人商人にも商工業利益税を課税したという歴史的経緯くらいである。他に法人課税の実際的根拠としては，納税者数が少なく便利であり税収も上がるという点くらいであろうか。

(3) 理論的批判

　法人の所得に対して課税することについては，法人段階の課税と，配当や株式キャピタル・ゲインに対する株主段階の課税という二重課税により引き起こされる，非中立的効果に対する批判が経済学の立場から行われてきた。この非中立性を排除するために，個人株主の受取配当について配当控除等の調整を行ったり，法人株主の受取配当について益金不算入にしたり，場合によっては，一部の国（例えば，オランダ）のように，株式譲渡益を非課税（ただし，法人が株主の場合）にしたりといった具合に，様々な形式の調整が行われてきたが，法人税を廃止すべきであるという議論はあまり見られない。

　そもそも，法人税を急に廃止するならば，深刻な税収不足が生ずることになるのみならず，株価が急騰するから，株主は windfall（予期せぬ利益）を得ることになる。また，一国のみ廃止すると，その国はタックス・ヘイブンになってしまうであろう。このような実際的な考慮から，法人所得税の課税は継続されてきたのではなかろうか。

(4) 方　　向

　実は，この他にも，法人所得税については重大な弱点が存在する。それは，仮に法人所得税の課税を強化すべきであるという理論的・政策的根拠が確固としたものとして存在するとしても，法人所得税が課税逃れのしやすい租税であるという点については疑いの余地がないという点である。

　これは，法人税の国際課税方式の欠陥を突いた課税逃れが実務的に重要性を増し，先進諸国において法人税の課税が徐々に困難になりつつあるという点からうかがわれる。このことを反映して，世界における法人税の地位は，徐々に低下してきている。この現象につき，エコノミスト誌は，かなり前，以下のような二つの衝撃的な記事を掲載した。

・"The disappearing taxpayer", The Economist, May 29th 1997 (From the print edition), http://www.economist.com/node/150080

・"The mystery of the vanishing taxpayer", The Economist, Jan 27th 2000 (From the print edition), http://www.economist.com/node/276945

　すなわち，経済のグローバル化に，主権国家の並存状態を前提とする現在の租税制度が十分に対応できておらず，特に法人税に関しては，課税逃れの蔓延等による税収減少等の危機的な状況が作り出されているというのである。この記事から20年も経過した現在においても，状況は改善されるどころか，深刻化の一途をたどっている。市場における課税逃れへの圧力は強く，経済取引のグローバル化を背景とする課税逃れの蔓延はとどまるところを知らず，先進国はいずれも深刻な税収不足に陥っているというのが偽らざる現状である[30]。それにもかかわらず，企業を国内に引き留めるために，各国で税率の引下げ傾向が続いており，かつて50％ほどあった主要国の法人税率が，今は20％台が普通となっている。

　それでは，法人税は，エコノミスト誌のいうように，消えゆく運命なのであろうか。この点は，簡単に答えられるものではないが，悲観的な予想も十分成り立ちうる。なぜなら，2013年7月にOECD租税委員会で作業が開始されたBEPSプロジェクトは人為的な課税逃れに対するものであり，国家間の税率引下げには十分に対応できないからである。いかにして，穏やかに法人税の延命を図り世界的な財政危機に対処するか，財政当局の能力が問われている。

15a　税研204号　所得税と法人税の関係　2019年3月

　所得税と法人税の関係については種々議論されている。しかし，所得税と法人税が別の税であるといっても，課税対象が個人か法人かだけのことで，ともに「所得」に対する課税として言わば双子のようなものである点，異論はあるまい。以下，所得税と法人税の関係について，所得税額控除に一定の制限を加える法人税法68条2項との関係において若干の考察を加えたい。

30　以上は，中里実「最近の国際課税制度の流れ」ジュリスト1468号12-13頁，2014年，による。

法人税法68条は，1項において，源泉所得税の法人税額からの税額控除を規定した上で，2項において公益法人等及び人格なき社団等について，源泉所得税が収益事業以外の事業から生じる所得に対して課されている場合，所得税額控除はできない旨規定している。

2項の規定の歴史は古く，当初は「人格なき社団等」についてのみの規定であったが，昭和40年改正において，現在のように「公益法人等」を含むこととされた。しかして，課税当局においては，この2項について「収益事業から生ずる所得以外の所得については，法人税が課されないのであるから，その課されない所得について所得税が課されても，これを収益事業にかかる所得に対する法人税額から控除する理由はない」と，当然の規定の如く考えているようである[31]。確かに，公益法人等及び人格なき社団等が法人税の課税を受けるのは，収益事業によって生じた所得に限られており，所得税額控除を法人税と所得税とが同時に同じ所得に対し課されることを防止する制度であると解すれば「法人税が課されない以上，所得税を課しても何の問題もない」という上記の見解も必ずしも不思議ではない。まして，税制改正のなされた昭和40年当時所得税と法人税が「双子」であるという点が，どこまで意識されていたかは不明であり，一方的に当時の立法を責めるのは筋違いであろう。しかし，より理論的な整理の進んだ今日，法人に対する基本的所得課税である法人税は，収益事業以外には課さないとしておきながら，他方で，源泉徴収された所得税については取り切りにしてしまう法人税法68条2項の規定について，場合により改正を考えられないであろうか。

具体的に考えると，人格なき社団等については，もともと想定されていたのが個人の集団ないしは個人の財産の集団等であろうから，個人であれば課せられる所得税をそのまま課すという立場は理解できないことはない。だが，所得税についても非課税となるケースの多い公益法人等のうち，所得税法上の公共法人等に該当しないため例外的に源泉所得税の課税を受ける非営利性の一般社団法人／財団法人についてまで，この源泉徴収所得税の取り切りを行うことには疑問を感じる。もちろん，一般社団／財団には，許認可等がなく，源泉徴収

31　武田昌輔編著「DHCコンメンタール法人税法」4230頁。

義務者側からすると誰が「非営利性」の一般社団／財団なのかはわからないため，源泉所得税を課すこと自体は制度設計としてはやむを得ない。しかし，非営利性の一般社団／財団といっても，実際の事業が公益性の強いものである場合もありうる（例えば奨学金を給付する団体）から，よりきめ細かい対応があってもよいのではないか。理論面及び実務面の双方から，より調和のとれた制度が構築されることを期待したい。

16 現代4 ｜ シャウプ勧告

今回は，日本の現代における租税制度構築の基礎となったシャウプ勧告の位置付けについて，少し広い視座から考えてみよう。

(1) シャウプ使節団

戦後日本経済の混乱を収拾するため，1949年2月にドッジ・ラインによる財政金融の引締めが開始された。その提唱者であるジョセフ・ドッジの考えに基づいて，破綻に瀕していた日本財政を立て直すべく，日本の租税制度の改革を提言するために，アメリカの経済学者，法律学者等の7人のメンバーからなるシャウプ使節団が1949年（昭和24年）5月10日に来日した。使節団は，8月26日に帰国するまで，日本各地を精力的に調査し，同年8月27日に，シャウプ使節団日本税制報告書（Report On Japanese Taxation By The Shoup Misson）という後世に残る記念すべきレポートを発表した。この報告書は，当時の最先端の租税理論に基づいて作成されたものであり，その後の日本の租税制度の基本となるものであった。

この使節団は，経済学者である Carl Shoup（コロンビア大学）と William Vickrey（コロンビア大学，1996年にノーベル経済学賞受賞），法律学者である William Warren（コロンビア大学），Stanley Surrey（カリフォルニア大学，後にハーバード大学に移動。さらに，1961年にケネディー政権下で Assistant Secretary of the Treasury for Tax Policy に任命され，1969年まで在任[32]）等の豪華なメンバーから構成

(2) シャウプ第一次勧告

1949年のシャウプ第一次勧告は，当時の日本の複雑で不公平で非効率的な租税制度を改革するために，多方面に及ぶ根本的な改革を提言した。その基本は，租税負担の公平性・効率性を確保し，資本蓄積に貢献するとともに，租税行政の在り方を改善することであった。

第一に，シャウプ勧告は，直接税中心主義を打ち出し，種々の間接税の整理・廃止を提案した。それは，所得税の最高税率の引下げ，譲渡所得の平準化措置，相続税と贈与税の統合，加算型附加価値税タイプの事業税，法人税に関する法人擬制説の採用，資産再評価による資本蓄積等の，理論的で斬新な改革を提言した。このような経済理論に基づく大改革の提言は，その後の日本の税制改革の在り方を決定付けた。

第二に，シャウプ勧告は，租税行政手続の透明化と効率化を図るために，根本的な租税行政・租税手続の改革を打ち出した。その中でも，特に，申告納税制度の採用，青色申告制度の採用，税理士制度の確立等の，その後の日本の租税制度の根幹をなす制度が打ち出された点は重要である。

第三に，地方財源の拡充のための大胆な地方税改革が打ち出された。これが，現在の地方税制度の基本となっている。

(3) シャウプ第二次勧告

シャウプ使節団は，第一次勧告の翌年の1950年に，第一次勧告の実施状況確認等のために再来日し，同年9月21日にシャウプ第二次勧告（Second Report on Japanese Taxation by the Shoup Mission）を発表した。この報告書の中で特に注目されるのは，大学の法学部に租税法の講座を設けるべきことを提言したことである。

32　cf. http://www.nytimes.com/1984/08/28/obituaries/stanley-s-surrey-74-taxation-law-expert.html

それを受けて，1951年に，東京大学法学部と京都大学法学部に租税法講座が設けられた。ここに，日本における租税制度の法学的研究の基礎が打ち立てられた。このことの学問的・実際的意義は，極めて大きい。憲法の定める租税法律主義の原則を現実の租税制度に正確に反映させるためには，租税制度の法学的研究が不可欠だからである。

(4)　シャウプ博士の業績についての本

　シャウプ博士の研究の成果については様々な書物が出版されているが，ここでは，広い観点からまとめられた書物として，Lorraine Eden, ed., Retrospectives on Public Finance, 1991, Duke University Press を挙げることとしたい。

　この本は，1989年5月に，カナダのオタワの，Carleton University に，アメリカ，カナダ，オーストラリア，日本の研究者が集まり，シャウプ博士の業績を顕彰する研究会が開かれ，その際の報告を集めて出版されたものである。幸運なことであるが，当時，UCLA School of Law で，租税政策の授業を行っていた私（1987年夏から1年半のハーバード・ロースクール留学の後，1989年1月から半年の予定でUCLAに移動）も，この会合に招いていただき，天安門事件発生直前の中国政府に抗議する中国人学生のデモの最中のオタワを訪問した。そこにおける私の報告は，この書物の51頁から66頁にかけて，"The Impact of the Shoup Report on Japanese Economic Development" として掲載されている。

　この会合には，シャウプ先生ご本人の他に，William Vickrey, Richard Goode, Richard & Peggy Musgrave, Richard Bird, Jack M. Mintz, Charles E. McLure といった錚々たる顔ぶれの先生方が参加し報告を行ったが，まだ若い（当時，34歳）私は緊張するとともに，様々な先生方とお話をすることができて大いに感動したのを今でも鮮明に覚えている。

(5)　シャウプ税制使節団の評価

　シャウプ勧告は，その後，税制改革に関する提言のために様々な国々へと送られることになる税制使節団（Tax Mission）の模範となった。シャウプ自身の手

による，先進国の租税制度と租税理論を発展途上国に移す試みも，ベネズエラ等で行われた。

　また，1952年に国際連合の議決に従って設立された，ハーバード・ロースクールの International Tax Program も，シャウプ使節団のメンバーであった Surrey 教授が設立に関与していた等，シャウプ勧告と極めて密接な関係をもっている。多くの日本人がここに留学し，帰国後，日本で活躍している。この研究所については，そのウェブサイトを参照されたい[33]。

　私自身も，1987年の夏から1988年の末までの1年半の間，日本及び世界各国からここに来ていた方々と一緒に勉強する機会に恵まれた。租税制度の構築・運営において，法律学と経済学にまたがる勉強が必要なことを，恩師の故 Oliver Oldman 教授から教えていただいたことは，懐かしい思い出である。

17　現代5　附加価値税の誕生と発展

2016年9月

　今回は，20世紀後半から急速に，世界の租税制度の中で中心的な地位を占めるようになってきている附加価値税の生成と発展について，ごく簡単に振り返っておきたい。議論の際には，特に，日本で通常は間接税として理解されている附加価値税が，実は，企業が生み出した附加価値に対して課される企業課税であるという点において，法人所得税と極めて類似しているということに関する正確な理解が重要である。

(1) 附加価値の意義

　附加価値（英語で value added，フランス語で valeur ajoutée）とは，企業に対して投下された実物の生産要素（土地等の天然資源，資本財，及び，労働の源泉である人的資産）というストックが，企業において行われる生産活動を通じて生み出すところのフローのことである。すなわち，生産要素のインプットに対するアウト

33　http://tax.law.harvard.edu/international-tax-program/

プットが附加価値である。

　企業は，その生産活動において使用する実物の生産要素のストックを，①自己資本として調達した資金，及び，負債形態で調達した資金，を用いて取得して自らの資産として保有する（これは，貸借対照表で確認することができる）か，あるいは，②土地等の賃貸契約，及び，雇用契約を通じて借り受け（ないし雇用）ることにより取得・保有・利用する。

　そのような生産要素のストックの取得・保有・利用の対価として企業が負担するフローは，①企業自らの資産として保有する生産要素を取得するための資金（自己資本と負債）に関しては，利益（株主へのリターンであり，配当と内部留保からなる），及び，支払利子（債権者へのリターン）であり，また，②企業が生産要素を借りて（雇用して）支払うリターンとしては，支払地代等（地主等へのリターン）や，支払賃金（従業員へのリターン）である。したがって，企業のフローの面においては，

　　　附加価値＝利益＋支払利子＋支払地代等＋支払賃金

という等式が成立する（加算法による附加価値計算）。他方で，附加価値は，また，

　　　附加価値＝（企業の生産する財・サービスの）売上－（他企業からの）仕入

としても表現される（控除法による附加価値計算）。なお，この二つの式を整理すると，

　　　利益＝売上－仕入－支払利子－支払地代等－支払賃金

というおなじみの式を導くことができる。

(2)　二種類の附加価値税

　上記の二種類の附加価値計算の方法のいずれを用いるかにより，附加価値税

についても，以下の二種類が存在する。
　A　加算法により附加価値を計算して課される直接税タイプ
　B　控除法により附加価値を計算して課される間接税タイプ

　すなわち，前者のＡが，シャウプ勧告により提案されたものであり，現在の日本の事業税の外形標準部分（附加価値割）もこれである。他方，後者のＢが，フランスにおいて1954年に導入されて以来，世界に広がっているものであり，日本の消費税もこれである。しかし，この二つの附加価値税のタイプは，実際には，単に計算方法の差だけでなく，より本質的な差異を反映した区分である。この点を説明すると以下のようになる。

　前者のＡは，法人所得税をもとに生み出された方式で，法人の所得計算において，支払利子，支払賃金，支払地代等を控除しないで（損金算入を否定して）求められる（＝実際には，法人の所得に，支払利子，支払賃金，支払地代等を加算して求められる）ところの，所得タイプの附加価値に対して課されるものである。なお，利益算定においては，法人所得税同様，資本財に関して減価償却が行われる。

　他方，後者のＢは，歴史的には様々な間接税を整理統合することから発展的に生み出されたもので，売上げから仕入れを控除して計算されるところの，消費タイプの附加価値に対して課される。資本財の仕入れに関しても取得時即時全額控除が行われるから，①のような利益計算の際の減価償却（資本財の仕入れに関して，減価償却費部分のみ控除すること）とは無縁である。

(3)　ヨーロッパの共通税制

　ヨーロッパ統合の際の1960年代の共通税制の採用の際に，フランスの附加価値税と，ドイツの売上税との比較において理論的に優れたフランスの附加価値税に軍配が上がった。この点について，駐日欧州連合代表部の公式ウェブマガジンである，Europe Magazine においては，「欧州連合（EU）は，VAT を加盟国の共通税制と定めており，すべての加盟国に導入が義務付けられています。1995年1月以降に加盟した15カ国は，すべて加盟と同時にVAT を導入しました。」と述べられている[34]。

すなわち，附加価値税は，(1)仕入税額控除により税の累積(tax on tax)を排除することができる点，及び，(2)国境税調整における輸出免税を，前段階税額控除を通じて容易に行うことができる点，が重要である。また，よく知られているように，ヨーロッパでは，前段階税額控除のために，インボイスが採用されている。

(4) 法人所得税との関係

20世紀後半以降の世界の租税の歴史は，法人税の地位低下と附加価値税の地位上昇に特徴付けられるといってよいのではなかろうか。特に，本書の第一部の15で述べたように，法人所得税の国際課税方式の欠陥を突いた課税逃れが実務的に重要性を増し，先進諸国において法人所得税の課税が徐々に困難になりつつあることを反映して，世界における法人所得税の地位が徐々に低下してきている点は重要である。このように，法人所得税の財源としての重要性が歴史的に低下してきていることを埋め合わせるために，世界の国々で，附加価値税の増税が図られてきたということができようか。

この点について理論的に考えてみると，附加価値税が，間接税の一種として位置付けられながら，その実際は，企業の生み出した附加価値に対して課される租税であるという点を考えると，法人所得税から附加価値税へのシフトは，実は，企業課税における課税ベースの変容の動きであったということができるのではなかろうか。

また，よくよく考えれば，事業税の外形標準化や，法人所得税における課税ベースの拡大も，法人所得税の地位低下を，企業課税の変容で乗り越えようとする国側の試みであると考えられる。

17a　税研186号 ｜ 複雑な制度の円滑な執行

ここでは，やや抽象的な話になるが，制度の執行について，「簡素」という観

34　http://eumag.jp/question/f1012/

点から，私が法律家として常々考えていることを，ごく簡単に要約して述べてみたい。

(1) 執行困難な制度

　まず，強調したいのは，たとえ理論的にどんなに優れたものであろうとも，執行できない制度や円滑な執行の極めて困難な制度は，制度と呼ぶに値しないという点である。当然のことであるが，制度を執行するために割くことのできる労力には限界がある。この点を念頭に置かずに税制改革を行うと，単に現場の担当者が混乱するだけで，改革の目的が達成されないという悲惨な結果が招来される場合がある。

(2) 公平性の追求と制度の複雑化

　公平な租税制度を追い求めれば追い求めるほど，制度が複雑化するのは不可避である。そして，複雑な制度は，執行が困難である場合がほとんどである。
　私達は，税制改革について考える際に，この，制度が複雑化すればするほど円滑な執行が困難になるという点を，常に念頭におかなければならない。特に，複雑な制度の執行の困難さは，中小企業や個人にとって，時に想像を絶する負担になりかねないという点をわすれてはならない。また，執行の困難に直面するのは，納税者ばかりではなく，税理士も，税務職員も，執行の困難な租税制度の被害者たりうるという点は深刻である。
　私は，応能負担の原則というのは，税額や税率についてのみ妥当するものではなく，手続についても妥当するものとして位置付けるべきなのではないかと考えている。税制改革にあたっては，納税の現場を混乱させる結果をもたらす可能性のある過度に複雑な手続を要求するようなことは避けなければならないといえよう。

(3) 本末転倒を避けるために

人々は，租税を支払うこと自体を終局目的として経済取引をしているのではなく，あくまでも，経済取引の結果として租税を支払うことができるのである。本来の業務に差し支えるほど複雑な制度は，租税制度のコンプライアンスを確保するために日々の業務がおろそかになるという，本末転倒の結果を招来する。このように，現場の担当者が，理論や制度の犠牲になるようなことがあってはならない。

この点，日本の確定申告の書類やホームページは，世界的に見てかなりわかりやすくできており，その点においては納税者サービスが行き届いているということができる。しかし，それだけでは，必ずしも十分ではない。制度によっては，執行の困難さを避けるための工夫が必要である。

(4) 円滑な執行のための措置

公平性の観点等から複雑な制度の導入がどうしても必要な場合に，それを円滑に執行するための方法はほぼ一つしかない。それは，納税者・税理士・課税庁職員等が混乱しないような簡易な執行制度を例外的に設けておくことである。複雑な制度の厳格な執行は，場合により経済効率を損なうことさえあり，必ずしも望ましいものではない。

特に附加価値税に関しては，中小企業に対してあまりに複雑な手続上の義務を負わせるべきではないのではなかろうか。手続的負担を軽くして，その分を本業の生産活動に向けていただいて，より大きな利益を上げていただくというのが，あるべき姿であろう。

17b 税研164号 ｜ EU税制の統一化―ヨーロッパ租税法の開拓者を偲ぶ

2012年7月

2012年2月25日，ミュンヘンにおいて，ドイツを代表する租税法研究者であり，また租税法専門の弁護士であった Professor Dr. Albert J. Rädler（私は，アル

バート・レードラー先生とお呼びしていた）が，お亡くなりになられた。享年78。1933年5月6日にお生まれになり，ミュンヘン大学で，租税法の大家であるオットマー・ビューラー（Ottmar Bühler）の下で，ヨーロッパ経済共同体（EEC）における直接税に関する論文[35]で博士号を取得したが，先生は，この論文で，ドイツ租税法専門家の団体であるFachinstitut der SteuerberaterのGerhard Thoma賞を受賞した。

先生は，1966年から1988年までレーゲンスブルク大学の講師を務められた後，ハンブルク大学に教授として移り，1998年に退官して名誉教授となられた。租税法研究者として世界的に活躍されただけではなく，ヨーロッパにおける直接税の統合に関する報告書を1992年3月に発表したルディング委員会のメンバーとして活動するとともに，ドイツでも最大手の弁護士事務所を設立し，運営されてきた。

私が初めて先生のお書きになったものを読んだのは，30年以上前〔**本書出版時からは40年近く前**〕の私の助手論文の執筆時であり，その先生の論文は，企業会計と租税会計の関係に関する基準性原則について分析したものであった。すなわち，中里「企業課税における課税所得算定の法的構造(4)」法学協会雑誌100巻7号1299頁注5, 1983年においては，私は，以下のように書いている。

> 　企業会計に基づいて課税所得算定を行なうという方式は，ドイツ，アメリカのみならず，他の先進資本主義諸国においても共通に見られる。例えば，オランダ，ルクセンブルク，イタリア，ベルギーにおいて課税所得算定が企業会計に基づいて行なわれているという点については，Rädler, Albert J. : Grundsätze ordnungsmäßiger Buchführung und steuerliche Gewinnermittlung in den EWG-Staaten (Principes d'une comptabilité réguliére et détermination du benefice imposable dans les pays du Marché Commun), Europäische Steuer-Zeitung (La Fiscalité du Marché Commun), Nr. 6 (Oktober 1963), S. 142 f. 参照。

---

[35] Die direkten Steuernder Kapitalgesellschaften, München 1960, Staatswirtsch. F., Diss. v. 9. Jan. 1961.

これは，先生が30歳の時に発表されたもので，難しい問題について，様々な国々の制度を，ドイツ流の厳格な基準性原則と，アメリカ流の緩い基準性原則に分けて簡潔に説明した，非常にわかりやすいものであったことを今でも鮮明に記憶している。

　その後，先生と奥さまには，ハンブルクで，ミュンヘンで，パリで，ボストンで，そして日本でと，実に様々な場所でお会いしたが，そのたびに人懐こく温かい笑顔でやさしく語りかけてくださった。先生のおかげで，若かった私はどれだけ心強い気持ちで国際的な会議に臨むことができたことか，お礼の言葉もない。先生にお世話になった日本人は実に数多い。ここに，謹んで，ヨーロッパ税制の統一化に人生をかけられた先生のご冥福を心よりお祈り申し上げたい。

18　現代6　国際課税の変遷

(1)　国際課税制度

　国際課税に関する法制度の変遷をたどるといっても，多方面に及ぶテーマであり，簡単ではない。国際課税の歴史については，法形式の面のみから見ても，(1)国内法の整備，(2)二国間租税条約の整備，(3)国際的協調の推進，の三つの面を各国について見る必要があるが，ここでは，日本における制度改正や議論の流れについて，思いついた点のみを見ていくこととする[36]。

(2)　戦前における国内法の整備

　課税管轄権につき定めのない明治20年（1887）所得税法の後に不平等条約改正の実施に伴い行われた明治32年（1899）改正では，全世界所得に対して課税される無制限納税義務者（但し，個人については国外所得免税）と，国内におけ

36　以下の制度の歴史については，原省三「国際課税のあり方と今後の課題について」税大論叢54号，2007年，565-572頁，参照。

る資産・営業・職業による所得についてのみ課税される制限納税義務者が分けられていたが，大正9年（1920）改正で，個人の無制限納税義務者につき，国外所得にも課税した上で，外国税額を費用控除する方式に変更された（但し，日本国籍を有しない者が国外で得た資産・営業・職業から生ずる所得は非課税）。

このように，明治32年以来，日本の国内法においては，一応，内国法人につき全世界所得に課税し，外国法人につき所得税法施行地における資産や営業から生ずる所得にのみ課税を行うこととされてきた[37]。

(3) 戦後における国内法の整備

昭和27年（1952）改正において，制限納税義務者につき所得発生地で課税する方式が導入され，日本に本店又は主たる事務所を有する者が公社債利子を支払う場合，あるいは給与所得を発生させる勤務が日本で行われる場合，支払地に関わらず課税対象とされた。これは，日米租税条約の締結（昭和30年（1955））の準備として，米国流の所得源泉地概念にシフトしたものといえよう。同様に，昭和28年（1953）改正において，国際的二重課税排除方法として外国税額控除が導入された（国別控除限度額方式）。また，昭和29年（1954）改正において，無制限納税義務者・制限納税義務者から，居住者・非居住者という用語に変えられた。その上で，昭和30年（1955）に日米租税条約が締結された。このように，戦後の日本においては，投資を呼び込むための外国法人課税等の整備が急務であった。

日本の国際課税制度の本格的な構築は，昭和37年（1962）改正において行われ，非居住者・外国法人については国内源泉所得にのみ課税する現在の仕組みが完成し，他方，一括限度額方式や間接税額控除の導入により外国税額控除制度が整備された。この改正につき，私は，「昭和37年改正は，現在の日本の国際課税制度の根幹をつくりだしたものとして評価できるのみならず，当時の国際租税法の世界的水準からみて，きわめて進んだものであった。」と述べた[38]が，念頭にあったのは日本企業の海外進出促進であった。その結果，外国法人課税

---

37 中里実「外国法人・非居住者に対する所得課税」日税研論集33号，1995年，139-269頁，参照。

について，一号所得とその他を区別する点でヨーロッパ型を採用する一方で，ソース・ルールと外国法人の課税方式を区別する点でアメリカ型が採用された。その後，タックス・ヘイブン対策税制導入（1978年），移転価格税制導入（1986年），過少資本税制導入（1992年）が相次いで行われた。

(4) 租税条約の発展

他方，モデル租税条約の歴史を見ると，第二次世界大戦以前においても，国際連盟のFinancial Committeeにより指名されたSeligman等4人の経済学者による報告書（1923），また，同Committeeが指名したTechnical Expertsによる技術的問題に関する報告書（第一報告書1925，第二報告書1927）等を経て，いくつかの条約のモデルが作成された。また，Mitchell Carrollによる本支店間の利益配分等を盛り込んだ水準の高い報告書[39]が発表されるなど，国際連盟における様々な活動が行われた[40]。

戦後は，昭和38年（1963）に，OECD理事会において，OECDモデル租税条約（所得及び資本に対する租税に関する二重課税の回避のための条約草案）が採択され，加盟国間の租税条約の締結・改定においてモデル条約を採用すべきことが勧告された。日本は，昭和30年（1955）の日米租税条約締結後，様々な租税条約を締結したが，昭和39年にOECDに加盟して先進国の仲間入りを果たし，昭和30年代後半からは，途上国からみなし外税控除の採用を要求されるようになった。その後，条約濫用防止措置を含む日米租税条約の改定（2004年）等，租税条約の改定が頻繁に行われ，現在に至っている。

---

38 前掲・160頁。税制調査会「わが国税制の現状と課題」（平成12年7月）337頁，参照。
39 The Prevention of Double Taxation and Fiscal Evasion, Two Decades of Progress under the League of Nations, League of Nations no. 1939 II A 8, F/Fiscal/111, Geneva.
40 Sol Picciotto, International Business Taxation, 1992, ch. 1.

(5) 最近の議論

　日本の国内法においては、最近、外国法人課税における帰属主義への全面的移行（平成26年税制改正）、いわゆる「出国税」の導入（平成27年税制改正）、国境を越えて行われるデジタルコンテンツの配信等の役務の提供に係る消費税の課税関係の見直し（平成27年税制改正）等の重要な改正が、続々と行われている。特に、帰属主義の採用により、日本の外国法人課税制度が基本的にドイツ流の制度へと移行した点は、重要である。これらの改正に際して、税制調査会の国際課税ディスカッション・グループの果たした役割が注目される。

　他方で、今後は、OECDにおけるBEPSの議論に沿ったかたちで、国際的租税回避に対応するために、移転価格税制、タックス・ヘイブン対策税制、国際的情報収集、その他に関する国内法の改正が行われることになろう。国際課税制度に関する議論は、制度改正と理論的検討の両面から、さらに活発な活動が展開されることになろう。

　なお、国際課税制度の理論的側面及び歴史的側面については、渕圭吾「所得課税の国際的側面」という詳細で優れた研究成果が発表されている（有斐閣、2016年8月）ので、ぜひ、そちらを参照されたい。

19　最近の動き1　｜　租税と政治・世論

　これまで、総論3回、古代から近代9回、現代6回と見てきたので、今回からは、「最近の動き」について多少見ておくこととしよう。過去の延長線上に現在があり、現在の延長線上に未来があるからである。

(1) 租税制度と民主主義

　税制改革は政治過程そのものであり、政治とは利害調整である。したがって、税制改革をめぐる議論は、常に、政治過程における利害調整の渦中にある。そのような現象の根源的理由は、租税法律主義にあると思われる。国会は、税制

改革をめぐる様々な問題について，利害関係人の意見を聴取した上で，利害調整の結果としての法律を制定するのである。

したがって，税制改革について，責任ある立場にあるのは，政府であり国会である。民主的正統性を持たない（＝選挙を通じて選ばれたのではない）専門家の発言も重要ではあるが，それはあくまでも補助的なものにとどまるといってよい。この点こそが，議論の出発点である。

(2) 税制改革・租税政策における参照軸

日本においては，税制改革の遂行，ないし，租税政策の策定に関して，時間をかけて形成されてきた，相異なる二つの軸が存在する。すなわち，与党の税制調査会と，政府税制調査会である。

後者の政府税制調査会が，中長期的な観点から，税制改革の前提となる経済的・社会的状況等に関する事実関係の解明や，租税政策に関する理論的方向性の提示を行うのに対して，前者の与党税制調査会は，毎年の年度改正における，様々な利害調整を含む政治過程の整理・統合を行う。この二つの審議会の相互作用の中で，戦後日本の税制改革が進行してきたわけであるが，両者は役割を異にする異質の存在であり，両者の優劣を論ずることに意味はない。あくまでも最終的な権限及び責任は，審議会により専門的・技術的観点から方向性が示されてきた後の，政府の判断及び国会の判断にある。

税制改革のプロセスにおける世論の意味と研究者の役割について述べておくと，世論は，政策形成において極めて重要な役割を果たしている。租税法律主義の原則の下，最終的に世論の支持を受けない改革は実現しないであろう。また，研究者の発言は，最終決定を行う政治過程に対して，専門的・技術的な観点から，理論的な問題について参考資料を提示する役割を果たしているということになろう。日露戦争の際の七博士建白書のような，いわば研究者の（自らが政治的判断を行うという）一種の「勘違い」は避けるべきなのではなかろうか。

なお，現在の政府税制調査会においては，一定の問題の解決方法を複数提示する，税制改革のメニューの提示が行われることがある。これが政府に提出され，政府が，政治過程においてメニューの中からどれをどの順番で選ぶかを決

めるという方式であり，専門的・技術的議論と，政治過程の議論の常識的な組み合わせということになろう。

(3) 税制改革における専門家の役割

　税制改革に関わりを持つ専門家には，様々な方が存在する。そして，どのような立場の方であれ，専門家には重要な役割があることを認める必要がある。税制の専門家には，税理士に代表される実務家と，法律家・経済学者等の研究者が存在し，それぞれに異なる観点から税制改革の方向性について発言を行う。

　理論的な観点のみならず実務的な観点をも踏まえた，望ましい租税制度に向けた制度改革の提言は，日本税理士会連合会及び各単位税理士会の税制建議において行われている。これは，「建議等」として，「税理士会は，税務行政その他租税又は税理士に関する制度について，権限のある官公署に建議し，又はその諮問に答申することができる。」と定める税理士法49条の11の定めに基づくものである（日本税理士会連合会については，税理士法49条の15で準用）。

　また，日本税理士会連合会に設置された税制審議会も，様々な問題について，毎年，答申を出している。このような税務実務家の提言には，税制改革にあたって参考にすべきものが多い。「税経通信」をはじめとする数々の税務雑誌には，そのような提言が毎号活発に掲載されている。

　具体的な税制改革に際しては，実務家と研究者が，それぞれの果たす役割とその限界を正確に認識することが出発点である。実務家が研究者を「実務を知らない」と批判したり，逆に，研究者が実務家を「理論を知らない」と批判することは不毛である。どちらも必要なのであるから，ここで重要なのは，実務家と研究者の考え方の差異を十分に理解しながら，調和とバランスのとれた議論を行っていくことであろう。

　研究者の発言は，主として理論的に望ましい制度の提案のかたちをとることが多い。そして，理論的に望ましいという場合にも，経済学の観点，租税法の観点，行政手続法の観点，等々，様々な場合があり，そのそれぞれで根本的な価値観が相当に異なる。このように，研究者の中でも専門を異にする者の間の考え方の差異の調整は，かなり難しい。ある視点からは正しいと思われること

が，別の視点からは受け入れられない場合が少なくない。それ故，単なる一分野のみの専門家ではなく，他分野の知識をある程度有した人材の養成が必要であろう。

(4) 国家機関の役割

租税制度については，政府がこれを策定し，それを国会が議決して，租税法律が成立する。したがって，租税法律主義の原則の下，租税制度に関する最終決定権限は国会にある。課税庁は，これを法律どおり執行する。そして，租税法律の解釈・適用に関する紛争が生じた場合には，裁判所で問題の解決が図られる。

税制改革は，毎年毎年，少しずつ行われるのであって，決して白地に絵を描くように行われるわけではない。税制改革自体が国民の利害調整の過程であるから，そこに様々な不満が生じてくるのは当然のことである。そして，だれもが納得のいく租税制度というものはなかなか実現の困難なものであろうが，そのような不満について，少しずつ，つぎはぎ細工的に解消していく過程に意味がある。租税支払を喜ぶ者がいないとすれば，皆が少しずつ不満な租税制度こそ公平なものであり，理想ということになるかもしれない。

20 最近の動き2｜租税と経済理論　2016年12月

▶(参照)第三部第三論文

(1) 租税をめぐる様々な学問

同一の対象について分析方法を異にする複数の学問が成立することは一般的なことである。租税に関しても，伝統的に，様々な学問分野の対象とされてきた。代表的なのは，租税法と財政学の二つであろう。

この二つが租税に関する代表的な学問であるが，実は，もともと国家学という一つの学問から分かれたものであると考えられる。歴史的には，官房学ないし家政学が，国家学へと変遷し，国家学から，公法学，財政学，行政学に分か

れ、さらに、公法学が、国法学、憲法、行政法、租税法等へと分かれていったということができよう。

その後、租税をめぐる議論に公共経済学も加わって、ミクロ経済学の方法論等を用いた分析が行われるようになり、ファイナンス理論を用いた分析や、企業の理論・契約の理論を用いた分析、ゲームの理論を用いた分析、行動経済学を用いた分析等も行われるようになって、現在に至っている。

(2) 法律学と経済学の融合の動き

ここ40年ほどの日本の租税法理論の発展における最大の特色は、法律学の方法論に加えて、経済学の成果を取り込もうとする努力が継続的になされてきたという点なのではなかろうか。その端緒は、50年ほど前の、金子宏名誉教授による所得概念の研究であるが、その影響を受けた中堅・若手の研究者の多くによりそれが受け継がれ、今は、経済学の成果を取り込んだ租税法の研究が自然なものとなっている。

経済学と無縁の存在である場合が多い法律の世界から見ればわかりにくいことであるが、租税法において、経済学の成果を取り入れた研究が行われてきた背景には、(もともと、財政学と公法学の出自が同じであったという点もあるにはあったであろうが) それよりも何よりも、課税の対象が経済取引であり、経済取引の中身を経済学的に正確に理解しなければ、適切な課税を考えることが困難であったという基本的な点を、租税法研究者が正当に認識していたことを挙げることができよう。

金子教授の所得概念論における経済概念の租税法研究への導入に触発された、その教え子の世代の研究者は、次の二つの研究方法を切り開いてきた。

第一に、租税制度の分析・検討に加えて、課税の対象である金融取引や国際取引や法人間取引といった取引類型別の検討を、経済取引の私法上の分析を基礎に、正面から行うようになった。これは、従来の税目ごとの租税法研究とは異質のものである。

第二に、そのような課税対象である経済取引の私法的分析とともに、その経済学的構造の分析を、課税関係を考える上での基本作業と考え、そのような研

究を正面から行うようになった。

　私自身，昭和53年に大学を卒業して以降，40年ほどの間，まさに，このような研究を行ってきた。課税対象である経済取引は，経済的動機に基づき，私法上の法形式を道具として行われるから，それに関連する課税を考えるに際して，課税対象の正確な理解が必要であり，経済学と私法の両方の知識が重要なのは，当然のことであるという発想が，常に自分の気持ちの中にある。

(3)　租税法研究に取り入れられた経済学

　ところで，租税法研究に取り入れられてきた経済理論は，はじめは財政学の理論であったが，時代とともに変遷してきた。

　租税法研究の中で最も大きな影響を及ぼしてきたのが，ミクロ経済理論に裏打ちされた公共経済学である。その影響は各種の租税に及ぶが，特に，所得税の課税単位に関する分析や，法人税の効果に関する分析や，環境税の理論的裏付けに関する分析等は重要である。

　また，ミクロ経済学理論をバックとする，法と経済学の影響も重要である。例えば，企業合併や移転価格に関する法人税の分析において，コースの企業の理論を背景とする企業内取引あるいは取引の内部化に関する議論は不可欠である。この分野では，金子教授の教え子である，Harvard Law SchoolのMark Ramseyer教授の存在が大きい。

　さらに，ファイナンス理論も，租税法の研究に大きな影響を及ぼしてきた。法人税における時価主義の採用に関する議論や，各種のタックス・シェルターの構造に関する議論等においては，それは不可欠のものといってよかろう。

　この他に，最近は，新制度派経済学（経済発展に及ぼす租税の影響に関する歴史的分析）や行動経済学（例えば，個人の貯蓄行動や資産選択に関する議論）の影響も見られるようになってきた。

(4)　租税政策と法

　税制改革において，（特に，租税実体法に関する）租税法律の条文は，経済理論

を現実化するために立法化される場合も多い。したがって，そのような租税法律の解釈にあたっても，少なくとも一定程度の経済学の知識が不可欠なものとなりつつある。

また，税制改革それ自体をめぐる議論において，法律学が政策形成に対して発言できない学問でいいのかという点に関する深刻な反省が行われた結果として，現在の租税法は，政策形成に際しても有用な学問になっているといってよかろう。

さらに最近においては，租税法律の執行に関する経済理論の関わりについて，議論され始めている。経済学者は一般的に執行には無関心であることが少なくないから，この分野に関して，経済学の知識を有する法律家の役割が大きいといえよう。

(5) 経済と法の関係を考える格好の素材としての租税

このように，最近の日本の租税法においては，ある程度とはいえ経済学の訓練を受けた法律学者が登場し，活発に活躍を開始しているということができよう。これは，かつての会計学依存の税額算定技術から，経済学を利用した政策学へと租税法が変遷しつつあることを物語っている。

その結果として，租税法の専門家は，租税に関する法的紛争の解決，租税政策における望ましい立法の提案，租税制度のもたらす効果の分析と，実に多様な分野をカバーすることが可能になったといえよう。しかし，租税法の専門家が，私的経済取引を対象とする課税という経済現象を素材とする学問領域の専門家である以上，これは何ら特別なことではなく，むしろ当然のことといってよいのではなかろうか。

20a 税研170号 | 実物取引と金融緩和

経済成長とは，実物の財・サービスの生産が増加することである。生産されたものは投資されるか消費されるから，結局，投資が増加し，消費が増加する

ことが経済成長である。

　金融資産は，実物資産のバックアップの下にのみ存在しうる派生的な資産であり，それ自体を消費したり，あるいは（生産要素として）生産活動に投入したりできるわけではない。それ故に，例えば，土地の現物出資により新株（金融資産）を発行しても富が（土地と株式というように）二倍になるわけではない。また，貨幣を増やしても，それだけでは富の生産にはならないことは自明のことである。

　こぶとり爺さんが鬼からもらった小判を，村に帰りついた後に，貧しい村の人達に配っても，それだけでコメや味噌の生産が増えるわけでもないし，小判を食べることもできないから，閉じた経済体系の下においては，要するにインフレになるだけであって，村人達が豊かになるわけではない。もちろん，その小判で村外から消費財を購入し，当座の飢えをしのぐことはできるが，それは一度限りのことである。

　本当に，村人達が豊かになるのは，①新たな小判の流通により有効需要が作り出され，村内の失業者が就業し，遊休設備が稼働させられ，生産活動が増加するか，あるいは，②その小判を用いた資本財や原材料の外部からの購入により，村内の生産が増加した場合である。すなわち，貨幣の増加により実物の財・サービスの生産活動が増加させられる場合に，はじめて村人達は豊かになる。

　同様のことは，金銭の貸借についても妥当する。今，金銭を保有しているが事業活動を行う意欲のない人Ａと，金銭を保有していないが事業活動を行う意欲のある人Ｂがある場合に，このミスマッチ（上の①と同種のもの）を埋めるために，ＡがＢに対して金銭100万円を貸し付けたとしよう。これは，実物経済活動を刺激する。すなわち，Ｂが当該借入金を用いて原材料や資本財を調達して事業活動を行い，1年後に115万円の附加価値（＝売上－仕入）を手にしたとしよう。この附加価値創出は，ＡからＢへの金銭の貸し付けにより可能になったものである。そして，1年後に，ＢはＡに対して，元本100万円と利子10万円を返済するが，手元には5万円が残る。この場合の利子率10％は，附加価値15万円をＡとＢとで分け合う際の基準となる比率ということになる。いずれにせよ，金銭の貸借や利子支払それ自体により富が創造されるわけではな

く，実物の生産活動によってのみ富は創造されるのである。

　では，現在の日本における金融緩和が，実物経済活動を刺激することになるかというと，それは，現在の日本の市場構造がどのようなものであるかにかかっている。金融緩和により有効需要が創出されるか，あるいは，失業者が雇用され遊休設備が稼働し始めるならば，実物の生産活動は増加する。

　したがって，市場に目を配り金融緩和を成長に結び付ける方策が必要である。その際に課税との関係で留意すべきは，他の施策と合わせて実物経済活動を刺激し，真の経済成長につなげていくという視点とともに，手続をできる限り簡素なものとするなど，運用面にも目配りをしていくことである。そのためにも，税制の専門家による制度の詳細な点検が不可避である。

21　最近の動き3｜納税者憲章と小さな政府　2017年1月

(1)　はじめに

　中世以来の歴史的な流れの中で，議会支配の確立を通じて，納税者の同意のない課税を阻止する原則としての租税法律主義が出てきたが，それだけでは十分ではない。個々の納税者の保護のためには，租税法律主義に基づいて議会により制定される租税法律の実体法的中身に加えて，法律の執行における納税者の手続的保障の確保が必要である。

　憲法上の納税の義務（日本国憲法30条）と不可分一体の原則である租税法律主義（同84条）は，租税実体法（納税義務＝租税債権，の発生や消滅に関する法）の内容を決める立法上の手続に関する法原則である。そして，このようにして制定された法律により生み出される個々の納税者の具体的な納税義務（租税債権）に関して，それぞれの納税者に関する手続法上の権利と義務が生まれるのである。その背後に存在する憲法上の原則は憲法31条ということになろう。

　忘れてはならないのが，憲法上の納税の義務があって，法律に基づいて納税義務（租税債権）が成立し（これが租税実体法の対象である），その納税義務（租税債権）をめぐる具体的な手続法的法律関係の中で，納税者の権利と，納税者の

義務が定められている（租税手続法），という基本構造の存在である。この基本構造を理解せずに，憲法上の納税義務を前提に納税者の手続的権利・義務を語ることを批判する論者もいるが，誤解である。納税の義務がなければ納税者はそもそも存在しえないから，納税者の手続上の権利・義務も発生しようがない。

(2) OECD 報告書

OECD は，世界各国における納税者の権利と義務について調査してまとめた報告書で，以下のように述べている[41]。

・ 大部分の国で，課税に関する納税者の権利と義務に関する立法が存在する。
・ 納税者の権利と義務の内容の詳細は国により多少異なるが，そこには，一定の共通性がある。
・ どこにおいても，情報を受け取り，意見を申し述べる権利，課税庁の決定等に対して不服申立等をする権利，プライバシーの権利等の納税者の基本的な権利が認められている。
・ 同時に，納税者の義務も存在する。ただし，納税者に要求されるのは，協力的である義務，正確な情報と文書を時期に遅れずに提供する義務，時期に遅れずに租税を支払う義務といったごく基本的なものである。
・ 多くの国で，上のような権利・義務を，納税者憲章等の様々な形式の文書にまとめている。しかし，ドイツにおけるように明示的なかたちの納税者憲章が存在しない場合であっても，国は，納税者の権利について（憲章の存在する国と同様に）尊重している。

このように，OECD は，納税者の権利・義務の検討に関連するかたちで，納税者憲章について議論し，納税者憲章に関しては，全ての国で画一的な要素を盛り込む必要はなく，それぞれの国が自国の立法的背景や行政慣行や文化を考慮して，それぞれの方針を採用すべきであるとしている。

41　OECD Committee of Fiscal Affairs Forum on Tax Administration, "Taxpayers' Rights and Obligations—Practice Note", 2003.

(3) 納税者憲章に関する三つの類型

　欧米諸国における納税者憲章をめぐる対応は，大きく分けると，ほぼ，以下の三つに分かれている。

　第一は，OECDの納税者憲章に代表される憲章（Charter）型のもので，納税者の納税手続等における権利及び義務について述べた文書である。イギリスやフランスでは，このタイプの納税者憲章が採用されている。

　第二は，ドイツ型で，特別な納税者憲章や納税者権利章典を持たない制度である。納税手続をめぐる納税者の権利や義務については法律に詳しく定めているのであるから，それで必要にして十分であり，その他の文書は不要という考え方である。

　第三は，アメリカの納税者権利章典に代表される権利章典（Bill of Rights）型で，納税者の権利について定めたものである。それは，国内歳入法典の納税者の権利に関する定めを分類・整理したものである。

　もっとも，OECD報告書もいうように，これらの中で，いずれが良いか悪いか，そう簡単に決められる問題ではない。もちろん，納税者憲章や納税者権利章典を作成する意義は，納税者の便宜のために，あるいは，租税行政の円滑な推進のために，法律の定めた制度についてわかりやすく整理して，納税者に示すという点にある。そのような意味において，納税者憲章や納税者権利章典の納税者にとっての意義は大きいといわなければならない。しかし，ドイツにはそのようなものが存在しないから，ドイツにおける納税者の権利保護は低い水準にあるというような単純なことでは決してない。問題は，究極的には，その国の法制度において納税者保護が実際にどの程度行われているかという点にあり，納税者憲章や納税者権利章典の存在・不存在という形式面それ自体が重要なわけではない。その点は，ちょうど，英米法の国に民法典がないから財産権保護が行われていないということはありえないのとまったく同様のことであろう。

　次に，納税者憲章と納税者権利章典を比較して見ると，前者が権利・義務を扱うのに対して，後者は権利のみを扱うという差異が存在する。この点を重視する考え方も存在するが，しかし，義務として列挙されていることは納税者と

して当然のことのみであり，また，権利の扱い方については，アメリカにも，（イギリスやフランスの納税者憲章と同様に，法律に定められた納税者の権利について簡潔に要約した文書である）内国歳入庁の納税者権利章典（Taxpayer Bill of Rights）が存在し（Publication 1, Rev. 9-2017），そこに列挙された権利の内容は，イギリスやフランスと基本的に変わらない。そうであるならば，両者の間にはそれほど本質的な差異はないのではなかろうか。

(4) アメリカの独自性

アメリカで納税者の権利章典という名称が使用された背景には，実は，権利章典（Bill of Rights）には様々な種類のものがあり，納税者の権利章典はそれらの中の一つにすぎないという事情があるように思われる。本来の権利章典は，連邦憲法の修正条項や，州憲法の人権規定のことであるが，アメリカやイギリスでは，様々な分野で，同様の名称のものが定められている。例えば，交通局等（NYC Taxi & Limousine Commission 等）で定めているタクシーの乗客の権利章典（Taxicab Rider Bill of Rights），医療機関で定めている患者の権利章典（Patient Bill of Rights），教育機関等で定めている学生の権利章典（Student Bill of Rights），様々な企業の定めている顧客の権利章典（Customer Bill of Rights）等の顧客サービスの一環として定められたものが代表的である。

また，1992年のコロラド州における Taxpayer Bill of Rights は，コロラド州憲法の10条が改正され，小さな政府をめざす保守的な層により導入されたものである。これは，州と地方団体の税収の増加をインフレ率と人口増加率により制限し，超過額は還付されるとした，実体法的内容のものである。このように，アメリカでは，納税者権利憲章を求める動きが，保守的な立場から小さな政府をめざす反税運動の一環として主張されることが多い点に留意する必要がある。もしかすると，トランプ大統領の登場により，そのような動きが今後加速されるかもしれない。なお，この問題については，トランプ大統領登場の可能性を予言しその背景を分析した，中里実「税制改革とアメリカ大統領選挙」（「租税研究」2016年8月号4-18頁，本書第五部第一論文参照）を参照いただきたい。

(5) 日本の今後

　日本においても，平成23年の国税通則法改正時に，納税者憲章・納税者権利章典の制定をめぐる議論が行われた。その際に，結果的には，そのような文書を作成するのではなく，国税通則法の中身を改正するかたちに落ち着いた経緯がある。この点に関する評価は様々であろうが，経済活動の現場を混乱させないように，納税者の便宜のための努力を幅広く行っていく必要があろう。

　ただし，納税者憲章が，それさえあれば納税者の権利は自動的に守られるというような魔法の杖ではないという点は理解しておく必要があるのではなかろうか。そのような文書に一定の意味があるとすれば，租税手続の円滑化のための課税庁の姿勢を強調しているという点であると考えるのが妥当なのではないかと思われる。そうであるならば，国側は，納税者憲章や納税者権利章典という文書に限らず，より包括的に，作成しやすい申告書様式を提供したり，納税相談や申告相談により応じやすいようにしたり，インターネットを通じた手続の普及を図ったりというように，様々な納税者サービスに努めるべきであろう。〔最近の税制調査会における納税環境整備や，ICT対応に関する議論は，まさにこの方向を目指したものである〕

　また，国側は，納税者の手続的権利が，現行法の下でどこまで保護されているかという点についてのチェックを行い，現行法の不十分なところを恒常的に補充していくことが必要である。その際に，納税者憲章や納税者権利章典のようなものを作成するか，それとも，既存の法律の個別の条項の改正を継続的に行っていくかは，要するに形式的な差異にすぎないのではなかろうか。いずれにせよ，そのような納税者の保護のための努力が，ひいては投資環境の整備という結果となって，個人・法人・外国人・外国法人の日本への投資を活発にし，経済的成果を生み出すといえよう。

　このテーマについては，すでに，中里実「納税者憲章と納税者権利章典」(日税研論集67号1-32頁，平成28年1月)において論じたので，詳しくはそちらをご覧いただきたい。

三　現　代

21a 税研149号　納税者の権利章典

　納税者権利章典（ないし憲章）をめぐる議論が活発化している。このような議論において重要なのは，客観的な態度である。それに関する様々な立場からの議論は，表面的な力点の置き方に多少の差異はあるものの，結局はあまり変わらないのではないかというのが，私の受ける率直な印象である。すなわち，税制をめぐる議論は，結局のところ，適正な納税義務の履行を，適正な手続の下に実現し，結果として国家運営に必要な税収を上げることを終局の目的とする点において，必然的に共通せざるをえないからである。

　イギリスの国税庁の入り口の左横には，レリーフで納税者憲章が掲げられているが，それは，第一に，国家運営に必要な税収を確保することが国税庁の使命であること，第二に，国税庁は納税者の様々な権利を守ること，ただし，納税に関して不正をなす者に対しては，一般納税者の権利を守るために厳正に対処すること，第三に，納税者は，誠実に，国税職員を尊重し，適正な納税義務の履行を図る義務を負うこと，が定められている[42]。これは要するに，税理士法1条と基本的に何ら変わりのないものであると考えられる。

　実は，権利章典には，様々な種類のものがあり，納税者の権利章典はそれらの中の一つにすぎない。本来の権利章典は憲法の人権規定のことであるが，アメリカやイギリスでは，様々な分野で，同様のものが定められている。例えば，交通局等で定めているタクシーの乗客の権利章典（Taxicab Rider Bill of Rights），医療機関で定めている患者の権利章典（Patient Bill of Rights），教育機関等で定めている学生の権利章典（Student Bill of Rights），様々な企業の定めている顧客の権利章典（Customer Bill of Rights）等が代表的なものであるが，他にも，優秀な子供の権利章典（Gifted Kids' Bill of Rights）とか，訴訟弁護士の権利章典（Trial Lawyers' Bill of Rights）等といったものも存在する。はたまた，動物の権利章典（Animal Bill of Rights）もあるし，実験用の魚の権利章典を定めるといった議論さえもなされている（'Stressed' fish get bill of rights と題する，Times Online の記事を参照[43]）。

42　http://www.hmrc.gov.uk/charter/index.htm
43　http://www.timesonline.co.uk/tol/news/science/article2010193.ece

少なくとも、このように様々なものを個別に定めておくことには、顧客サービス等の観点から一定の意味があるということであろう。様々な分野で様々な権利章典が作成されることは、消費者保護や、環境保護の観点から意味のあることであり、我々も、いろいろと考えてみることが必要なのかも知れない。

しかし、さらに重要なのは、このような文書を作成することそれ自体に意義を見出す形式主義は、かえって危険であるかもしれないという点である。いくら条文があっても、それが守られていなければ何の意味もないのであり、逆にいえば、文書がなくとも、権利が守られていればそれでいいのである。ごま札が家内安全をもたらすのではなく、普段の努力こそ大切であるといえよう。

ただ、納税の義務は憲法30条の定める重要な義務であり、国家の運営は終局的には税収に依存しているのであるから、そのような重要な納税の義務を履行する際の納税者の権利について、明らかにしておくことには意味がある。その点で、イギリスの納税者憲章は、極めて客観的に、国税庁の使命としての税収の確保、納税者の権利、納税者の義務をバランス良く配置した、絶妙な文書として大いに評価することができる。

22 最近の動き4 ｜ 課税逃れ商品

▶ (参照)第三部第四論文

(1) 1981年以降の個人的経験

これは、私自身の極めて個人的な（かつ、多少情緒的な）回想である。私が、アメリカの当局により行われた課税逃れの実態の研究に衝撃を受けたのは、35年ほど前の1980年代初頭のことであった。当時、20代半ばだった私は、次の二つの報告書に心の底から魅せられた。

・Richard Gordon, "Tax havens and their use by United States taxpayers: an overview", 1981
・United States, Department of Treasury, "Tax Havens in the Caribbean Basin", 1984

およそ租税法を専攻しながら，このような最先端の課税逃れの手口について無知でいるのは，法律家としての良心に照らした場合，プロフェッショナルとしての敗北でしかないのではないかと強く感じた。それ以降，私はもっぱら，その方面の研究に没頭することになる。アメリカの最高の知性を有する専門家集団が過酷な競争を繰り広げる世界について無知のまま，日本に閉じこもった研究をすることは無意味であるとさえ思った。そのために，メインストリームの法律学から外れた，日の当たらない道を歩くことを真剣に覚悟した。当時異端視されていた法と経済学の勉強をしたのも，法律家に無縁と思われていたファイナンス理論の勉強をしたのも，租税法研究者と無縁の外国の会社法や信託法の勉強をしたのも，実務的に意味がないと思われていたローマ法の勉強をしたのも，全てはそのためであった。

特に，1990年代の金融革命により発展させられたデリバティブや仕組み金融等の技術を用いた課税逃れ商品の誕生により，課税逃れは，より確実で安価に行えるようになった。そのような金融技術の前に，保守主義（取得原価主義・実現主義）の会計学に基づく法人税制度はもろくも敗れ去り，ずたずたになった。法人税制度は，伝統的な会計学にしがみつけばしがみつくほど敗けが込んでいくという，惨憺たる状態であった。のみならず，法人所得税は，課税逃れのしやすい租税であるとの批判にさらされ，消えゆく租税とまでいわれるようになったのである。

(2) 納税環境整備小委員会

このような中，私は，国による課税逃れ取引に関する情報収集の必要性を痛感し，2010年～2012年の税調専門家委員会の納税環境整備小委員会[44]において，それを強く主張した。現状を正確に把握することなく適正な課税のための立法措置は不可能であるとの強い思いからであった。しかし，その主張は無視されたのみならず，納税者の権利を害する考え方であると誤解され批判されさえした。今思い起こしても本当に残念なことであった。この納税環境整備小委

---

44 http://www.cao.go.jp/zei-cho/history/2009-2012/gijiroku/sennouzei/index.html

員会の無為無策により，政府税制調査会の国際的課税逃れ対応は3年遅れてしまった。この時期の状況については，中里実「納税者になろうとしない存在」税経通信2014年1月号9-15頁（本書第三部第四論文）に述べたので，参照されたい。

その際に，私は，研究者や実務家が目先の対立しか考えないで行う近視眼的な批判が危ういものであることを痛感した。専門家の無知は罪であるとの反省から，2013年からの政府税制調査会においては，国際的な課税逃れへの対応を最重要項目に位置付け，様々な提案を行ってきている。これはまた，OECDにおいて，2013年7月にOECD租税委員会（議長：浅川財務省財務官）が作成した「税源浸食と利益移転（BEPS）行動計画」と軌を一にするものであるが，私の内部においては，昔から考えていたことである。

(3) 課税逃れ業界の特性

そもそも課税逃れ商品の開発業者が繁栄するには，高負担の法人税が厳格に執行されることが大前提となる。逃れにくい法人税を逃れてこそ，クライアントに対して高いフィーをチャージできるからである。

また，発売後時間が経って他の業者が模倣するようになった課税逃れ商品が，課税庁により否認されることは，やや逆説的になるが，課税逃れ業者にとって歓迎すべきことである。というのは，そのように一般化した課税逃れ商品はフィーが低下するので，それが否認されれば，また新たなスキームを高いフィーで販売できるからである。

このように，法人所得税が高負担で，執行が厳格であり，かつ，課税逃れ商品が否認されることが，課税逃れ業界にとっての生き残りのポイントであるという皮肉な状況が存在する。しかし，賢いもののみが生き残る冷酷な世界も，その根幹は不安定なものである。課税逃れ業界をなくすには，法人所得税を廃止すればいいのであり，あまりにアグレッシブな法人税の回避措置が横行すれば，法人所得税の重要性は低下し，より逃れにくい消費税等に移行するだけのことであろう。

(4) 合法的課税逃れへの対処

　合法的課税逃れに対する対応の方法には、様々なものがある。あらゆる対応の基礎をなすのは、課税逃れ商品に対する正確な情報の収集であろう。この点、現在、政府税制調査会において検討中の、Mandatory Disclosure Rule は今後重要な意味を有するものとなるであろう。

　他方、個別的な租税回避否認規定の継続的な整備の努力も極めて重要である。これに対して、一般的な租税回避否認規定の導入を主張する意見もあるが、1934 年のドイツ租税調整法の一般的租税回避否認規定が、ナチス政権下で果たした役割を考えると、その導入には躊躇いを覚える。国には立法権があるのであるから、真摯に情報を集め、地道に個別的否認規定を整備していくことこそ王道であろう。

　また、課税逃れ取引に対する会社法を用いた対応も重要な意味を持つと思われる[45]。短期的に株主の利益に資すると思われるアグレッシブな課税逃れ取引の利用も、中長期的には会社のレピュテーションの毀損というかたちで株主に損害を与える可能性があり、コーポレート・ガバナンスの観点からのアグレッシブな課税逃れ取引非難が正当化されるかもしれない。さらに、CSR の観点からの倫理的非難もありうるかもしれない。

　このように、課税逃れ取引の企業による利用に対しては様々な対応が可能なのであり、複合的に考える必要があるといえよう。

22a　税研173号　｜　納税者になろうとしない存在　

　租税法は、課税をめぐる納税者と課税庁の間の関係を調整する法分野である。ところが、35 年以上前〔本書出版からは 40 年近く前〕に、私は、そのような納税者と課税庁の間の法律関係について研究するよりは、むしろ、国際的な課税

45　中里実「アグレッシブな租税回避と会社法―Tax compliance の視点からの研究ノート―」法学新報 123 巻 11・12 号 221-244 頁〔玉國 文敏先生古稀記念号〕、2017 年、所収。

逃れ取引の経済的仕組みや私法的仕組みに焦点を当てて研究をしようと決心した。

納税者と課税庁の間の法律関係について研究するのみでは，何か大きな問題を取りこぼしているように思えてならなかったからである。納税者と課税庁以外に確かに「納税者になろうとしない存在」があって，それがまったく合法的に先進国の課税をいとも簡単に逃れているという現実があるにもかかわらず，それについて検討できないのであれば，租税法を専攻する意味はないのではないかと思いつめた結果であった。

もちろん，これは，当時，研究者としての本筋を踏み外しかねない危険な考え方であった。しかしながら，ウォール・ストリートの超一流弁護士が行っているであろう仕事について何も知らずに，目の前の条文や判例の分析のみに集中することはある種屈辱的なことであり，それで，研究者として不遇な道を歩くことになっても構わないと，何も知らない若いころの私は思ったのである。

このような研究においては，租税法の条文の解釈や租税判例の分析を行うのではなく，もっぱら課税逃れ商品の経済的構造と私法的構造を扱う。それは，主に，経済学やファイナンス理論や商法等に軸足を置く研究であり，租税法自体の研究とは言い難い面もないわけではない。誤解を受けやすいのも当然のことであったといってよかろう。そうであるにもかかわらず，そのことで，勤務先の大学でつらい思いをしたことはまったくなかった。変わった研究であるとは思われたであろうが，それだけであった。日本の学問の世界が，想像以上に開明的であったのは，私にとって幸いなことであった。

さて，時代は変わって，今は，BEPS（Base Erosion and Profit Shifting）をめぐる議論がOECDで集中的に議論されてきたのみならず，税制調査会においても正面からテーマとして取り上げられるような状況である。事実，2013年10月24日に開かれた税制調査会の国際課税ディスカッション・グループの第一回会合においては，太田洋弁護士が，企業の実名を挙げて，国際的な課税逃れのスキームについて図解入りで詳細な報告を行った。

このような急激な変化にとまどう方も多いであろう。しかし，「納税者になろうとしない存在」が小規模にとどまっているならともかく，それが先進諸国の財政の根幹を揺るがすような大きな存在になっているとすれば，それについ

て事実関係の把握を正確に行い，何らかの対応方法を考えるのは，国家として自然なことといえよう。それがまさに真剣に行われつつあるのが，現代である。課税逃れについて公の場で正面から議論するという，35年前〔**本書出版からは40年近く前**〕の日本においては想像が困難であった事態が目の前で進行しており，自らも税制調査会においてその検討に加わるようになろうとは，時代の動きの速さに驚くばかりである。

国際的な課税逃れは，もはや一般国民の生活と無関係の特殊な現象ではなく，先進諸国において，それが直接に所得税や消費税の水準に影響を及ぼしかねない重大なテーマである。

多くの税務の専門家がこの分野に興味を持つようになることを，願ってやまない。

23　最近の動き5 ｜ BEPSプロジェクト

(1) はじめに

国際課税は，制度が複雑で一筋縄ではいかない，極めて専門技術的な領域であるのみならず，租税制度の中でもとりわけ実務と立法の密接なフィードバックが必須の分野である。そこにおいては，すぐに解決が必要でありながら，実際には解決することの困難な問題が日常的に発生する。

(2) 租税制度の構造

私は，課税は，すべからく以下のような三層構造に基づいてなされていると考えている。

　① まず，課税の対象である経済取引は，経済実態を反映するかたちで経済的理由に基づいて行われ，経済理論に支配される。

　② 次に，そのような取引が現実になされるためには，民法や商法に基づく私法的構成が必要である。

③　その上で課税がなされるに際し，課税要件の中に私法上の構成が含まれることになる。

このような三段階の構造に基づいて課税がなされるとすれば，何よりも，課税の前提としての経済取引の経済的構造・私法的構造を正確に踏まえなければ，適正な課税を行うことができないのは自明のことである。それ故に，租税法の検討においては，租税制度の構造に関する正確な理解と同時に，あるいはそれ以上に，取引の経済的構造の理解，取引の私法的構造の理解を当然の前提として租税制度の運用について考えるべきである。その結果として，必然的に，課税の対象となる経済取引の取引類型に応じた租税法の検討が必要となる。

他方，いかなる租税制度も，その立法時においては，一定の明確な立法目的を有し，一定の効果を上げることを期待して制定されるのが通常であるが，国際租税法上の制度は，極めて専門技術的かつ複雑であり，また，課税の対象となる取引も同様に複雑であるから，租税制度が立法時に立法者が意図したのと異なる効果をもたらす（立法者の意図しない取引が行われる）ことはままあることである。その点が特に顕著にあらわれるのが，課税逃れ取引の世界である。

現在において，国際的課税逃れが世界的に見て大きな問題となっているという点については，OECDにおけるBEPS（Base Erosion and Profit Shifting）をめぐる議論の進展がそれを雄弁に物語っている。

過去を振り返ってみると，1990年代の終わりのころ，国家間の税率引き下げ競争について，「有害な税の競争」ということでこれを見直そうという方向の詳細な報告書がOECDから出された[46]が，その背後には，タックス・ヘイブンの存在とともに，多国籍企業の国際的課税逃れの横行があった。先進国の企業が国外に移転して国際的な課税逃れが横行しているという事態の下で，企業の国外移転を押しとどめるために国家は税率引き下げ競争を行わざるをえなかったのである。

しかし，このOECDの「有害な税の競争」見直しの動きは，残念なことに数年でしぼんでしまった。そして，その後から現在に至る20年ほどの間に，

---

[46]　Harmful Tax Competition—An Emerging Global Issue, 1998, http://www.oecd.org/tax/transparency/44430243.pdf

課税逃れ取引は過去におけるそれと次元が異なるといってもいいほどに巧妙なものへと進化してしまったのである。

このような状況を受けて，最近，OECD において BEPS に関する議論が活発に行われてきたのみならず，オバマ大統領の強い問題意識を反映するかたちで，G8 や G20 においても，それが主要な議論の対象の一つとして取り上げられた。この背景には，21 世紀になってから極めて巧妙かつ複雑化した課税逃れスキームが世界的な大企業により積極的に採用されてきた結果として，これらの大企業の租税の実質負担率が著しく低い水準に抑えられているという深刻な事態が存在する。

(3) 取引実態把握の必要性

国際的課税逃れに対して的確にアプローチするためには，通常の議論におけるように，国側がそのような現象に対してどのように対応しようとしているかという表面的な点について検討するだけでは，到底不十分である。なぜなら，そのようなものについて正確に理解する際の本質は，国による対応の仕方以前の，納税者による逃れ方そのものの正確な把握にあるからである。

アメリカにおいては，課税逃れ取引の実態に関する研究として，古くは，1981 年に発表されたゴードン・レポート[47]や，あるいは，1984 年 1 月にアメリカ財務省が，下院の歳入委員会に対して提出した，Tax Havens in the Caribbean Basin と題する報告書のように，極めて水準の高い詳細な公的報告書が存在する。

私も，35 年以上前〔本書出版からは 40 年近く前〕，これらの報告書に触発されて，国際的な課税逃れ取引の実態に関する研究を志し，その後それを継続して行ってきたが，一人の研究者のできることには限界がある。今後は，日本においても，国際的な課税逃れ取引の実態に関して，公的な観点からの，組織的な調査研究が必須といえよう。いかなる課税逃れ取引の具体的形態が現実に利用されているかという点に関して，可能な限り包括的に実態を調査し，情報を分

---

47 Richard A. Gordon, "Tax havens and their use by United States taxpayers : an overview"

析することが、全ての出発点であることに疑いの余地はない。その際、Mandatory Disclosure Rule の果たす役割は大きいものとなろう。

(4) 専門家養成の必要性

　一国が課税逃れ取引の蔓延に対してどの程度有効に対処できるかという問題は、当該国内の租税専門家の能力に依存する。優秀な専門家を多く抱える企業や国家は、上のような対立関係・競争関係の中で優位な地位を占めることができる。

　日本の専門家も、目の前の納税者と課税庁との間の対立関係にのみ注目するのではなく、常に国際的な競争関係を意識しながら、その専門性を磨いていく必要があるのではなかろうか。地道な努力を積み重ねて能力を高めていけば、将来は自ずから明るいものとなるであろう。いつの時代においても、プロフェッショナルは、専門能力の高さで勝負するしかないからである。

〔以上については、中里実「わが国の国際課税の現状と課題―国内法―」税研173号28-33頁、による。また、同「BEPSプロジェクトはどこまで実現されるか」ジュリスト1483号25-30頁、2015年、参照〕

23a　税研183号 | BEPS と FIFA

　一見直接的関係のないような事象の間に関連性を見出すことを推理と呼ぶ。ここでは、BEPS と FIFA 事件 (United States Department of Justice, Nine FIFA Officials and Five Corporate Executives Indicted for Racketeering Conspiracy and Corruption, May 27, 2015[48]) の関係につき推理してみる[49]。

　これは、アメリカ内国歳入庁等の調査結果に基づき、スイス当局がアクショ

48　http://www.justice.gov/opa/pr/nine-fifaofficials-and-five-corporate-executivesindicted-racketeering-conspiracy-and
49　中里実「BEPS プロジェクトはどこまで実現されるか」ジュリスト1483号25-30頁、2015年、参照。

ンを起こしたものである。マネー・ローンダリング等と報道されているが，課税問題が関連することは容易に想像される。腐敗や課税逃れを面白おかしく議論するのは考え物であるが，通常人の想像力の範囲内のことに目を配ることも時には必要である。頭に浮かぶのが次の三つの疑問である。

　第一に，なぜこの時期にこの問題がクローズアップされたのかである。当局はこの問題につきかなり前から情報をつかんでおり，発表のタイミングを計っていたが，秋にBEPSの行動計画が出そろう前のこの時期に，BEPSについての本気度を示すため発表を行ったというのは，一つの推理かもしれない。

　第二に，同種の問題がどの程度の範囲で広がっているかである。果たしてFIFAだけなのか，他にも同種の問題が存在するのかという疑問は，容易に答えられるようなものではない。

　第三に，この関連でFIFAの会計監査人の責任が議論されるかもしれない[50]。

　課税がらみの問題は，それを誰かの責任にしてしまえば済むということでは必ずしもない。問題が生じた背景，問題発生を阻むメカニズムの構築の方法といった点の方がはるかに重要である[51]。その際，適正な課税のための正確な情報収集がクローズアップされてくるのではないか。課税制度こそが，組織の真のガバナンス手法であるというのは，本当のことなのかもしれない[52]。国境を越えた調査の議論も行われている[53]。そのように考えていくと，BEPSプロジェクトの情報収集・情報交換に関する部分の重要性を再認識することができる。

50　Corruption in FIFA? Its Auditors Saw None, New York Times, June 5, 2015, http://www.nytimes.com/2015/06/06/sports/soccer/as-fifa-scandal-grows-focus-turns-to-its-auditors.html
51　cf. Susan Rose-Ackerman, International Handbook on the Economics of Corruption, 2006.
52　cf. OECD, Corporate governance and tax risk management, 2009, http://www.oecd.org/tax/administration/43239887.pdf
53　http://www.oecd.org/tax/taxinspectors.htm

四 ま と め

24 │ 第一部のまとめ

(1) は じ め に

「『史記』貨殖列伝」の冒頭で，司馬遷は，昔から人々は欲望に素直に行動してきた（太史公曰：夫神農以前，吾不知已。至若 詩書所述虞夏以來，耳目欲極聲色之好，口欲窮芻豢之味，身安逸樂，而心誇矜埶能之 榮使。俗之漸民久矣，雖戸説以眇論，終不能化。）として，それに続き，以下のような，現代にも通じる含蓄の深い言葉を述べている。

「……だから，いちばんよいことは，民衆の傾向のままに従うこと，その次によいことは，利益を餌にして民衆を方向づけること，それができなければ説教すること，さらに下策は統制経済，いちばんいけないのは，民衆と経済的にはりあうことだ（故善者因之，其次利道之，其次教誨之，其次整齊之，最下者與之爭）。」[54]

(2) 日本の中等教育の状況

ここまで，総論3回，古代から近代まで9回，現代6回，最近の動き6回（今回を含む），の計24回，第一部の叙述を続けてきた。包括的な歴史の叙述ではなく，単なるトピックの羅列に終始してしまったが，それなりの意味はあったのではないかと思われる。何よりも，私自身にとって，この執筆が大きな勉強になった。

そもそも，今回の執筆を思いついたのは，日本の中学校・高校の教育における租税の扱いがあまりに簡素であることに懸念を覚えたからであった。その性

54　貝塚茂樹責任編集「司馬遷」〔中央公論社『世界の名著』11，1978年〕，508頁。

格上，法律学や経済学を本格的に教えることのない中等教育において，生徒が租税について触れるのは主に歴史の授業においてであろう。しかし，そこにおける租税の扱いが，民主主義国家を支える根幹としての租税制度の正しい理解の上に立っていない点に深刻な危惧の念を抱いた。

日本の中等教育における日本史の授業で扱われる租税に関するトピックは，例えば，租庸調と貧窮問答歌，日野富子の関所税，江戸時代の年貢と暗いものばかりで，唯一の例外は信長の楽市楽座くらいであろう。これは，世界史の市民革命のところで，フランス旧制度下の不平等な課税とボストン茶会事件を扱うのと対照的である。明治以降の日本史についても，関税自主権，地租改正，酒税，シャウプ勧告と断片的な租税に関する事実が羅列されるだけで，租税制度が民主主義国家を支える要であることの叙述が欠けている。

他方，公民の授業においても，例えば，直接税と間接税の区別等について多少論じられるだけで，確定申告の基本に関する説明すらない。若い世代が，将来，何らかのかたちで租税制度と関わりを持ち，日本を支えていくことを考えれば，これはお寒い状況であるといわざるをえない。

(3) 専門家教育における歴史の扱い

また，高等教育や租税専門家の養成において，租税の歴史が触れられることもほとんどない。のみならず，専門家のための様々な書物においても，改正法の解説は熱心になされるが，改正前の租税制度は忘れ去るべきものといった扱いをされる。

しかし，新しい制度や理論が，古い制度や理論の上に構築されることは必然的なことであり，過去を振り返ることなく，未来への展望を語ることは不可能である。歴史的経緯を無視した，先験的な現行制度絶対主義に基づく情報収集だけでは，如何に租税制度・租税理論の専門家とはいえ，将来について考えるのみならず，現代の制度や理論についてさえまともな議論ができるとは思えない。

さらに，新しい制度や理論が，古い制度や理論よりも優れているという保障はどこにもないことを考えるならば，これは危機的な状況であるといえよう。

(4) 租税史のライトモチーフ

　課税が，私的経済部門の富を直接の対価なく強制的に公的セクターに移す営みである以上，時代や場所が変わっても，制度の本質が変わるというものではなかろう。

　長い歴史の中で考えると，
- ① 納税者は，古代において奴隷的な立場で課税を受けていたのが，
- ② 中世になると，土地所有者である領邦領主の財産権の行使としての課税（封建的地代の徴収）へと変わり，
- ③ 近世になって主権概念が成立すると，現代に続く国家主権に基づく一方的な課税が行われるようになり，
- ④ 名誉革命以降は，課税権が真の意味で租税法律主義に基づいて行使されるようになった

というのが，おおまかな歴史の流れである。

　これらのどの時代においても，どの場所においても，税収の確保という租税制度本来の目的は存在したが，それにとどまらず，まず，上の②の時代に，
- ・ 身分制議会の課税承認権が成立し，

その後，④の時代になると，これに
- ・ 課税の公平の確保，経済効率の配慮
- ・ 手続的公正の保障，課税逃れの抑制

といった様々な理念が付け加えられ，現代の租税制度・租税理論に至っている。税制改革においては，これらのライトモチーフが，その時々の時代・場所における政治的・経済的事情に応じて繰り返し現れてくるのである。

　これらのモチーフのそれぞれについて考える際には，歴史の正確な理解が必要になることを忘れてはならない。例えば，最近，BEPSプロジェクトで議論されてきた課税逃れ取引の抑制について考える際に，いきなり一般的租税回避否認規定の導入を説くのではなく，アメリカの判例理論におけるbusiness purpose doctrine[55]の正確な理解が必要であるといった具合である。

55　Gregory v. Helvering, 293 U. S. 465, 1935

(5) 今後の方向性

　今までの叙述において，上のような当初抱いた構想がどの程度実現されたかについては，正直のところあまり自身はない。しかし，少なくとも，租税制度・租税理論について考える際に，歴史的視点をほんの少し加えると，それまで見えなかったものが見えるようになるということをお示しできたのではなかろうか。

　もっとも，第一部の叙述は，「はじめに」に示した目的からいってあまりに心もとないものなので，さらに第二部で，引き続き，様々な検討を行うこととしたい。

第二部

続租税史回廊

―過去と現在―

一　はじめに

1 ｜ はじめに

(1) 第二部の開始

　この第二部では，第一部で必ずしも十分に取り上げることのできなかった租税法上の様々なテーマについて，あれこれと考えていきたい。ここにおいては，第一部におけるような時代区分にはあまり拘泥せず，たとえ時代が前後するようなことがあっても，あくまでもテーマに即した各論的な叙述に終始することになるが，その点についてはあらかじめお許しいただきたい。

(2) 理論と現実の調整

　租税史の議論においては，トピックごとの過去の事実をもっぱら客観的に振り返るという歴史の扱いにも，それなりの意味があることは当然である。しかし，本書のような，いわば歴史の名を借りた租税論においては，歴史的事実の叙述としては多少不十分なものであったとしても，過去の出来事を振り返る以上，せっかくだからそこから何かを学ぶという動機付けがあった方がいいのではないかと考えている。もちろん，本書から実際にどの程度の教訓を得ることができるかはわからないが，それでも，そこから何かが出てくれば幸運である。
　第二部の執筆方針として特に留意したいと考えているのは，租税理論が如何なるかたちで現実の制度の中に結実・定着してきたかという点に着目することにより，全体を統一させようということである。すなわち，租税理論が現実の制度設計に用いられるか，それとも単なる机上の空論に終わるかという点のぎりぎりの境目を，歴史を振り返りながら見ていこうというものである。
　現実に埋没するのみで，理想のない改革は無意味である。かといって，理論

のみで，現実を見据えていない改革は理論倒れに終わる。したがって，重要なのは，理論と現実のほど良いバランスであり，それ故に，とかく税制改革というものは難しいものであるということになる。しかし，考えてみると，現実の制度は，そのような微妙なバランスの中で「風雪に耐えて」生き残ってきたものなのであるから，現在の制度が生き残ってきた過去の過程を振り返ることにより確実に見えてくるものがあるのではなかろうか。

　この理論と現実の対立の点について，さらに敷衍すると以下のようになる。税制改正に関しては，様々な理論的立場の方々から様々な意見が提示される。しかし，ある租税理論が実際の税制改革の中で制度化されるか否かは，提案の具体性と，他の制度との調整という，二つの現実的な視点に依存する。すなわち，第一に，あまりにも抽象的過ぎて具体的でない曖昧な提案について，私達が専門家としてコメントすることは困難である。また，第二に，租税のみしか考えておらず，他の制度との調整について考えることなく行われる提案には，思い付きにすぎないものもないわけではなく，それが，たとえ理論的に精緻なものであったとしても，その限界が露呈されよう。

　例えば，所得控除を税額控除に変えるべきであるという提案があるが，そこから生ずるマイナスの租税というものの法的性格について十分に吟味しなければ，課税処分をめぐる訴訟の現場において混乱がもたらされるだけであろう。また，租税徴収における地方分権が唱えられることがあるが，現実の地方の課税庁の執行体制・執行能力を考えなければ，きびしい状況がもたらされるようなこともないとはいえないのではなかろうか。さらに，租税と社会保険料の徴収の一元化を唱える方もいらっしゃるが，法的に考えた場合に，保険の対価としての保険料と，対価性を有しない租税という法的性格において根本的に異なるものを，単純に相殺するというようなわけにはいかないかもしれない。これら全てにおいて，理論を現実の制度とするための地道な作業がなければ，それらは実現しないのではなかろうか。

(3)　安易な提案への警鐘

　したがって，この第二部においては，主として，様々な理論的立場から一部

の論者の方々から往々にしてやや安易に提案される,「世の中を瞬時に良くすることのできる魔法のような税制改革の理論」に対して,その理論的・現実的限界について,法律家として現場を重視する立場に立って,提案の具体性と,他の制度との調整という二つの視点から,少し厳しめに切り込むことにしたい。法律家としての私の感覚からいうならば,世の中には,簡単に問題を解決できるような便利な魔法の杖はほとんど存在しないのであり,その点を理解しないと,結局は,貧しい方々がとばっちりを受けてしまうことを危惧するからである。世の中で,善意からなされる思い付きほど怖いものはないといえよう。もちろん,本書は,批判を主とするものでは決してないという点は確認しておきたい。

(4) 今後の連載の具体的内容

24回に及ぶこの第二部の具体的な内容は,以下のようなものである。

【はじめに,1回】
　① はじめに

【制度論の補充,5回】
　これは,従来主として扱ってきた様々な制度論に関する若干の追加・補充である。
　② 明治以来の税目の変化と経済発展
　③ 戦後改革と申告納税制度・税理士制度
　④ 制度改革を補完する税制調査会の活動
　⑤ 資産税,流通税,個別消費税,地方税,特に相続税
　⑥ 租税教育に関する個人的経験

【現代における動き,12回】
　ここでは,トピック別に,現代における税制改革に関する様々な動きについて補充する。

⑦　課税の役割の拡張
⑧　政策と外部不経済の内部化
⑨　課税庁による情報収集
⑩　課税とコーポレート・ガバナンス
⑪　課税逃れ産業の構造
⑫　経済低迷と財政赤字の蔓延
⑬　租税心理学と財政錯覚
⑭　課税と政治—保守派と進歩派，大きな政府と小さな政府
⑮　税制改革のプロセス—政治と理論，政府税制調査会と党税調
⑯　税理士制度—フランスとドイツ
⑰　税務と法務
⑱　租税訴訟の変化

【戦後日本における理論的対立，5回】
戦後の租税法における様々な理論的対立について振り返る。
⑲　シャウプ勧告による租税法講座の設立と租税法の独立
⑳　租税回避をめぐる政策的議論
㉑　租税法と他の学問分野との関係
㉒　裁判の役割拡大による法的解決の強化
㉓　残された問題点

【まとめ，1回】
㉔　第二部を振り返って

(5)　一点豪華主義による我田引水を避けるために

　いかなる問題についても，人間である以上，特定の理論を愛するあまりの一面的な議論に陥りやすいのが人情というものであろう。特に，租税制度をめぐっては，それを論ずる者の価値観が様々な局面で前面に出ることが多く，客観的な議論が困難な場合がまま存在する。研究論文であればそれでもいいのか

もしれないが，現実の税制改革をめぐる議論ということになると，それでは困る場合も少なくないであろう。経験豊かな方の議論には傾聴すべき点が多いのは事実であるが，それでも，一つの立場に固執する議論は，スムーズな制度改革の支障となる場合もないわけではない。

　一定の税制改革をめぐり，例えば，経済理論のみ，憲法論のみ，実務論のみ，外国の紹介のみを根拠にある方向への改正を主張する議論は，問題の本質をえぐるという点においては確かに重要なのかもしれないが，それでも，そのような一点豪華主義の議論では，現実に対応しにくく，実際の問題解決の指針としては依拠しにくい場合も出てくるのではなかろうか。税制改革の議論が，突き詰めると憲法に基づく議会における利害調整と密接に関係していることを考えれば，なかなか一点豪華主義というわけにはいかないであろう。

　例えば，平成31年の税制改革における配偶者控除の改革について，課税理論の観点から，配偶者控除を廃止して夫婦控除に改めなかったのは改革の後退であるといった批判が行われることがあったが，この議論には，民法との関わりを考えていないという点で重大な欠陥があるように思われる。夫婦間の経済調整の基本は民法により定められているのであり，課税に関しても配偶者間の関係を議論する際の出発点は，民法であり，それを念頭においた議論が必須である。

　それを無視した，所得税制度のみに閉じこもった配偶者控除の議論は危うい。民法752条は，婚姻の効力の一つとして，「夫婦は同居し，互いに協力し扶助しなければならない」と定め，また，760条は，婚姻費用の分担について，「夫婦は，その資産，収入その他一切の事情を考慮して，婚姻から生ずる費用を分担する」と定めている。これらの条文の存在を前提として考えた場合，民法上の義務の履行として配偶者を扶助する者に対しては，担税力の減殺を反映するかたちで一定の配偶者控除を認めなければ妥当とはいいにくいかもしれない。

　私がこのように民法にこだわるのは，言うまでもなく，その背景に，戦後改革における家族制度の廃止と，それに対応するかたちの課税単位における家族単位から個人単位への移行という歴史的事象が存在するからである。このように，一つの問題について多角的に考える際に，歴史的視点が極めて有用なのである。

二　制度論の補充

2 制度論の補充1｜明治以降の税目の変化と経済発展

2017年6月

(1) 日本の租税制度の発展

　当然のことであるが，江戸時代以前にも様々なかたちの公課が存在した。しかし，ここでは，明治維新以降の状況についてごくおおまかな概要を見ておこう。

　一国の租税制度はその国の政治的・経済的・制度的発展を正確に反映する鏡である。租税制度が公平にかつ効率的に構築され運営されている国は，政治的にも，経済的にも，制度的にも成熟・発展しているということができる。多くの国々において，20世紀半ばに至ってさえも近代的な租税制度を導入することが困難な場合も少なくなかったのに対して，日本においては，欧米諸国と同様に，19世紀以降，その経済発展の各段階に応じた望ましい租税制度が構築されてきたといってよかろう。加えて，明治憲法及び日本国憲法における租税法律主義の採用の結果として予測可能性が確保され，日本は，経済発展をより進行させることが可能となった。すなわち，それぞれの時期により様々に異なる，産業の発展状況と財政需要の大きさに応ずるかたちで，その時期に適した租税制度を探求する努力が行われてきたのである。

(2) 税目変遷の流れ

　産業の発展状況と財政需要の大きさに合わせた合理的な租税制度の構築が模索されたことは，課税されている税目の変化から見てとれる。この点については，金子宏『租税法〔第23版〕』42-77頁（弘文堂, 2019）に極めて詳細な解説がなされているので，これを参考にごく簡単にまとめると，次のようになる。

明治政府は，当初，旧来の江戸幕府及び各藩の制度を引き継いだが，明治6年に地租改正条例を作り，明治7年から14年にかけて地租改正を行った。その結果，全国一律の制度が確立された。これはまた，土地所有権の確定と密接に関連していた。他方で，簡素化の見地から，明治8年に雑税整理が行われた。その後，地租を中心としつつ，酒税も重要な租税となっていった。明治初期においては，農業以外の産業基盤が不安定であったから，地租や酒税の税収に依存せざるを得なかったのであろう。

　地租改正において，明治政府は，当時の富の主要な源泉であった土地に着目し，それを主要な財源とする方針を採用した。地租によって農村から得た税収を，富国強兵策の下，集中的に産業基盤の整備のために投資するという方向に踏み出したのである。これは，古い産業の犠牲の上に新しい産業の振興を図ることにより，国力の増大をめざす動きであった。

　その結果として，産業が一定程度発展してくると，今度は，公平負担の確保の観点から，富み栄えつつあった商工業に着目するかたちで，当時世界的にも新しかった所得税が明治20年に導入され，所得課税の拡大が図られていった。明治32年には法人所得に対する課税が開始された。その結果，経済発展とともに，所得課税の比重が飛躍的に増して，現在にまで至っているといってよかろう。その後，さらに，高齢化の急速な進展に伴う福祉財源の確保の観点から，昭和63年法律108号により消費税が導入され，租税制度の中で消費税の重要性が徐々に高まりつつあるのが現在の状況である。

　そのような流れの中で，特に昭和24年のシャウプ勧告は，経済理論・財政理論を前面に押し出した税制改革のプランを提示し，それがその後の経済実態に合わせた租税政策の嚆矢となった。その結果，現在においては税収確保とともに，経済理論を重視する立場から，課税の中立性の観点が尊重されている点は注目される。税制改革のたびに，政治的な調整とは別に，政府税制調査会における理論的な検討が行われているのは，決して偶然ではない。むしろ，税制改革の流れの中に，そのような恒常的な機関における理論的検討の機会が制度的にビルトインされている点において，日本の税制改革のプロセスはかなり進んだものといえるのではなかろうか。

(3) 執行の民主化・効率化

　以上のような租税制度の構造面のみならず，執行面における改善の流れについても注目すべきである。特に，シャウプ勧告は，直接税中心という新しい租税制度の枠組みを提示するとともに，公平で効率的な執行を強調し，申告納税制度の導入や，正確な帳簿・記録に基づく青色申告の導入等，いくつもの画期的な改革を提案した。

　政府税制調査会においても，現在はネット経済の飛躍的進展に対応するかたちで，「納税実務等を巡る近年の環境変化への対応」という視点に立ち，納税者利便の向上と適正・公平な課税の実現という観点からの執行面・手続面のさらなる改善に向けての改革に関する議論が行われている。従来，執行面についてはあまり扱うことのなかった政府税制調査会において，執行面の改革が正面から取り上げられることの意義は大きいが，その萌芽は，実はシャウプ勧告に見られるといってよかろう。

(4) 社会変化に的確に対応した制度改正

　明治維新以降の日本の租税制度に関しては，①経済発展や社会の変化と，②財政需要の変化という，二つの要因を反映するかたちで税目が変化してきた。まさに必要な時期に必要な内容の改革が行われてきたのであるから，これは，極めて健全なプロセスといえよう。

　他方で，そのような税制の変化により経済や社会が影響を受けるという現象も発生した。その時々の税制の在り方が経済発展に影響を及ぼすことは，不思議でも何でもない。明治以降の歴史においては，税制の経済に及ぼす影響も，全体として，かなり健全なものであったと評価することができよう。少なくとも，租税政策に致命的な誤りはなかったといえよう。

　江戸時代の封建的な制度から，欧米の制度を詳細に勉強しつつも，基本的には徒手空拳で，近代的租税制度を構築してきた先人の努力に敬意を払わずにはいられない。今現在も，日本の租税制度の改革は現在進行形で動いている。経済社会の現状に関する冷静で正確な情勢分析に基づき，執行可能で理論的に優

れた租税制度の構築を継続する試みは，今後も極めて重要である。

3　制度論の補充2　｜　申告納税制度と税理士制度　2017年7月

(1)　はじめに

　戦後改革の一環として日本に申告納税制度が導入されたのと同時期に，納税者のために制度運営に当たる専門家としての税理士の制度が打ち立てられたことの歴史的意義は，極めて大きい。日本の申告納税制度は，多くの点で，税理士制度によるバックアップの下で発展してきたからである。

(2)　戦後改革と税理士制度

　シャウプ勧告当時の日本には，十分な数の税務の専門家は存在しなかったから，申告納税制度の円滑な運営に不可欠の質の高い専門家の育成が急務であった。その際，日本においては，アメリカのように会計士に税務を委ねる制度ではなく，ドイツのように，税理士という税務専門の専門家制度が採用された。現実的にも，当時は昭和23年に公認会計士法が制定されたものの，公認会計士による監査が開始されたのは，税理士法の制定された年である昭和26年のことであり，本業の監査を担当する会計士数さえも極めて限られていて，そちらはそちらで制度の整備が図られている最中であった。

　「会計」という用語は，戦前において基本的に「財政」という意味であり（大日本帝国憲法第6章は「会計」と題するもので，62条から72条までの条文を含む。また，現在も「会計法」という法律が存在するが，これは企業会計とは無縁の国の会計処理に関する法律である），企業会計について，一般的には「会計」という用語が使われていなかった時代のことである。そもそも，「企業会計」という用語自体が，本来の「会計」（すなわち，国の財政）とは別の企業の会計ということで，明治憲法的な用法から派生的に生み出されたのではなかろうか。

(3) 税務と法律学

　税務に関する専門家の在り方については，英米法系統の国と大陸法系統の国で根本的に異なる。なるほど，英米法系統の国においては会計士が税務を行っているのに対して，大陸法の国々においては必ずしもそうではない。ドイツやオーストリアにおいては税理士が税務を行い，会計士は監査を行うという厳然たる分業が存在する。他方，フランスにおいては，もっぱら弁護士が税務を行い，それ以外の者には基本的にその業務は認められておらず，大手監査法人系の事務所は，フランスにおいては弁護士法人を設立して弁護士を通じて（その下で）税務を行わざるを得ない状況にあることが，専門家の方々の間においてさえ意外と知られていない点は驚くべきことかもしれない[1]。すなわち，フランスにおいては，（税務を含む）法律に関する事項はもっぱら弁護士が担当するという仕組みになっており，法律の専門家でない者が独立に税務を担当するということが認められないのである。

　すると，法律の専門知識を有する税理士制度を設けた日本の戦後改革は，法律の専門的訓練を受けずに，税務の実務を行うことはあまり望ましいことではないという発想に立ったものだったといえるかもしれない。これは，シャウプ勧告のメンバーに，スタンリー・サリー教授とウィリアム・ウォレン教授という二人の高名な租税法研究者がいたことの自然な結果といえるのではなかろうか。その意味で，法律と会計の双方の専門知識を有する税理士の存在意義は大きいといえよう。

(4) 確定申告と年末調整

　申告納税制度は納税者に手続的負担を強いる側面があることは否定できず，また，年末調整の制度は，企業にかなりの負担を強いている。しかしながら，納税者に関する情報は，納税者自身や，その勤務する企業の方が課税庁よりも

---

[1] 日本公認会計士協会のホームページに掲載されている，税理士法改正との関連で平成24年に会計大学院協会から出された文書，http://www.jagspa.org/pdf/20121106.pdf，参照。

正確かつ容易に入手することができるという点も無視するわけにはいかない。このような中で，納税者利便の向上と，公平な課税の実現の両方を考えた制度改正を行っていくことこそが今後の急務であるといえよう。

特に，ICT（情報通信技術）における進歩により，世界中で電子申告の重要性が指摘され，また，その実務における採用が進められている。この方向の制度改正が軌道に乗れば，日本においても，納税情報の収集・利用が効率的に行われることになろう。それは，納税者の確定申告がより簡素に行えるようになるということであり，納税者利便の向上に結び付くことになろう。のみならず，それは，正確な情報が課税庁に入るということで，公平な課税の実現という点において，大きな一歩を踏み出せるのではなかろうか。

ただ，そのためには，納税情報の収集と利用に関するプライバシーの確保の問題を如何に乗り越えていくかという深刻な問題が存在するのであり，その点に関する議論が不可欠といえよう。この点，スウェーデンにおけるように，誰でも他の者の所得や税額に関する情報をインターネットで取得できるというような方向は，日本で採用することは困難であろう。あるいは，エストニアにおけるように，誰でも他の者の所得や税額に関する情報を閲覧することができるが，誰が閲覧したかの記録が残り，それが違法であれば閲覧した者が処罰されるという制度もありうるが，それも日本では現実的ではなかろう。

やはり，日本においては，プライバシーに配慮しながら，可能な限り納税者の負担を軽くするかたちで効率的に納税情報の収集・利用を図っていくことが必要なのではなかろうか。

(5) 執行に光を当てる

シャウプ勧告は，税務の執行に正面から光を当てた改革として歴史に残るものと位置付けられる。どのように理論的に望ましい制度であっても，適正に執行できない・されないものであれば，意味がないからである。したがって，税制改革を論ずる際には，常に執行の問題に目を配るべきなのである。現在，政府税制調査会においても，そのような機運が盛り上がり，2017年の春に，海外調査（イギリス・フランス，アメリカ・カナダ，スウェーデン・エストニア，韓国）

が行われ、その報告がその年の6月19日の総会でなされたのをはじめとして、重要なテーマとして位置付けられている。政府税調で執行の問題が正面から取り上げられるのは珍しいことである。

4 制度論の補充3 ｜ 税制調査会の活動

今回は、政府税制調査会の歴史と、その税制改革に関する活動について、ごく簡単に振り返ってみよう。

(1) 法的根拠と役割

まず、ここでは、設立の法的根拠法令に遡って、税制調査会の役割について振り返ってみよう。内閣府本府組織令（平成12年6月7日政令第245号）31条は、「法律の規定により置かれる審議会等のほか、本府に、次の審議会等を置く」と定め、その一つとして、「税制調査会」を挙げている。これを受けて、「税制調査会」と題する同令33条は、以下のように定めている。

> 1項　税制調査会は、次に掲げる事務をつかさどる。
> 　一　内閣総理大臣の諮問に応じて租税制度に関する基本的事項を調査審議すること。
> 　二　前号の諮問に関連する事項に関し、内閣総理大臣に意見を述べること。
> 2項　前項に定めるもののほか、税制調査会に関し必要な事項については、税制調査会令（平成25年政令第25号）の定めるところによる。

そして、この2項を受けて、税制調査会令（平成25年2月1日政令第25号）の第1条（組織）は、税制調査会について、委員30人以内で組織し、委員の他に、特別委員・専門委員を置くことができることを定め、また、第2条（委員

等の任命）1項は，「委員及び特別委員は，学識経験のある者のうちから，内閣総理大臣が任命する」と定め，さらに，その2項は「専門委員は，財政経済又は税制に関し専門的知識のある者のうちから，内閣総理大臣が任命する」と定めている。なお，第3条（委員の任期等）は，委員の任期は3年であり，再任が可能であることを定めている。税制調査会に関する政令の規定については，https://www.cao.go.jp/zei-cho/konkyo/doc/kitei.pdf を参照されたい。現在の税制調査会は，委員20名，特別委員19名からなる。

(2) 歴　　史

沿革を遡ると，現在に続く税制調査会は，昭和34年に当時の総理府設置法（昭和24年法律第127号）に基づく総理府の附属機関として設置されたものが，昭和59年に総理府設置法に基づく総理府の審議会となり，さらに，平成13年に中央省庁再編に伴い，内閣府設置法（平成11年法律第89号）に基づく内閣府の審議会となったものである。

その後，民主党政権時代の平成21年に，政治主導の下で税制改正の議論を行うために，財務大臣を会長とし，政治家のメンバーから構成される「税制調査会」が設置されたのに伴い，従前の税制調査会は廃止され，この新しい政府税調の下の組織として，中長期的な税制の在り方について助言・報告するための，研究者をメンバーとする専門家委員会が設置された。

しかし，自公政権に戻った平成25年（2013年）に内閣府本府組織令が改正されて，その下に新たな税制調査会令が公布され，学識経験者をメンバーとする審議会に戻すこととされ，それに基づいて，同年6月に，現在のメンバーによる税制調査会が発足した（平成28年，全員が再任されて現在に至っている。なお，任期は令和元年9月30日まで延長されている）。

(3) 存在意義と，憲法の制約

平成21年までの，歴代の会長は，第二代目の小倉武一氏（元農林事務次官）を除き，中山伊知郎氏，東畑精一氏，加藤寛氏，石弘光氏，本間正明氏，香西

泰氏と，代々，高名な経済学の専門家が務めてきた。これらの会長の下，時には政治過程に踏み込む大胆な内容の提言が行われることもあった。

他方，現在は，税制改革の基礎となる現実の経済情勢の分析，税制改正の方向性に関する諮問に応えるための改革メニューの提示，国際課税や執行手続に関する専門的な議論，等々，中長期的な政府の税制改革を補助するための専門技術集団としての色合いが濃い活動が中心となっている。この背景には，税制改革は日本国憲法84条の下，国会の権限であり，税制調査会はあくまでも諮問機関としての役割を全うすべきであるという考え方が反映されているように思われる。

そもそも，平成25年6月24日，安倍総理は，首相官邸での初回の税制調査会の総会において，以下のような諮問を行った。

　税制については，グローバル化・少子高齢化の進展等の経済社会構造の変化に対応して，各税目が果たすべき役割を見据えながら，そのあり方を検討することが求められている。

　その際には，「公平・中立・簡素」の三原則の下，民需主導の持続的成長と財政健全化を両立させながら，強い日本，強い経済，豊かで安全・安心な生活を実現することを目的として，中長期的視点から，検討を行うことが必要である。

　以上の基本的な考え方の下，あるべき税制のあり方について審議を求める。

現在の税制調査会においては，この諮問を受けて，中長期的視点から，専門技術的な議論を行うという方向性が追求されているのであり，それ自体が税制改革の基本的方向性を大々的に提案するという方針は採用されていないように見受けられる。換言すれば，独自の存在感を示すよりは，地味で基礎的な作業に徹するという方向性といえよう。

(4) 開始された執行の在り方に関する議論

　現在の税調においては，どのような税制構造が望ましいかという点に関する経済学的議論とともに，国際課税等の専門技術的な議論が集中的に行われてきたが，最近では，納税者利便の向上や公平・効率的な租税制度の運営といった目的のための執行の在り方に関する議論も開始された点が重要なのではないかと思われる。この点との関連で，平成29年（2017年）の春に，イギリス・フランス，アメリカ・カナダ，スウェーデン・エストニア，韓国と，四方面への電子申告等の現状に関する海外調査が行われ，その報告が同年6月19日の税調総会で行われた。

　申告納税制度は，納税者の自律権の表現として民主主義社会において重要な意味を有するものであるが，納税者にかなりの事務負担をかけている点は否定できない。そのような点を考えて，納税者利便の向上のために，電子申告その他のICT技術を利用するという方向は健全なものである。ただ，そのためには納税者の理解を得ることが重要となる。今後は，このような執行の在り方について税調で活発な議論が行われることになるのではなかろうか。

4a　税研158号 ｜ 震災復興財源　2011年7月（当時の議論）

　東日本大震災復興のためには莫大な費用が見込まれたが，日本は，被災者のためにも国民全体の未来のためにも，これをどうにかして捻出しなければならなかった。この問題については，様々な方々が様々な方式を述べておられるが，一つだけ確かなことは，打ち出の小槌は存在しないという点である。国が国民の集合体である以上，震災復興財源は，何らかのかたちで国民が負担しなければならないのは不可避なことである。

　もちろん，短期的には，年金財源の利用，円借款残高の利用，その他も考えられようが，金額として足りない。震災国債を発行するにしても，国債と租税とでは負担のタイミングがずれるだけのことであるから，償還財源について考えなければならない。

では，震災復興財源の確保のために，増税しなければならないとしたら，所得税，法人税，消費税，相続税，固定資産税等のうち，どれを充てるべきだったのであろうか。あるいは，基幹税以外のその他の税（例えば，金融資産税）を充てるべきだったのであろうか。

　ドイツ統一に際しては，所得税・法人税の増税で財源捻出がなされた（いわゆる，連帯税（Solidaritätszuschlag））が，ロスアンゼルス大地震（Northridgeearthquake）の際には州売上税が増税された。すると，所得税，法人税，消費税を用いて，広く国民一般が負担するかたちで震災復興財源を確保するという考え方が成立する。相続税や金融資産税での財源調達というのも，このような考え方の延長線上にあるといえよう。

　また，日本は湾岸危機後の対応において，1991年4月から1992年3月にかけ，法人臨時特別税と石油臨時特別税で臨時の税収確保を図った。これは，湾岸危機の回避により受益すると思われる企業全般に半分の負担を，受益の程度が大きい石油関係の利用者に半分の負担を求めるものであった。東日本大震災の震災復興財源にこの考え方を当てはめると，受益ではなく，損害を受けていない納税者に負担を求める課税方式を考えることになろう。被災地以外の地域の固定資産税を震災復興財源に用いるという考え方は，これに当たる。

　このように考えていくと，結局，一つの租税にこだわるのではなく，国税のみならず地方税も含めた様々な租税を少しずつ用いて復興財源に充てるという方法が現実的であることがわかる。その意味で，金子名誉教授の一般付加税という考え方[2]が，基本的な方向性として常識的なものであると思われる。現実には，付加税を設けるべき税目の範囲や付加税を課すべき時期等に関してバリエーションはありえようが，様々な税目を組み合わせるという基本は変わらないであろう。もちろん，どのような方式を用いる場合であれ，被災地の納税者に対する配慮が必要となろう。

　なお，原子力発電所の問題に関しては，電源開発促進税等を用いたり，預金保険機構のような大きな枠組みの制度を設けることにより，一定の対応が可能であると思われる。

2　金子宏「被災者救援対策税制のあり方―暫定財源としての『一般付加税』の提案」税研157号20頁。

〔本稿は，2011 年 7 月時点における議論である点に留意されたい。〕

5　制度論の補充4 ｜ 資産税・流通税・個別消費税・地方税　

(1)　はじめに

　今回は，主に，流通税と資産移転税について扱う。

　登記・登録や文書作成等の法的事象に着目して課される流通税は，古い歴史を有する租税であるが，経済的なフローに着目して課される所得税・消費税や，経済的なストックに着目して課される資産保有税と比べた場合，経済理論的な説明が困難であるという特色を有している。

　また，資産移転税（相続税や贈与税）も，ヨーロッパの古い歴史の中で，基本的に流通税として発展してきたものである（ただ，それを現在において，資産税の一種として理論的に説明しているだけである）。すなわち，ここでは，歴史的な流通税としての性格と，経済理論における後付けの資産税としての説明がずれている。

　以下ではさらに，古い歴史を有する個別消費税の理論的な課税根拠や，あるいは地方税の位置付けについても，ごく簡単ではあるが，触れておきたい。また，国以外が徴収する賦課金についても言及する。

(2)　資産移転税・流通税と，古い租税の理論的分類

　現代における租税のうち，流通税（登録税や印紙税），相続税・贈与税，固定資産税等は，中世の封建領主の領有権から派生する金銭賦課の権利の延長線上で発展してきたもので，今もその性格を一定程度とどめている。

　流通税は，中世からの伝統を有する私法的性格の濃厚なものであり，登録行為等に付随する手数料的な色彩を有するものであるから，格差是正等の政策的観点からその負担を過重なものとすることには注意が必要である。

　固定資産税も，中世的な地代の色彩をとどめた地租から発展したものであり，

その背後には封建領主の領有権が存在する。すなわち，それは，財源としてどれだけ課税してもいいというものではなく，課税権者の土地に関する領有権の対価としての限界を踏まえたものでなければならないといえよう。

さらに，相続税も，中世の流通税の一変種であり，古い歴史を有する租税である。ヨーロッパの歴史において，相続税は被相続人から相続人への財産の移転に際して課される流通税として発展してきたものである。それについては，日本と異なり，資産（移転）税という理論的分類が基本的に当てはまらないように思われる。これは要するに，相続税の長い歴史が現在の在り方に影響を及ぼしているためであるといえよう。

例えば，フランスにおいては，土地について，被相続人から相続人への登記名義変更を公証人が行う際に，手数料と一緒に，登録税としての相続税が課税される。これは，登記と課税が極めて密接な関係を有していることの反映である（日本の固定資産税が台帳課税主義なのも，そのような歴史を反映していると見ることもできよう）。

ドイツの流通税（Verkehrsteuer）も，フランス同様，中世以来の長い歴史を持つ租税である。しかし，流通税が未だに重要な地位を占めるフランスと異なり，現在のドイツにおいては，不動産取得税を例外とすれば，流通税の占める地位がさほどは高くないという点において両国は好対照をなしている。また，ドイツの相続税は，フランス同様に，中世の流通税起源のものであるが，現在は，流通税とは切り離されて，より資産税的にとらえられている。

(3) 環境税化する個別消費税

附加価値税の普及により，重要性は落ちたものの，個別消費税も，相続税同様，古い歴史を有する租税である。もっとも，過去の奢侈品課税という説明から，現代における環境税的説明（例えば，環境や健康に良くないものに対する課税）へと，課税の根拠に関する理論は変化しつつある。しかし，個別消費税は，経済理論的な説明は変化したものの，古い歴史故に，揺るがない存在感を示しているといってよかろう。現在においても，ほとんどの国で酒税が課されているという事実が，その点を物語っている。

(4) 地　方　税

　地方税については，経済学・財政学における財政調整的な観点からの詳しい分析がなされている。しかし，各国における地方自治体の制度的位置付けの差異により，地方税の課税の在り方も相当に異なったものとなるから，この問題について過度の一般論を展開することは困難であろう。

　日本の地方税における一番の問題は，会費的性格を持つ均等割の残存をどう位置付けるかという点なのではなかろうか。この問題は，課税理論上難しいものであるが，単純に応能・応益の二元論で説明するのは過度の単純化というべきであろう。

(5) 国や地方団体以外が課する賦課金

　ガーンジーにおいて課される「租税」が，租税の定義を満たすか否かという点が問題となった。中世領邦の流れを汲む地域で，独自の位置を占めると思われるのが，"Crown Dependency" と呼ばれる，"Isle of Man や Guernsey" である。これらは，イギリスの一部ではなく，イギリス女王が，イギリスの王としてではなく，中世以来の領邦領主としていわば私的に所有する領域である。

　ノルマンジー沖のドーバー海峡に浮かぶ "Bailiwick of Guernsey" は，ガーンジー島とその他の島々からなるが，"Crown Dependency" とされており，イギリス女王は，"Duke of Normandy" として，その元首である。ガーンジーはイギリスの一部ではない（EUのメンバーでもない）が，国防や外交は，イギリスに委ねられている。イギリス議会に代表者を送っておらず，イギリス議会の制定した法律の権限は，"Order in Council" により拡大適用されない場合には，ガーンジーには及ばない。

　このような，主権を有する近代国家とは基本的に性格を異にする，中世の荘園の性格を残す地域において課される賦課金を，近代的な意味の租税と同視することができるかという問題が生ずる[3]。

---

[3] 最高裁平成21年12月3日判決・民集63巻10号2283頁参照。なお，現在，日本は，ガーンジーと租税条約を結んでいるので，その賦課金を租税と考えているといえよう。

同様に，公共放送の受信料について少し考えてみよう。この問題との関連で重要な意味を有するのが，国や地方公共団体以外が，法律に基づいて強制的に徴収する賦課金（la parafiscalité）である。この概念は，フランスの受信料について用いられていたが，2001年以降，"la loi organique relative aux lois de finances"により廃止され，通常の（家屋について課される）租税に置き換えられた。かつては，それについて，租税法律主義の適用に関する議論がなされたが，現代の日本においても同様の問題が生ずるのではなかろうか。

制度論の補充5　租税教育

▶（参照）第三部第五論文「私の租税教育論(3)」『税務弘報』63巻13号74-77頁
▶（参照）第三部第六論文「全国納税貯蓄組合連合会，シャウプ勧告，租税教育」税経通信70巻4号

今回は，過去の歴史から少し離れて，租税教育に関する将来の方向性について，多少の意見を述べてみたい。

⑴　国家の根幹としての近代的租税制度

近代的な租税制度は，長い歴史において人類が勝ち得た様々な制度の中でも，とりわけ重要なものとして位置付けることができるように思う。公平な課税により集められた資金により国家を運営するという現行のシステム自体が，自由を保障する民主的な国家の在り方を直接的に映し出しているからである。その基本は，以下の三つに集約することができるのではなかろうか。

①　課税のルールがあらかじめ明示されている点（自由ないし予測可能性の保障）
②　課税のルールが議会により制定されている点（民主主義の淵源）
③　課税に関する不服が司法的に処理される点（手続的権利の保障）

これらは現代の私達にとっては当然のことである。しかし，私はかつていくつかの途上国を訪問した際に，この三つの原則が守られていない場所が世界に

は少なくないことに大きな衝撃を受けたことを今でも鮮明に覚えている。過去に遡っても，例えば，中国では，春秋左氏伝の昭公6年に，「三月，鄭人鋳刑書」（紀元前536年，鄭の宰相の子産が，刑書を鼎に鋳た）とあるのが，成文法の初めであるとされるように，それまでは，法を人々に知らせないことが一般的であったことを考えると，上の①の原則の重要性が認識できよう（同時に，一般的否認規定等は，基本的に，この①の原則に反することも理解できよう）。

したがって，租税教育においては，何よりも，私達の持つそのような租税制度が現代国家の根幹であるという点を正しく伝えることが，最重要の課題であるといえよう。

(2) 租税教育の例

かつて行われた事業仕分けの過程で，中学生の租税制度に関する作文について，支出に見合わないから廃止せよという意見があったと聞いたことがある。確かに，そのような企画の効果は簡単に数字で示せるようなものではないかもしれない。しかし，自らの国家がよって立つ政治的基盤を義務教育の現場で確認する取組みを正面から否定しようとすることは，あまりに近視眼的であり，ここで多少極端な表現を用いることをもしお許しいただけるのであれば，自由主義・民主主義を否定する「暴挙」であるとさえいえるように感じられてならない。

そのような強い表現を用いるのも，実は私自身が，昭和45年に，全国納税貯蓄組合連合会の作文コンクールに応募して表彰されたことが，租税制度や財政制度に興味を持つきっかけだったからである[4]。手前味噌となるが，事業仕分けで，そのような作文コンクール廃止の主張をなさった方々のお気持ちが現在は変わっていることを，ごく個人的にではあるが今でも切に願っている。

---

4 中里実「全国納税貯蓄組合連合会，シャウプ勧告，租税教育」税経通信70巻4号2-3頁，2015年，第三部第六論文，参照。

(3) 租税教育の様々な局面

　租税教育の基本は，あくまでも上に述べた三つの点である。租税教育の行われるべき局面としては様々な段階のものがあろうが，同じく租税教育といっても，それぞれの局面で必要とされる内容は，多少異なっている[5]。

- まず，租税の意義や重要性について義務教育でふれる必要性がある。その際には，国や地方団体の運営が租税により行われており，その租税が国会で制定された法律に基づいて課されるという基本の理解が重要である。
- 次に，大学教育においても，租税が生活の様々な局面に幅広く関連してくるという点を，学生に理解してもらうことが必要であろう。日本税理士会連合会の寄付講座は，このような観点から意義深いものといえよう。
- また，税理士等の租税専門家の養成における租税教育の重要性は当然のことである。日本税理士会連合会の行う各種の研修や，日本税務研究センターにおける様々な研究は，そのような観点から重要なものと考えられる。
- さらに，社会人の方々にも，租税制度に興味を持ってもらう努力が必要であろう。特に，テレビや雑誌において，租税に関連するテーマを取り上げる必要があろう。

(4) 電子化への対応

　ところで，現代において特に重要と思われるのは，租税と，コンピューターやインターネットとの関わりについて，専門家が正面から認識することなのではなかろうか。確定申告の電子化等は，その際の格好の切り口であろう。政府税制調査会においても，この点について真剣に議論している。

　その際に重要なのは，コンピューターやインターネットを使いこなせない方々に対する対応であろう。この点，日本においては，通常，コンピューターやインターネットを使えない方々に如何に配慮してアナログな方式を残すかという点に重点が置かれる場合が多い。他方，2017年5月の税制調査会の海外

---

[5] 中里実「私の租税教育論(3)」税務弘報63巻13号74-77頁，2015年，第三部第五論文，参照。

調査の際に，電子政府先進国であるエストニアで私が質問したところ，コンピューターやインターネットを使うことは，もはや基本的人権であり，全ての国民が，読み書きと同じように，その能力を保持するように配慮することこそが国の義務であるという答えであった。本当に，目から鱗が落ちた気持ちであった。そのような人権としてのICTという視点に立って積極的な攻めの姿勢で臨むことが，電子化先進国としての日本の確立につながるといえよう。

(5) ま と め

以上のように，今後は，コンピューターやインターネットを使うことを基本的人権としてとらえるべきであると考えるのと同様に，**適切な租税教育を受けることも基本的人権**としてとらえるべきであると私は考えている。現代社会においては，租税制度に関する一定事実の正確な理解は，健全な経済生活・社会生活を送る上で必須であると考えるからである。国民全員が租税制度に関する十分な知識を持ち，日本の将来の国家運営について自らの意見を形成できるような，そんな時代を作っていかなければならない。

三　現代における動き

7　現代における動き1 ｜ 課税の役割の拡張　　2017年11月

　今回から，過去の経緯が現代の租税制度に対して重要な影響を及ぼしていると思われる各論的な諸問題について，トピック別に12回の議論を行う。

　具体的には，各回ごとに，私がこれまでに興味を持った一定のトピックをめぐり，過去の状況についての簡単な説明と，その後の経緯，及びその現在への影響についての議論を試みることとする。

　今回は，そのはじめとして，国家の役割の拡大に伴う，必然的な結果としての，課税の役割の拡張という現象について考えてみたい。

(1)　国家観の変遷

　歴史的に見た場合の国家観の変遷については，政治学や行政学や歴史学において詳しく議論されている。特に，19世紀的な夜警国家から20世紀の福祉国家への劇的な変化に着目する議論については，広く知られている。

　以下においては，国家観の変遷を単に政治思想的な視点のみに限定してとらえずに，経済発展の歴史的諸段階における国民の経済力の変遷を背景とする，国家と国民の間の関係の変化であると考えて，論じてみたい。

　長い人類の歴史においては，国民が，単なる支配の対象としてのみ考えられていた時代が長く続いた。このような隷属の時代は，
- 　古代　帝国における主人と奴隷
- 　中世　荘園における領主と農奴

というような支配従属関係でとらえることができるかもしれない。これに対して，生産性の拡大とともに国民の経済力が充実してきた近世以降は，以下のように国家観が変化してきたと考えられる。

- 近世　**絶対主義国家**の重商主義の下，商工業者の経済力が拡大
- 近代　主権国家の成立の下，資本主義が発展し19世紀の**夜警国家**が成立
- 現代　国民主権の下，**福祉国家**が成立し，国家の経済介入が拡大

租税制度の役割について分析する際には，近世以降の国家において租税がどのような役割を果たしてきたかという点を，このような流れの中で位置付けて考えることなしに，現代における租税政策について語ることはできないであろう。

(2) 課税目的の変化

いずれの国家観の下においても，課税が，国家運営に必要な税収獲得のために行われるものであるという基本的な点については疑いの余地はなかろう。問題は，その税収獲得を必要とする国家運営の在り方が，上のように，時代により根本的に異なるという点である。

すなわち，国家観の変遷とともに，国家運営の在り方が変化し，それに応じて課税の目的も大きく変化してきたのである。この，課税の目的の歴史的変化をごく簡単に要約すると，以下のようになるのではなかろうか。
- 古代　支配者による収奪のための課税（強権的構成）
- 中世　領主の領邦運営のための課税（土地支配に基づく「私法」的構成）
- 近世　国家活動の費用獲得のための課税（絶対主義国家の運営）
- 近代　夜警国家の下の治安維持等のための課税
- 現代　国家運営の他に，再分配のための資金獲得目的が付け加わる

現代の福祉国家において特に重要なのは，第一に，課税の目的に再分配や格差是正という視点が加わったことである。現代においては，税収獲得を行う過程で再分配をどのように行うかという点は，租税政策における最重要課題の一つである。

また，第二に，現代において，課税の目的に経済インセンティブという視点

が付け加わったことも重要である。現代においては，税収獲得を行いつつ，経済に如何にポジティブな効果を及ぼすかという点が極めて重視されている。

この第二の点が顕著に法律の条文に現れているのが，ドイツ租税通則法3条1項における，「租税とは，特別の給付に対する反対給付ではなく，法律が給付義務をそれに結びつけている要件に該当するすべての者に対し，収入を得るために公法上の団体が課する金銭給付をいう。なお，収入を得ることは付随目的とすることができる」という，租税の定義である（金子宏「租税法〔第23版〕」9頁における日本語訳）。

(3) 租税法の変化

以上のように，福祉国家の時代になって，課税の目的に重大な変化が生じたにもかかわらず，租税法において，この点に関する理論的な検討は未だ必ずしも十分に行われているとは言いがたいのが現状なのではなかろうか。租税法における議論の大部分は，もっぱら税収獲得という財政目的（及び，その実現に際しての課税権の法的コントロール）に向けられている。

第一に，再分配が重要な政策目的とされているにもかかわらず，その理論的な検討は必ずしも十分ではない。租税法の理論から，どのような再分配が望ましいかという点を導き出すことは困難で，通常は，垂直的公平の確保とか，格差の是正という名目の下の立法論が語られるだけである。今や，如何なる根拠で，どの程度の再分配が望ましいかという点に関して正面から議論すべき時代が来ているといえよう。

また，第二に，経済インセンティブのための租税特別措置等の政策税制が重要な意味を有するようになったにもかかわらず，租税法における議論において，一定の政策のための租税制度の利用という政策目的については租税公平主義との関係で不平等であるという批判はなされるものの，その本質について正面から扱ったものはあまりない（この問題について理論的に検討した，海外住宅・不動産税制研究会「欧米4か国における政策税制の研究」，2014年，公益財団法人日本住宅総合センター，は数少ない例外である）。

このように，現在の租税法における議論において，再分配や経済インセン

ティブの問題が正面から理論的に議論されることはあまりないのであるが、それにもかかわらず、現実の租税政策においては、これらをめぐる実際的な議論が活発に行われている。すなわち、理論が現実に追い付いていないのである。このギャップを埋めることこそが、現代の租税法の最重要課題であるといえよう。

7a 税研155号 ｜ 金子名誉教授の国際人道税構想から生まれた国際連帯税

雑誌「税研」の時流欄に、「国際航空運賃と消費税」と題する金子宏名誉教授の論文が掲載されたのは、1998年9月号においてであった。実は、この論文こそが、現在、フランス等の10以上の国々において実際に導入され課税されている国際連帯税のもととなったと思われる国際人道税の、世界最初の提案であった。金子名誉教授は、この提案を世界に向けたかたちで行うべく、さらに、Tax Notes International 誌の1998年12月14日号に、"Proposal for International Humanitarian Tax—A Consumption Tax on International Air Travel" と題する英文の論文を寄稿された。フランス等における国際連帯税の導入がこの論文に触発されたものであることは間違いなかろう。日本発の提案がこのように世界の様々な国々において現実の制度として採用されることは、極めてまれなことである。これは、金子名誉教授にとってのみならず、日本の租税法関係者にとっても極めて名誉なことであり、教え子の一人として感慨深いものがある。

国際人道税構想は、消費税の課税されない国際航空運賃について低い税率で課税し、その税収を途上国の子供たちのためにUNICEFに寄付する等、国際的な人道目的で用いようという極めて大胆な提案である。この提案がフランス等の国際連帯税のもととなっていることを知らない国際連帯税の日本人支持者が少なくないことは、事実をよく知る者の一人として、まことに残念なことである。

しかし、金子名誉教授は、再度、日経新聞2006年8月3日朝刊の経済教室に「人道支援の税制創設を」と題する寄稿をされた。のみならず、2010年9月6日の午後3時から行われた、政府税制調査会専門家委員会の国際課税小委

員会の第一回会合というオフィシャルな場において，金子名誉教授がその冒頭で，日本国憲法前文の国際協調主義の理念に言及されつつ，国際連帯税の基礎にある国際人道税構想の在り方を説かれた[6]ことにより，国際連帯税の考え方がその1998年の金子論文に由来することを知る人が次第に増えつつあることは，まことに喜ばしいことである。

外国の理論や制度の紹介を行うだけでなく，より積極的に，海外に向けて理論や制度を提案していくという金子名誉教授の姿勢は，私たち後に続く者にとって，大いに見習うべきものである。それと同時に，学問理論におけるプライオリティーについて，私たちはもっと真剣に受けとめ，安易に，「一般に云々といわれている」などというあいまいな表現で済ますことのないようにしなければならないことを実感している。

8 現代における動き2 │ 政策と外部不経済の内部化

(1) はじめに

前回検討したように，租税の役割の拡張との関連で，経済成長のための租税特別措置等や環境保護のための炭素税をめぐり，租税制度を用いた政策に関する議論が行われている。租税特別措置については前回ふれたので，ここでは，炭素税等の環境税について考えてみたい。

この点については，公共政策大学院等の授業で扱われることが多い。その背後には，ミクロ経済学における外部不経済の内部化の理論が横たわっている。そこで，今回は，この点について論じてみたい。

(2) 外部不経済の内部化

古いタイプの環境税は，1969年導入のフランス排水課徴金のように，汚染

---

[6] https://www.cao.go.jp/zei-cho/history/2009-2012/gijiroku/senkoku/2010/_icsFiles/afieldfile/2010/11/22/senkoku1kaia.pdf

対策の費用負担を中心とするものであった。これに対して，新しいタイプの環境税は，環境政策を規制ではなく経済理論に基づいて行おうという考え方から生まれた。その背後には，外部不経済の内部化（internalization of externalities）という発想が存在する。

外部不経済の内部化のための課税理論については，ピグー税の議論[7]や，ボーモル・オーツ税の議論[8]が存在する。この議論と関連すると思われるコースの定理（Coase theorem）が発表されたのが1960年のことであり[9]，それを基礎とする取引費用経済学の考え方が環境税等に応用されたのもさほど古いことではない。実際にOECD等で，環境税が現実の政策においてクローズアップされたのは，1980年代後半のことであった。

すなわち，環境という財には財産権が設定されていないので市場の失敗が起こり，環境が無料で利用される結果として，環境に過大負荷がかかる（過剰に利用される）。このように，市場を通じて価格メカニズムに基づいた環境の利用が行われず，環境の無料利用により環境汚染がもたらされるので，環境税の課税により，環境の無料利用を防ごうというのである。換言すれば，国に環境の所有権を設定し，無料で環境を汚染できる状態を解消することにより，環境汚染をコントロールしようというのである。

なお，このように，財の利用を市場経済メカニズムに乗せることにより，効率性を回復しようという場合の他に，経済学における内部化の理論が租税の世界に登場するもう一つの例は，コースの企業の理論[10]に依拠した，多国籍企業の成立に関する説明である。この点に関しては，国際取引において，独立企業間の市場取引は，取引相手の情報の入手困難等の理由で取引費用が高くなり，あまり行われない。そこで，相手方の情報が入手しやすい等の理由で取引費用の低い企業内取引や関連企業間取引が多用されることになる。その結果，取引費用削減の観点から多国籍企業が成立するというのである。この理論は，移転

---

7 Arthur C. Pigou, The Economics of Welfare, 1920.
8 William J. Baumol, On Taxation and the Control of Externalities, 62 The American Economic Review 307-322, 1972.
9 Ronald H. Coase, The Problem of Social Cost, 3 Journal of Law and Economics, 1-44, 1960.
10 Ronald H. Coase, The Nature of the Firm, 4 Economica, 386-405, 1937.

価格税制について考える際の基本となるものである。

(3) 現実と理論

　上記のように，環境税の課税根拠としての外部不経済の内部化の議論は，確かに，精緻なミクロ経済学に基づくものであり，参考にすべき点が多い。しかしながら，例えば，どの程度の税率で環境税を課税すればいいのかといった点や，執行面の問題等の現実的制約のために，環境税をめぐる議論は，理論倒れになってしまいがちであるという側面も否定できない。その結果，現実の環境税は，環境政策の手段としてよりも，環境政策の税収確保のために課されている場合も少なくない。のみならず，環境税の賦課が，経済成長等の，国の別の政策とバッティングを起こす場合もある。

　結局，課税は突き詰めれば税収を獲得するための手段であり，そのような本質を有する租税制度を用いて，政策目的の実現を図ろうとしても，そこにはどうしても一定の制約があるという点をわすれてはならないのではなかろうか。租税制度における理想の追求は重要であるが，同時に現実的な制約も無視するわけにはいかないという点に，税制改革の困難さがあるといえよう。

(4) 政府税制調査会における政治と理論

　税制改革をめぐる議論は，政治そのものであって，利害調整という側面を強く持っているという点を無視することはできない。かつ，政策目的の追求も，当然に，政治と密接な関連を持っている。したがって，税制を用いた政策目的追求をめぐる議論は，一層，政治の影響を強く受けることになる。

　ここに，税制の構築において，理論と政治の間の調整をどのように考えるべきかという難しい問題が生ずる。理論に関しても政治に関しても人により考えが分かれるので，如何なる制度が望ましいのかという点は，そう簡単に決められるものではない。一口に「あるべき税制」といっても，それが自明の存在であるわけでは決してない。

　このような状況下で，例えば，政府税制調査会を有用なかたちで運営してい

くためには，どうしても，冷静な目で現実を見て，現場の声に耳を傾けるという慎重な姿勢が重要となってくる。これは別に，理論を捨てて現実に流されるということではない。意味のある改革を実現するためには，現実に根差した提案を行う以外にないのである。

税制改革は利害調整であり，基本的に政治の領域に属するという点を雄弁に述べているのが，租税法律主義を定めた憲法84条である。租税制度は，国会における政治的議論の結果として法律で定められるのであり，経済理論や審議会の議論により決められるものではない。

研究者等が審議会の場で「あるべき税制」を決めるということは，誤解なのではなかろうか。しかし，現実の議論においては，この点がわすれられることがある。審議会の役割は，政治の場における議論の参考資料として，社会経済の実態を整理し，問題点を指摘して，その複数の解決方法を提示することなのではなかろうか。あくまでも，決めるのは政治であり，国民である。

もちろん，理論的検討は必須であるが，そのことは，研究者が租税政策の中身を決めるということを意味しない。税制は，民主主義的な手続の下，国会で政治的に決めるべき存在であるといえよう。

8a 税研152号 ｜ Bads 課税と狙い撃ち　　2010年7月

例えば，炭素税，たばこ税，酒税等に関して，Tax Bads, Not Goods という表現が用いられることがある。日本では，消費に関する課税は消費税に一本化し，個別間接税は『グッド減税・バッド課税』という誘導の考え方に基づいた課税体系にする方針を打ち出された。確かに，この考え方は，租税政策や環境政策の観点から合理性を持つものである。

しかし，問題はそこで終わるわけではない。如何なる政策に関しても細部の詰めが重要だからである。良いものではなく悪いものに課税せよというスローガンが合理的なものであるとしても，法的に考えた場合には検討すべき点が少なくないのもまた事実である。

第一に，何がグッドで何がバッドかを一律に決められない場合が少なくない。

127

環境政策等の方向性として，一定の行為を促進し別の行為を抑制することが正当化されるのは，促進すべき行為と抑制すべき行為を，政策策定者が正確に把握できるという一種の楽観主義に基づいている。しかし，現在において正しいと考えられていることが将来においても正しいという保障は必ずしもない。良し悪しの判断は複雑なものであり，一定の時点における一部の者の考え方が，普遍的に正しいという保障がないが故に，民主主義という手続が存在するとともに，民主主義をもってしても侵せない人権が保障されているのである。正しいか否かが単純に決められるものではなく時代とともに変わるものであるならば，とりあえず一定の方向性を打ち出すとしても，『理性の濫用』(Cf. Friedrich A. von Hayek, The counter-revolution of science: Studies on the abuse of reason, 1964) を慎んでそれを唯一絶対のものとはせず，例外を認め，司法判断の余地を残しつつ，試行錯誤を繰り返していくしかなかろう。

　第二に，抑制すべき行為の選択に関して平等性が保たれているか否かも問題となる。特に，平等原則との関連において，環境税と憲法の関係が微妙な場合がある。2009年12月29日，フランス憲法院が，炭素税法案を，例外措置が多すぎて不公平で憲法違反であるとした[11]ために，政府が法案を作り直さざるをえない事態に立ち入ったことは記憶に新しい。

　第三に，租税制度が国家活動に必要な収入の確保を目的として存在する以上，税収の問題を避けて通るわけにはいかない。

　要は，スローガンが妥当性を持つとしても，その具体的実現の局面においては慎重な法的検討が必要であり，単なる狙い撃ちに堕しないよう細心の配慮を払うべきである。つまるところ，課税は刑罰ではないのであるから，それを制裁措置として用いるべきではなく，誘導的効果が結果として生ずる程度にとどめるべきであろう。特に，たばこ税等に関して狙い撃ちの程度が高すぎるならば，『体に良くない』他の物資との間のバランスが憲法上問題となりうるかもしれない。

11　https://www.conseil-constitutionnel.fr/decision/2009/2009599DC.htm

8b 税研139号 | 租税特別措置の延長

2008年5月

かつて、ガソリン税等の暫定税率をめぐる議論が活発に行われたが、この点について多少理論的に考えてみよう。

中世ヨーロッパにおける身分制議会の主要な権限は、課税承認権であった。君主が収入を必要とする場合にその都度、課税を承認する権限を身分制議会が有していた。これは、中世の法の下、対価を支払わずに財産権を奪うことが違法であったために、課税について納税者の代表の同意を得ることにより、贈与の如き形式を擬制することによって、課税を違法ではなくする機能が課税承認権にあったためである。

絶対主義国家の成立とともにその都度の臨時的な課税ではなく、永久税制度が採用されるようになり、かつ、市民革命により議会が立法権を有するようになると、課税は法律の根拠を有する場合にのみ可能とされ、租税法律主義が成立した。課税について納税者の同意を擬制するという身分制議会の課税承認権が、租税法律主義というかたちで近代・現代の議会に引き継がれたのである。また、議会は、課税に関するその都度の承認という伝統的な権限を、毎年度の予算の議決というかたちにおいても維持し続けた。現在の日本においても、租税法律主義の下に永久税制度が採用されている一方で、予算は毎年度国会の承認を受ける（議会の財政権）。

このような背景の中で、適用年度を区切った臨時的な租税特別措置の位置付けが問題となる。確かに、それは、原則としての永久税制度のいわば例外であり、暫定的に認められるものとして位置付けられよう。しかし、例えば2年とか3年に一度、延長のための国会の議決が必要であるということは、中世ヨーロッパにおける議会によるその都度の課税承認の名残であると考えることも不可能ではない。

すなわち、国会は、予算の年度承認のみならず、租税特別措置の延長の承認というかたちでその都度承認を与える権限の名残を維持していると考えることができる。そうであるならば、期限付きの租税特別措置は、定期的な国会の承認に服する恒常的措置として理解することも不可能ではなかろう。むしろ、所

得税法等の本法に対してよりも、租税特別措置についての方が国会の関与の機会が多い（もちろん、本法が原則で租税特別措置法が例外である点を考えれば、これはこれで理由があるが）。

したがって、臨時的・例外的な措置を租税特別措置法に集めるという日本の立法の仕方は、臨時的・例外的な措置に対する国会の関与を定期的に要求する対象を明確にしているという点において、優れたものであると評価することができるといえよう。

もっとも、臨時的・例外的な措置と恒常的・原則的な措置の間の区別は、あいまいである。それ故に恒常的な措置を臨時的な措置として立法することが行われる結果として、暫定的な措置が何十年も続くことになるのであろう。しかし、そうであったとしても、そのような「暫定的」な措置は、あえて、定期的に国会のコントロールを受けるという意味において、むしろ積極的に評価することができるのかもしれない。

9 現代における動き3 ｜ 課税庁による情報収集

(1) はじめに

この半世紀ほどの間の租税実務の進展のかなりの部分は、コンピューター技術及び通信技術の発展によりもたらされたものであるといっても過言ではなかろう。誰も、この動きから自由であることはできない。

個人的な思い出であるが、今から40年近くも前のこと、私は、東京大学法学部に提出する、企業会計と租税会計の関係について扱った助手論文[12]執筆に際して、ドイツにおける正規の簿記の諸原則に関するクルーゼ教授の名著 (Heinrich Wilhelm Kruse, Grundsätze ordnungsmäßiger Buchführung, Rechtsnatur und Bestimmung, 1970) を詳しく読んでいた。この書物は、直接的には、コンピュータ会計を正規の簿記の諸原則との関係で法的にどのように位置付けるかという

---

12 後に、中里実「企業課税における課税所得算定の法的構造（一）─（五・完）」法学協会雑誌100巻、1号、3号、5号、7号、9号、昭和58年、として発表。

問題に対して答えることを目的として執筆されたものであった。しかし，現在は，コンピュータ技術に加えて通信技術が発展した結果，この本におけるような問題意識それ自体がもはや意味を持たないほど古いものになってしまっているといえるのではなかろうか。

そこで今回は，最近，税制調査会で議論が行われてきた，租税手続のICT化への対応について考えてみたい。会計や税務におけるICT化の広範かつ急速な進展は，果たしてどのような将来を私達にもたらすのであろうか。

(2)　ICT化の進展の意味するもの

自然なかたちで成立する納税者と課税当局の間の健全な緊張関係こそが，租税制度の基盤であろう。納税者と課税当局の間に対立する局面があるのは当然のことであるが，同時にまた，協力した方が双方にとって効率的な場合も多々存するからである。現在，政府税制調査会で進められている，経済活動におけるICT化の進行に歩調を合わせるかたちの租税手続の効率化・簡素化の確保という視点は，従来から，長年にわたって推し進められてきたコンピュータ化の中の租税手続の効率化の推進と，軌を一にするものである。

このように，ICT化の進展を，納税者利便の向上と課税の公平性の実現に資する租税手続の構築のためにどのように利用するかという視点は，世界の多くの国において，現在における最重要の課題であるといえよう。

(3)　調査に関する行政法的な発想

従来の租税法においては，納税手続について，課税庁と納税者の対立関係を背景として生ずる，行政法的な観点からの両者間の法的紛争の解決にもっぱら焦点が当てられてきた。法律学が法的紛争の解決を主要な目的とするものであり，納税者と課税庁の間に利害対立が発生することが不可避である以上，これは当然のことである。

しかし，租税手続に関しては，同時に，別の視点もあってもいいのかもしれない。それは，租税行政の効率化という視点から，納税者利便の向上のために

租税手続の簡素化を図るという視点である。この観点において，納税者の立場と課税庁の立場は必ずしも対立するものではないという点に留意しなければならない。租税行政の効率化による租税手続の簡素化は，納税者利便の向上に資するとともに，課税庁にとっても，大きな行政コストの削減をもたらしうるからである。のみならず，そのような租税手続の簡素化が，結局は，課税の公平の実現に資する場合も多いのである。

租税法の行政法からの独立は，租税法独自の領域である租税実体法の研究を中心に据えることで成し遂げられたが，今，必要なのは，租税手続法における租税法の行政法からの独立であるかもしれない。その際のキーワードは，「**納税者利便の向上と租税手続の効率化に資する租税手続の簡素化により，結果として公平な課税が実現される**」という点なのではなかろうか。

(4) 納税者利便の向上

もっとも，「納税者利便の向上と租税手続の効率化に資する租税手続の簡素化により，結果として公平な課税が実現される」と一口にいっても，出発点となるのは，納税者利便の向上の推進である。一方的な金銭賦課が納税者に対して課される以上，課税庁は，その手続が納税者の過大な負担にならないように可能な限り留意しなければならない。要するに，租税手続における，課税庁による納税者に対するサービス提供といった視点が必要とされるのであろう。

一般的に考えて，租税手続におけるICT化の進展が大きな影響を及ぼすのは，納税者による確定申告のための情報の管理・保管と，課税庁による納税者情報の入手であろう。これらは，納税者の利益という観点から考えると，一見対立するように見えるかもしれないが，結局は，納税者の便宜のための情報収集・情報保管の効率化により，確定申告等を通じた課税庁による納税者情報の入手も簡素化・正確化されるという点で，両者は必ずしも矛盾しないように思われる。

(5) 課税の公平の実現という視点

他方，課税が課税である以上，課税の公平の実現という視点を無視すること

ができないのは当然のことである。納税者の利便の向上が，課税逃れの放置であっては，租税制度自体の自己否定になりかねない。

この点において画期的なのが，BEPS プロジェクトにおいて提案されている，課税逃れ商品開発者やプロモーターに対する課税逃れ商品の内容等についての当局への開示制度（Mandatory Disclosure Rules）であろう。この制度は，一部の国ですでに採用されているものであるが，日本における今後の成り行きが注目される。

(6) まとめ——思想対立を超えて

租税手続の問題は，どうしても，納税者と課税庁の対立関係のみを軸にして議論されがちである。もちろん，納税者の権利が害されている場合に，それを救済することは法律学の義務である。しかしながら，租税手続の簡素化により納税者利便の向上が図られ，同時に課税庁の負担を減少させられれば，それは望ましいことといえよう。

さらには，そのような発想が，租税手続のみならず，行政調査一般へと拡張されれば，行政法自体も次第に変わっていくのではなかろうか。

9a 税研195号 ｜ 北欧等の『記入済み申告制度』と申告納税制度

(1) 税調における納税手続をめぐる議論

最近の税制調査会においては，移転価格税制の改革等と並んで，納税手続の電子化の推進等について，納税者利便の向上と，公平・公正な課税の実現の観点から見直すことが重要なテーマとなっている。

(2) 税調の海外調査

2017年の秋からの議論の準備作業として，同年の春に，電子申告等に関し

て，政府税制調査会による海外調査が行われた。調査先は，電子政府についての取組みが進んでいるとされる，イギリス・フランス，アメリカ・カナダ，スウェーデン・エストニア，韓国の四方面であった。これは，情報通信技術(ICT)を利用した租税手続の簡素化の取組みを中心とする調査であり，その報告が，同年6月19日の税制調査会総会で行われた。

その報告の中で最も重要な点は，各国それぞれの歴史や文化があり，それぞれの税務手続のやり方があるのであるから，日本における税制改革を考えるに際しても，歴史や文化の差異を無視して短兵急に特定の外国の制度に飛び付かないことが重要であるという事実なのではなかろうか。その端的な例が，記入済み申告書の制度であろう。

(3) 記入済み申告書

この税調の海外調査報告書によると，調査先の国々は，年末調整のある国と年末調整のない国に分かれ，年末調整のない国においては，記入済み申告書という制度が存在するという。しかし，申告納税制度を採用する日本において，課税庁が記入済み申告書を納税者に送付するという方式は，申告納税制度の否定のように考えられ，問題が多い。

のみならず，年末調整のない国における記入済み申告書は，年末調整のある国における年末調整と対応していると考えられる。すなわち，年末調整は，民間企業等によりなされるものであるが，年末調整のない国における課税庁の行う記入済み申告書の作成と同様の機能を果たしていると考えられる。ただ，記入済み申告書の作成（あるいは，それに類似のこと）を，課税庁が行うのと，年末調整のかたちで民間企業等が行うという点の差異である。

また，エストニア等においては，記入済み申告書にサインすることを省略することさえ考えられているが，それはもう，（企業がやるか課税庁がやるかという差はあるが）年末調整と同じものであろう。

日本に記入済み申告制度を導入すべきであるという考えもあるようであるが，現在，年末調整手続の中で民間企業等が集めている従業員の情報を，民間企業等から課税庁に一度送って，その上で課税済み申告書を納税者に送付するのは，

単純に二度手間である。日本において改革すべきは，むしろ，年末調整の簡素化と充実（企業等が，医療費情報や住宅ローン情報や生命保険情報について，電子的に省力化された形で入手可能にすることにより，確定申告をしなければならない場合を減らす）を図りつつ，電子化により民間企業等の年末調整の効率化を図ることのように思われる。

以上のような理由で，記入済み申告書という言葉が独り歩きしないように注意しなければならないであろう。

9b 税研201号　「新たに得られた情報」の意義

改正国税通則法（平成23年法律第114号）における税務調査に関する諸規定の適用開始から，今年（2018年）で5年目となる。改正法下での実務運用が固まってきたと思われる一方で，そのような実務運用が改正法の趣旨に合致しているか，改めて議論すべき時が来ているように思われる。

例えば，税務調査において，事前通知した税目・課税期間に非違があると判断された場合，同様の非違が過去に調査済みの課税期間にも存在することが疑われるとして，その過去に調査済みの課税期間についても再び質問検査等が行われる例があると聞く。国税通則法上は，「新たに得られた情報に照らし非違があると認めるとき」に限って，調査済みの税目・課税期間について再び質問検査等を行うことを認めることとされているため，何らかの「新たに得られた情報」があるとして，再度の質問検査等が実施されているものと思われる。

ここで，仮に，調査担当者が，過去の課税期間について調査した際に目にしていなかった情報が「新たに得られた情報」に該当すると形式的に判断すべきとの立場に立つと，同じ納税者について後続の課税期間に関して得られた情報は，それ以前の課税期間について調査していた当時においては存在しない情報であるから，過去の課税期間の調査の状況や深度にかかわらず，必然的に「新たに得られた情報」に該当することになる。したがって，ある課税期間の調査中に非違を把握した場合，同様の非違が過去に調査した課税期間にも存在すると推認できる場合は，既調査の課税期間についても再度の質問検査等を実施す

ることができることになる。

　しかしながら、このような形式的な解釈には疑問がある。この再度の質問調査が実施できる場合を定めた規定（国税通則法74条の11第6項）は、平成23年12月の国税通則法改正により新設されたものである。同改正は納税者の権利保護と再度の税務調査の必要性のバランスを考慮して規定されたものであり、その意義を踏まえた解釈が必要であろう。

　例えば、過去の課税期間について調査していた際に、当時の調査担当者が、納税者に対して情報の提出を求める等して過去の課税期間における非違を推認させる情報を容易に入手しうる状況にあったにもかかわらず、当該情報を入手・検討していなかった場合には、改正の趣旨に照らして、再度の質問検査等は許されないと解するのが自然であるように思われる。

　改正の趣旨からすると、再度の質問検査が許容される「新たに得られた情報に照らし非違があると認めるとき」であるか否かは、過去の調査において調査が尽くされなかったことについて、納税者にどの程度帰責性があるのか（故意に情報を隠匿していたのか等）や、先行していた調査において調査担当者に提出されていた資料・情報に鑑みて、当該調査で当該担当者はどの程度調査を尽くすべきであったと解されるのか等、事案ごとの個別具体的な事実関係を踏まえて、裁判所において、実質的かつ慎重に判断する必要があるように思われる。いずれにせよ、「新たに得られた情報に照らし非違があると認めるとき」とはいかなる場合かについて、今後、議論を深めてゆく必要があろう。

10　現代における動き4　課税とコーポレート・ガバナンス

(1)　はじめに

　租税法と会社法の間には、切っても切り離すことのできない関係が、それも複線的に存在する。これは、つきつめれば、法人が法人所得税の納税義務者とされ、法人の利益がその課税対象とされてきたことの必然的な帰結であると考えられる。歴史的に見ても、このような密接な関係は、程度の差はあれ、法人

所得税の誕生以来、いずれの国においても見られるものである[13]。

そして、この両者の関係は、①租税法の会社法依存という側面と、その逆方向である、②租税法の会社法に対する影響という側面の二つの方向において、これを考察することができる。

(2)-1　租税法の会社法依存

その第一は、租税法が、その課税所得算定に関して会社法に依存しているという側面である。法人税法22条4項が明らかにしているように、法人所得税の課税所得算定は、基本的に会社法における利益計算に関する定めに依拠している（いわゆる、基準性原則）。そして、その会社法における利益計算は、さらに、企業会計に依拠しているのである。その意味で、これは、企業会計⇒会社法⇒法人税法という、課税所得算定の単線的な三段階構造であり、トライアングル体制では決してない。

このような、法人税に関する課税所得算定構造の会社法依存の他に、組織再編税制等における会社法依存も重要である。ここでは、法人税法の条文自体が、基本的に会社法に準拠したかたちで定められている。

(2)-2　会社法の租税回避抑圧機能

上で述べた租税法の会社法依存の派生効果として、会社法の租税回避抑圧機能を挙げることができよう。

私は、2年ほど前に、中里実『企業のアグレッシブな租税回避と会社法——Tax compliance の視点からの研究ノート』（法学新報123巻11・12号（玉國文敏先生退職記念論文集）219-244頁、2017年）という論文を発表し、課税逃れ取引に対する法的対応について、課税とコーポレート・ガバナンスの関係という観点から、会社法的議論を取り入れて検討した。これは、要するに、合法的な課税逃れを目的とした企業行動が、コーポレート・ガバナンス（場合によってはCSR）

13　詳しくは、中里実『企業課税における課税所得算定の法的構造（一）—（五・完）』（法学協会雑誌100巻1号、3号、5号、7号、9号、1983年）参照。

の観点から見て問題を生じさせうるのではないか，あるいは，企業による不適切な課税逃れ行動それ自体が，たとえ合法的なものであれ，コーポレート・ガバナンス（場合によってはCSR）との関係で問題なのではないかという考え方である。

すなわち，会社法等の私法的措置による合法的課税逃れに対する（間接的な）影響も，租税法における租税回避否認や，課税庁による調査・情報収集と同じように，課税逃れ行動を統制する手段として位置付けられるのではなかろうか。そして，私法的・司法的対応を基本とする，会社法を用いた課税逃れ行動の（間接的な）法的統制は，行政法的強制を基本とする，課税庁による強権的な課税逃れ対応とは別の，極めて重要な存在意義を有するものとして位置付けられるものと思われる。

また，最近注目されるようになったESG投資も，企業の無軌道な行動に対する歯止めとなり，結果として課税逃れ取引に対するブレーキとなりうるかもしれない。

(3)-1　租税法の会社法に対する影響

逆に，第二に，租税法が会社法に影響を及ぼす場合として，課税庁による調査が，結果として，会社のガバナンスの確保に貢献するという点を挙げることができよう。

会社法のメカニズムの中でガバナンスの確保という視点が重要な論点であることはいうまでもないが，現実には，会社法の枠内のみでそれを貫徹することには限界がある。そこで，公法的な手法に依存したガバナンスの確保が意味を持ってくる。金融商品取引法等を用いた，規制によるガバナンスの確保は，その代表的なものである。

そして，これに加えて，課税庁による，税務調査権の発動を通じた，結果としてのガバナンスの確保が，現在，国際的にも注目されている[14]のである。

14　例えば，Mihir Desai & Dhammika Dharmapala, "Tax and Corporate Governance：An Economic Approach", in Tax and Corporate Governance, Wolfgang Schön ed., Springer社，2008，参照。

(3)-2　コーポレート・ガバナンスと租税法

　この，第二の，租税法が会社法に対して及ぼす影響に関して（すなわち，会社法上のコーポレート・ガバナンスが果たして課税とどのように関係してくるかという点について）は，比較的，直感的理解が容易なのではなかろうか。すなわち，企業は，課税当局による調査を予期して，そこで問題が生じないように行動するために，結果として，企業がコンプライアンスに注力し，その行動を社会的に受け入れられるような品のいいものに調整するインセンティブが働くことが予想されるからである。

(4)　企業活動の統合的把握の必要性

　企業の活動について法的立場から把握する際に，一つの法分野の観点のみからの分析では不十分であるという点に留意しなければならない。企業活動の実態について有機的に把握するためには，企業活動と関連する様々な分野のビジネス・ローの統合的把握が必須である。企業法務においては，そのような複合的な観点からの検討が行われることが通常なのではなかろうか。

　企業の課税問題について考える際にも，租税法の観点から課税所得算定の在り方についてのみ考えても，企業活動の実態に迫ることは不可能であろう。少なくとも，会社法との連携が必須であることは容易に理解できよう。特に，会社法におけるガバナンス構造を前提として課税問題にアプローチする姿勢は必須であるといえよう。企業の合法的課税逃れについても，これを単に租税法上の問題ととらえずに，会社法の観点を含めて考えていく姿勢が必要である。

　そのように考えれば，租税法を単に公法の一分野としてのみ位置付けるわけにはいかず，そこには会社法や民法と関連する私法的発想が不可欠であることが自ずと理解されよう。

10a 税研189号 | タックスヘイブン子会社の利用と会社法

2016年9月

　適切な納税行動（Good Tax Governance）がコーポレート・ガバナンスの観点から要求されるという指摘がなされることはあまりない。しかし、課税逃れに関連するリスクが会社法上問題となりうることに注意しなければならない。

　このことは、会社ないし会社法の目的と関連する本質的な問題である。短期的な税引後利益最大化が会社の目的であるならば、節税や、否認されない課税逃れをしないことは、取締役の責任となってしまうかもしれない。しかし、会社価値ないし株価の最大化（将来キャッシュ・フローの割引現在価値の最大化）を少し長期的な視点から考えるならば、倫理的に見て会社の評判の毀損等に結び付くアグレッシブな課税逃れを行うことには問題があるという見方も成立しうる。

　今や、Corporate Governance の問題の一環としての、あるいは、CSR (Corporate Social Responsibility) の一環としての、Corporate Tax Responsibility について真剣に考えるべき時期が来ているのではなかろうか。企業活動が社会に与える影響をも織り込んで考えるならば、アグレッシブなタックス・プランニングには法的・倫理的に問題があるといえるかもしれないからである。イギリスにおける、Starbucks, Google, Amazon 等に対するいわゆる Google Tax をめぐる議論は、この点を如実に示しているといえよう。さらには、最近のフランスにおけるGoogleやマクドナルドに対する脱税捜査の開始[15]を考えると、事態はさらに深刻化する可能性もある。

　節税を行わず、不要な課税を甘んじて受けている経営者は株主の利益を害しているのかもしれないが、逆にアグレッシブな課税逃れを行っているとそれはそれで問題があるとするならば、どこまでの節税が許されるか、そのバランスをどこに置いたらいいのかを、会社法で考える必要があるのではなかろうか。これが、単に租税法の問題にとどまらないことは明らかであろう。

　その際、会社の外部役員に税理士等の専門家を任命しておくことが将来にお

15　cf. https://www.theguardian.com/technology/2016/may/24/google-offices-paris-raided-french-tax-authorities ; https://www.reuters.com/article/us-france-mcdonalds-tax-idUSKCN0YH1T7

いて重要になるのではなかろうか。会社法実務の一環として課税問題を論ずるためには租税の専門家が必要だからである。

なお，租税法においては，タックス・コンプライアンスを，納税者に義務を負担させる点で，納税者権利保護と対立するものとしてとらえる考え方も存在するかもしれないが，これは場合によるとしかいいようがない。2010年から2012年にかけての税制調査会専門家委員会の納税環境整備小委員会における議論においては，タックス・ヘイブンを利用した壮大な課税逃れのスキームを熟知した（課税庁よりも強大な）国際的企業の行動についての課税庁の情報収集と，弱小な納税者に対する調査との区別が行われていなかった。そのような，全ての納税者はか弱い存在であるという根拠の脆弱な理由に基づき，多国籍企業に対する課税庁による情報収集の動きを縛るようなことが妥当でないことについて，今は，多くの方が賛同してくださるのではなかろうか。少なくとも，一部の外資系等による大規模な国際的課税逃れについて情報を収集し，対応を考えるという意味でのタックス・コンプライアンスの発想の尊重は，一般の納税者の権利保護に資するものと考えられるであろう。

11 現代における動き5 ｜ 課税逃れ産業の構造

(1) はじめに

アグレッシブな節税商品（「課税逃れ商品」）を納税者に提供する「課税逃れ産業」とも呼ぶべき（もっとも，この言葉に必ずしも倫理的非難の意味を込めてはいない点に留意されたい）ものが大きな存在となっている。今回は，この点について概説する。

(2) 歴　　史

課税逃れ産業は古い歴史を有する。例えば，古代から中国においては，歴代王朝が高税率の塩税をかけてきたが，それを逃れるための塩の密売人が登場し

て権力を握り，例えば，唐は，塩の密売人である黄巣の起こした黄巣の乱により，事実上滅亡させられた[16]。

日本においても，班田収授の法に基づく租庸調の制度は，寺社や貴族に対する非課税措置を濫用した荘園の蔓延により崩壊させられ，律令国家における貴族支配は，荘園の開発者であり管理者である武士団の支配にとって代わられた[17]。

ここから得られるのは，課税逃れ産業の台頭による課税逃れの蔓延により，税収不足となった政府は，自らの維持のために必要な最低限の資金さえ集めることができず，滅亡の危機に瀕するという歴史的教訓である。

現代においても，課税逃れ産業は隆盛を極めている。これに対して，1990年代からの，デリバティブ等を用いた課税逃れ商品の台頭や，国際的課税逃れの蔓延について，政府側も，現在は，BEPSプロジェクトで対抗しようとしている。しかしながら，多くの先進諸国の財政が，課税逃れ商品の台頭により危機に瀕するような状況が近い将来においてもたらされないとは限らない。

(3) 課税逃れ商品の構造

課税逃れ商品の構造の基本は，高課税の所得を低課税の所得へと転換する裁定取引である。例えば，課税の繰延べは，現在における課税（租税負担の現在価値を考えると高課税）を現在価値の低い将来の課税（租税負担の現在価値を考えると低課税）に転換することである。利益の付け替えは，高課税で課税される所得を課税の低い地域に移転することである。源泉所得税の回避は，源泉徴収される所得類型を源泉徴収されない所得類型に転換することである。

いずれの場合においても，私法上の取引を注意深く計画することにより，このような裁定取引を行うことが可能になる。

16　Minoru Nakazato, An Optimal Tax That Destroyed the Government—An Economic Analysis of the Decline of the Tang（唐）Dynasty，東京大学法科大学院ローレビュー第6巻234-245頁，2011年。

17　Nakazato & Ramseyer, The Tax Incentives That Destroyed the Government：An Economic Analysis of Japanese Fiscal Policy, 645-1192，社会科学研究51巻3号3-12頁，1999年。

(4) 課税逃れ産業の特質

　課税逃れ産業においては，その開発した課税逃れ商品を，手数料をとって納税者に販売する。その際に，法人税負担が高いほど，課税逃れ商品のリターンが高くなり，その結果として手数料も高くなる。これは，課税逃れ商品の本質が，他の納税者は納税しなければならないのに，当該商品の利用者は租税支払を免れることができるという点にあるからである。

　もっとも，課税逃れ商品が一般化してくると，業者がチャージすることのできる手数料も低くなる。しかし，一般化した課税逃れ商品に対しては，当局が否認等の対応を行ってくるので，そのような商品はもはや売れなくなる。そこで，課税逃れ業者は，すぐに次の新規の商品を市場に高い手数料で投入する。すなわち，当局が否認を行うことにより，手数料の低くなった古い商品が市場から姿を消し，新しい商品が高い手数料で販売されるという，まことに皮肉な結果がもたらされるのである。

　このように，新商品開発，一般化，当局による否認，新商品の投入というサイクルが存在するというのが実態である。にもかかわらず，課税逃れ商品を根絶することは不可能であり，当局は，終わることのないいたちごっこを繰り返さざるを得ないことになる。

(5) 対応の変化

　かつて，税制調査会専門家委員会の納税環境整備小委員会における議論において，私は，課税逃れ取引に関する情報収集を行うべきであると主張した（2010年）が，当局の権限強化につながるのではないかというおそれを持つ方々の理解を得られず，そのような主張は採用されなかった[18]。その結果として，日本のBEPS対応は3年は遅れたのではないかと思われる。

　ところが，2012年にOECDのBEPSプロジェクトが開始されたのを受けて関心が高まり，また，2016年にパナマ文書の問題が報道されるようになって，

18　中里実「納税者になろうとしない存在と租税制度」税経通信69巻1号9-15頁，2014年1月，第三部第四論文。

課税逃れ取引に対する批判の声が高まった。かつて，私の考えを批判した方々が，ようやく課税逃れ取引に興味を持ってくださったのである。

(6) 対策の限界と効果

しかし，課税逃れ取引に対して情緒的反感を示しても，取引が合法的である以上あまり意味はない。私たち研究者のすべきことは，感情的反感を吐露することではなく，事実を正確に把握して，そのような取引が及ぼす影響について客観的分析を加えること以外にはない。そのような分析結果を用いてどのような政策判断を行うかは，租税法律主義の下，国会の役割である。

また，課税逃れ取引の存在に右往左往して，ナチスドイツの多用した一般的租税回避否認規定の採用を主張することも，あまり賢明なこととは思われない[19]。課税処分は，あくまでも法的制約の下に行われなければならず，事実の正確な把握と課税処分の可否は別次元のことである。ただ，常に，正確な情報収集が必要なことは言うまでもない。

様々な関係者の複雑な利害関係が錯綜する課税逃れ取引の世界において，問題の解決が簡単に行われることは想像しにくい。その意味で，BEPSプロジェクトの将来について楽観視はできない。課税逃れ対策においては，できることをできる順番で行っていく以外に方法はない。そのような現実的なアプローチを採用しなければ，結局は，国家の財源は枯渇し，福祉国家の未来は暗澹たるものになってしまうであろう。

12 現代における動き6 │ 財政赤字の蔓延

2018年4月

(1) はじめに

現象としての財政赤字の累積に警笛を鳴らしたり，その改善策を提唱するこ

---

19 中里実「一般的租税回避否認規定とナチスドイツ」中里他編『BEPSとグローバル経済活動』所収1-21頁，2017年11月。

とも確かに重要ではあるが，時には，その原因について冷静に考えてみることも必要かもしれない。そこで，今回は，現代の日本における財政赤字の蔓延について，少し理論的な観点に立ってやや正面から考えてみたい。

(2) 財政赤字の蔓延

現在の日本経済は比較的順調に推移していると思われるが，長期的に見た場合には，長引く低金利状態が象徴するような経済状況から本格的に抜け出すにはもう少し時間が必要かもしれない。その根本的な原因は，つきつめれば，おそらくは人口の減少ではないかと思われる。そして，そのような厳しい経済状態が財政赤字の根本的原因であることは事実であろうが，しかし，財政赤字の蔓延には，他にも様々な要因が存在するのかもしれない。そこで，財政赤字に対して深刻な影を落とすと思われるいくつかの要因について，多少考えてみよう。

(3) 財政赤字の二つの根本要因

① 民主主義社会の宿命

現代の民主主義社会においては，一種の宿命として，財政赤字が累積していく傾向があるように思われる。なぜならば，民主主義の下においては，第一に，福祉等に伴う支出をはじめとして，各種の支出増大圧力が政治に対して強くかかる。のみならず，第二に，民主主義の下においては，同様に，常に強大な減税圧力が政治に対してかかる。このような国民からの支出増大圧力や減税圧力は，いずれも政治が正面から対応しなければならない深刻な問題であり，政治がこれを無視した場合には，政権を失うことになりかねない。現代は，そのような国民の声を，単にポピュリストの一言で済ますわけにはいかない状況が存在する時代かもしれないのである。

したがって，財政赤字は，別に，政治が無責任であるが故に発生する問題とは限らず，少なくとも部分的には，民主主義の本質に根差した問題であるということができるのではなかろうか。国民は，多くの場合に，税負担が重

いとか，福祉が不十分であるという不満を抱えて投票行動をとることが予想されるからである。現実に，世界の先進国のいずれにおいても，程度の差はあれ，国民が自発的に増税や福祉縮小を支持するということはあまり多くないために，政府は財政赤字に直面し，苦境に立たされている。

② 課税逃れの蔓延

以上のような民主主義そのものの本質に根差した財政赤字の二つの根本原因に加えて，最近においては，課税逃れの蔓延による税収不足も大きな問題となりつつある。この点については，すでに前回において詳しく述べたが，最近においては，さらに，仮想通貨の利用等を通じた新たな「機能的タックス・ヘイブン」の利用が台頭していると考えられる。

すなわち，従来から，Tax Shelters を通じて，一定の地域に非課税の資金を蓄積することが行われてきた（本来の，地理的意味のタックス・ヘイブン）が，現在は，ICT を用いて，あるいは，Cryptocurrencies を用いて，機能的タックス・ヘイブンとでもいうべきものが形成されつつあるのではないかと考えられる。すなわち，現在においては，もはやケイマンやスイスといった特定の地域の口座に資金を送らなくても，非課税の資金を蓄積することが可能かもしれないのである。

もちろん，このような動きに対しては執行の強化を通じてある程度の対応は可能かもしれないが，それにも自ずから限界がある。また，恣意的課税を排除する租税法律主義の理念に基づく課税の明確性の観点を尊重するならば，あらかじめ課税逃れの可能性を何から何までふさいでおくことは困難である。

③ 日本における人口の減少に伴う経済停滞

なお，もちろんのことであるが，現代の日本においては，少子化に伴う人口減少と，その結果としての経済停滞が長い間続いている点が最も深刻である。どのような場合においても，一国の経済力は，かなりの部分，人口に依存しており，経済成長は人口の増加率に依存しているといってよかろう。ここに，現在の日本の直面する深刻な問題が凝縮されているといえよう。

ここでの問題は，人口が減少すると財政は深刻な影響を受けるにもかかわ

らず，税制で人口を増加させることは困難であるという点である。

(4) 公共財の提供の停滞

　もし深刻な財政危機に陥った政府が，国民の支持を得たかたちで財政赤字の解消に成功することができないならば，中長期的に見ると，財政支出は減少させられざるを得ず，その結果として政府機能の低下が生じ，公共財の提供が不十分となる事態が生ずるであろう。

　その場合に，すぐに想像がつくのは，企業が有料で提供する公共財代替物が市場で販売されるような事態が増えてくるかもしれないという点である。福祉や教育のみならず，治安維持のような基本的な公共財も，企業により市場において提供される可能性がある。さらに，それが極端になれば，Private Government の登場というような事態も考えられないではない。この点については，この連載においても，第一部第4回の「古代」のところでふれたが，公地公民制が非課税の荘園制により崩壊させられて律令政府が没落し，私的政府類似の鎌倉幕府が公的な立場に躍り出た例や，中国において塩税逃れのために塩の密売人の勢力が拡大し王朝が転覆させられた例等，歴史的には，深刻なものが見られる。

　そのような過去の現象が現代とはまったく関係のないことと考えられるか否かという点こそが，ここでの問題である。私達は，課税逃れの技術が，1990年代以降の金融技術の発展と，最近のICTの急速な発展を通じて，飛躍的に高度化したという点を認めないわけにはいかないからである。

　その場合，現代の政府が課税逃れの蔓延により転覆されるとまでは考えにくいとしても，課税逃れの蔓延からくる税収不足による政府機能の減退により，治安維持や紛争解決等の基本的な公共サービスさえもが企業により提供されるような事態は，今後増えていくかもしれないのである。

12a 税研167号 | 財政赤字増大の不可避性とブキャナン

2013年1月

現在,世界の様々な国々で財政赤字がとめどなく拡大してきているのは,必ずしも偶然というわけではなく,財政が政治過程の中に深く組み込まれている(組み込まれすぎている?)ことに主たる原因があるのかもしれないという考え方が経済学の中に存在する。

すなわち,ブキャナンの公共選択論に基づく分析によれば,民主主義の体制の下において,議会のコントロールの下に財政が運営されていけば,政治的配慮により,政治家の人気取りのための支出の増大と税収の減少により必然的に財政赤字が蓄積されていくというのである[20]。この現象についてブキャナンは,ある論文において,以下のように要約している[21]。

"The most elementary prediction from public choice theory is that in the absence of moral or constitutional constraints democracies will finance some share of current public consumption from debt issue rather than from taxation and that, in consequence, spending rates will be higher than would accrue under budget balance"
(「公共選択理論からの最も初歩的な予見は,倫理的ないし憲法上の制約が存在しない場合,民主主義の下においては,財政上,課税によるよりは国債発行により現在の公共的消費の一部をまかなうようになり,その結果として,均衡予算の下におけるよりも支出率が高くなるであろう,という点である。」)

---

20 James M. Buchanan and Richard E. Wagner, Democracy in Deficit: the Political Legacy of Lord Keynes, 1977. また,この問題については,Jerry H. Tempelman, James M. Buchanan on Public-Debt Finance, The Independent Review, vol. XI, Number 3, p. 435, 2007 参照。さらに,Dwight R. Lee and Richard K. Vedder, Friedman tax cuts vs. Buchanan deficit reduction as the best way of constraining government, 30-4 Economic Inquiry p.722-732, 1992 参照。

21 James M. Buchanan, Budgetary Bias in Post-Keynesian Politics: The Erosion and Potential Replacement of Fiscal Norms. In Deficits, edited by James M. Buchanan, Charles K. Rowley, and Robert D. Tollison, p.180-198 (1987). Reprinted in Debt and Taxes, vol. 14, p.471, 2000.

この考え方によれば，租税法律主義，財政民主主義こそ，財政赤字の増大を引き起こす根源ということになってしまいかねない。その背後には，他者・後世の負担で自分・現在の便益を得ようとする，人間の心理が存在する。もっとも，そのような心理に基づく行動は，経済学的には合理的なものなのかもしれず，その点を責めても問題の解決にはならない。また，財政が長い歴史の中で議会の花であり続けてきた以上，財政を議会における手続的決定から切り離すことは極めて困難であるのみならず，すべきでないことはもちろんである。

　したがって，現実の政府は，あちらを立てればこちらが立たずという状況の中で，一国の財政をどうにか持続可能なかたちで維持していかねばならない義務を負う。それが実際に達成されるか否かは，実は，誰にもわからないものなのかもしれない。ただ一ついえるのは，多くの国民は，少ない負担で多くの給付を受けることを求めているという点である。

　税制について，しばしば，云々の改革をすれば，景気もよくなり，エネルギーも不足せず，環境も改善され，皆が幸せに暮らせるという魔法の杖のような「政策」が語られることがあるが，その場合，その主張をしている人が故意に誤ったことを述べているか，誤解しているかのいずれかであることが少なくない。また，その主張が仮に正しいものであったとしても，現実の政治プロセスの中で実現不可能なものであることも少なくない。

　財政を持続可能なものとするための対策は，給付を減らす，負担を増やす，経済発展を図るという三つしかない。現実には，これらをバランス良く組み合わせるしかなかろうが，人間の政治過程の制約の中での判断が，理論どおりにいくとは限らない。したがって，財政破綻が目前に迫っても，国民はなお社会保障の拡充を要求するかもしれない。

　しかし，そのような制約の中で生きることこそが，すなわち，民主主義なのである。だから，私は，今の経済状態における日本に決して失望してはいない。それは，日本人の勤勉さをもってすれば，解決できない問題ではないはずである。必要なのは，ほんの少しの楽観的な気持ちであろう。

13 現代における動き7　租税心理学と財政錯覚

2018年5月

(1) はじめに

　前回は，現代の民主主義社会においては，政府に対して国民から，減税への強い圧力がかかるということを述べたが，この点は，つきつめれば，それぞれの時代やそれぞれの国における租税に対する国民の感情と深く結び付いているという点に留意しなければならない。その点について本格的に検討するためには，租税に関する社会心理学が有用なのであろうが，筆者にはその準備がないので，ここでは，問題の所在についてごく簡単にふれるにとどめたい。

(2) 反 税 運 動

　歴史を振り返ってみると，過去においては，有名な反税運動が何回か起こっている。その最も代表的な例が，中国における塩の密売人の反乱や，課税上の不平等，等を原因とするフランス革命やアメリカ独立革命なのではないかと思われるが，ここでは，より現代的な反税運動について考えてみよう。

　その中でも特に有名なのが，エリート主義が社会を覆うフランスにおいて，1953年に，中小商工業者や農民等の政治的不満を反映するかたちで起こったプージャード運動（le movement Poujade）という政治運動である。指導者の名前を冠するこの反税運動はまたたく間に燃え上がり，その指導者達は，一時，国政選挙でかなりの支持を集めた[22]が，やがて運動は終息した。

　アメリカにおいても，小さな政府を求める人達の減税を求める政治運動が何度か繰り返されてきた[23]。その中でも特に重要なのが，1978年の，カリフォル

22　Cf. Pierre Poujade, A l'heure de la colère, 1977 ; Romain Souillac, Le movement Poujade：de la défense
professionnelle au populisme nationaliste（1953-1962），2007
23　Cf. Marjorie E. Kornhauser, Legitimacy and the Right of Revolution：The Role of Tax Protests and Anti-Tax Rhetoric in America, 50 Buffalo Law Review 819, 2002.

ニア州における，固定資産税の増税に制限をかけるための，いわゆる Proposition 13 の運動であろう。その結果，直接請求手続を通じて，カリフォルニア州憲法の改正に関する第 13 号提案（正式には，The People's Initiative to Limit Property Taxation）が 1978 年 6 月 6 日に認められたのみならず，それは，Nordlinger v. Hahn, 505 U. S. 1, 1992 の連邦最高裁判決において合憲とされた。この Proposition 13 は，現在，カリフォルニア州憲法の，Tax Limitation と題する A 条に組み込まれている。例えば，同条の Section 1 (a)は，「固定資産に対する従価税の上限は，当該資産の現金価値の 1 パーセントを超えてはならない」と定めている。

また，反税運動というのとは少し異なるが，最近におけるティー・パーティーによる小さな政府を求める運動については，第一部第 21 回で，すでに詳しく述べた。この運動は，現在，かなり大きな政治的影響力を持つに至っている。アメリカの特色は，小さな政府を目指す保守的な政治運動の中に，反税運動も位置付けられるという点であろうか。

(3) 国民意識と租税

民主主義社会における国民の租税に対する意識を分析するには，心理学や社会学の手助けが必要なのかもしれない[24]が，残念ながら，私にはその方面の知識がない。ただ，例えば，アメリカでは小さな政府をめざす保守派の政治思想が反税運動や納税者権利保護運動につながっているのに対して，フランスでは，経済的・社会的格差に反対する弱者の運動としての反税運動が行われてきたという点など，国により反税運動の背景や内容に少し差があることは理解できる。

この点，日本国憲法第 7 章の財政民主主義の観点に立てば，国民がその租税制度等に関する考えを表明することは望ましいことである。その際に，客観的かつ冷静で理論に裏付けられた提案がなされれば，なおのこと望ましい。それ故に，現代国家を支える財政的基盤が租税であることに鑑みれば，租税教育の重要性が浮かび上がってくるということなのかもしれない。

24　Cf. Marc Leroy, Découvrir la sociologie fiscal〔collection «Que sais-je?»〕, 2007 ; Jean Dubergé, Les Français face à l'impôt, Essai de psychologie fiscale, 1998.

(4) 財政錯覚

　国民の租税等に関する感覚の点において重要なのが，財政錯覚（fiscal illusion）の概念なのではなかろうか。例えば，国債発行が将来の租税負担をもたらすことを人々がわすれてしまうことは，財政錯覚の一つの例である。すなわち，合理的期待形成理論に立った場合に，国債発行は将来の課税を意味するから，国民がこれに対応するかたちで（民間部門の）貯蓄を増加させることになるのであれば，特に問題はない。しかし，財政錯覚が存在すると，国民は将来の租税負担をわすれて現在の消費に走るので，国債発行は，結局は将来世代への負担の先送りをもたらすことになってしまう。

　それ故に，どのような租税政策をとる場合であっても，財政錯覚の生ずる余地を減少させるようにすることが重要であろう。このあたりは，行動経済学による分析が必要であろう。

(5) 民主主義の下の税制改革と税務執行

　現代の民主主義社会の租税制度に関しては，国側がどれほど正論を尽くしても，国民がそれを納得しなければ結局は何の改革もできない。それ故に，国としては，国民に対する丁寧な説明が必須である。その際に，特に考えなければならないのは，例えば，以下のような点なのではなかろうか。

- 税制改革論議における透明性の確保
- 税務執行における透明性の確保
- 納税者に対する丁寧な説明
- 租税の役割等に関する租税教育

　結局，民主主義国家は，どこまでいっても国民自身が作り上げていくものであり，国民の考え方を反映するかたちの政策が現実に形成されていく。したがって，その際の専門家の役割は，客観的な情報を国民の方々に提供するということになろう。

　現在の政府税制調査会においては，そのような考え方の下，望ましい方向性

を調査会自体が積極的に打ち出すことに必ずしも主眼を置かず，国民の代表である国会における議論の基礎となる情報の整理や，諮問の内容を達成するための税制改革の具体的な複数のメニューの提示等，専門家としての活動を中心に行っている。

14 現代における動き8 ｜ 課税と政治—保守派と進歩派，大きな政府と小さな政府等

(1) はじめに

租税制度は，外交政策と並んで，政治思想の対立が明瞭に反映されることの多いテーマなのではなかろうか。のみならず，税制改革は，抽象的なイデオロギーの対立を反映するだけではなく，基本的に，現実の利害対立の調整であり，政治そのものといってよかろう。

それ故に，租税制度と政治思想の関りや，税制改革をめぐる基本的な利害対立の背景に存在する思想対立について，ここで，問題を少し整理しておくことは無駄なことではなかろう。

(2) 租税制度と政治思想の関り

法的に見た場合に，現代の租税制度は，国民が議会を通じて法律という形式で決めるという原則の上に成立している（憲法84条）ことについては，疑いの余地はない。代表なければ課税なしの原則や，租税法律主義の原則は，まさにそのようなことを内容とする，現代におけるもっとも重要な法原則の一つである。

しかし，同じく民主主義国家における租税制度といっても，具体的には，様々な政治思想の差異に応じて，そこにおいて理想とされる租税制度も相当に異なったものとなってくる。そして，この問題こそが，現実の租税政策論における直接的な対立を引き起こす根本原因であると考えられる。特に，小さな政府を標榜する保守派と，大きな政府を支持する進歩派の対立は深刻である。こ

の思想対立は，現代政治における多くの政策分野に及ぶが，租税制度については，その対立が最も先鋭に現れるといってよかろう。

しかし，ここにおいては，この点に関する一般論にこれ以上深く入っていくことはできない。それについては法哲学等において議論が行われているので，詳しくは，例えば，堀巌雄「ロールズ 誤解された政治哲学—公共の理性をめざして」(2007年)をご参照いただきたい。

(3) 租税制度をめぐる基本的な利害対立軸

他方，政治思想の対立を反映した税制改革をめぐる対立軸としては，租税制度の，様々な具体的中身に対応して実に様々なものが考えられる。その主なものを列挙すると，例えば，以下のようなものが考えられる。

① 所得税の累進性の高い税率構造を支持するか否かの対立

第二次世界大戦後から1980年代ころまでは，全世界において，高い累進税率の所得税による再分配が行われてきたが，1980年代ころから，急速に，累進構造の緩和と課税ベースの拡大が指向されるようになって，現在に至っている。所得格差が増大しつつある現在，果たして，租税制度はいずれの方向に向かうのであろうか。

② 中央集権か地方分権か

租税制度において中央集権をどの程度貫徹するかという問題は，当然のことであるが，連邦国家であるか否かで大きく異なる。また，同じく単一国家といっても，フランスのように中央集権の傾向が強い国と，そうでない国との間では，租税制度の在り方にもかなりのバリエーションが存在する。このあたりのことは，地方分権をめぐる政治思想の対立が反映されているといえよう。

③ 政策税制による経済介入をどのように評価するか

租税特別措置を用いた政策税制による経済介入について，これを積極的に

利用しようとする立場と，課税の中立性を重んじる立場の対立が存在する。

④　概算課税をどの程度容認するか

租税制度の簡素化との関連で，零細事業者等に対する概算課税等の特例をどの程度容認するかという点で，考え方は分かれる。概算課税の問題は，執行の簡素化と関連するのみならず，それを超えて，制度自体の簡素化との関連で議論すべきものである。

⑤　財政錯覚に訴えるか

言葉は適切ではないかもしれないが，一種のポピュリスト的な視点から，国民の財政錯覚を政策に「利用」することが許されるか否かという点についても，立場が分かれるかもしれない。国民に安心感を与えつつ，なおかつ財政の健全性を保つことが至難の技である以上，このような対立が生ずるのは不可避なのかもしれないが，そのような財政錯覚の「利用」には，個人的に抵抗感がある。

⑥　租税回避否認規定をめぐる対立

この問題については，最近，活発な論争が展開されている。この点との関連で，最近あるところで，「租税法律主義の文理に偏重し，租税回避行為に対し一般的否認規定の導入に強く反対する」租税法の通説的な立場の議論を，「正当な国家観」のない「空論」であると，強く批判する考え方を見かけた。確かに，これはかなり赤裸々な内心の告白であるといえるかもしれない。他方，これに対して，当該論者の説く（ナチスドイツが多用した）一般的否認規定を推奨する「国家観」とは，果たしてどのようなものなのであろうかという疑問を，別のところで耳にした。これは，極めて興味深い論争であり，今後の成り行きが注目される。

(4)　ま　と　め

これらのどの問題も，一方が正しく他方が誤りであると簡単に断言できるよ

うな単純なものでは決してない。したがって，それぞれの問題について現実にどのような方向性が打ち出されるかは，結局，その時々の議会の動向により決定される。そこで必要なのは，冷静で客観的な議論であるといえよう。

しかし，よくよく考えてみると，どのような問題についても，相対立する見解が主張され，活発な議論がなされるということは，素晴らしいことである。そして，そのような議論を通じて，様々な論点について議会で方向性が決定されるという意味において，国民の意見が租税制度の反映される素晴らしい時代に我々は生きているといえるのではなかろうか。

むしろ，租税法律主義のような基本的原則について，私達は，それが当たり前すぎて，そのありがたみを感じないようになってしまっているところに問題があるのではなかろうか。実際には，そのような制度は，長い歴史の中で，苦難の末にやっと打ち立てられたものなのであり，その存在を当然視しないで，その価値を再評価する必要があるといえよう。

14a 税研198号 ｜ 組織再編税制と連結納税制度

(1) 連結納税制度の条文の突出

私は，20年近く前に，税制調査会における連結納税制度導入に関する議論に参加していた頃から，連結納税制度は，組織再編税制と類似の制度であるのみならず，組織再編税制の一部となりうるのではなかろうかと考えてきた。それ故に，両者を統合すべきで，現在の法人税法におけるような大量の連結納税制度に関する条文も不要なのではないかと考えてきた。しかし，現実には，複雑で膨大な条文により，法人税関係の法令の分量の多さが際立つという事態が発生・継続している。私は，有斐閣の「六法全書」の編集をしているが，毎年，官報における連結納税関係の条文の量に辟易させられることは少なくない。

(2) 組織再編税制と連結納税制度の共通性

そもそも，組織再編税制と連結納税制度は，一般的に別個独立のものと認識されているが，その目的や効果に着目すると，両者にはかなりの共通性が見られるといえるのではなかろうか。

確かに，組織再編税制は，企業の組織再編に伴う課税問題の処理に関する制度であるのに対して，連結納税制度は，主として，企業グループ内の欠損金の相互利用の可否に関する租税法上の制度である。しかし，組織再編税制の重要な一部として欠損金の利用に関する定めが存在するという点からもわかるように，実際には，両者はかなりの共通性を有している。そこで，連結納税制度を，「私法から独立した租税法独自の企業グループ一体視」に基づく，一種の疑似組織再編に関する制度と考えれば，連結納税制度を，組織再編税制の一部として位置付けることが可能な面もありうるのではなかろうか。

したがって，まったくの理論上の試論ではあるが，主として欠損金の利用に関する制度である連結納税制度を思い切り簡略化して，組織再編税制における欠損金の利用に関する定めの一部として位置付けることもありうるのではなかろうか。

(3) 課題認識の方向性

そもそも，上に述べたような複雑さという問題は，簡素な欠損金の振替え利用に関するドイツ流の制度ではなく，アメリカ流の「本格的」で複雑な連結納税制度を採用したことに端を発するのかもしれない。しかし，単に，組織再編税制の中の欠損金利用のところに連結納税制度をみなし組織再編として入れておけば，このような事態は避けられたのかもしれない。それを，二つの制度を別個独立のものとしたが故に，条文量がかなり膨らんでしまったのではなかろうか。

もちろん，条文が多いことそれ自体が悪いことでは決してない。しかし，批判するつもりもないが，現実の連結納税制度が，条文が多量で制度が複雑であるが故に，利用者に過重な負担を課す，使い勝手の悪いものとなっているとい

う側面はないだろうか。その意味で,何らかの改善も検討に値するのではないかという気持ちを抱いているのは,私だけではないのではなかろうか。このような問題意識から,現在,政府税制調査会において連結納税制度の改革に関する議論が行われている。

15 現代における動き9 ｜ 税制改革のプロセス

(1) はじめに

　一口に,現代の民主主義国家においては,租税法律主義の下で議会が租税制度を決めるといっても,議員自身が租税制度に関する法案の内容の詳細を実際に起草することはそれほど多くはなく,法案の作成等は,他でなされる場合が少なくない。そして,その税制改正の具体的プロセスは,国によりかなり異なるのが実情である。しかし,ここでは,様々な国についてその詳細を記述する余裕はない。この点について,詳しくは,例えば,Michael J. McIntyre and Oliver Oldman, Institutionalizing the Process of Tax Reform : A Comparative Analysis, 1975 ; Allan M. Maslove, Tax Reform in Canada : The Process and Impact, 1989 等を,参照されたい。

　以下においては,アメリカと日本の場合を,ごく簡単に比較・検討してみよう。

(2) アメリカの状況

　税制改革のプロセスは,それぞれの国における歴史的経緯により,かなり違ったものとなるが,いずれの国においても,租税法律の立案の過程において財務省が大きな役割を果たしているという点については,変わりはないといってよかろう。アメリカにおいても,財務省 (Department of Treasury) が大きな役割を果たしている。

　しかし,ここでは,日本との差異を際立たせる意味で,Department of

Treasuryと並んで重要な地位を占める，アメリカ連邦議会のJoint Committee on Taxation（以下，JCT）について，少し詳しく見ていこう[25]。この，JCTの活動を通じて，アメリカにおいては，税制改革における議会の権限が実質的に行使されていると考えられるからである。

2016年2月に創立90周年を迎えた，アメリカ連邦議会のJCTは，上下両院の連邦議会の議員をメンバーとする無党派の委員会であるが，かなりの数の優秀な経済学者・法律家・会計士等が，租税立法等に関与するスタッフとしてこれを補佐し，専門技術的な作業を行うという組織になっている。その委員長は，上院Finance Committeeの委員長と，下院のWays and Means Committeeの委員長が交代で務める。JCTの役割は，議会の租税立法の作成の補助，租税立法に伴う歳入見積もり等である（内国歳入法典8021条等参照）。

その性格について，JCTのホームページにおいては，委員会のメンバーをサポートするスタッフの不偏不党性（Nonpartisan staff），上下両院合同である点（Joint），もっぱら租税のみを専門技術的に扱う点（Solely tax），そして独立性（Independent）が挙げられている[26]。

JCTは，実際に，租税立法手続のあらゆる局面において重要な役割を果たしている。その役割の一例を列挙すると，例えば，以下のようなものである[27]。

- 聴聞会の資料・委員会報告書等の作成
- 法文の起草の補助
- 議員の立法提案についての補助

また，JCTの発表する出版物[28]は権威あるものとされ，特に，General Explanation of the Tax Reform Act of 1986等の，その作成した改正法の解説書は，実務においても，研究においても，不可欠のものである。

25　https://www.jct.gov/about-us/overview.html
26　https://www.jct.gov/about-us/mandate.html
27　https://www.jct.gov/about-us/role-of-jct.html
28　https://www.jct.gov/publications.html

(3) 日本の状況

　日本において，財務省主税局（地方税においては，総務省自治税務局も）が，アメリカの財務省や連邦議会のJCTに相当する役割を果たしているものと考えられるが，与党の税制調査会（党税調）と，政府の税制調査会（政府税調）も重要である。このうち，前者の党税調は，毎年度の年度改正において，各方面から税制改正要望を聞いて，優先劣後を決め政治的調整を行うという，極めて重要な枠割を果たしている。

　これに対して，後者の政府税調は，内閣府本府組織令（平成12年6月7日政令第245号）第31条に基づいて設置されているもので，その33条1項により，「内閣総理大臣の諮問に応じて租税制度に関する基本的事項を調査審議すること」，及び，「前号の諮問に関連する事項に関し，内閣総理大臣に意見を述べること」という，「事務をつかさどる」こととされている[29]。その組織等については，税制調査会令（平成25年2月1日政令25号）に定められている[30]。専門技術的視点から，中長期的な議論を行うのが，その役割である。

　この点について，石弘光「現代税制改革史：終戦からバブル崩壊まで」301頁においては，日本の「税制調査会に基本的な改革案の作成を委ねる」という「審議会方式」と，欧米先進国における「少数の専門家グループによる特定の委員会（task force）に改革案を作成させ，それにもとづいて税制改革を行う」「タスクフォース方式」を対比させている。

　そして，政府税調における議論や，党税調における議論を反映させるかたちでの具体的条文の作成は，財務省主税局と総務省自治税務局で行われ，それが国会で審議されるというプロセスで，税制改革が行われるのである。

　具体的な年度改正のプロセスは，まず，11月中旬頃までに，政府税調が様々な理論的議論を行い，それを受けて，12月半ばに，与党税調が各方面からの意見を集約して，各年度の与党の「税制改正大綱」が決定される。次に，この与党の改正大綱を元に，財務省と総務省が12月の下旬までに，各年度の「税制改正大綱」や「地方税制改正案の概要」をまとめる。

29　http://www.cao.go.jp/zei-cho/konkyo/doc/kitei.pdf
30　諮問については，http://www.cao.go.jp/zei-cho/shimon/shimon.pdf 参照。

そして，年明けの1月上旬から中旬にかけて，政府において，大綱を詳しくしたかたちの，各年度の「税制改正要綱」と「地方税税制改正案の要旨」について閣議決定がなされる。その上で，主税局や自治税務局で条文が作成され，それが内閣の税制改正法案として国会に提出され，3月末までに成立・公布，4月1日から施行される。

(4) 租税法律主義

議会における，租税法律の扱いについて，いずれの国においても一つだけいえるのは，税制改革に関しては，下院の財政・租税関係の委員会が伝統的に強い権限を有しているという点である。この点が，中世身分制議会以来の，議会の財政権限の尊重という歴史が根付いていることの証といえよう。

15a 税研180号 ｜ 税制改革に影響を及ぼす要素

(1) 世論・理論・政治と税制改革―立法への影響

租税法律主義は近代国家成立の基盤である。租税制度は議会を通じた国民の意思に基づき法律により制定・改廃される。もちろん，税制改革をめぐる立法過程においては租税理論が重要な意味を持つが，政治過程を通じて世論も強く反映される。理論的な理想追求と世論への対応その他の困難な役割は，政治的な利害調整のプロセスの中で議会が担うことになる。

理論，世論，政治的判断は相互に対立することも一致することもある。税制ではないが，例えば，小村寿太郎が活躍して調印された日露戦争終結のためのポーツマス条約後の政治過程において，大衆や新聞のポピュリズムと，理論重視の学問とが，ともに強硬外交という点で一致した[31]が，政府は現実的な対応を選択した。

31　司馬遼太郎「アメリカ素描」347-349頁，1989年における，日比谷焼討ち事件，七博士意見書，参照。

(2) 市場と税制改革—企業行動による税制の変容

　他方，市場経済取引においては，制約条件の中ではあるが，終局的には市場の論理が貫徹される。市場における企業活動は，税引後キャッシュ・フローの割引現在価値の最大化を目指して行われるが故に，課税を軽減させようとする企業行動が不可避的に誘発される。ここで注目すべきは，そのような企業行動の集積の結果として，租税制度が事実上変更される場合があるという点である。法律の定める法人税の税率が，企業の課税逃れ行動により実質的に減少させられることが問題となる（BEPS の議論等）のは，その例である。たとえ立法が市場の声を聞かなくとも，企業行動により租税制度の変更と同様の効果が発生しうるのである。

　このような企業行動は，執行の強化を図ろうとする立法府や課税当局との間の対立を引き起こす。その対応の際に，国の側は，市場や取引との関連という視点から租税制度について考える必要がある。すなわち，企業行動を支配する経済のメカニズムや法的仕組みを通じて，現実に何が行われているかという点について十分に理解する必要がある。そのような理解なしに，租税制度の内部に限定された自己完結のみを図ろうとすることは，目的を達成できないのみならず，時に有害でさえある。

(3) 租税制度の役割

　前掲の「アメリカ素描」の中で，司馬遼太郎は，フィラデルフィアで造船技術を学んだ明治期の人，枡本卯平の例を引いて，アメリカ資本主義における二つの free の概念（自由と無料）について言及している。すなわち，「おなじ自由でも，言論の自由や信教の自由だけでは腹の足しになるものではない」として，アメリカでは，経済的自由が保障されているのみならず，食事等が極めて安価に入手できる点が重要であると述べている[32]。

　自由といい，民主主義といっても，国民が飢えるようでは画餅である。国が

32　司馬・前掲 254-256 頁。

国民に最低限の生活保障を提供すべきことは言うまでもない。問題は，その経費を如何に調達するかである。悲しいことに，国といえども，ない袖は振れないのである。ここに租税制度の意味がある。世論・理論・政治・企業行動のバランスの中で国民生活の維持に必要な財源調達を図ることが租税制度の役割である。実際にその役割が十分に果たされているかは，将来の歴史的検証に委ねられる。将来の歴史家から見て，現代日本の税制改革はどのように評価されるのであろうか。

　なお，今回は，問題の性格上，抽象的な表現が用いられている点をお許しいただきたい。

16　現代における動き10 ｜ 税理士制度—外国との比較　

(1)　はじめに

　ある制度の各国比較を行う際には，それがいかなる制度であれ，かなり慎重な姿勢が必要であることは言うまでもない。外国の制度をそのまま日本の感覚で理解しようとすると，とんでもない誤解をするおそれがないとはいえないからである。この点で，問題となりうるのが税理士制度についてである。

　ここでは，日本で税理士が提供しているようなプロフェッショナルによる税務サービスを，世界の各国でどのようなプロフェッショナルが提供しているかという点について，ごく簡単に要約して，検討していきたい。

　以下に見るように，この点については，英米法系統の国と，大陸法系統の国とで，やり方が相当異なっている。これは，法制度一般の常として，それ自体はさほど驚くべきことではなかろうが，それでもその点について確認しておくことは，日本の税理士制度について考えていく際に重要である。

(2)　英米法系統の国

　英米法系統の国では，一般的にいって，税務サービスは弁護士と会計士が提

供しているといってよかろう。なお，アメリカには，このほかに，enrolled agent という制度もあるが，これは，申告書の代書業務を中心とするものである。そもそも，アメリカでは，申告書作成を有償で行うことが基本的に自由なので，納税者を保護する観点から，代書業務を行う者に一定水準の能力を内国歳入庁が保障しようとして，この資格が存在するのであろう[33]。これは，国家試験を通り無償独占を認められた日本の税理士とはかなり異なる存在である。したがって，アメリカのそれを「税理士」と訳すことは妥当ではないのではなかろうか。

ところで，アメリカの弁護士と会計士とでは，実際上，それぞれの提供する税務サービスの内容に差がある（主として，弁護士は紛争の解決，会計士は申告書の作成）という点以外に，もう一つ，両者の間には決定的な差異があるという点に留意しなければならないであろう。それは，アメリカにおいて，納税者の秘密を守るための守秘義務・証言拒絶権（attorney client privilege，イギリスでは，legal professional privilege）が，弁護士には認められているが，会計士には認められていないという点である。この点は，納税者の権利保護を考える際に極めて重要な意味を持つ。

弁護士が真にクライアントのために行動するためにはクライアントの（極秘な部分を含めた）様々な情報を入手する必要がある。それ故に，弁護士はそのように入手した情報を外部に漏らすことは許されず（守秘義務），また裁判手続等においても同様である（証言拒絶権）。しかし，会計士には，そのような証言拒絶権は認められていない。したがって，実務においては，会計士は弁護士を介在させて，証言拒絶権を確保することが行われている[34]。

33　Cf. Need someone to prepare your tax return?, https://www.irs.gov/tax-professionals/choosing-a-tax-professional

34　cf. Robert W. Wood, How To Get Attorney-Client Privilege With Your Accountant—Even IRS Agrees, https://www.forbes.com/sites/robertwood/2016/04/07/how-to-get-attorney-client-privilege-with-your-accountant-even-irs-agrees/#65169b454c15

(3) 大陸法系統の国

　大陸法系統の国といっても様々なので，ここでは，ドイツ・オーストリア・スイスと，フランスを取り上げてみよう。

　まず，ドイツ・オーストリア・スイスにおいては，日本と同様に，税理士（Steuerberater）という資格が存在し，基本的に税務サービスは全て税理士が行うことになっているという点はよく知られている。

　例えば，ドイツにおいては，弁護士であるというだけでは税務サービスの提供を行うことはできず，ドイツ専門弁護士法（Fachanwaltsordnung）の9条に定められた，租税法専門弁護士（Fachanwalt für Steuerrecht）という資格を取得することが要求される。また，会計士（Wirtschaftsprüfer）は，基本的に監査を行う職業人であり，税務を行うことを認められていない。

　次に，フランスにおいては，税理士制度は存在せず，弁護士のみが包括的な税務サービスを行うことができることとされている。また，会計士（Expert-comptable）や公証人（Notaire）は，付随業務としてのみ税務サービス（税務申告書の作成提出や税務調査の立ち合い）を提供することが認められているにすぎない[35]。これは，会計士が，その本来業務に専念すべきであるとの配慮からである。

　以上からいえることは，少なくとも，しばしば見かける「諸外国においても公認会計士が税務業務を行うことは当然に認められているとの主張」は，必ずしも正しくないように見受けられるという点ではなかろうか。要は，国により状況は様々なのである。

(4) 日本の状況

　以上と比較すると，税理士制度が存在し，かつ会計士にも税務サービスの提供が認められている日本は，英米法系統の国と，大陸法系統の国の，いわば中間に位置するのではないかと考えられる。その歴史的経緯や，業際問題については，複雑な経緯があるので，ここではあえてふれないこととする。

35　article 22, Ordonnance n° 45-2138 du 19 septembre 1945 portant institution de l'ordre des experts-comptables et réglementant le titre et la profession d'expert-comptable.

ただ一つだけ，この問題に関連して最も重要なのは，納税者保護の観点から，税務サービスの提供に要求される能力（法律知識，税務知識，会計知識）を包括的に有する専門家が業務に当たることに他ならないという点を強調しておくこととする。それは，また，納税の義務という憲法上の義務が適正に履行されることを担保することになろう。

　そして，プロフェッショナルとして，納税者に対する税務サービスの提供をするのに必要とされる能力に，租税法の知識が含まれることは言うまでもない。なぜならば，税務サービスの提供に際して重要なのは，あくまでも租税法令の定めだからである。この観点をわすれたいかなる議論も無意味なのではなかろうか。

17　現代における動き11 ｜ 税務と法務

(1)　はじめに

　税務や企業会計が，会社法務と密接な関係があることに疑いの余地はない。それにもかかわらず，税務や企業会計の世界においては，必ずしも会社法務を十分に考慮することなく，それぞれの分野の独自の論理のみに基づいた議論が行われることが少なくない。今回は，この点について，特にコーポレート・ガバナンスとの関連という観点から少し考えてみよう。

(2)　企業会計と会社法

　会社法に会計監査人や会計参与に関する定めが置かれているところからも明らかなように，企業会計は，終局的には，会社法のコントロールの下にあるものであると考えてよかろう（ここでは，一応，金商法については議論の外に置いておくこととする）。会社法の定めを離れて（会社法の定めに反して）企業会計を行うことが許されないのは，いわば当然のことである。粉飾であれ逆粉飾であれ，企業会計上の違法な処理は，そもそも法的に許されない。この点について，会

社法 423 条 1 項は，「取締役，会計参与，監査役，執行役又は会計監査人（以下この節において「役員等」という）は，その任務を怠ったときは，株式会社に対し，これによって生じた損害を賠償する責任を負う」と定め，また，会社法 429 条 2 項 2 号ロは，取締役及び執行役が，「計算書類及び事業報告並びにこれらの附属明細書並びに臨時計算書類に記載し，又は記録すべき重要な事項についての虚偽の記載又は記録」を行った場合の，第三者に対する損害賠償責任を定めている。

　もちろん，会社法 431 条は，「株式会社の会計は，一般に公正妥当と認められる企業会計の慣行に従うものとする」と定めているのであるが，会社法に委ねられている部分は実に多いのである。

(3) 税務と会社法

　租税回避についても，これを会社法の観点から考えると，一応，会社法上違法とまではいえない逆粉飾が租税回避であるということができるのではなかろうか。

　アグレッシブな租税回避は，課税処分を受けるリスクを内包し，コーポレート・ガバナンスの観点から問題となる可能性があるという点については，すでに，中里実「タックス・シェルターからタックス・コンプライアンスへ——会社法と租税法の融合の必要性」(月刊ジュリスト 1496 号 14-18 頁，2016 年 8 月)，及び，同「アグレッシブな租税回避と会社法——Tax compliance の視点からの研究ノート」法学新報（玉國文敏先生古稀記念論文集）123 巻 11・12 号 221-244 頁，2017 年 3 月，において詳しく述べたので，そちらを参照されたい。

　この点，会社法 362 条 4 項は，「取締役会は，次に掲げる事項その他の重要な業務執行の決定を取締役に委任することができない」として，その一つとして，「取締役の職務の執行が法令及び定款に適合することを確保するための体制その他株式会社の業務並びに当該株式会社及びその子会社から成る企業集団の業務の適正を確保するために必要なものとして法務省令で定める体制の整備」を列挙している（同項 6 号。また，これを受けた，会社法規則 100 条参照）。

　特に，親子会社間取引等が問題になる，移転価格課税や，タックス・ヘイブ

ン対策税制については，会社法施行規則100条にいう「親会社及び子会社から成る企業集団における業務の適正を確保するための体制」との関連で問題となりうるのではなかろうか。例えば，移転価格課税についていうならば，関連会社間の取引における価格付けについては会社法上も一定の制約がありうるのであり，会社が一定の合理的理由に基づいて会社法上の制限をクリアしたものとして採用した価格付けを，例えば，残余利益分割法等の形式的基準を用いて租税法上の観点のみから否認することが問題となりうる場合が生ずるのではなかろうか。

以上のように，今後は，租税制度と会社法の連動がさらに進展し，タックス・プランニングが，単なる課税問題ではなく会社法の問題となっていくのではなかろうか。

(4) プラットフォームとしての会社法務

以上からいえることは，我々税務の専門家が陥りやすいことなのであるが，税務のみ切り出して考えるということは危険であるという点である。常に，背後にコーポレート・ガバナンスという会社法上の世界があるということをわすれてはならない。法務の発想の中で，その一部として税務の問題を処理しないと，たとえ税務の世界だけでは自己完結していても，会社法上責任を負い，代表訴訟を提起されるなどということが起こるかもしれないのである。

その意味で重要なのは，法務の一環としての税務という発想である。この点は，税務の専門家に欠けている感覚といってよいのではなかろうか。しかし，税務上の問題が終局的に解決されるのは裁判所においてなのであり，裁判所において税務の観点のみ強調しても裁判官を説得することができないことは，むしろ当然のことであろう。

ここで重要な意味を有すると思われるのが，プラットフォームの概念である。プラットフォーム事業とは，本来，参加者に取引の場を提供し，参加者の間の取引を様々な方法で容易にすることにより価値を産み出す事業である。典型的には，インターネット取引の場を提供する事業等がこれに該当する。また，例えば，デパートのビジネスモデルも，様々なブランドの店に売り場を提供して，

そのような店と消費者の双方の利便の向上を可能にする一種のプラットフォーム事業である。

そして，この発想を拡張することが可能である。すなわち，プラットフォーム事業の概念を，共通の場ないし基盤の提供と解して，世の中の事象を分析することが可能である。その場合，大手の法律事務所は，企業活動に関連して必要となる様々な専門家の知識を会社法を中心として総合的に提供する場であると考えることができよう。

それ故に，企業法務という大きなプラットフォームに，租税法や，労働法や，知的財産法がぶら下がっているというイメージの中で考えることが必要となる（プラットフォームとしての企業法務）。すると，そのような発想を持った弁護士事務所が全体的なアレンジメントに乗り出してくる時代が到来しつつあるのかもしれない。会社という場所で（税務の問題を含む）様々な法律問題が発生していくのであるから，これはいわば必然的なことといえよう。

17a 税研145号 ｜ 税務訴訟と租税訴訟

市場で行われる経済取引は第一義的に私法により規律されており，そのような私法上の法律関係を前提として課税が行われるという構造が存在する。その結果，租税については，税務の専門家と法務の専門家の両方が関与する。おおまかにいえば，税務は毎年の申告等を前提とするいわば生理現象を扱うものであるのに対して，法務は紛争が生じたときのいわば病理現象を扱うものといえよう。そして，それに対応するかたちで，次のように，租税事件を二つに分類できるのではないか。

一つは，**税務訴訟**である。これは，もっぱら，租税法規の解釈・適用をめぐる訴訟であり，極めて専門技術的な分野である。日本の課税庁は極めて優秀であり，その租税法規の解釈・適用が違法であるということは現実的にかなり少ないから，このような意味における税務に関する訴訟において，課税庁が敗訴することはあまりない。

もっとも，そのような税務の訴訟における租税法規の解釈・適用についても，

注意すべき点がある。法の解釈・適用に関する裁判所の判断が尊重されるべきことは憲法上の要請であるが，それにとどまらず，日本の裁判所は極めて優秀である。このような裁判所への信頼が，法治国家の下では重要である（これに対して，年度改正が行われるたびに，解説記事が専門誌に掲載されるが，それらは，多くの場合，「税務」の指針としての意味を有するものである）。なぜなら，行政庁が準備作業を行い，国会が立法して成立した法律もひとたび制定されてしまえば，その解釈・適用に関し全権を有するのは裁判所だからである。したがって，裁判所において租税問題の解決が図られる場合には，税務の感覚ではなく，法務の感覚により司法的に判断が下されることは，自然なことなのである。

　もう一つは，**租税訴訟**である。これは，租税事案に関する法務をめぐる訴訟である。租税法律の条文の解釈というのは，法律家の役割のごく一部でしかなく，租税法律を解釈するだけで租税事件が解決できるわけではない。裁判所が専門分野ごとに縦割りに判断をするということには必ずしもなっていない。地裁の専門部であっても，裁判官は，国際法も，私法上の契約関係も，憲法も，民事訴訟法上の事実認定も全て総合した上で，幅広い視点から裁判官の良心に基づいて，租税事件の結論を下す。このように総合的な判断を下す裁判所の法務の感覚と，専門分野に特化した税務の感覚の間には，決定的な差がある。その差を踏まえた上で，法務全般を総合した観点から租税事件の解決を図ることこそ，すなわち，租税訴訟である。租税事件において，課税の前提となる私法の解釈や，私法上の法律関係が争われる訴訟などは，その代表的なものである。

　租税法の専門家であることが，租税事件をめぐる裁判における専門知識を有していることを意味するわけではない。租税法の専門家であるとともに，法律全体の専門家であることが，租税事件をめぐる裁判に関しては，必須の条件なのである。

18 現代における動き12 | 租税訴訟の変化

2018年10月

> ▶(参照)第三部第七論文　借用概念と事実認定 -- 租税法における社会通念　税経通信 2007 年 11 月
> ▶(参照)第三部第八論文　興銀事件と社会通念　税務事例 500 号　2011 年 5 月

(1)　はじめに

　今回は，前回において述べた税務と法務の関係における法務重視という方向への移行の中心をなすと思われる，ここ 20 年ばかりの間の租税訴訟の急激な変化について，さらに考えてみよう。この点に関して，全ては，興銀訴訟（最高裁平成 16 年 12 月 24 日判決・民集 58 巻 9 号 2637 頁）がはじまりであったというのが，ここでの結論である。興銀訴訟については，これまでにも何度かふれたことがあるが，ここでもう一度振り返っておくことにしよう。

(2)　興銀訴訟

　租税に関する訴訟は，納税者と課税庁が正面から争うという構造をとる。それ故に，過去においては，租税訴訟は政治的な性格を帯びたものが少なくなく，場合によっては，訴訟の帰趨そのものよりも当局の処分の不当性に警鐘をならすという政治的アピールの手段として訴訟を用いるということもあった。そこにおいては，主に手続問題や憲法問題が争われることが多く，課税要件の中身に関する租税実体法は，いわば，訴訟とは切り離された別の世界において，「税務」として会計学的・実務的枠組みの中にあったといえるのではなかろうか。

　そして，このような状況を一変させたのが，平成 9 年に提起された，興銀訴訟であった。これは，直接的には，銀行の取引先に対する貸付金の貸倒が法人税法 22 条 3 項の損失として損金算入されるか否かという点をめぐって争われたものであった。

　最高裁は，貸倒の有無は，「債務者の資産状況，支払能力等の債務者側の事情のみならず，債権回収に必要な労力，債権額と取立費用との比較衡量，債権

回収を強行することによって生ずる他の債権者とのあつれきなどによる**経営的損失**等といった**債権者側の事情**，経済的環境等も踏まえ，**社会通念に従って総合的に判断されるべきである**」と判示し（強調・中里），本件における貸倒損失の損金計上を正面から認め，納税者側が勝訴した。

(3) 政治的訴訟から経済的訴訟へ

　ここで，興銀訴訟が租税法に対して与えた影響について少し考えてみよう。

　これまでにも何度か述べたことであるが，興銀訴訟の提起により，旧来型の（憲法・行政法的枠組みの中でのみ税務上の処理の適否が争われる）税務訴訟から，企業が経済的損失の回復を正面から求めて提起する新しいタイプの，真の意味の「租税訴訟」への道筋が開かれたといってよかろう。それまで，当局を相手取って租税訴訟を提起することのほとんどなかった日本の大企業が，興銀訴訟以降，課税問題について正面から裁判所の判断を求めるようになったことは，租税法のみならず，日本の訴訟全体の中における極めて大きな変化であったといえよう。

　その結果，租税に関する訴訟をめぐる議論の中心も，手続法や憲法論よりも，むしろ，課税要件に関する租税実体法についての議論に移行したといえるのではなかろうか。この点における，興銀訴訟のインパクトは，新たな時代を切り開く歴史的なものであったとさえいえよう。

　のみならず，興銀訴訟に関しては，租税訴訟において，課税の対象である経済取引の私法的構造が主たる論点となりうることが強く印象付けられたことの意味も，極めて大きい。興銀訴訟において争われた点は直接的には貸倒の損金算入の可否であったが，（税務においては重視されるはずの）貸倒に関する**通達**の定めは本件訴訟においてほとんど顧みられることはなかった。むしろ，課税問題の訴訟における処理に際しての，課税の対象となる取引等の私法上の要件とそのもたらす効果の関係が重視され，私法との関連が濃厚な議論が行われた。これは，まさに，税務から法務への移行という意味においても，新時代の幕開けというにふさわしい出来事であった。

　その後，租税訴訟における私法重視の傾向は，住友信託銀行レポ訴訟[36]等に

おいて，さらに強く印象付けられた。そこでは，租税法の解釈よりも，課税対象となる取引の私法上の性格が議論の中心だったのである。

考えてみれば当然のことなのであるが，課税の対象となる経済的効果は，原則として，私法上の行為を通じて，その法律効果として生み出されるものである。したがって，私法上の法律構成を飛ばして，取引の基礎をなす経済的考慮から，いきなり租税法上の効果がもたらされるようなことは，窃盗等による経済的利得が課税の対象となるような例外的場合を除けば，基本的にありえない。その意味で，課税の世界に身を置く人間は，皆，民法や会社法についての知識を有することを要求されている。現に，税理士の先生方や課税庁の職員の方々は，そのような困難なことを日常的にされているのであり，それが，課税の世界に身を置く者の誇りであるとさえいえよう。

(4) 将来の方向性

このように，興銀訴訟以降，それまでの課税所得の計算の技術にフォーカスした会計的税務のみならず，新しいタイプの租税実体法の解釈や，課税対象である経済取引の私法的性格について法的に争う法務が，租税法における議論の中心となったことは，納税者の行動に対しても課税庁の行動に関しても，無視しがたい影響を及ぼすようになったのではないかと思われる。

すなわち，課税所得の計算の技術が課税問題の中心とされる場合（税務）においては，何よりも，課税当局の考え方を先取りすることが，実務家の主たる仕事となる。これに対して，課税問題において，裁判による解決をにらんだ検討がなされる場合（法務）においては，当然のことではあるが，法的な理論武装こそが，実務家の仕事の中心となる。その際には，課税要件の法的把握のみならず，課税の対象となる経済取引等の私法上の構造に関する正確な理解が必須となる。

このように，興銀訴訟を通じて，課税問題の解決において，税務の観点のみ

---

36 東京地判平成19年4月17日判例時報1986号23頁・金融商事判例1274号43頁，東京高判平成20年3月12日金融商事判例1290号32頁，最三小判平成20年10月28日・未公刊・上告不受理。

ならず，法務の観点も重要であるという点が，正面から意識されるようになったのである。

四　戦後日本における理論的対立

19　戦後日本における理論的対立1　｜　シャウプ勧告による租税法講座の設立

2018年11月

(1)　はじめに

　日本の大学の法学部に，租税法の講座が設けられたのは比較的新しく，戦後の，昭和25年のシャウプ第二次勧告によるものであった。それから，すでに70年近くが経過しようとしている。ここでは，日本における租税法理論，租税法教育の誕生の元となった租税法講座の開設とその後の発展について，少しだけ述べておくこととする。

(2)　シャウプ第二次勧告

　日本の大学の法学部における租税法講座の開設については，具体的には，昭和24年のシャウプ勧告の実施状況を確認するために昭和25年に再来日したシャウプ使節団により，1950年9月21日に発表された，「シャウプ使節団第二次勧告（新聞発表全文）」（これについては，日本租税研究協会会報第8号，昭和25年10月7頁以下に掲載されている）の，C「所得税の執行に関する問題」の，7「時効及びその他の諸点」の，cにおいて，以下のように明確に述べられている。

> 　大学の法科の教授科目の中に法律的観点から租税を取扱う講座（財政政策又は財政学の見地から取扱うものとは別に）を取り入れるべきである。主な国立大学のかかる講座のための国の予算の十分な資金が計上されなければならない。

175

これは，シャウプ使節団の有力メンバーとして，租税法研究者であったStanley Surrey 教授と，William Warren 教授がおり，日本の法学部で租税法の講座が存在しないことを知って，アメリカとのあまりの違いに驚いたことの結果なのではないかと思われる。そして，この勧告にしたがって，東京大学と京都大学に租税法の講座が開設された。これに基づいて東京大学に租税法講座が開設されたのは，昭和26年のことである。以来，70年近くがすぎようとしている。現在は，多くの大学の法学部に租税法講座が開設され，租税法専門の研究者の数も増えた。それまでの法学部では，行政法の各論の講義においてほんの少し租税法について触れていただけであったことを考えれば，まさに隔世の感がある。

(3) 日本の大学の法学部に租税法講座が開設された意味

シャウプ第二次勧告にしたがって，法学部に租税法講座が開設されたことの意味は，想像以上に大きいのではないかと思われる。ここでは，この点について少し考えてみたい。

① **租税法の学問としての独立**

租税法講座開設の意味は，それが，行政法の一部としての租税法（行政法各論の一部としての租税法）から，一つの学問分野として独立した租税法への変化のきっかけとなったことであろう。そのことは，課税処分を中心とする行政法各論的な租税法の捉え方とはまったく中身の異なる，課税要件を中心とする新しい租税法の誕生を意味する。

すなわち，租税法が真に独立の学問分野として認められるためには，単に，独立の講座が開設されるだけでは足らず，租税法独自の研究対象である租税実体法（すなわち，納税義務の発生・消滅等を規律する課税要件に関する法）を租税法研究の中心に位置付けるという，金子宏名誉教授の発想が重要であった点をわすれるわけにはいかない。

② シャウプ勧告の理念を支える理論の誕生

シャウプ勧告の背後には，当時から 1980 年代にかけてアメリカで圧倒的な支持を受けていた，累進税率に基づく包括的所得税の理論が存在した。日本は，この理論を正面から受け入れて，実定法制度を構築していく。そして，日本において，包括的所得概念の理論を法的観点から完成させたのは，やはり，金子宏名誉教授であった。

③ 経済学と親和的な法律科目の誕生

この点は，あまり重視されていないかもしれないが，私は，シャウプ勧告の結果として租税法講座が誕生したという歴史的経緯こそが，経済学の発想を自然なかたちで包摂する学問が法律学の中に生まれ，その後の「法と経済学」の発展につながる動きを産み出す元となったと考えている。法律家が政策論を展開するための基盤として，法律学のみならず経済学的発想を用いることが自然なこととなったのである。そして，その自然な延長線上に，現在の「法と経済学」もあるといえよう。

(4) ハーバード・ロースクールの International Tax Program

ハーバード・ロースクールには，かつて，外国の租税法研究者，若手官僚の教育・訓練のための International Tax Program が存在し，日本からも数多くの研究者・官僚がそこに学び，アメリカ流の租税法理論を日本にもたらした。このことが，シャウプ勧告により設けられた租税法講座の発展に大きな影響を及ぼした。特に，その所長を長く務めた，故 Oliver Oldman 教授が，日本とアメリカの交流に果たした役割は極めて大きい。私自身も，Oldman 教授の指導の下，1980 年代の後半に，この研究所でアメリカ租税法を学ぶ機会を持てたことを極めて幸運なことと感謝している。

(5) シャウプ税制の歴史性

シャウプ勧告で示された累進所得税を中心とする租税制度は，一貫した理論

体系の裏付けの下に提唱されたもので，その後長く，日本の租税制度，租税理論，租税政策の基盤として尊重されてきた。

もちろん現在は，消費税への重点の移行等，シャウプ勧告において示された方向性と異なる考え方も強く主張される点において，シャウプ勧告の内容も歴史性を持ったもので，永遠のものでは決してない。しかしながら，シャウプ勧告と異なる方向に租税制度が舵を切ったとしても，その背後には，出発点としてのシャウプ勧告が常にあることをわすれてはならないであろう。

(6) ま と め

戦後の租税制度・租税理論がシャウプ勧告の強い影響の下に成立・発展させられてきたことは疑いの余地がないが，租税法の理論も，シャウプ勧告を出発点とする形で，発展させられてきたのである。このことを無視した議論は，現実から目をそらしたものとなってしまうであろう。

20 戦後日本における理論的対立2 ｜ 租税回避をめぐる議論

(1) は じ め に

今回は，一貫して租税法における理論的検討の中心を占めてきた，租税回避行為の否認をめぐる議論について，簡単に振り返ってみたい。

(2) 租税回避の概念

租税回避については，私法上の形成可能性を利用して，通常の法形式ではなく，それと同じ経済的成果をもたらす不自然で迂遠な取引形態をあえて採用することにより，納税義務の発生を免れる行為であるとされている。それは，脱税でも節税でもなく，ただ，その否認（すなわち，通常の私法上の法形式が採用されたものとして，それに対応するかたちで納税義務の発生を観念すること）の可否が，

租税法上論じられる。特に，明文の租税回避否認規定が存在しない場合においても否認が認められるか否かという点が，活発に議論されてきた。

(3) 租税回避の否認

同様の経済的効果を享受しながら，私法上の法形式の差異のみにより納税義務の発生がないとされる点において，租税回避が，課税の公平を損なうことについては疑いの余地はなかろう。そこで，否認規定が存在しない場合においても租税回避の否認を認めるべきであるという考え方が主張されることがある。

例えば，昭和36年7月の税制調査会の「国税通則法の制定に関する答申（税制調査会第二次答申）及びその説明」において，そのような方向性が述べられた（同答申4頁）ことがあるが，この考え方は，結局は採用されなかった。その背景としては，「抽象的な表現による規定の解釈問題を生じ，そのおもむくところ，税務当局者による拡大的，恣意的解釈にゆだねることとなっては，納税者の正当な権利利益を擁護する上に大きな不安が生ずることになるのではないかという懸念を抱かせるもとになる」からであるとされている[37]。

現在も，租税法律主義の観点からいって，明文の租税回避否認規定が存在しないにもかかわらず租税回避の否認を認めることに対しては，厳しい批判が学説上なされている。

したがって，現実的には，課税要件の立法時に，できる限り明確な定めを置くことにより，租税回避行為が行われないようにすることが，最も望ましいものである。しかし，これには，租税立法の複雑化を招くという問題も存在する。そこで，個別的な租税回避否認規定を整備することが重要な意味を有する。日本においても，この方向が一定程度採用されている。

(4) 一般的租税回避否認規定の導入をめぐる最近の議論

最近，BEPSをめぐる議論の影響もあって，一般的租税回避否認規定を制定

37　志場喜徳郎他編『国税通則法精解平成22年改訂』26頁，大蔵財務協会，2010年。

すべきであるという提案が一部で熱心になされている。確かに、国際的な観点から複雑に構築された課税逃れのスキームに対して有効に対応するためには、そのような提案にも一定の理由があることは否定できないのかもしれない。

しかし、何よりも、裁判所が、一般的租税回避否認規定を具体的に適用する際にはかなりの困難がつきまとうことは否定の余地がなかろう。一般的租税回避否認規定の具体的な適用に際しては、具体的適用のための細則が必要なのであり、そうであるならば、それはもはや一般的否認規定とはいえないであろう。結局、一般的租税回避否認規定は、立法に際しての困難を司法に押し付けているだけということになりかねないのである。

のみならず、かつてナチスドイツにおいて多用された一般的租税回避否認規定を設けることについては、やはり慎重な態度が要求されるのではなかろうか。外国の経験に学ぶ姿勢が重要といえよう。

(5) 否認されない租税回避は、果たして租税回避か？

私法上の法形式形成の自由を前提として考えてみよう。その場合に、租税回避の概念を定義し、それを否認されるものと否認されないものに分けることに、どの程度の意味があるのであろうか。

租税法上否認されない「租税回避」行為は、私法上は有効なものであるから、法的に見た場合に特に問題を有するものではない。このように考えた場合、ある行為が租税回避として否認されないとすれば、それを租税回避と呼ぶことは果たして妥当なのであろうかという疑問が生ずる。

これをさらに突き詰めると、ある行為についてそれが否認されるべきものか否かを考えることには意味があるが、否認されるか否かという判断を離れて、それを租税回避行為と呼ぶことには問題があるかもしれないということになろう。

(6) 抽象論から具体的議論に

以上のように考えてくると、いわゆる租税回避行為については、その概念に

関する抽象的な議論に注力するよりは，むしろ，ある行為が具体的に否認されるものであるか否かという点について議論を積み重ねることにより，否認される行為を類型的に明らかにしていくという作業こそが必要であることが明らかになるのではなかろうか。

すなわち，単なる理論上の抽象的な議論でなく，取引に即したより具体的な議論の必要性について考えていくべきであろう。そのような議論の積み重ねの上に，租税回避行為の類型化を行い，その延長線上に，租税回避否認の類型化を行うべきであるということになろう。

このように考えていくと，裁判所を悩ますであろう一般的租税回避否認規定導入をめぐる議論が空虚なものであることが明らかになるであろう。法律家たるもの，いついかなる場合においても，具体的な議論から完全に離れてはいけないということであろう。

20a　税研176号 ｜ 存在を否認すべきではない組織　

租税法，特に法人税法の世界においては，法的実体がある場合には否認すべきでない存在がある。例えば，特別目的会社がこれである。これについて，経済的実体がないとか，物的施設を有していないとか，専任の従業員がいないとかを理由として，法人税法132条のような租税回避否認規定を適用することは認められない。

日本の法人税法は，法人税の納税義務をほとんど全面的に法人格の有無を基準として決していることから明らかなように（4条1項・3項，2条3号・4号参照），法人格を重視している。そこから考えると，租税に関する法律の明文の定めなく，法人の存在を無視するような課税は許されない。個人事業者による「法人成り」が許容されているのもそのためである。法人格を用いるか否かは，一にかかって経営判断に委ねられている問題であり，132条のような否認規定によっても法人格を無視した課税が許されるわけではない。

わが国の租税法上は，特定目的会社の存在からも明らかなように，法人に物理的実体（専任の従業員・役員や専用の事業所）があることが，法人が法人として

取り扱われることの要件とは必ずしもされてはいない。したがって，人的・物的要素を欠くという意味で物理的実体がない法人であっても，法的実体がある限りその存在を否定することは許されない。ここでいう法的実体は，法人格が与えられた事業体として適法に設立され，存続しており，法人としての意思決定が法律に定められた当該法人の機関によって適法になされていれば，これを認めることができる。仮に，法人としての活動が，法人から委託を受けた第三者によってなされているとしても，そのこと故に法人の法的実体が失われるということはない。

　ところで，持株会社の中には，その存在それ自体に法的・経済的な意義があり，そこに固有の存在意義が認められるもの（中間持株会社）が存在する。中間持株会社は株主を顧客とする金融仲介サーヴィスを提供しているから，そのような中間持株会社には正当な事業目的がある。中間持株会社を設置することそれ自体に企業経営上有益な固有の意義が認められるのであるから，企業グループにおいて，中間持株会社を設置するかどうか，そしていかなる中間持株会社を設置するか，という問題は，裁量的な経営判断に委ねられるべき問題であり，課税庁が介入すべき事項ではない。なお，中間持株会社たる法人は，株主（＝顧客）の利益をそのまま反映している金融仲介機関（financial intermediary）であるが故に，当該法人自体のメリットというものを観念することはできない。もっとも，全ての法人は株主の利益の最大化のために用いられるという意味においてヴィークル（器）に過ぎず，法人それ自体のメリットなるものは，結局のところ株主のメリットに他ならない点に留意する必要がある。

　したがって，専任の役員や従業員がいないこと，専用の事業所がないことは何ら中間持株会社の法的な実体を否定するべき理由とはならないといえよう。それ故に，企業グループにおいて中間持株会社として設置された法人に専任の役員や従業員がいないからといって，そのことを理由として当該法人の事業目的を否定したり，法人としての実体を否定したりすることはできないのではなかろうか。

21 戦後日本における理論的対立3 | 他の学問分野との関係

(1) はじめに

課税は経済取引を対象としてなされるが故に，租税法は，経済取引に関連する他の様々な学問分野と密接な関係を有している。これは，金子宏名誉教授により指摘されたことであるが，実は租税法を考える際の極めて重要な点である。なぜなら，そこから，両者間に一定の緊張関係・対立関係が生ずる場合があるからである。

今回は，この問題について，私法，経済学，外国法を例に，少し考えてみたい。

(2) 私法との関係

課税は，第一義的に私法により規律される経済取引を対象としてなされるので，租税法と民法等との関係は密接にならざるをえない。

例えば，興銀訴訟（最高裁平成16年12月24日判決）では，銀行の貸付金債権が貸し倒れているか否かが争われたが，貸倒の有無は，基本的に私法上の事実認定に関するものであるから，これを法人税法22条3項の「損失」の解釈で解決しよう（これが課税庁の立場であった）としてもなかなか容易ではないことが，最高裁判決から明らかになった。

また，武富士贈与税事件（最高裁平成23年2月18日判決）では，納税者の住所が国内にあるか否かが基本的な論点であったが，住所については，民法上，客観説によって判断されるので，（課税庁の主張した）課税を逃れる意図があったか否かという主観的な要素は基本的に考慮されなかった。

法人税法68条2項に関しても民法との関連で問題が生ずる。すなわち，公益法人認定法に基づく公益認定を受けていない一般社団法人・一般財団法人のうち，法人税法上の非営利型法人の要件を満たすものについては，「公益法人等」として，収益事業から生じた所得のみが法人税の課税対象となる。しかし，

このような法人が収益事業を行っていない場合も，その法人が受け取る配当や利子については源泉徴収が行われる。そして，このように源泉徴収された所得税は，当該法人が収益事業を行っていない場合，法人税法68条2項による税額控除が認められず，結局，課税が残ることになってしまうというのが課税庁の見解である。

しかしながら，源泉徴収所得税も法人税も，ともに所得に対して課される租税なのであるから，法人税は非課税で，源泉徴収所得税は課税という結果は果たして妥当なのであろうか。疑問が残る。

(3) 経済学との関係

租税法における議論と経済学における議論とがバッティングする例は，税制改革をめぐる具体的な場面においてしばしば見られる。

これは，どちらかが間違っているというわけではなく，主として，学問の性格から生ずるものであると考えられる。すなわち，租税法における議論が，様々な法的制約の中における議論であるのに対して，経済学における議論は，そのような制約を受けない理論上のものである場合が多い。

例えば，一昨年（2017年）の税制改革において，配偶者控除を廃止して（共稼ぎの場合でも適用される）夫婦控除を導入すべきであるという考えが主張された。

しかし，「夫婦は同居し，互いに協力し扶助しなければならない」として扶助義務を定める民法752条の下，片稼ぎの場合，所得を得ている側は稼いでいない配偶者を扶助する法的義務を負い，その所得のかなりの部分を相手に移転する（せざるをえない）ことになるから，そのような移転を行う必要の少ない共稼ぎの場合よりも担税力が落ちると考えることができるかもしれない。すなわち，民法752条の存在を考えれば，配偶者控除にも一定の存在意義はあると考えることも可能なのである。

(4) 外国法との関係

　外国法との関係が課税関係に大きな影響を及ぼすことも少なくない。最近における一つの例としてLPSの扱いの問題がある。

　すなわち、年金基金は、(LPSを法人であると判示した) 最高裁平成27年7月17日判決以前は、その株式投資の対象としていた米国法人がデラウェア州LPSを通じて日本の年金基金に対して支払う配当について、日米租税条約に定められた米国源泉税免除（日米租税条約10条3項(b)）の特典を享受していた。

　しかし、前記最判直後からデラウェア州LPSは日本の租税法上は法人とされることが、アメリカで次第に明らかとなった。その結果、日米租税条約4条6項(e)により、デラウェア州LPSの受け取る配当は、「他方の締約国の租税に関する法令に基づき当該団体の所得として取り扱われるもの」となってしまい、米国法人が日本の年金基金に対して支払う配当には租税条約の特典は適用されず、高率の米国源泉税が課されるようになってしまうのではないかという強い懸念が生じた。すなわち、4条6項(e)は、本来、LLCについて源泉税を課すための規定であったと思われるが、それが、LPSにも適用されてしまう事態が招来されたのである。

　さらに、LPSが日本法上法人であるならば、過去に遡ってデラウェア州LPSは法人であると取り扱うべきであったことになるから、デラウェア州LPSを通じて米国株式に投資していた日本の年金基金は、米国で内国歳入庁から過去に遡って租税条約の特典の適用を否認され、過去に受け取った米国株式の配当についても米国源泉税＋ペナルティを課されるリスクを負うという深刻な事態となった。

　これに対して、日本の当局は、事態の収拾を図って、2017年2月に、"The tax treatment under Japanese law of items of income derived through a U. S. Limited Partnership by Japanese resident partner" と題する英語の文書で、LPSを通じてアメリカ株式に投資する日本の年金基金に対して配当を支払うアメリカ法人はアメリカで源泉徴収義務を負わないという解釈を、ホームページに掲示した[38]。

38　http://www.nta.go.jp/english/tax_information.pdf

21a 税研192号 | 配偶者控除と民法

　所得税や相続税の問題を考える際には，民法の親族法・相続法の定めを前提にした議論が必須である。民法を無視した議論には陥穽があり，租税制度や租税理論の内部に閉じこもった議論のみしていると，大局を見失うおそれがある。実は，最近の配偶者控除をめぐる議論においても，民法の定めを考慮した検討がほとんど行われないのは奇異なことであると，私は常々感じていた。例えば，配偶者控除を廃止して，働き方と無関係の夫婦控除に切り替えるという考え方を仮に採用すると，事実婚とのバランスの問題が出てくることは不可避である（これは基本的に民法で解決すべき問題であるように思われるが）。また，仮に事実婚について夫婦控除を適用するとした場合であっても，その適用を受けられない独身者との間のバランスの問題が残る。憲法24条のみを根拠に，（法律婚であれ，事実婚であれ）婚姻している者をそうでない者に対して優遇すべきであるとは言いにくいであろうから，この問題は本質的なものである。

　これに対して，民法752条の定める扶助義務の存在を前提として考えた場合，民法上の義務の履行として配偶者を扶助する者に対して配偶者控除を認めないことは妥当とは言いにくいように思われる。課税に関して配偶者間の関係を議論する際の出発点は，「夫婦は同居し，互いに協力し扶助しなければならない」と定める民法752条の扶助義務であり，それを念頭においた議論が必須である。平成28年10月25日の第5回税制調査会説明資料（所得税③）（平28.10.25, 総5-1）の8頁で，参考として，民法の条文を掲げた[39]のは，その点を考慮したからである。なお，仮に配偶者控除を廃止したとしても，別途，扶養控除が適用されるだけではないかという問題も存在する（扶養義務についての民法877条，参照）。配偶者控除は不要であるという議論は，扶養控除も不要であるということなのであろうか。あるいは，課税に関しては民法752条も877条も考慮する必要はないということなのであろうか。

　さらに，以下のような問題が残る点に留意する必要がある。

---

[39] http://www.cao.go.jp/zei-cho/gijiroku/zeicho/2016/_icsFiles/afieldfile/2016/10/25/28zen5kai2_1.pdf

① 真の問題は，給与所得控除の最低保障額が高い点と，主たる稼ぎ手が配偶者控除の適用を受けている場合にその対象となっているパート等の者が基礎控除を受けられることであるが，これは政策的な労働慫慂と考えればそれでいいのであろうか。
② 年金保険料の問題は租税制度では解決できない。これも，年金は将来給付の対価であり，租税とは根本的に異なるとして済ませることが可能なのであろうか。
③ 所得税である以上，一定の所得金額から課税されるようになり，かつ，その金額は，全員に平等である必要があり（個人間の調整を所得控除で行うとしても），この「壁」をなくすことは不可能である。特に，配偶者控除の改革により主たる稼ぎ手の配偶者特別控除が拡大されても，その配偶者であるパートで働く者自身の所得税の課税最低限が引き上げられるわけではなかろう。ここには，103万円（当時）の「壁」が残らざるをえない。
④ その他，住民税には非課税限度額の制度が存在するので，扶養控除の対象とならない子供を，主たる稼ぎ手の扶養家族ではなく，その配偶者であるパートで働く者の扶養家族にすれば，当該パートの者の住民税が非課税になる可能性があるという問題も存在する。

したがって，配偶者控除の額を引き上げることにより，パートの主婦の就労調整の問題を解決しようとした，今回の法改正には，意味があったのである。

22 戦後日本における理論的対立4 ｜ 裁判の動き

(1) はじめに

判決の流れというものは，その時々の政治や経済や社会の在り方を，様々なかたちで鋭く反映するものである。この点は，租税訴訟についてもまったく同様であり，それは，見事に戦後の政治・経済・社会の在り方を反映しているといってよかろう。今回は，この点についてごく簡単に振り返ってみよう。

(2) 四つの流れ

日本の戦後における租税訴訟の流れについて鳥瞰図的に観察する時，私は，ごく大まかに，次のような四つの大きなうねりがあるのではないかと考えている。

第一は，租税をめぐる訴訟が，手続法中心の行政法的なものから実体法重視のものへと次第に大きく変貌を遂げるとともに，租税をめぐる訴訟が，政治的な意味合いを持つものから，納税者の経済的な利害を直接的に追求するものへと変わってきたという点である。

第二は，租税をめぐる訴訟において，租税法と私法との関係に関する事件が増え，事実認定や社会通念の重要性がうかがわれるような場合がしばしば見られるようになってきたという点である。

第三は，経済活動の国際化を反映して，国際課税に関する事案が過去と比較した場合に圧倒的に増加したという点である。

第四は，経済学の理論の影響を受けた判決が，少しずつではあるが見られるようになってきたという点である。

以下，これらの点について，順次，簡単に振り返ってみることとする。

(3) 実体法重視と，政治的動機の減少

実体法重視という点をもっともよく象徴するのが，興銀訴訟（最高裁平成16年12月24日判決）なのではないかと思われる。しかし，この事件については，この第二部の第18回で詳しく触れたので，ここでは繰り返さない。もちろん，それ以外にも，租税法自体における実体法重視の流れを反映して，判例においても，租税実体法に関するものが増えてきている。

他方，租税をめぐる訴訟における政治的な動機の減少は，特に，大島訴訟（最高裁大法廷昭和60年3月27日判決）から，興銀訴訟への流れの中に顕著にうかがえるのではなかろうか。大島訴訟は，租税法におけるもっとも重要な判決の一つであると思われるが，しかし，それは，サラリーマンに対する課税が重いという不満を素材としてある種の政治的な立場から提起されたもので，経済

的利益の回復という側面よりも，政治的アピールの方が主要な動機だったのかもしれない（そのために，争われた額そのものは大きなものではなかった）。これに対して，興銀税務訴訟においては，政治的動機は希薄で，もっぱら企業の経済的損失の回復という点が訴訟の主要な動機であったと考えられる。

　その意味で，大島訴訟が租税法の重要性を明らかにしたのに対して，興銀税務訴訟は，ビジネス・ローとしての租税法の重要性を確立したものといえよう。

(4)　租税法における私法重視や，事実認定・社会通念の重視

　この点に関しては，実に様々な判決が存在するが，上の興銀訴訟の他に一つだけ掲げるとするならば，武富士贈与税訴訟（最高裁平成23年2月18日判決）なのではなかろうか。この事件においては，納税者が贈与税の無制限納税義務を負うか否かという判断の前提として納税者が国内に住所を有するか否かという問題が争われ，租税法における住所の概念が民法におけるそれと同じく（納税者の主観とは離れて）客観的に認定されるという点が最高裁により確認された。この事件における課税庁側の主張は，住所の概念の判断に納税者の課税を逃れるという意図が影響を及ぼすというものであったが，そのような点を認めるということは，とりもなおさず，明文の定めなく私法における枠組みを変更するという意味において否認規定なき租税回避否認を認めるということであるから，この判決は，租税回避否認は明文の定めがない場合には認められないということを宣言した判決として捉えることもできよう。

(5)　国際課税をめぐる事案の増加

　さらに，ここ50年ほどの間の租税法における国際化の傾向の急速な進展は，タックス・ヘイブン対策税制や移転価格対策税制が制定されたことや，国際的な課税逃れに対する世界的な対応という流れの中で，不可避なことであったといえよう。最近においては，もっぱらBEPSをめぐる議論が活発に行われているが，その背景には，長い国際租税法の歴史が横たわっている。

　この点で，特に注目されるのは，外国税額控除判決（最高裁平成17年12月19

日判決）とフィルムリース事件（最高裁平成 18 年 1 月 24 日判決）なのではなかろうか。いずれも国際的課税逃れをめぐる事件であるが，数か国をまたぐ複雑なスキームを構築して戦略的に課税を逃れるという納税者の意図を緻密な理論武装の下に課税庁が阻んだ事件として，歴史に残るものといえよう。このような複雑な状態における事実解明に当たった調査官の苦労は相当なものだったのではなかろうか。

(6) 経済理論の影響

包括的所得概念と消費型所得概念の対比等の論点に次いで，経済理論の租税法への本格的な移入が開始されたのは，移転価格における arm's length price の算定をめぐる議論において利益に依拠する方法に関する本格的検討のなされた，1988 年のアメリカの財務省と内国歳入庁の白書（A Study of intercompany pricing）においてであった。また，1990 年代からは，タックス・シェルター商品におけるファイナンス理論の利用が本格的になされるようになった。

しかし，日本の最高裁判決において，これらの経済理論を前提とした明確な議論が行われたのは，生命保険判決（最判平成 22 年 7 月 6 日判決）において，現在価値に関する言及がなされた時であったと考えられる。

(7) ま と め

日本の租税判例は，租税法理論の発展と経済実務の進展に歩調を合わせ，順調に発展してきた。そして，判決の積み重ねの上に，健全な判例法が形成されてきた。そのようにして形成されてきた判例法は，一国の法文化を象徴する政治的，経済的，社会的，文化的財産であると考えることができよう。

22a 税研161号 ｜ 金銭債権としての租税債権と，私法的な納税者の救済

国は法律により設立されたものでもなく，登記もされていないが，法人格を

有していると考えられる。それ故に，国は私法上の権利義務の主体となることができる。国に対する民法の適用を宣言したのは，大正5年6月1日の，徳島小学校遊動円木事件における大審院判決であり，国の財産管理活動について，私人による国に対する不法行為に基づく損害賠償請求が認められた。

このことは，実は，租税法においても重要な意味を有する。なぜならば，租税債権（納税義務）は金銭債権であり，金銭債権の定義は，租税法律のどこにも存在しないので，終局的には民法に依存することになるからである。それ故に，租税債権（納税義務）をめぐる法律関係を，公法的修正はあるものの，基本的に民法に依拠したものとして考えることが許されよう。国税徴収法が民法の債権総論と密接な関係を有するのも，租税債権（納税義務）が金銭債権だからである。課税処分が無効な場合には，誤納金について不当利得返還請求が認められているし，かつて通常の更正の請求の期間が1年間であった頃，その期間制限徒過後に嘆願書提出により減額更正処分がなされることがあったのも，そもそも，不当利得状態が存在するからであると考えられる。

そのように考えた場合に，租税について，行政法的手続法的見方と私法的実体法的見方を対比させることができるかもしれない。前者は，国と納税者の関係を垂直的なものと考えて，納税者の手続的保護を考える立場であり，後者は，国と納税者の関係を水平的なものと考えて，租税債権（納税義務）について民事訴訟により納税者を救済しようとする立場である。いずれも重要であるが，本筋はあくまでも後者なのではなかろうか。租税法を実体法中心に体系化する考え方は，この後者の考え方と調和的である。

ここで注目すべきは，違法課税処分についての国家賠償請求に関する最高裁平成22年6月3日判決である。この判決は，固定資産税の違法な処分につき，処分の取消なしに国賠請求が可能であるとして，「たとい固定資産の価格の決定及びこれに基づく固定資産税等の賦課決定に無効事由が認められない場合であっても，公務員が納税者に対する職務上の法的義務に違背して当該固定資産の価格ないし固定資産税等の税額を過大に決定したときは，これによって損害を被った当該納税者は，地方税法432条1項本文に基づく審査の申出及び同法434条1項に基づく取消訴訟等の手続を経るまでもなく，国家賠償請求を行い得るものと解すべきである」と判示した。

今，違法な課税処分が行われた場合を考えてみると，そこには処分権者の過失が認定される場合は少なくないであろう。そうであるとすると，この最高裁判決に従えば，処分の取消を求めることなく，直接に国家賠償請求を求める道が開けるかもしれない。そうであるならば，不当利得返還請求を認めることも不可能ではないかもしれない。そして，このように実体法的に納税者救済を考える立場も，租税債権（納税義務）に関して私法的実体法的見方に立つならば，あながち不自然ともいいきれないのである。要するに，租税手続法のみで納税者救済を考える考え方は偏頗的であり，むしろ，民事訴訟を通じた実体法的納税者救済を考えるべき時代が来ているのかもしれない。

23 戦後日本における理論的対立5 │ 残された問題点

(1) はじめに

　戦後日本における租税制度をめぐる議論においては，理論と実務の対立，及び，専門分野間の対立，という主要な二つの対立軸が存在し，議論の混乱を招いていたように思われる。今回は，この，多少デリケートな点について簡単に触れたい。

(2) 理論と実務の対立

　理論を重んずる論者と実務を重んずる論者の間で，制度運用や制度改正をめぐって深刻な対立が引き起こされることはまれではない。よって立つ立場が異なるのであるから，このこと自体は別に驚くべきことではない。したがって，ここで，この点について，あれこれと述べても仕方がないのであろうが，あえて一言だけ述べておくと，要するに，「**実務から乖離した理論は空虚**であり，**理論を無視した実務は危険である**」ということなのではなかろうか。いずれも重要なことは当然のことなのであり，後は具体的な場合においていずれをどの程度強調するかという点にすぎないのではなかろうか。

いずれにせよ，この対立は，どちらも租税制度運用の専門家同士のものであるから，立場の差はあるにせよ，少なくとも，誤解の程度はそれほど激しいものではない。むしろ，より深刻なのは，次の(3)で述べる，専門分野を異にする専門家同士の対立である。

(3) アプローチによる専門家の分断

租税や租税制度に関する専門学問分野としては，例えば，法律学，経済学，会計学，ファイナンス等が挙げられる。これらのうち，法律学においても，経済学においても，会計学においても，ファイナンスにおいても，それぞれの分野における租税に関連する部分は，必ずしもそれぞれの領域の理論構築におけるメイン・ストリームではないかもしれない。しかし，その実際的重要性においては，租税に関連する部分がかなりの地位を占めるのではなかろうか。

このようなことをいうのが適切かどうかわからないが，法律学の主流とはいえない租税法と，経済学の主流でないかもしれない公共経済学と，会計学の主流でないかもしれない税務会計と，ファイナンス理論の主流でないかもしれないタックス関連分野が，お互いに相手を牽制し合っても，あまり意味がないように思えてならない。それよりも，租税という現代社会において極めて重要な機能を果たしている存在に関連する専門分野ということで，むしろ，他の分野と共同して発展を考えていく方が，どれだけ実り多いかわからない。

(4) 無用の混乱を避けるために

専門分野ごとに方法論が異なるために，無用の混乱が生ずることは，実際にまれではない。研究者は，自らの専門分野を愛するあまり，ときどき視野狭窄に陥ることがないとはいえない。

実は，最近，ある雑誌の編集会議で，私が担当する特集号のテーマとして租税法と関連法分野を取り上げようと考え，その理由説明として，「一昨年の配偶者控除改正をめぐる議論において，夫婦の相互扶助義務を定める民法752条の存在が忘れられており，租税法律の中身に関してのみ焦点があてられたが，

財産権の基本についての議論を無視するような傾向は望ましくないので，租税法と関連法分野の関係について取り上げたい」と申し上げた。すると，ある経済学者の方から，経済学というのは深遠で基本的な学問であり，そのような些末な点について批判されるいわれはないという，かなり強いコメントがなされた。確かにそのとおりなのだと思う。私自身，経済学にかなり傾斜した，「法と経済学」の法律学者なので，経済学の重要性は十分に認識していると思っている。しかし，その時の私は，経済学についてではなく，租税法の専門家が民法を無視して税制改正を議論している点を取り上げて，それでは困るということを申し上げたのであり，経済学には何ら言及していなかったので，まさか経済学者の方からのそのように批判されることがあろうとは思わず，かなり戸惑ったのである。もちろん，自分の発言が不十分なものであった点について丁寧にお詫びを申し上げたことは言うまでもない。

しかし，このあたりのところに，自らの専門分野に閉じこもりがちな研究者の傾向が表れているような気もして，少し残念であると感じると同時に，反省もした。もちろん，現実の学問においては専門分化が進んでいるのであるから，その点を無視することはできない。しかし，国民の実生活に大きな影響を及ぼす税制改革に関しては，様々な専門分野を総動員して多面的な議論を行う必要があるのであり，そのような場合には，一つの専門分野において望ましいことが，他の専門分野において受け入れられないこともあることを，私達は理解した方がいいように思われる。

(5) 一つの指針

そのような点に関して先進的であったのが，シャウプ使節団であった。この使節団のメンバーには，経済学者，法律学者，実務家がおり，それらの方々の総合的な判断に基づいて，シャウプ勧告が作成されたという点を，私達は忘れてはならないであろう。

また，シャウプ使節団のメンバーの一人であったスタンリー・サリー教授は，ハーバード大学ロースクールで，租税政策を大胆に取り込んだ租税法の授業を行って，多くの学生を魅了した。私は，直接にサリー教授のお教えを受けるこ

とができなかったが，それでも，そのお考えの強い影響を受けて，現在に至っている。

租税に関する学問が多方面の分野に及ぶものであるという点を直視し，可能な限り総合的な視点からものごとを考えていくことの必要性を，現在も痛感している。

23a 税研142号　相続税廃止論者が見落としていること

相続税に対する一部の納税者の反感は根強い。そのためか，相続税支払を避けるために，非居住者が国外財産を相続しても一定の場合に相続税を課されないという点を利用しようとして，住所を海外に移し，財産を国外に持ち出す動きが後を絶たないようである。そのような人たちに対して，相続税廃止論を唱えれば，さぞかし拍手喝采を受けることであろう。現に，オーストラリアその他の諸外国で相続税が廃止されており，アメリカにおいても，2010年に連邦遺産税を廃止することになっていた（ただし，2011年以降については，今後議論することとされていたが，結局，現在も連邦遺産税は存在する）点を強調して，日本においても同様の議論が唱えられ始めるのではなかろうか。しかし，相続税を廃止すると，本当に，相続や贈与の際の課税はなくなるのであろうか。

包括的所得概念の理論によれば，相続や贈与により取得した財産は所得となる。そこで，相続税・贈与税との二重課税を回避するために，所得税法9条1項15号は，「相続，遺贈又は個人からの贈与により取得するもの」をわざわざ非課税としている。したがって，当然の帰結として，相続税・贈与税を廃止すれば，この所得税の非課税規定も廃止され，相続・贈与の際には所得税が課税されることになろう。それは，また，相続税の取得課税方式への移行とも親和的であるといえよう。

ただ，そのように相続・贈与に際して所得税を課税すると，相続・贈与に際して移転した財産について取得価額が切り上がることになるであろうから，帳簿価額の引き継がれる現行制度と異なり，相続・贈与税と（財産を将来譲渡する際の）譲渡所得税の二重の課税は回避されることになり，その限りで納税者に

は有利な結果がもたらされる。なお，アメリカにおいては，2010年に連邦遺産税が一時的に廃止される際に，これまで相続財産については被相続人に対する所得課税なしに取得価額が相続時の時価に切り上がるとされていたのが改められ，被相続人の取得価額が引き継がれる（その結果，相続した財産を将来譲渡した際の譲渡所得税が増える）こととされるために，連邦政府の税収は基本的には減少しなかった。

　海外移住と財産の国外移転を組み合わせた相続税逃れの動きに対して，国側も様々な対策を講じている。海外に住所があると主張する者に対して，日本の居住者であるとして課税処分をうつという方向の対応がすでに広範囲に見られる。ただ，国民に憲法上，居住移転の自由が認められている以上，このような対応には自ずから限界がある。そこで，最近，一部で注目されていたのが，相続税法10条の改正である。すなわち，相続人の居住国がどこであれ，相続財産が国内財産であれば，日本の相続税が課税されるので，株式が国内財産であるか否かを判定する際に，たとえ外国法人の株式であっても，当該外国法人の保有資産の大部分が日本の国内資産（日本の不動産や日本法人の株式）である場合には，当該外国法人の株式を国内財産とするという改正を行えば，多くの場合に，海外移転による相続税逃れは困難となる。一つの考えであろう。

五　ま　と　め

24 ｜ま　と　め

(1)　はじめに

　この租税史回廊の第一部に続いて，この，第二部が，今回最終回を迎えた。執筆を開始した当初は，このように長いものになろうとは思ってもみなかったが，今になって振り返ってみると，本当にあっという間であった。
　当初は，単に，古い時代の出来事について，いわば趣味的に掘り起こしてみたいというのが，租税史回廊第一部の執筆動機であった。しかし，次第に，過去の出来事が現代に及ぼす深刻な影響について考えることに関心が向き，第二部を執筆することとなって現在に至った。現代のあらゆる現象が，過去の出来事の延長線上にあるということを，今さらながらに実感したからであった。

(2)　歴史学の厳格さ

　もちろん，歴史を振り返ることと歴史学とは，まったく別のものである点に留意しなければならないことはいうまでもない。
　学問的な意味における歴史研究は，いわゆる「歴史学研究法 (historical method)」に基づいて対象とする時代等に書かれた史料等を批判的に分析する極めて厳密な学問であり，私のような素人が関わることなど到底思いもよらぬような深遠な分野である。しかし，だからといって，そのような方法論を身に付けた歴史学者以外は過去の出来事について一切言及してはならないということも，必ずしもないように思われる。
　ものごとの来し方を振り返り，今後のことを構想すること自体は，あらゆる分野において必要と思われるからである。

(3) 歴史探求の必要性

　いずれにせよ、どのようなことを専門とする人間であっても、プロフェッショナルである以上、一定程度は過去の出来事を振り返ることの重要性を心に留めておく必要があるのではなかろうか。以下、少し長くなるが、一つの例として、私の好きな会計学において、我々が日常的に用いかつ我々にとって極めて重要な意味を有する「会計」という言葉を例に、過去を振り返ることの重要性について考えてみたい。

　「会計」という言葉は、現在、主に企業会計を意味するものとして用いられている。しかし、この語は、大日本国憲法においては国の「財政」を意味するものであったという点は、あまり認識されていないのではなかろうか。何よりの証拠に、「会計」と題する大日本帝国憲法第6章（62条乃至72条）には、企業会計とは無関係の、日本国憲法にいう「財政」に関連する定めが置かれていた。また、戦後制定ものであるが、国の収入、支出、契約等に関して定めた法律である「会計法」（昭和22年法律35号）も、企業会計に関する法律ではない。

　すると、例えば、現在「公会計」という用語が国の「会計」について用いられていることに疑問が生ずるかもしれない。仮に、「会計」という言葉が、大日本帝国憲法におけるように国の財政を意味するものであるとすれば、それにさらに「公」をつけることは、「隣の隣人」というような一種の同義反復（？）となるからである。これは、要するに、「会計」という用語の大日本帝国憲法における使用例を必ずしも十分に考えず（？）に、それを単純に企業会計の意味に理解し、国についても（複式簿記等の）企業会計類似の方式を導入するために「公会計」という用語が用いられているということであろうか。

　「会計学」という用語について、黒田全紀「日本における会計学の伝統──一試論」国際会計研究学会年報2011年度第2号93頁、96頁によれば、「20世紀初頭まで日本の教育機関では、この科目はいつも『簿記』と呼ばれるのが通例でした。1911年になって初めて『会計学』が神戸高商で東〔爽五郎〕の講じるところとなりました。東京高商研究科がこれに続きました。……1917年、有力な会計学教授……が発起して、『日本会計学会』が創立されました。」とされている。

では，何故に，大日本帝国憲法発布後に，憲法の定めにかかわらず，企業会計について「会計学」という用語が用いられたのであろうか。その背景には，おそらく，「会計」という用語が，国であると企業であるとを問わず使用されていたという点があったのかもしれないが，不明である。

　このように考えてくると，会計学や公認会計士という場合に，何故に「会計」という，大日本帝国憲法において国家財政を意味する用語が用いられるようになったかという経緯について，専門家による詳しい研究を期待したい気持ちが強く生じてくる。そこには，何らかの理由があったのかもしれず，このような点について過去を振り返りながら調べてみることは無駄ではなく，意味のある作業であろう。

(4) 租税法について

　話が横道にそれてしまったが，上の「会計」と同じようなことは，租税法の分野でも様々なかたちで見られるのではなかろうか。そのこととの関連で，現在感じていることについて，ほんの少し述べておこう。

　例えば，今の若い方々に，かつての日本においては，預貯金利子が広範囲に非課税であった点や，有価証券譲渡益が原則として非課税であった点について話をしても，なかなか実感をもって理解してはいただけないのではなかろうか。

　同様に，租税をめぐる裁判についても，現在は租税実体法に関するものが多いが，かつては手続法中心であった。また，租税事件における裁判所の活動も今ほど広範なものではなかった。

　これは，突き詰めれば，課税要件の中身について，法的に議論しようという傾向が時代とともに強くなってきたことを意味するといえよう。税額の算定という法律問題について法的解決がなされることは当然のように思われるが，そのようなことが当然のことになった背景には，先人の弛みない努力があったことをわすれてはならないであろう。

(5) ま　と　め

　一国の制度は，どのようなものであれ，一歩ずつ，弛みない努力の積み重ねの結果として達成されたものである。その意味で，歴史に思いを至すことは，日々の努力の重要性を心に刻むことに外ならない。

一　制度の効率性と租税
（論究ジュリスト 10 号 84-91 頁，2014 年夏号）

はじめに

　数学は論理の体系である。数式それ自体が重要なわけではなく，様々な抽象的概念について，数式その他の道具を用いて展開される論理の体系こそが重要である。それは，我々を取り巻く世界を理解する際に有用な隠されたパターンを指し示してくれる（The Nature of Mathematics.）[1]。本稿においては直接に数学を用いるわけではないが，論理的な思考に裏打ちされた歴史的研究の成果（歴史を理解する際に有用な隠されたパターン）の租税法への導入可能性について検討を加えることとしたい。

　効率的な租税制度を如何に確立するかは，租税法研究者の重要な研究テーマの一つである。ここで留意しなければならないのは，一定の条件下である制度が効率的であることと，その制度が長期的に経済発展に資することは，必ずしも同一ではないという点である。本論文においては，所得税と消費税のいずれが効率的であるかといった議論から離れて，租税制度や租税行政システムそれ自体が如何にして一国の長期的な経済発展に影響を及ぼすかという，制度それ自体の効率性について，新制度派経済学の観点から多少の検討を加えることとしたい。

---

[1] デューク大学の学生向けのハンドブックにおける数学の解説（https://services.math.duke.edu/undergraduate/Handbook96_97/node5.html）。ある数学の入門書の宣伝文句には，"For more than two thousand years a familiarity with mathematics has been regarded as an indispensable part of the intellectual equipment of every cultured person." と述べられている（Richard Courant, Herbert Robbins, Ian Stewart, What Is Mathematics? An Elementary Approach to Ideas and Methods, Oxford University Press; 2 edition (July 18, 1996) に関する Book description（http://www.amazon.com/Mathematics-Elementary-Approach-Ideas-Methods/dp/0195105192））。

ここで考えなければならないのは歴史である。ミクロ経済学が前提とするように，人間が合理的に行動するのならば，なぜ，もっと大昔に市場経済メカニズムに基礎を置く資本主義経済体制が確立されなかったのかという問題設定は，かなり重要である。そして，この問題に答えるためには，経済制度の歴史的発展を考察する必要がある。すなわち，史記の貨殖列伝に古代中国の様々な商人の活動が記されているように，はるか昔から市場経済メカニズムは存在したのであるが，何らかの要因でその機能が十分に発揮されていなかったのである。この点に関して，租税制度を念頭に検討を加えることとしたい。

1 課税と私法──経済分析の出発点

課税の対象である経済取引についてはミクロ経済分析ができるし，租税制度そのものについても公共経済学的な分析ができるが，公共経済学的な分析には，公的特殊性が常につきまとう。

租税制度そのものをミクロ経済的に分析するには，租税債権（納税義務）が金銭債権であり，本質においては私債権と基本的に異なるところはないという事実から出発することが必要ではないか。そして，租税債権の私法的構成について理解するためには，歴史的分析が必要ではないか。このような観点から，租税債権の歴史的検討を目指したのが，「**主権国家の成立と課税権の変容**」（金子宏・中里実・マーク＝ラムザイヤー編『**租税法と市場**』所収）であり，そこにおいては，主権概念なき時代の私法的・財産権的性格を色濃く有する中世領主権（とそれに基づく課税権）が変質し，絶対主義への移行と主権概念の成立に伴い公法的な課税権が成立したが，それにもかかわらず，依然として課税には私法的性格が残っている点について分析した。すなわち，主権概念成立前の中世の課税は，領邦領主の土地所有権に根差す私法的なもの（財産権の延長）で，身分制議会の課税承認権も贈与契約を擬制したものであった。ところが，主権概念の成立を受けた絶対主義の時代の課税制度[2]は極めて強権性の強いものとなった，

---

2 マルクス主義歴史学においては，それは従来の feudal rent が中央集権化されただけの centralized feudal rent として理解されている。

しかし，それに対して，名誉革命における財政民主主義の確立後においては，主権概念は残ったものの，租税法律主義という契約を擬制した中世課税承認権の復権をうかがわせる原則により，依然として，租税債権に私法的性格は残っていると考えられる，というのがこの論文の要旨である。

この論文に対するマーク・ラムザイヤー教授のコメントは，そのような学説史よりも，さらに明確な経済学的な説明が必要なのではないかというものであった。そこで，ここでは，新制度派経済学（new institutional economics）を用いて経済史を分析することにより，そのような説明の第一歩としたい。

2 | 制度の在り方と経済成長

経済学における制度分析においては，価格理論から脱却した新制度派経済学という新しい経済学に基づき，財産権や法制度やルールの在り方についての分析がなされる。その出発点は，国とは institution の束であり，制度の在り方が経済成長に影響を及ぼすというものである。

制度それ自体に正面から迫る新制度派経済学は，政治体制，法制度，財産権制度，紛争解決制度等のみならず，規範意識や治安の在り方等を分析の対象とするものであるが，特に，公的部門の在り方が経済に及ぼす影響について，歴史分析や比較制度分析を行う場合に有用である[3]。ただし，それは，経済発展した国々（英米）の制度は効率的であるという礼賛に終わってしまう可能性もある[4]という点で，現状追随に陥りやすいという欠点を抱えているようにも見える。すなわち，新制度派経済学と経路依存性を複合させると，西欧は制度が効率的であったから発展したが，そうではない他の地域においては同様の発展は困難であるという，一種の決定論に陥ってしまう可能性がなくはない。

---

3 参照，内田成「比較経済体制論─制度主義的視点からの展望」川口短大紀要25巻17-32頁，2011。
4 中里実「法制度の効率性とソフトロー」相澤英孝・大渕哲也・小泉直樹・田村善之編『知的財産法の理論と現代的課題　中山信弘先生還暦記念論文集』555頁-579頁，2005。

ただ，新制度派経済学は，過度に図式化されたマルクス主義における制度分析と異なり，どのような制度の在り方がいいか，あるいは，ある国がどのように発展するかは一概にはいえないとする点で，より柔軟である。

3 新制度派経済学とは何か

(1) 新制度派経済学

　新古典派経済学が市場における企業や家計の行動の分析を行い，その他の法制度等は全て与件としていたのに対して，新制度派経済学は，従来は与件とされていた制度に着目して，その効率性について正面から論じようとする点で画期的なものであった。そこにおいては，フォーマルな法制度のみならずインフォーマルな制度をも含めた制度の在り方が経済発展に大きな影響を与えるとの考え方に立ち，制度は一種の無形資産でありそれへの投資が将来キャッシュ・フローを増加させるとされる。制度の中身としては，法制度そのものの他にも，インフォーマルな社会規範その他や，人々のメンタリティーの在り方をも含む。

　その代表的論者は，ダグラス・ノース（Douglass C. North）で，後述のように，名誉革命等の分析（王権の弱かったイギリスと，王権の強かったスペインを比較して，前者の方が市場経済との親和性が高く経済発展が導かれたとする）で1993年にノーベル経済学賞を受賞した経済史家である。

(2) 新制度派経済学と経済発展

　制度は無形資産の一種である[5]からこそ，制度の在り方は，経済発展に影響を及ぼすことになる。そもそも，過去と現在の投資が将来キャッシュ・フローを増大させるというのが，資産の本質である。それ故に，制度への投資を，そのもたらす将来リターンとの関係で考えれば，制度を無形資産の一種であるととらえることは自然なことであり，途上国経済における法制度整備等を，無形

資産としての制度への投資と理解することは，途上国の様々な問題解決に資するものとなろう。中国において新制度派経済学がもてはやされているのも，そのような理由に基づくといえよう。

制度の経済発展への影響の及ぼし方には国ごとに差異があるが，これは，経路依存性（path dependence）の問題である。すなわち，制度や，組織のガバナンスへの投資は，関係依存的な投資（relation-specific investment）故に，慣性を持つ（一度ある方向に踏み出すと，投資の振替えには時間がかかるので，それが継続される）のである。

(3) 制度への投資と経済発展の日本における例

資産としての制度という考え方に立って，制度への投資が将来キャッシュ・フローを生み出すという視点から日本の歴史を振り返ると，例えば，江戸時代における寺子屋を通じた教育投資の効果を挙げることができよう。しかし，特に強調すべきは，以下の4においても再述するが，やはり，明治維新による多方面に及ぶ国家改造なのではなかろうか。我妻栄による大日本帝国憲法の評価[6]や，Henry Rosovskyによる地租改正の分析[7]は，このような制度整備を積極的に評価するものである。

明治維新と並ぶのが，財閥解体や，農地解放や，シャウプ勧告に代表される戦後改革であり，また，高度経済成長期における，IS-LM曲線的な，easy money austere fiscal policy（金融緩和と，政府支出を控えめにする財政政策）の財政・金融政策であろう。

5　Rudi K. F. Bresser and Klemens Millonig, Institutional Capital: Competitive Advantage in Light of the New Institutionalism in Organization Theory, 55 Schmalenbach Business Review, pp. 220-241, 2003. また，R. H. Bates, The New Institutionalism, The Work of Douglas North は，"To create an institution is to invest; to destroy one is to extinguish future possibilities. Institutions, we learn, are a form of capital." と述べている（http://scholar.harvard.edu/rbates/publications/new-institutionalism-work-douglas-north）。

6　我妻栄「法学概論」1974年，は，大日本帝国憲法と日本国憲法を，明治以降の日本の法制度における二つの重大な出来事ととらえ，同書を執筆している。

7　後注28参照。

第三部　関連論文

4 │ 新制度派経済学による歴史研究

(1) 新制度派経済学と歴史

ノースによれば，新制度派経済学においては，institution[8]の在り方が経済発展に影響を及ぼす。これには，informal constraints (social norms, social capital, sanctions, taboos, customs, traditions, and codes of conduct 等) と，formal rules (憲法，法律，財産権制度等) の二種類がある。また，organization[9]のガバナンスの在り方も経済的パフォーマンスに影響を及ぼす[10]。これにも，政府のガバナンスの在り方 (政府と個人の関係) と，企業のガバナンスの在り方 (企業と株主の関係) の二種類がある[11]。ノースは，以下のように述べて，制度と組織の相互作用に着目する[12]。

"It is the interaction between institutions and organizations that shapes the institutional evolution of an economy. If institutions are the rules of the game, organizations and their entrepreneurs are the players."

人々の思考構造 (belief structures) は，制度を通じて，社会及び経済の構造に反

---

[8] ノースのノーベル賞受賞スピーチ (North's 1993 Nobel Prize speech (economic sciences in memory of Alfred Nobel)) によれば，"Institutions are the humanly devised constraints that structure human interaction. They are made up of formal constraints (rules, laws, constitutions), informal constraints (norms of behavior, conventions, and self imposed codes of conduct), and their enforcement characteristics. Together they define the incentive structure of societies and specifically economies." と述べられている (http://www.nobelprize.org/nobel_prizes/economic-sciences/laureates/1993/north-lecture.html)。すなわち，制度とは，ゲームのルールのようなものである。

[9] 同じく，ノースのノーベル賞受賞スピーチによれば，"Organizations are made up of groups of individuals bound together by some common purpose to achieve certain objectives." と述べられている。

[10] 制度も，組織のガバナンスも，一種の無形資産であり，経済的なパフォーマンスに影響を及ぼす (すなわち，institution や organization form に対する投資が，将来のリターンを生み出す)。

[11] 個人の内部の，自らの行動方針としての自己ガバナンスを加えてもいいかもしれない。

[12] 前掲の，ノースのノーベル賞受賞スピーチ。

映されることになるが故に，精神構造と制度の間には密接な関係がある[13]。そのような精神構造と制度の間の相互作用の変化のプロセスが，歴史ということになるのであろう。

かつての経済史における制度分析においては，仮説は提示されているが，十分な実証はなかった。そこにおいては，もっぱら，学説史的分析が行われ，ある現象についてどのような考え方が存在するかについての記述が中心であったように思われる。法律学の学説史においても，そのような傾向が強かったといえよう。いずれにせよ，実証がなされなければ，どうしてそうであったかについての分析は不十分にしか行われないであろう。これに対して，新制度派経済学においては，どうしてそうであったかを分析するとともに，実証も行う。

ノースは，制度と歴史の関係について，以下のように述べている[14]。すなわち，制度とは，政治的・経済的・社会的な人間の相互作用を枠付けるところの，人間により構築された制約であり (Institutions are the humanly devised constraints that structure political, economic and social interaction.)，人類の歴史を通じて，制度は，秩序をもたらす一方で不確実性を減少させるべく人間により作り出されてきた (Throughout history, institutions have been devised by human beings to create order and reduce uncertainty in exchange.)。他の経済的な制約条件と同様に，制度は，人々の選択肢を決定し，それ故に，取引及び製造費用や，経済活動に従事することの収益性や実現可能性を決定してきた (Together with the standard constraints of economics they define the choice set and therefore determine transaction and production costs and hence the profitability and feasibility of engaging in economic activity.)。制度は，過去を現在及び未来へと繋ぎながら発展していく。歴史とは，その結果，制度の発展の物語 (a story of institutional evolution) としてとらえることが可能であり，歴史における経済的成果は連続的な物語の中の一部としてのみ理解されうるものとなる。制度は，経済のインセンティブの構造を提供し，その構造が発展するにつれて，制度は，経済の変化が，成長，停滞，交代のいずれに方向付けられるかを決定する。

このように，ノースは，歴史とは institutional evolution であるとし[15]，制度の発展により経済史を説明しようとする。なお，ノースは，新古典派経済学では

13　前掲の，ノースのノーベル賞受賞スピーチ。
14　Douglass C. North, Institutions, 5 Journal of Economic Perspectives, pp. 97-112, 1991.

十分に説明できない経済的制度の例として，中世の荘園[16] を挙げている[17]。しかしながら，新制度派の分析は，新古典派の理論の拡張であると考える考え方も存在する[18]。

(2) ノース等の名誉革命の研究

ノースは，新制度派経済学の理論を用いて歴史の研究を行い，制度の変化という観点から，経済史研究に新境地を開いた。その中でも特に重要なのが，ノースとワインガストが共同で行った名誉革命の研究である[19]。それによれば，名誉革命によって成立した国家制度の下において，国王や議会という権力者が

---

15 "History in consequence is largely a story of institutional evolution in which the historical performance of economics can only be understood as a part of a sequential story." (Douglas North, "Institutions", 5 Journal of Economic Perspective 97, 1991). また，cf. Javier Aranzadi, The Social Role of the Firm: The Aristotelian Acting Person Approach, in Gregory P Prastacos, Fuming Wang, Klas Eric Soderquist, eds., Leadership through the Classics: Learning Management and Leadership from Ancient East and West Philosophy, 221-236, 2012.

16 これについて，ある書物は，次のように述べている（Gerald Handel, Social Welfare in Western Society p. 31, 2009.）。
　「中世における基本的な居住形態であると同時に基本的な経済的制度（economic institution）であったのは，荘園である。」
　「小規模の地主は，保護の必要を感じて，その土地をより強力な地主に差出し，代わりに，保護と，当該土地から生活の糧を得る権利を手に入れた（原著注，Marc Bloch, Feudal Society, Vol. I: The Growth of Ties of Dependence, trans. L. A. Manyon, p. 61, 1964.）。」
　「荘園を経済的組織の基本単位へと導いた中世における安全の欠如は，また，封建制度として知られることになる政治的社会的組織をもたらした。」

17 Douglas North, Institutions, Institutional Change and Economic Performance p. 11, 1990 は，次のように述べている。
　"[neoclassical economics] does not provide much insight into such organizations as the medieval manor…. Not only does itnot characterize these organizations' processes very well, it does not explain the persistence for millenia of what appear to be very inefficient forms of exchange."

18 Norman Schofield and Gonzalo Caballero, Political Economy of Institutions, Democracy and Voting, p. 140, 2011.

19 Douglass C. North and Barry Weingast, Constitution and Commitment: The Evolution of Institutional Governing Public Choice in Seventeenth-Century England, 49-4 The Journal of Economic History, pp. 803-832, 1989.

恣意的に国民の財産や権利を侵害しないようにするという憲法秩序が打ち立てられることにより，その後の経済発展が実現された。すなわち，名誉革命後の新たな制度の下において権力の濫用が抑えられることにより，国民に対して，政府は財産権の尊重について信頼できるかたちでコミットできる[20]ようになった（the new institutions allowed the government to commit credibly to upholding property rights）結果として，資本市場が活発なものとなり，経済発展が可能となったというのである。このような経済理論を用いた歴史の研究は，大きな影響を及ぼすものとなり，前述のように，ノースはノーベル経済学賞を受賞している。

5 ｜ 新制度派経済学と租税制度

(1) 租税制度と経済発展

　制度の中でも，経済成長との関係でかなり重要な地位を占めると思われるのが，国の財政制度[21]・租税制度である[22]。財政制度・租税制度と財産権の間には密接な関係がある。租税制度の研究においては，institutionとgovernanceの観点を租税概念に応用して，新制度派経済学の視点からより理論的に検討することが必要である。

　例えば，財政の概念や，租税法律主義の理論を実質的に確立したのも名誉革命であると考えられるが，そのことにより，以後のイギリスの経済発展の基礎が確立された。また，フランスにおいても，絶対主義[23]の下においては不十分であった課税等に際しての財産権の保障がフランス革命により行われるように

20　Cf. Douglass C. North, Institutions and Credible Commitment, 149-1 Journal of institutional and Theoretical Economics, pp. 11-23, 1993.

21　cf. Katia Béguin, Financer la guerre au XVIIe siècle. La dette publique et les rentiers de l'absolutisme, Seyssel, Champ Vallon, 2012; Philip T. Hoffman, Gilles Postel-Vinay et Jean-Laurent Rosenthal, Des marchés sans prix: une économie politique du crédit à Paris, 1660-1870, 2001.

22　cf. Jean-Laurent Rosenthal and R. Bin Wong, Before and Beyond Divergence: The Politics of Economic Change in China and Europe, 2010. 特に，Chapter 6: Autocrats, War, Taxes, and Public Goods.

なった[24]点は，同革命が課税上の不平等を一つの重要な理由として起こったことからもうかがえよう。

すなわち，新制度派経済学的な分析を行う際には，institution としての財産権や主権のみならず，財政制度・租税制度にも目配りした上で，それらの間の相互関係を考えるという視点が重要である。その上で，例えば，租税制度をめぐる権力対立が経済成長に及ぼした影響に関する英仏比較といったことを研究する必要があるといえよう。

(2) Greif による制度分析

最近における，新制度派経済学の視点からの制度の分析として注目すべきなのは，Avner Greif の研究[25]である。まず，彼は，この論文の冒頭において，以下のように説いている。

- 市場は制度に依存しており，市場を通じた交換は，市場の発展により形成されてきたところの，以下の二つの制度的な柱に依存している。そして，新制度派経済学における研究は，第一の柱である**契約を強制する制度**（contract-enforcement institutions, CEI）に依存しており，それが，個人がその契約上の義務にコミットしうる取引の範囲を決定する。しかしながら，市場においては，また，権力（coercive power）を有する者が他者の財産権を侵害することを制限する制度が必要である。この第二の柱である，**権力を制限する制度**（coercion-constraining institutions, CCI）は，そもそ

---

23 Jean-Laurent Rosenthal, The Political Economy of Absolutism Reconsidered, in Robert H. Bates, Avner Greif, Margaret Levi, and Jean-Laurent Rosenthal ed., Analytic Narratives, pp. 64-108, 1998.
24 cf. Jean-Laurent Rosenthal, The Fruits of Revolution: Property Rights, Litigation and French Agriculture, 1700-1860, 2009.
25 Avner Greif, Commitment, Coercion, and Markets: The Nature and Dynamics of Institutions Supporting Exchange, in the Handbook Of New Institutional Economics, edited by C. Ménard and M. M. Shirley, pp. 727-88, 2005. また，cf. Avner Greif's, Institutions and the Path to the Modern Economy: Lessons from Medieval Trade Cambridge University Press, 2006.

も個人がその財を市場に持ち込むか否かという判断（権力者が財産権を収奪するのであれば，個人はその財を市場に持ち込まない）に影響を与える。

- これらの二つの市場を支える制度 (market-supporting institutions) の果たす役割とその市場に及ぼす効果，及び，市場を支える制度と政治的制度の間の関係についての検討が重要である。政治的制度は，集団的意思決定，政治的権利，及び，権力の正当な行使に関するものである。この論文は，理論的にも歴史的にも，自由な政治制度が必ずしも市場へとつながるわけでもなければ，市場が自由な政治制度をもたらすわけでもないと結論付ける。すなわち，市場と政治制度は，契約を強制する制度と権力を制限する制度の相互作用を通じて，同時並行的に発展していくものなのである。

彼は，さらに，以下のように説く。すなわち，ここにいう契約を強制する制度 (CEI) とは，契約の順守を強制する私的及び公的なルールのことであり，それは，自生的なものと人為的にもたらされたものの両者を含む。他方，権力を制限する制度 (CCI) とは，財産権の侵害を防止する公法的な制度のことである。同じような経済状態でも，時代により場所により異なる自生的なCEIが生ずる場合がある。最初の自生的CEIは，その後に発生する人為的に創設されるCEIの在り方に影響を及ぼす。また，後発的なCEIは，CCIの在り方により影響される。CCIが権力抑制的なものでないと，権力により財産を奪われてしまう恐れから市場に財産を持ち込む者はなくなるために，財産の存在を示す結果となる後発的CEIは生まれない。市場の成長に資するCCIは，自由主義的な政治体制，すなわち市場参加者に政治への参加が認められている政治体制を生み出す。個別の政治体制は，CCIとCEIの相互作用の中で生み出される。

(3) Institutionとしての租税制度

課税と財産権の密接な関係については，歴史的に考える必要がある[26]。前述

のように，領邦領主の領主権という財産権的な権利から派生した課税権は私法的・財産権的な性格の強いものであった（身分制議会の課税承認権も，課税を納税者の同意に基づく贈与のごとく構成するためのものであった）が，主権概念の成立により，絶対主義下の君主の課税権は公法的な強権的な性格のものへと変容した。しかし，市民革命以降，租税法律主義の採用により，納税者の同意に基づく課税という，いわば私法的な要素が復権した。したがって，課税権は公法的な主権概念と私法的な財産権概念（国家の財産権として課税権）の合成物といえよう。この点について，ある論文は，課税権を，「主権の原則と財産権の原則の混合物（un aménagement des principes de souveraineté et de propriété）」として位置付け，主権の行使としての課税権により財産権の制限がなされる一方で，財産権制限の手続的限界としての議会による課税承認により主権の制限がなされるという，両者間の緊張関係について論じている[27]。

すなわち，課税が財産権を制限するものであるという点と，それを制約するために租税法律主義により納税者の保護が図られているという点を，経済発展との関連で，さらに詳細なかたちで歴史的に跡付ける必要がある。課税権については，国の経済発展との関連で，以下の三つの点を指摘することができよう。

① 国の経済発展の基盤としての租税制度

租税制度は国の活動の原資を調達する基本的な手段である。地租改正やシャウプ勧告が日本経済発展に重要な役割を果たした[28]が，そのような点についての新制度派経済学的な分析が必要であろう。租税制度の在り方によっては，課税逃れ集団の行動により，政府が滅ぼされる可能性さえある[29]からである。

26　以下は，中里実「主権国家の成立と課税権の変容」金子宏・中里実・マーク＝ラムザイヤー編『租税法と市場』所収予定，による。

27　Thomas Berns, "L'impôt au seuil des Temps Modernes. Souveraineté, propriété et gouvernement", à Thomas Berns, Jean-Claude Dupont, Mikhail Xifaras, Philosophie de l'impôt, Bruylant (coll. "penser le droit"), Bruxelle, pp. 19-36, 2006.

28　地租改正については，cf. Henry Rosovsky, Capital Formation in Japan, 1868-1940 (1961). シャウプ勧告については，cf. Minoru Nakazato, The Impact of the Shoup Report on Japanese Economic Development in Lorraine Eden ed., Retrospectives on Public Finance, pp. 51-64, 1991.

② 財産権侵害を抑制する制度としての租税法律主義

課税権の法的コントロールは、個人が経済活動を安心して営めるか否かという点に関して決定的に重要である。前述の、ノースらの名誉革命の分析も、革命による権力行使の抑制により経済活動を安心して営めるようになった結果として、イギリスは経済発展したというものである。租税法律主義による課税権のコントロールも、そのような権力行使を抑制する制度の重要な一部であったと考えられる。結局、新古典派的な感覚の延長線上にある新制度派経済学においては、あくまでも、財産権の保護が重視されているということであろう。課税が恣意的では、経済発展は望めないのである。

③ 租税債権と私債権

課税権の公法的性格を強調しすぎると、例えば、租税の過払いの場合の返還請求がかなり制限されることになる。しかし、一で述べたように、租税債権（納税義務）の本質は金銭債権なのであるから、可能な限り広く不当利得返還請求を認めるべき[30]であろう。そもそも、租税法律主義自体が、課税の契約的構成の表現という点において、中世以来の課税の私法的構成の名残であると考えれば、租税制度というinstitutionの契約的側面に着目することも、あながち不当とはいえないであろう。

(4) 日本に即した租税制度の効率性の議論

① 日本の歴史[31]

例えば、地租改正は、江戸時代を通じて地方に集積された富を中央政府が一元的に取得して、それを殖産興業のために集中投資することにより、日本

---

29 塩税に依存する唐帝国が、塩の密売人である黄巣の乱により終末期を迎えたという点について、cf. Minoru Nakazato, An Optimal Tax That Destroyed the Government.—An Economic Analysis of the Decline of the Tang（唐）Dynasty, 東京大学法科大学院ローレビュー第6巻234-245頁、2011。
30 中里実「租税債権の私法的構成」村井正先生喜寿記念論文集『租税の複合法的構成』所収、151-177頁、参照。
31 前注28参照。

の経済発展の基礎となったという Rosovsky のような理解が可能である。また，シャウプ勧告も，直接税中心の租税体系の採用による財政再建，租税行政手続の改革による課税の透明性の確保，資産再評価等を通じた投資疎外要因の排除により，戦後の経済発展の基礎を築いた。さらには，消費税の導入は，日本の財政破綻を避け，市場の安定に寄与してきたといえよう。

② 執行も含めた租税制度の重要性

かつて，Milka Casanegra が，"Tax Administration *is* Tax Policy" と述べた[32]ように，租税の執行の在り方は決定的な重要性を有する。いかなる租税制度であっても，その経済発展への貢献を考える際に，手続面の適正さの確保を軽視することはできない。この点，シャウプ勧告以降の日本の租税制度における手続の重視は日本の経済発展に関して重要な意味を有する。特に，青色申告制度や税理士制度は，後の経済発展に長く貢献してきたといえよう。

③ 法人税の終焉か？ ―消えゆく租税と BEPS

現代の租税制度における最大の問題点は，20 世紀を席巻した法人税の優位が揺らぎつつある[33]という点であろう。その原因としては，通信技術と金融技術の発展に課税逃れ取引が容易になったことを上げることができよう。その結果として，先進諸国は，徐々に法人税を引き下げてきた。このような各国の法人税引き下げ競争が法人税の構造的な要因に根差すとすれば，それに対抗するための先進国の対応（OECD の BEPS プロジェクト[34]等）には自ずから限界があるといえよう。そこで，企業から徴収される（法人税に代わる）新たな租税としての消費税の地位向上がもたらされるのかもしれない。この問題について，制度の効率性という視点に立って，正面から検討する必要がある。

---

32 Milka Casanegra de Jantscher, Administering the VAT, in Malcolm Gillis, Carl S. Shoup, and Gerardo P. Sicat eds., Value Added Tax in Developing Countries, p. 179 (World Bank, 1990).
33 "The disappearing taxpayer", The Economist, May 29th 1997, http://www.economist.com/node/150080; "The mystery of the vanishing taxpayer", The Economist, Jan 27th 2000, http://www.economist.com/node/276945
34 ジュリスト 1468 号「特集，加速する国際課税制度の変容」2014 年，参照。

④ 租税訴訟の在り方

　先進諸国において蔓延している課税逃れ商品への対応において，租税訴訟の在り方が極めて重要な意味を有する。そこにおいては，一般的な否認規定の適否が論じられている。しかし，一般的な規定は具体的な基準がなければうまく機能しないのであり，結局のところ非効率なものとなってしまうのではなかろうか。一般的な否認規定と，個別的な否認規定の優先劣後について，制度の効率性という観点から議論する必要がある。

ま　と　め

制度改革を行う際の留意点について，簡単に整理してみると，以下のような点を指摘できるのではなかろうか。
- 個別の制度の細かい設計にのみ注目しないで，制度論と経済理論の統合の視点から制度の効率性について考える必要がある。
- 一国の制度のグランドデザインを構築する際に，制度全体の統合された効率性を考える必要がある。
- 制度の効率性を評価する際の留意点としては，一定の制度が長期間存在するからには理由があり，継続して存在するものは多くの場合に合理的であるという点を挙げることができよう。
- 制度の効率性を考える際には，歴史的検討や国際的比較が重要である。

制度を効率的に構築するためには，モデルの構築と実証による検証が必要である。新制度派経済学は，経済発展した国の現状の追認に陥りやすい点もあるのかもしれないが，絶えざる実証によりその欠点を修正することは可能である。

　様々な制度の中でも，租税制度が経済成長に大きな影響を及ぼすのは自然なことである。しかし，眼目は，租税制度を含めた全体としての効率的な制度の構築であり，租税制度のみを特別視しないという統合的な視点が必要となる。特に，現代の日本においては，効率的な経済運営と財政再建の両立という点が重要である。具体的にどの程度の租税負担が望ましいといえるかは，高福祉か

低福祉かといった国の在り方と密接に関連する問題であり，結局は，国民が決定すべき問題である。ただ，その際に，民主主義の帰結としての，税収減少と支出拡大という傾向を常に念頭に置く必要があろう。

　その上で，最初に述べた，人間が合理的に行動するのならば，なぜ，もっと大昔に市場経済メカニズムに基礎を置く資本主義経済体制が確立していなかったのかという問題設定に対しては，昔においては人々が合理的に行動していたとしても，制度が不十分なものであったからと答えることができよう[35]。効率的な制度は，長い歴史の中で生成される貴重な無形資産なのである。その意味で，日本が，他の非西欧諸国にさきがけ，19世紀末に近代化を開始したことの意味は極めて大きいのである。

35　cf. S. R. Epstein, Freedom and Growth, The Rise of States and Markets in Europe, 1300-1750, pp. 14, 28-29, 31, 2000.

二　講演録「フランスにおける流通税の歴史」
（税大ジャーナル 11 号 1-10 頁，2009 年 6 月）

はじめに

　本日は，フランスにおける流通税の歴史ということでお話を申し上げます。
　これまでずっと現代的な事を勉強してきて，論文を書いてきました。ビジネス・ローということで，最近の金融取引などに関しての論文を書いてきましたが，もともと個人的な興味は，実は，ヨーロッパの中世にございます。見た目とイメージがだいぶ違うと思われるかも知れませんが，ヨーロッパの中世に深い興味を持っています。もちろん，それ以前の，ローマ時代くらいからの歴史についても同様です。そういう西洋の歴史に興味を持ち始めたのは，17，8 歳の頃ですけれども，中でも，南フランスのラングドックに興味があります。このラングドックというのはオックの言葉，オック語という意味です。オック語というのはどういうことかというと，イエスという時にフランス語では「ウィ」と言うけれども，オック語の人達は「オック」と言う，だから，ラングドックという地域名がついているそうです。北フランスはゲルマンの侵攻でその影響を強く受けましたが，実は，南フランスからスペインのピレネーの方まで，このラングドック，オック語が話されている地域です。言語的にもそうなんですが，法的にも北部フランスと異なるのでございまして，フランス法を習いますと，北部フランスは，パリ慣習法，パルルマン（高等法院）を中心としたパリ慣習法で，南フランス，要するにこれはオック語の話されている所ですが，ここはローマ法という二元対立があって，結局，北フランスが南フランスを征服することによって，フランスの統一が達成された，ということです。この過程で南フランスの文化は破壊されるわけですが，その最たるものが，アルビジョア十字軍です。これはキリスト教の異端，カタリ派，神秘主義のグノーシス派の人達が南フランスにいて，アルビジョア十字軍によりこれが壊滅させら

れ，色々なものが焼かれたというようなことがありました。このアルビジョア十字軍とオック語について勉強したいというのが，なんだか知りませんけど，若い頃に頭に浮かびました。理由はありません。何だかやってみたかったということです。

　それで，駒場の大学1年生の後期からフランス語やラテン語やギリシャ語の勉強を始めまして，これは，直接役に立つことでは全然ないのですが，将来仕事を辞める年齢になったら，このオック語の勉強とかアルビジョア十字軍の勉強をしよう，そのためには，若いうちに語学をやっておかないとどうしようもないだろうということで，必死になって勉強しました。気長な話なのですが。後になって，宗教の話や言語の話や法の話が密接に関連しているということに気付いたものですから，今までの論文はビジネス・ローですが，50歳前位から，古い物について勉強していこうということを実は密かに開始していたわけです。といっても，私は法制史や歴史の訓練をきちっと受けてはおりませんから，人様の書いた歴史の本を読んで，受け売りみたいなものしか実はできないわけですね。原資料に当たる，これが今のランケ以来の歴史の大勢で，分析する時代に近い資料ほど価値があるというわけで，法制史の方は，そのような厳密な歴史の方法論でいくのでしょう。私の方はそういうのはとても無理ですから，単純に興味本位で色々な人が色々なことを書いたのを読んでいこうということです。それを少しずつ積み重ねてきました。ただ，これを発表すると，今まで私の発表してきた論文と全然違うものですから，助手だった人達とかがビックリしているわけですが，まあまあ，それはそれなりの理由があったわけであります。

　そのような研究活動のはじめの方で，ジュリストの平成20年12月1日号と12月15日号に，中里実「制定法の解釈と普通法の発見（上）（下）」ジュリスト1368号131頁，1369号107頁（平成20年）という論文を発表しました。そこでは，「租税法と私法」に関する金子理論について，租税法の中に民法上の概念が取り入れられた場合に，当局は，租税法独自に解釈するという考え方を裁判等で主張することが多い。これは当局としては自然なことだと思いますが，それと借用概念を民法に従って解すべきであるという理論が対立します。これが最高裁にまで争われたのが，住友信託銀行のレポ取引の事案だと思いますが，

解釈論としてはどちらも成り立つと思いますが，歴史的にどうなのかということを見ますと，やはりローマ法からの流れを，あるいは，北フランスと南フランスの対立この辺のことを考えませんと正しい結論が出てこないということに気付きました。法制史をやった人間であれば誰しもこれは叩き込まれるのですが，"法とは，本来，条文に書いてない"，普通法というのでしょうか，それが美しい人類の英知の結晶である，という意識がございます。新しく昨日出た判決の理論も古き良き法に組み込まれていくというような感覚がどこかにあって，それが一つ一つの事例の中で降りて来る，という発想。これが，法曹の活動によって日々生みだされる法だという感覚です。

　これに対して，制定法は，市参事会で作ったり，あるいは今ですと議会で作ったりするものですが，議会とか市参事会は法曹ではない。そういうところから，制定法は二流の法であるという感覚が，ヨーロッパの法制史の中に存在するわけです。法の世界というのは，どうもそういう感覚で，これはアメリカの最高裁判決でも，"コモンローの世界を侵略する制定法"[36]という言葉が使われていまして，制定法は二流のものだというように位置付けられています。何故なら，それは，政治的な妥協の結果として法曹でない方々が作ったものだからという発想です。その制定法の代表的なものが多分租税法ということになるのでしょうけれども，その中に美しい民法上の概念が組み込まれていたら，これは民法における考え方を優先するのが当然であるという感覚です。ヨーロッパとかアメリカではそういう感覚が共有されているわけでして，だから解釈という時に制定法の解釈と普通法の発見，という二つの考え方があるわけです。民法を解釈する方法論で租税法を解釈するなどということはとんでもない話だと。公法・制定法と私法・普通法は別世界のものだから，という法制史的な感覚があるのだろうということです。

　ですから，例えば，現在，一般的な租税回避否認規定を作ろうという動きがあるようですけれども，一般的租税回避否認規定というのは，実は何も定めてないのと一緒だということで，作っても意味がないというのが，そういう感覚から出てくるわけです。というのは，それを動かすのは法曹，裁判所ですから，

36　"Statutes which invade the common law", in Isbrandtsen Co. v. Johnson, 343 U.S. 779, 783-784 (1952).

一般的否認規定では議会が何かを命じたことになりません。普通法を乗り越えるには，議会が極めて明確な条文の形で何かをスペシフィックに命じないと，普通法を乗り越えることはできないという，これが，レポの事案の判決で打ち出された裁判所の感覚でしょう。普通法と制定法についてさえそれなんですが，その他に租税法律には，もう一つ特殊性がありまして，これは，マグナカルタ以来出てきた王の課税権に対する議会の縛りという，租税法律主義の縛りがございまして，余計，明文できちんと定めないと何も定めたことにならない，という発想が強く出てきてしまうわけです。どちらも課税当局にとっては迷惑な話だと思うのです。ただ，それを乗り越えて課税権を拡大してきたというのが近代国家の歴史ですからやればできるのでありまして，基本概念を無視するわけにはなかなか行かないだろうということを，ジュリストの方に書いたわけです。

　さらに，そういう勉強をしていたら，租税法律主義についてさらに詳しく勉強したくなりまして，イギリスの歴史が多分一番明確なんでしょうけれども，面白いのはどうもフランスだと思いまして，フランスの，王の課税権とエタージェネロー（三部会，États-Généraux）における課税承認について色々な文献を集め，読み始めました。最近は，グーグルとかで，インターネットを通じて，オックスフォードの図書館の奥に深く蔵されている本とかを，そのまま，1分もかければ全部ダウンロードできてしまって，何ページでも読めます。これを使いまして，フランスの三部会関係，あるいは，フランスの中世史に関する貴重な本を，次々とダウンロード致しまして，それを全部は読めませんから，該当個所をコピーしては読むという作業を続けています。ですから今日は，課税権と三部会の承認との関係を踏まえながら，多少フランスの流通税について概要をお話ししたいということでして，別に，流通税に私が特に興味があるとか，必ずしもそういうことではなくて，歴史の研究を始めるための準備運動のようなものを，自分の専門領域からやった方がいいからという，そういうことです。

　さて，租税法について考える際に歴史的に見てきますと，どうしても二つの視点が重要になってきます。第一に，法制史の人間であれば誰でも直面する問題でしょうけれども，ヨーロッパ中世において，市参事会とかそういうローカルに作られた制定法と，それから一般的に普遍的に妥当するところの普通法＝

ローマ法という二つの間の関係をどう捉えるかという問題が生じてきます。もちろん，特別法である制定法が一般法である普通法に優先はするのですけれども，そのためには条件があり，制定法が合理的な内容のものとして制定されている時にのみ普通法を乗り越えることができるということで，かなりローマ法に偏した，制定法を軽視するような法運用がなされてきて，それが今のアメリカの連邦憲法の判決にまで及んでいるわけです。日本は大陸法系だから違うといえるかというと，必ずしもそうではないわけでございまして，なかなか憲法の議論では通常出てこないような話が出てきます。第二に，中世以来の王権と納税者の間の対立関係で，これは課税承認です。身分制議会の課税承認，いわゆる租税法律主義の話です。この二つの軸が相互に干渉しながら，租税法の解釈等につながっていくということで，本当ならば全ヨーロッパ諸国についてこの二つの軸を通じて大論文が書ければ研究者としては一生を賭けるに値する仕事だと思うのですが，残念ながらできることは限られているものですから，エッセンスだけつまんでおいて，できる範囲でということでございます。

1 ｜ 中世フランスにおける王の収入

そこでまず"中世フランスにおける王の収入"ということですが，ここでの中世というのはいつからだとか色々ございますが，メロビング朝とかカロリング朝とか以降の，特に12世紀，13世紀，14世紀以降ぐらいの話でしょうけれども，王の収入，"Les resources du pouvoir royal"には二つある。すなわち，通常の収入と，臨時的な収入と二つあるということです。通常の収入のことを"Les droits"権利，と呼んでいます。フランス語の droits というのは法という意味もありますし，権利という意味もありますし，法と権利は法制史的に同一のものだと説明はつくのですが，その他に，公課という意味があるんですね。何で権利が税金になるかというと，王が持っていた財産権を droits と呼んでいるわけですが，王が持っている財産権の派生として，相手から賃料のような形でお金を取ることができるということで，この租税のようなものを droits と呼ぶようになって，今もそれが続いているわけです。

223

例えば，登録税は droit d'enregistrement になっていますから，登録公課という感じでしょうかね。印紙税ですと droits de timbre となりますから印紙公課でしょう。この droits というのは本来は権利という意味で，公課というのとはちょっと違うのですが，今では，やはり公課という意味だと，そういう感じです。権利 droits という言葉にどうして公課という意味があるのか個人的には長い間謎でしたけれども，歴史を勉強したら極めて簡単に意味がわかってしまって，何か最初からやっておけば良かったなという感じです。この王の封建領主としての領域に関する財産権，権限がございまして，それを droits domaniaux と呼びます。王も封建領主の一人ですから，封建領主というのは自分の治める地域の地主で，様々なその地域の土地等を持っています。自分の庭のようなものですから，そこに人が住んでいればそれから色々なお金を財産権的な構成でとることができるわけです。賃借権の賃料のような感覚で，自分の財産を人に使わせているから，何か頂くということです。こういうふうにして集められるものに様々な名前の様々なものがありました。このようなものを droits と呼び，その中には，Amortissement とか Aubaine とか Bâtardise とか Confiscation 云々という，これそれぞれ内容の異なる様々なものがありました。これらについては，実は，20世紀初頭にアメリカで書かれたある大学の先生の論文に，極めて綺麗に要約がなされているので，論文の時にはこれを引用しようと思います。Ignatius Wadsworth Brock, Financing the Sun King, The French Review, Vol. 7, No. 5, pp. 395-401（Apr., 1934）という論文を Emory 大学の方が書いていまして，20世紀前半のアメリカというのは，ヨーロッパ研究がものすごく熱心になされていて，今はあまりなされていませんが，租税の歴史も色々な文献がありまして，英語によってアメリカとかイギリスで書かれたフランスやドイツに関する論文を読むと，かなりの程度フランス史やドイツ史が理解できる。ですから，ドイツ語やフランス語のあまり得意ではない，そういう人間であっても，玄人として論文書くとなるとちょっと厳しいかもしれませんが，一応概観はつかめる。その上でドイツ語なりフランス語なりを読めば，そんなに間違う事はないだろうという，そういう感じです。様々な封建領主としての権限から生ずる色々な droits，公課があったわけで，租税といってはいけないのでしょうが，王がお金を取る権利があったわけです。それに対して16世紀に，実質的には間接税な

んですが，新しい公課が導入されるわけです。それが，insinuation とか contrôle とか timbre とか centième denier という，今の登録税のご先祖様です。この timbre というのは正に印紙税のことです。この 16 世紀に導入された実質的な登録税，これは実際には税金という形で導入されたのではなくて王の財産権の派生ということで，封建領主としての王がそこから集める何かという，手数料のようなものとして導入されたということでございます。こういうふうに王の封建領主としての権限から生ずる手数料のようなものについては，これは，議会の同意なしに王は課税することができるわけです。なぜかというと，王の財産権の派生物ですから普通法，ローマ法に照らして何の問題もない，自分の財産から人に使わせてそこで手数料を取るのに何もいらないということです。

2 中世フランスにおける課税

ところが，王様が他の封建領主と同じような，その中の強大なもの程度の存在にすぎなかった時代は良かったのですが，12 世紀，13 世紀ぐらいからでしょうか，十字軍その他で，軍備にお金がかかるようになってきます。ここに特に，軍隊を派遣するために臨時的な収入が必要になってきます。今までのような，王の封建領主としての賃料に相当するようなもの（通常の課税）では，税収が足りなくなりまして，何か今までの感覚からいうと違法な，要するに，財産権から派生して当然に取れるようなお金でないお金を，よこせといって取るというようなことが行われるようになります。その中で一番最初のものは，十字軍の時にとられたものだというふうにいわれております。これが，ディーム・サラディン（dime saladine）と呼ばれているもので，サラディンというのは聖地を支配していたイスラムの王です，これと戦うためにお金を出してくれというのが，1198 年にフィリップ・オーギュスト（Philippe Auguste）という王様によって導入された，これが臨時の課税の始めです。

結局，封建領主としての王の権限に基づかずに金銭を取るということは，これは違法ですから，やってはいけないわけです。仕方がないのでどうしたかというと，相手方の納税者の同意を擬制したということです。納税者の代表の同

意を得たわけです。身分毎に代表者が集まって，その代表者に対して，今度十字軍に出かけていって聖地を奪還するためにお金を下さいと，これは今までの封建領主としての，土地等の領有権から派生するようなものではなくて，何の対価もなしに直接の対価もなしによこせというものです。そこで相手方である納税者側が良いと言いますとここに合意が成立しますので，贈与のような形で租税というものが始まったのです。これが始まった1198年が最初のフランスに於ける身分制議会（三部会）による課税承認だというふうに言われております。

　ここに，租税法律主義の萌芽というか前身があるわけで，納税者の同意なしに課税できない。納税者の同意というのは，身分制議会で人々が集まって，王がよこせといったらわかりましたということで，贈与のようなものがそこに成立するということで，何の対価もなしに財産を奪うという近代的な租税というのは，中世の感覚ですと違法ですから，そういうことはなく，今のような贈与を擬制することによって，擬制というのか贈与のような形を取ることによってそれがオーケーとされました。今の租税法律主義で条文に規定がないと課税できないというのが厳格にいわれるのもこのヨーロッパの12世紀以来の，あるいは13世紀以来の，この歴史に根ざすわけでございまして，条文の形で明確に書いてないと納税者がオーケーしたことになりませんから，納税者がオーケーしたことにならないものは取れないという，フィクションですが一応こういう説明になっているという事でございます。

　こういうふうに，臨時の収入確保というやり方で，王の方は一々同意をとるのが面倒くさかったので，同意を取らなくてお金を取る方法を考えて，国債（emprunts）が利用されました。要するに借金の証文を押し付けた。国債を強制的に売りつけるという話で，日本もこれは戦争中やりましたけれども，押し付けたというと何ですが，それが行われたわけです。しかし，それよりも，何といっても租税がいいということで，臨時的に相手方の同意を得て取られる税金，impôtができてまいります。この中世の先祖がl'aide féodaleという封建的援助金，御用金と呼ばれるものでして，領主が領民に対して要求する。但し相手方の了解を得るということで，要するに，王様が，封建的な御用金と称して，今度戦争に行くからとか，娘が結婚するからとかということで，相手方の同意の下に

取っていた，aides féodales，というのが後の税金の直接のご先祖になってくるわけです。今までの領主権・領有権に基づくものも今は税金になっているのですが，本当の税金は御用金から始まるわけです。

　その中には直接税と間接税と二つあります。その中の直接税には，これも，taille，それから capitation, corvée, vingtièmes, dixièmes とか色々なものがあるのですが，中身についてはここでは説明いたしませんが，そういうふうに様々な直接税が導入され，またそれとともに，間接税も aides, traites, gabelle の三つが代表的なものですけれども，それぞれちょっと違った形で導入された，ということです。これは実際にはアルコールとかそういうものに対してかかるものだったようですけれども，そういう間接税が導入されてきた。それぞれ呼び名があって，綺麗に整理されていますので，その歴史家が整理したものの単なる紹介になってしまいますけれども，これはもう勘弁していただきたいと思っております。

3 | 三部会の役割

　今のように，領主としての財産権的権限から自然的に派生するものと，それから臨時の課税権という，これが中世の2分類で，両方からお金が上がったわけで，そのうち，臨時的な収入である租税が段々重要になってきました。この臨時的な収入を得るためには，身分制議会の承認が必要でした。これはフランスではエタージェネロー，三部会がこの身分制議会です。イギリスの議会と比べますとフランスの議会は王権の前に弱体であったということができます。イギリスの議会はマグナカルタの時以来果敢に王権と戦いまして，強大なパワーを確保していき，最後には名誉革命で，完全な租税法律主義を権利章典という形で勝ち取るわけですけれども，フランスの三部会は最初のうちはある程度課税承認権を有するということで，王の恣意的な課税をブロックするという役割を果していましたが，段々弱体化しましてそのうち開かれなくなってしまって，急に開かれるようになったのがフランス革命の頃だという歴史があります。だから財政という観念はイギリスで成立したものがフランス革命の後になって，

フランスに輸入されたものだということで，財政あるいは財政民主主義というのは，そもそもイギリスが発祥の地で，その最初のものはマグナカルタだというふうにいうことができるようです。

　ジュリストの12月1日号の論文で，この三部会の役割について色々ここに書きました。けれども，イギリスのマグナカルタ以来の歴史については，これは金子先生が「市民と租税」[37]，及び，金子宏他編「租税法講座」の第1巻，1974年，の中でお書きになっておられます。先生の論文の中に援助金という言葉が使われておりまして，それをジュリストで，もじって御用金という訳を充てたのですが，イギリスとフランスそれぞれ，最初は似たようなものが段々違ってくるというので，非常に面白いですよね。

　ただ，ここで重要なのは私のような素人が中途半端に歴史に入り込むということは，危険なことなのですけれども，しかし，かといってヨーロッパ中世のそういう歴史を無視して財政民主主義とか租税法律主義を，あるいは租税法の解釈を語るというのは，かなりこれもまた危険なことではないかと。先程申し上げましたけれども，法律の解釈というのは民法でも租税法でも同じだという，誤った考えが存在しているわけです。例えば権利濫用というのは民法にあるから租税法においても権利濫用があって，これが租税回避だとかいうような考え方です。しかし，これはそういうことはないので，私法の解釈と公法の解釈はかなり違ってきます。公法・制定法は解釈そのものですが，普通法的な色彩を引き継ぐ私法については解釈というよりも，個別の事件ごとに，新しい法が発見されるというような感覚です。だから民法はあんまり改正せずに今も来ているわけです。それから，民法について立法者意思を探求するという学説があるわけですが，民法というのは，本質的には誰かが立法したものではありませんので，立法したものでないものの立法者意思を探求する必要はあるのかという考え方がでてきます。いつも授業で言うのですが，民法というのは直接的には東大で作ったものです。民法典を作ったのは東大です。しかし，東大の3教授が，本当に民法典の中身を作ったかというとそんなことはないので，ローマ時代以来のそれを条文の形に整理したということでしょう。一定の目的に沿って

37　加藤一郎編『岩波講座現代法 8』324頁 1966年。

制定法律を無から作ったというのとは意味が違います。すると，租税法の人が民法解釈学を勉強して租税法にそれを活かすなどということは少し危険なことで，制定法の解釈というのは，制定法の解釈のルールが別途あるわけで，民法の解釈という名の法の発見とは自ずと違う。だから権利濫用という言葉をそう簡単に租税法の中にすぐに持って来るというのは，少し困ることだということになります。法律の解釈としては問題があるということなのです。そういうことが，実際には，自覚なしに，そして，歴史を無視して，行われるとするとなかなか厳しいですね。

　それもこれも私たちが基礎法，西洋法制史とかローマ法とかを法学部で勉強しなくなったことの結果なのではないかというふうに心配しております。司法試験に受かる，あるいは公務員試験に受かるためには，基礎法は役に立たないからやらないということなのでしょう。例えば，今の会社法については，立法作業に従事した方々がそれを租税法律と同じ様に制定法と考えていたように思われます。つまり議会が作る制定法だというふうに会社法を認識して作ってしまったのではないでしょうか。しかし実際には会社法というのは，昔からの商法の蓄積，学説なり判例があって，その上に成立するもので，条文はその一部でしかないわけでありますから，新しく条文を作ったから今までの学説や判例の蓄積が全部消えてしまう，などという考え方はあってはならないのです。アメリカに留学すれば，まだ，コモンローと制定法の関係を勉強するのですけれども。ですから江頭憲治郎先生が商事法務の，注釈会社法の第１巻のはしがきで，立法担当者の考え方と異なる事をお書きになったわけでしょう。会社法というのは私法ですから，そういう制定法でないものを，議会の作った制定法であるかのように考えて，行政法の一部であるかのように考えているという時点で，問題があるのではないかということを，江頭先生はそこまではっきり仰いませんが，もしかすると，翻訳するとそういうことになるのかもしれません。しかし，恐らく，立法担当官がああいう条文を作ったとしても，裁判所が立法担当官の意思とは違った形で，会社法という法典を解釈運用していく過程で，立法担当官の意思とは離れた形で，新しい理論が今までとの継続性を保ちながらできていくのではないかと。それが法の作用というもので，法曹というものはそういうものだというところがあるのではないかという気がいたします。

4 | 流通税の歴史

　次に流通税の歴史でございますけれども，ヨーロッパで非常に古い歴史を持っておりまして，大体二つに分かれます。登録税と印紙税と二つの似た様な異なったものに分かれます。登録税や印紙税はヨーロッパ各国において，非常に古くから重要な税収源であったということに関して，アダムスミスの「Wealth of Nations」第5編の第3章の最後の部分に，土地に対する課税，印紙税，各種の関税，それから間接税，これがイギリスの租税の四つの主要な部門を構成しているということが書いてありますが，イギリスは登録税でなくてもっぱら印紙税でやってきております。国によって，登録税中心の国，印紙税中心の国と分かれるのですが，どちらも考え様によっては似たようなものでございます。それからフランスの20世紀初頭においては，直接税（所得税の前身）が20％，登録税・印紙税が25％，消費税・関税が55％，租税収入の中に占めていたということですから，流通税の税収はかなりの金額になっていたということでしょう。ついこの間までそうだったということです。

(1) 登 録 税

　登録税は特にフランスにおいて重要な地位を占める租税ですけれども，それには歴史的理由がございます。アンシャン・レジームの下において，不動産登記等の際に手数料等が徴収されていたのですが，これはどちらかというと，役務の対価としての性格の強いものでございました。先程の16世紀に導入された実質的な間接税というのがこれですね。土地台帳に登録するから手数料として頂戴したというのが本来の形で，これは間接税というよりも手数料的な色彩のものでした。しかし，フランス革命のときの1789年12月5日と19日の法律，なんで二つの日にまたがるのかわかりませんが，その法律で登録税 (droits d'enregistrement) という新しい租税が創設されました。ここでは，impôts d'enregistrement とならずに，droit という表現が残されている所がポイントです。それが革命歴の7年フリメール22日，1798年12月12日の法律によって整

備され，結局はこれが基本となって現在につながっているということでございます。これは，民法と密接な関係に立っておりまして，公証人の手数料と税金と，そういうのをまとめて公証人に対して払うという形で納税が行われます。この公証人というのは，国家公務員で，大蔵省の支配に服するということです。日本の司法書士は別に公務員ではありませんし，本当ならば，流通税をとる，例えば登録免許税等をとるというような形で，大蔵省の下に置くという制度運営もフランス流にいえば，当然に考えられるかもしれません。今日本ではそうなっておりませんけれども，そういうことでございます。

　それから，アンシャン・レジームの下において，高等法院，パルルマンは法令審査権を持っておりました。王から送付された法令を審査し，登録することによって始めて法律としての地位が認められるということで，王が単に法律を公布してもだめで，それがパルルマンの承認，法令審査を受け登録されるということで，これを登録権（droit d'enregistrement）といいます。先程の登録税と同じ単語が充てられますが，こう呼ばれていたわけです。この登録権というのも，登録行為の重要性というのを裏付けるわけですから，何らかの意味において登録税と関係がないこともないように思われます。

(2) 印　紙　税

　それから，印紙税（droits de timbre）ですけれども，印紙税の方は登録税のようにフランスの王の領主としての権限から派生したものとはちょっと違いまして，印紙税は17世紀に作られたものです。1624年にオランダとスペインとの戦争の戦費調達のために，オランダの方で，懸賞論文というのかそういう公募がなされて，それでJohannes Van-den-Broekという人が"こういう税金はどうだ"ということで，それが採用されたのが印紙税だといわれております。最初の印紙税は印紙を貼るのではなくて，書類にはんこを押す。このはんこの事をタンブルと呼び，そういう税金でした。

　この，はんこを押すという税金が，1673年フランス，1694年イギリスで導入されまして，後に，印紙のかたちになりました。日本では印紙のかたちのものが1873年に導入されたわけです。しかしこれ，ヨーロッパでは非常に評判

が悪くて，1675年にフランスのブルターニュ地方で「印紙税一揆」というのが起きたそうです。これについて研究している歴史家の方がいらっしゃいます。東大の歴史の二宮宏之先生ですが，印紙税一揆について研究していらっしゃいます。それからご承知のとおり，ボストン・ティー・パーティー，これもイギリスがアメリカ植民地で1765年に印紙税を導入したということがきっかけの一つであると，私達高校の世界史で習いますが，ここでいう印紙税とはどういうものかについては，あまり深く考えずに教えていますね。実際には，今のような経緯があったようです。

フランスの歴史を見ていますと租税の納付を証明する書面への押印という形で1673年に課税が開始された，これはルイ14世の時です。このように押印のなされた書面を押印文書，パピア・ターンブレ (papier timbré) と呼んでいたのですが，郵便切手の影響を受けて，1860年にターンブル・フィスカル・モビル (timbre fiscal mobile)，つまり，印紙の貼付という形で課税されるようになったということです。

終わりに

現在イギリスにおいて，住宅取得の際の印紙税の軽減をめぐり（これは高い税率のようです），景気対策のためにそれを何とかしろという議論が行われている，これは去年〔2007年〕までの情報で，今年〔2008年〕はもう既に減税措置をとられているのではないかと思いますけれども，今も，フランスでもイギリスでも，印紙税なり登録税は重要な位置を占めております。ただ，EU法の中で，この印紙税や流通税，登録税が金融取引に対して課されると，日本の有価証券取引税のようなものですけれども，これは，域内の統合を阻害するということでヨーロッパ裁判所で，違法の判決が出されてあちこちでそれが廃止される憂き目に遭っておりまして，それについても，もう論文を発表しようと思っているところです。以上でご報告を終わらせていただきます。

（追記）
　なお，私は，この報告も取り入れるかたちで，海外住宅・不動産税制研究会編著『欧

二　講演録「フランスにおける流通税の歴史」

米4か国における住宅・不動産関連流通税制の現状と評価』（日本住宅総合センター，2009年5月）に，「はしがき」（1-2頁），「ドイツにおける流通税」（53-76頁），「フランスにおける流通税」（77-105頁），「ヨーロッパの流通税について」（107-125頁）の執筆を行った。

三　租税法と市場経済取引
(学士会会報 843 号 46-51 頁, 2003 年 4 号)

学生時代の悩み

　私は，数学や自然科学が好きである（もっとも，好きというのと得意というのとは自ずから異なるのであり，私の自然科学観は，未だにラプラスの悪魔の支配する因果律的な世界を前提とするもので，不確実性原理の支配する確率論的な世界のものでも，不完全性定理の支配する不確定な世界のものでもないが）。その結果として，私は，学生のころから，数学を駆使する学問である経済学に対する興味を持っており，また，経済学者の方々に対する尊敬の念を抱いてきている。それは，何よりも，経済学が，デカルト以来の正統派の科学の方法論を基礎とした学問（少なくとも，私にはそのように見える）だからである。デカルトの「困難は分割せよ」という言葉は，私の解釈が間違っていなければ，要するに，いちどきには〔結果に影響を与える〕一つのファクターのみを考えろということで，これは，まさに偏微分（複数の変数のうち，ひとつ以外は定数と見てしまって，その一つの変数の結果に対する影響のみを独立させて考える）そのものである。近代的な科学は，複雑な世の中の出来事をできる限り明確に分析するために，一時に分析するファクターをあえて簡略化・単純化することにより成立してきたものであり，そうであるからこそ，経済学者は，美しい数式で記述できる成果を論文として残せるのであろう。私は，そのような経済学者の生き方に対して，時には憧憬の念さえ覚えたものである。

　ところが，私の専攻する法律学においては，諸事情を勘案して結論を出す（要するに，同時に複数のファクターを考慮する）というのであるから，全微分の世界がひろがっているかというと，そうでもなさそうである。また，複数のファクターを用いて重回帰分析しようとしても，それらのファクターは互いに独立の確率密度関数になっていない。そこには，近代的な科学としての体裁は皆無

であると批判されることさえあった。そのような法律学の在り方に対して、学生時代の私がどれほど失望し、みじめな思いを抱いたか、今思い出しても、本当につらい気持ちになる。

しかし、大学の四年生の時に金子宏先生の租税法の授業に出席して、租税法に出会うことにより、私の科学コンプレックスは払拭された。法律学のすばらしさに目覚めた。のみならず、私は、租税法の研究・教育を自らの仕事として生きていくことに決めた。本論文は、このような、どちらかといえば自然科学のマインドを持った学生が、如何にして法律学のとりこになっていったかという点に関するささやかな告白である。

1 │ 経済学との出会い

租税法の研究においては、経済学の知識が不可欠である。これは、「租税」を研究対象とする以上、必然的なことなのかもしれない。なぜなら、租税は、経済学においても活発に研究されてきたからである。いずれにせよ、租税法の研究を行う以上、経済学との対話は不可避である。学生時代に、貝塚啓明先生の経済学及び財政学の授業を受講できたことが、その後の租税法研究者としての私にとってどれほど有益であったか、ここで述べるまでもない。

また、私は、今から20年ほど前に、当時フルブライト留学生として金子教授のところに勉強に来ていたマーク・ラムザイヤー氏（現在は、ハーバード・ロースクールの教授）と出会って、共同で、やや本格的に「法と経済学」の研究を開始した。租税制度をミクロ経済学の手法を用いて分析することにより、法律解釈や立法に役立てようとしたのである。この研究は一定の成果を上げた（Mark Ramseyer and Minoru Nakazato, Japanese Law: An Economic Approach, 1998, The University of Chicago Press）。特に、財政制度の枠を離れて、より市場主義的に租税について分析するためのツールを持てたことは、非常に幸せなことであった。

2 | 租税法と他の学問分野との交流

　租税法が学際的な学問分野であるということは，大学での租税法の最初の授業で習ったことであった。租税法は，経済学，財政学，会計学，云々と密接な関連性を有しているのみならず，法律学の内部においても，民法，商法，憲法，行政法，民事訴訟法，国際法，刑法等々と密接な関係を持っている。そして，私は，そのような学際性にあこがれて租税法の研究者となったのである。私の教え子の，助手や大学院生の多くも同じことであった。

　しかし，租税法が，研究対象の重なる他の学問分野（特に，経済学と私法）と密接な関連を有するのは必然的であるとしても，研究の実際においては，他の分野の方々とのメンタリティーの差異に愕然とすることが少なくない。例えば，現実の税制改革をめぐる議論においては，未だに，経済学的なメンタリティーと法律学的なメンタリティーとの間で，根深い相互不信が存在する。法律学者は経済学者を批判して，世の中がそれほど単純なはずはないではないかというのに対して，経済学者は法律学者を批判して，そのような細かいことを言っていては改革はできないというのである。私は，そのたびに，板挟みのような感じにおそわれる。

　また，同じ法律学といっても，租税法等の公法の研究者と私法の研究者では，かなり異なる考え方をする。これは，公法学者は常に国家を前提として問題を考えるのに対して，私法学者は，いわば市場を前提としてものを考えるからであろう。ここにおいても，私は，板挟みのような感じにおそわれる。

3 | 租税法と経済学，租税法と私法

　経済活動の多くは市場においてなされる市場経済取引である。その市場経済取引は，私法により規律されており，また経済学の分析対象である。そして，課税は，そのような経済活動を対象としてなされる。このように，課税が市場経済取引に着目してなされる以上，租税法を市場経済取引と切り離して議論す

ることはできず，また，租税法は，市場経済取引を規律する私法や，市場経済取引を対象とする学問である経済学と，必然的に密接な関係を有することになる。

したがって，租税法を研究する以上，市場の学問としての経済学と私法を十分に理解していなければならない。のみならず，租税法の研究は，経済学・財政学の成果を正面から踏まえたものでなければならず，また，私法の成果を正面から踏まえたものである必要がある。

実は，現代の日本の租税法研究の主流である理論（私が習った金子宏教授の理論）は，経済学及び私法との関係に関する理論を二つの柱としている。すなわち，その方法論は，所得概念の理論と，借用概念の理論（すなわち，租税法規において私法上の概念が用いられている場合には，それは私法におけると同様の意義に解するという理論）の二つを基礎としている。所得概念の理論によって，納税者の経済力を考慮した政策論に裏打ちされた租税法学が可能となり，租税法と経済学の間に真の架橋がなされた。また，借用概念の理論により，市場経済取引を第一義的に規律する私法との関係が，租税法上の法解釈の方法として確立された。

このように経済学及び私法との架橋がうまくなされたおかげで，政策論と解釈論のいずれにおいても，租税法は，国家の公権力の行使を検討の対象とするものでありながら，市場への憧憬を秘めたものとなったのである。

日本における法と経済学のパイオニアといえば，平井宜雄教授であり，また，浜田宏一教授であるが，私は，上に述べたような理由から，特に公法の分野における法と経済学のパイオニアとして，金子宏教授を挙げることにしている。そのためか，東大で租税法の訓練を受けた者の多くが，基本的に経済学と私法を尊重するし，また，特に法と経済学の理論を標榜しなくとも，何らかのかたちでその影響を受けているといえよう。

いずれにせよ，この租税法と経済学や私法との関連に関する研究をさらに深化させるのが，我々の世代の目標であることは間違いない。

4 | 租税法と経済学

　のみならず，租税法を経済学とリンクさせて理論構築していくことによって，法律家が政策論に対して積極的に発言するための視座が開けてくる。政策論は立法論であり，法律学とは無縁の世界であるというように割り切って考えてしまうことも可能であるが，実際には，コンプライアンスとバランス感覚を信条とする法律家が政策論に立ち入った方がいい場合は少なくない。平井教授が法政策学を打ち立てられたのも，そのようなお考えに基づいてのことだったのではなかろうかと思われる。特に，租税法の世界においては，政策論は極めて重要な意味を持つ。そして，税制改革について租税法学者が発言することには，法律学と経済学の役割分担という観点から，非常に大きな意味がある。経済学のみを用いて税制改革の議論を行うと，法的に許容されないような議論が行われることが少なくない。経済学は大きな方向性を打ち出す場合には大いに有用な学問であるが，経済理論的に望ましい改革を具体的に制度論として展開していく際の基準は経済学から導き出すことは困難である。税制改革が法律改正によって成し遂げられる以上，税制改革においては，法律学の視点が決定的な意味を持つ。

　そして，そのような具体的な税制改革の議論において，法律学と経済学が対立関係に立つこともまた不可避である。経済学的に望ましい改革が，法的な視点から批判されることはあって当然のことである。違憲・違法な税制改革が行われないように，個別的な税制改革の局面において，租税法学者は，知恵をしぼる義務がある。そして，それは，経済学を軽視しているのでは決してなく，むしろ，経済学の理念が現実の世界において実際に実現されるように協力している結果なのである。この点は，経済学の専門家の方々に是非とも理解していただきたいことである。

5 | 租税法と私法

　他方，私法の観点から望ましい税制改革が，公法の観点から制限される場合というのもよくあることである。

　基本的に市場の法である私法において望ましいことであっても，租税公平主義や租税法律主義といった租税法の基本原則からいって，法的に実現できない場合があるからである。この問題は，つきつめると，私法と公法（市場と国家）の関係をどのように考えるかという極めて基本的な問題に関連するものである。国家という存在が必要なものであるとすれば，市場において望ましいものが，国家から見て望ましいものでない場合が生ずることは避けられない。そのような国家による市場経済メカニズムの修正をどの範囲で認めるべきであるかという点については見解の対立があるとしても，一定の範囲内でそのような修正が必要であるという点自体は，否定しにくい。

　このような市場と国家の対立に関して，できるだけ市場経済メカニズムを尊重しながらも，必要な範囲内で国家の介入の余地を残そうというのが，前掲の借用概念の理論である。租税法律に用いられた私法上の概念を私法におけると同様に解釈することによって，市場経済活動に即したかたちで形成された私法の枠組みをできる限り害することなく，課税を行う道が開けてくる。今後は，私法の専門家の方々にもっと正面から国家を意識していただけるように，公法の側の人間として努力する必要がある。

6 | 経済学，私法，公法のクロスする領域としてのソフトロー

　東大の法学部は，今年〔2003年〕，いわゆる21世紀COEプロジェクトにソフトローの研究をテーマとして申し込み，幸いなことに，それがプロジェクトの一つとして採択された。ソフトローとは，正式の手続を経て成立した法規範ではないが，人々の行動を拘束する存在のことである。その意義は多義的であるが，このソフトローという存在の中に，経済学，私法，公法の関係が凝縮さ

れたかたちで立ち現れてくるのではないかと考えている。

　というのも，市場において，経済主体の自発的な行動の結果として一定の拘束力ある規範が形成された場合に，それは，経済学の視点からも，私法の視点からも，公法の視点からも，十分に興味深いものである。法と経済学の世界においては，この問題は，「法と社会規範」の問題として議論されている。私法の世界においては，昔から，法とまではいえない社会規範を分析しようという動きは確たるものとして存在した。これに対して，公法の世界においては，そのようなものに関する研究は必ずしも正面からなされてきたわけではないが，今回のCOEのプロジェクトの一環として，経済学や私法の成果を十分に取り入れながら，疑似国家の私的立法としてのソフトローについて，基本的な点にまで遡って検討を加えることになるであろう。しかし，そのようなマーケット・オリエンティッドなスタンスは，租税法の世界においてはすでに従来から存在してきたのであり，後はソフトローという概念を意識すれば，そのまますぐに研究に移行できるのではないかと考えている。

　以上のように，法律学の中の特に公法の世界にいながら，国家を前提とするその本来の研究の内部において，市場の学問である経済学や私法の成果を取り入れて研究のできる時代（研究しなければならない時代）に生きているということで，私の学生時代の悩みは，どうやら解決したのである。

四　納税者になろうとしない存在と租税制度
（税経通信69巻1号（通巻978号）9-15頁，2014年1月号）

はじめに

　租税制度の想定していない存在に対して租税制度はどのように対応すべきか，本論文は，この点について論ずるとともに，税制改正に関する今後の議論の在り方について，これまでの経験を踏まえて，若干の感想を述べようとするものである。

　極めて個人的なことであるが，昭和50年代の中ごろ，当時20代半ばだった私は，租税法の研究者としての将来について一つの決心をした。法律学者たるもの，租税法律の解釈や租税判例の分析に専念すべきであることはもとより承知の上でのことであるが，私は，そのようなメインストリームの課題よりも，むしろ，課税逃れ取引の経済的・私法的構造の分析に専念して，一生を送ろうと決めたのである。法律家としては，多少，危険なことであったかもしれない。しかし，たとえ，そのことで，租税法研究者としてつらい道を歩かなければならないとしても，それはそれでよいと覚悟してのことであった（というよりも，のんきで，先のことは考えていなかったのかもしれないが，後に，その予感は的中することになる）。そもそも，学生時代の私は，官庁に入り国際金融の専門家になろうと考えていたところ，金子宏先生の租税法の授業を受けて，研究者に方向転換したので，研究者としての自覚が少し足りなかったのかもしれない。

　租税法研究者が租税法律の解釈や租税判例の分析に専念するのは，租税法という学問分野が，目の前に現実に存在する，納税者の申告等に関する規範であり，また，納税者と課税当局の間の紛争の調整・解決に関する法である以上当然のことである。しかし，私には，そのような納税者と課税当局の間の法的紛争は，租税制度の内包する問題点の一部でしかないように感じられた。なぜならば，納税者と課税当局の他に，「納税者になろうとしない存在」があって，相

当の経済的重要性をもっており，その行動についての正面からの分析なしにいくら目に見える納税者と課税当局の対立だけに焦点を当てても，それだけでは十分ではないように思われてならなかったからである。

　租税支払を減少させようとする動きには，二種類がある。一つは，脱税，租税回避，租税特別措置を用いた節税等の，課税庁の調査の対象となりうる，その存在の予想されている，いわば表面に出てくる経済主体の行動である。もう一つは，なかなか表面に出ることの少ない国際的主体等による，完全に合法的に課税を受けないようにしようとする，いわば，租税制度の想定外の活動である。このうち，私の関心を引いたのは，もっぱら後者であった。

1 これまでの課税逃れ取引の研究

(1) 世の中の急激な変化

　前述のように，30年以上〔本書出版時からは40年近く〕も前のこと，企業会計と法人税法の間の関係について論じた助手論文を東京大学法学部に提出[38]した直後の20代半ばの私は，①課税逃れ取引の実態あるいはその経済的・私法的構造に関する研究と，それを理解するための前提となる，②法制度の経済学を用いた分析（いわゆる法と経済学の分析）に没頭していた。これらは，いずれも，周りの方々の理解を得ることの困難なテーマであり，私は研究者として孤独であった。覚悟していたこととはいえ，将来予想が，早くも現実のものとなったのである。理解者といえば，指導教官の金子宏教授お一人であったといってよい。

　それにもかかわらず，私は，かつて心に抱いた上述の若いころの発想を基本的に追求するかたちで，現在に至るまで研究を行ってきた。これは，伝統的な租税法研究者や実務家から見れば，やや奇異に映る研究スタイルである。それ故に，孤独なだけではなく，誤解を受けたことも一度や二度ではない。しかし，

38　後に，「企業課税における課税所得算定の法的構造(1)-(5・完)」法学協会雑誌100巻1号・3号・5号・7号・9号所収，昭和58年，として発表。

私自身予想もしなかったことであるが，最近，そのような状況が徐々に変化しつつあるのである。すなわち，この①と②のいずれも，現在においては学界や実務における主要なテーマとなっており，私はもはや孤独ではない。では，この30年の間〔本書出版時からは40年の間〕に，一体何が起こったのであろうか。

(2) 課税逃れ取引の実態に関する研究

　20代の私が，課税逃れ取引の実態に関する研究として集中的に読んでいたのは，1981年に発表されたゴードン・レポート[39]と，1984年1月にアメリカ財務省が，下院の歳入委員会に提出した，Department of the Treasury, Tax Havens in the Caribbean Basin, 1984 と題する報告書であった。いずれも，アメリカの多国籍企業がその租税負担を圧縮するために，カリブ海に存在する様々なタックス・ヘイブンをどのように利用しているかについて，実例とともに解説したものであった。これらに触発されて，そのような研究に関連するテーマの一つであるキャプティブについて，「キャプティブのアメリカ連邦所得税法上の取扱い」（ジュリスト804号99頁-101頁，1983年）を発表したのもこのころであるが，それが注目されることはほとんどなかった。

　このような課税逃れ商品の取引実態の研究に没頭する私に対して，幾人かの親切な方々からは，法学者というのは，取引実態の把握よりも，法律の解釈や判例の整理を行うべきであるという親身の温かいご助言を頂戴した。租税回避に関する解釈論は法律学者にとって重要なテーマであるが，どのような課税逃れが行われているかは，それほど重要なものではないというのであり，まさにそのとおりであった。例えば，（刑事政策学者ではなく）刑法学者が犯罪行為の中身の研究ばかりしていては，確かに孤立するであろう。そのようなご批判を私はとてもありがたいものであると思ったが，さりとて，課税逃れ取引の実態に関する研究をやめることはなかった。そして，このような研究をまとめた上で理論的観点から整理して発表したのが，「国際取引と課税」（1994年），「金融取

---

[39] Richard A. Gordon, Tax havens and their use by United States taxpayers : an overview : a report to the Commissioner of Internal Revenue, the Assistant Attorney General (Tax Division) and the Assistant Secretary of the Treasury (Tax Policy), 1981.

引と課税」（1998年），及び，「タックスシェルター」（2002年）の三つの書物である。予想していなかったことであるが，いずれも好意的に受け止められた。

　もちろん，その後も，このような取引実態の研究を行う研究者はあまり多くは現れてはいないが，少なくとも，私の行ってきたような研究が珍しいとされるような状況ではもはやないといってよかろう。むしろ，現在，国際的な課税逃れの話は，OECDやG8やG20等で主要なテーマとして取り上げられ，税制調査会においても，その検討が真剣に行われている。このような状況を昔の私は予想だにしておらず，まさに，隔世の感がある。

(3) 法制度の経済的分析に関する研究

　他方，当時の私は，租税法制度をミクロ経済学の方法論を用いて分析することに没頭した。幸い，こちらについては，1980年代の半ばに東京大学にフルブライト研究生（指導教官は，金子宏教授であった）として滞在していたマーク・ラムザイヤー教授（現在，ハーバード・ロースクール教授）と意気投合し，30代になったばかりの私達二人は，1980年代の半ばに，無謀にも，日本法を「法と経済学」の手法で分析するという方法論を日本で主流のものにしようという，果たせようはずもない夢について語り合った。その成果は，Mark Ramseyer and Minoru Nakazato, "Japanese Law : An Economic Approach"（University of Chicago Press, 1999）という英語の書物として発表された。

　しかし，今や，租税法の分野において経済分析を用いた優れた業績が次々と中堅・若手の研究者によって発表されるようになっている。むしろ，現在においては，法律学とともに，少なくとも一定程度の経済学の知識がなければ，租税法の研究者となることは困難な状況であるといっても過言ではないのではなかろうか。この点においても，まさに隔世の感がある。

(4) ファイナンス取引の研究

　上の，課税逃れ取引の研究と，法制度の経済分析の研究の二つを直接的につないだのが，ファイナンス理論に基づく複雑な取引を用いた課税逃れ取引の研

究であった。

　その背景としては，1990年代に入ってから課税逃れ商品の組立てにデリバティブ等のファイナンス取引が用いられることが次第に多くなってきたことが挙げられる。その結果，課税逃れ商品の具体的仕組みに注目する以上，それらの商品の基礎をなすファイナンス理論と，それらの商品の引き起こす経済的効果を理解することが必須のこととなった。大局的に見れば財政と金融の融合ともいうべき，この現象について，租税法研究者として正面から検討を加えなければならないという気持ちから，30代半ばの私は，必死でファイナンス理論の勉強をしたのである。

　そして，現在においては，デリバティブの課税に関する定めが法人税法におかれるなど，一定のファイナンスの知識が租税法における常識となってきている。これまた，隔世の感がある。

2 ｜ 租税法に関する基本的な考え方

(1) 課税の三層構造

　租税制度の構造それ自体に関する研究を超えたところにある，課税の対象となりうる取引にフォーカスした租税法の研究，取引類型に即した租税法の研究こそが，私が心がけてきたことである。これには，理由がある。すなわち，前述の助手論文執筆の過程で，私は，会計処理の問題が，経済取引の会計的把握，それに基づく私法上の取扱い，そしてその後の租税制度という三層構造をなしていることに気が付いた。その点を拡張することにより，私は，課税はすべからく以下のような三層構造に基づいてなされると考えるようになったのである。

　① 取引は，経済実態を反映するかたちで，経済的理由に基づいて行われ，経済理論に支配される。

　② そのような取引が現実になされるためには，民法や商法に基づく私法的構成が必要である。

　③ その上で課税がなされるのであるが，課税要件の中に私法上の構成が含

まれることになる。

　これは，金子宏教授の考え方に影響を受けた結果であるが，私は，租税法が，このような三層構造の上に成立する学問であると考え，研究を行ってきた。そして，このような三段階の構造に基づいて課税がなされるとすれば，課税の前提としての取引の経済的構造・私法的構造を踏まえなければ，適正な課税を行うことができないのは自明のことである。それ故に，租税法の検討においては，取引の経済的構造の理解，取引の私法的構造の理解を当然の前提として租税制度の運用について考えるべきで，それ故に，必然的に取引類型に応じた租税法の理論が必要となる。

　そして，現在においては，租税法を，所得税や法人税といった法律ごとに研究するのではなく，法律の適用される対象である取引ごとに研究しようという方向性もそれほど珍しいものではなくなった。また，課税について考える際に，租税制度の理解のみならず，課税の対象となる取引の経済的構造や私法的構造に関する理解を前提としなければならないという点についても，正面から反対する方はいないであろう。

(2) 課税逃れ取引の特殊性

　そのような課税の前提となる取引の中でも，課税逃れ取引は，租税制度の枠外にあるという際立った特殊性を有している。しかしながら，租税制度の想定の枠外にあるからといって，課税逃れ取引について無視していいということにならないのは当然のことである。

　前述のように，若いころの私は，租税法の理論において，課税庁と納税者の対立関係のみを考える考え方に対して根本的な疑問を抱えており，「納税者になろうとしない存在」の行う課税逃れ取引の研究に焦点を当てようとした。課税逃れ取引は，課税の不公平性を引き起こすだけでなく，租税制度の存在故に，課税を逃れようとするための不自然で経済的に無意味な取引が慫慂されるという点において，深刻な経済的非効率性を引き起こすという問題点を内包したものである。のみならず，それが大規模に行われれば税収が大幅に失われ，国家

の存在自体が危ういものとなり，結局，困るのは一般の国民ということになる。そのような現象が深刻化しているのが現代であり，それ故に，OECDやG8やG20において，国際的な課税逃れが議論のトピックとして取り上げられているのである。

例えば，歴史を振り返ってみると，鎌倉幕府の成立や，塩の密売人による唐帝国の滅亡等は，課税逃れ取引が深刻な政治的影響力を及ぼした例であるという点に気付く。ミクロ経済学の理論によれば，人頭税や必需品課税は，課税前と課税後の納税者の行動に変化を引き起こしにくい（人頭税が課されたからといって，人間は課税を逃れるために生きるのをやめないし，必需品に課税がなされたからといって，必需品の需要がさほど減少するわけではない）が故に，市場経済メカニズムを撹乱する程度が少なく，それ故に効率的で望ましいものであるとされる。しかし，経済学のこの議論は，**租税制度の執行が円滑に行われていることを暗黙の前提**としたものである点に留意しなければならない。すなわち，現実には，納税者は，重い人頭税が課されれば逃亡するし，必需品課税がなされれば密売を行うようになるのである。

例えば，大化の改新で導入された公地公民の制の下の租庸調（一種の人頭税といってよかろう）の制度は，貴族や寺社の保有する（不輸不入の特権で守られた）非課税の荘園の蔓延（これは一種の課税逃れ取引である）により崩壊し，深刻な財源不足により，律令政府そのものの存在が危機に瀕することになった。そこで，国にできない治安維持を自らの力で行うべく，京都の貴族に租税を支払いたくない武士団（開拓農民の組織体）が連合して打ち立てたのが鎌倉幕府であるととらえることができよう。また，あまりに高い塩税に対抗するために塩の密売（これも課税逃れ取引である）が横行し，経済的・政治的に力をつけてきた塩の密売人の黄巣が引き起こした乱をきっかけに唐帝国は滅亡することになる。

最適課税論は，つきつめれば，課税の影響を受けにくい者，すなわち，とりやすいところからとるというものであり，法的には支持しにくいものであるが，経済学的に見ても，実は，執行が適正に行われていない場合には課税逃れを助長し，効率性の点からも問題の多いものなのである。最適課税論に基づく課税により律令政府や唐帝国のように政府が滅びてしまえば，まさに本末転倒であろう。

3 | 専門家委員会における発言

　以上のように，私は「納税者になろうとしない存在」の行う課税逃れ取引に関する情報収集の重要性を意識してきた。そこで，かつての（政治家の方々をメンバーとする）税制調査会の下部組織である（研究者からなる）専門家委員会において，私は，以下のように，繰り返し，課税逃れ取引に対して警鐘をならした。3年前〔本書出版より9年前〕のことである。

【税制調査会第2回専門家委員会議事録・平成22年3月26日】

　https://www.cao.go.jp/zei-cho/history/2009-2012/gijiroku/senmon/2010/__icsFiles/afieldfile/2010/11/18/sen2kaia.pdf

> 中里委員　法律の方の小委員会でいろいろ議論して，……感じたのは課税逃れについて，当然，法律家ですからそういうことは許さないという感覚は全員が共有しているわけです。先ほどの透明，納得のところも，一部の人がすごく抜いている，制度上抜いているのもあるけれども，不法に抜いているということもあると問題です。そういうところについては，……制度がきちっと運営されていて，逃れている人間がいないという前提の話のみをしているわけにはまいりません。……不正を許そうということはないはずですから，課税逃れ封じのようなことを，結論はそう出ないまでも，意識のどこかに入れておくというのが……，国民に対する説明の方針としていいのではないかと思うんです。

【税制調査会第3回専門家委員会議事録・平成22年4月7日】

　https://www.cao.go.jp/zei-cho/history/2009-2012/gijiroku/senmon/2010/__icsFiles/afieldfile/2010/11/19/sen3kaia.pdf

> 中里委員　払うべき法人税を払っていないというようなことが，いろんな取引を通じてあり得るので，それについて国税にしかるべく対応できるような何かを用意するということだと思います。

【税制調査会第 5 回専門家委員会議事録・平成 22 年 4 月 20 日】

　https://www.cao.go.jp/zei-cho/history/2009-2012/gijiroku/senmon/2010/__icsFiles/afieldfile/2010/11/19/sen5kaia.pdf

> 中里委員　法人税が立地にどんな影響を与えるかということに関してはいろいろな議論があるんでしょうけれども，日本企業が製造拠点を外国に移して，雇用が失われているということは，何が原因であるとしても，これは事実でございまして，日本になければ雇えないわけですから，それにもかかわらず法人税を増税するというのはないと思うんです。……それで，対内投資の話が出ましたけれども，外国の企業が日本にやってきても，日本で税金をあまり払わないようなスキームは，……開発されているわけでございまして，そういう企業は日本では余り雇いませんし，税金も払わない。しかし，利益を上げている。それを余り税金がかからない形で外国に持っていくこともできるわけです。
> 　……日本企業は外国に，メーカーを中心に出ていってしまって，外国からやってくるのは，余り税金を払わない企業で，そうすると一部の実直というのか，逃げ足が遅いというのか，真面目な企業が法人税で狙い撃ちされてしまうとしたら，余りそこ〔法人税〕を拡充させるというのは，……常識的には相当の理論武装がないと……できないのではないか……と思います。

【税制調査会第 7 回専門家委員会議事録・平成 22 年 7 月 9 日（金）】

　https://www.cao.go.jp/zei-cho/history/2009-2012/gijiroku/senmon/2010/__icsFiles/afieldfile/2010/11/19/sen7kaia.pdf

> 中里委員　法律家というものはどうしても納税者と当局との対立関係を見ています……。……法律家は対立構造の下で考えてしまうものですから，義務は書くなという意見も出てくるのでしょう。でも，本当に経済学的に考えれば，真っ当な納税者と逃れようとする人がいるわけで，逃れようとする人に対して余り優しくするのはどうかというのは一般的に当然のことだと思うんです。ですから，課税庁と納税者の対立関係というよりも，**真っ当な納税者と逃れようとする方との間の対立関係ということをどうしても考えざるを得ない**……と思います。

　しかし，専門家委員会や，その下部組織である納税環境整備小委員会において，これらの提言が取り上げられることはなかった。これらの発言は，全て，「納税者になろうとしない存在」を念頭においてのことであったことは，読者の方々には容易におわかりいただけよう。当時，それについての悲しい誤解が存在したことは，今，思い起こしても残念なことであった。専門家委員会の経済学者の委員の一部の方々からは私の考えに賛同の意見をいただいたこともあるが，租税法や税務の多くの専門家は，目の前の納税者と課税当局の対立関係を主に念頭に置いた議論が興味の中心で，「納税者になろうとしない存在」についての話にはあまり耳を貸してくださらなかった。納税環境整備小委員会においても，上のような私の考え方は採用されなかった。のみならず，むしろそれは，納税者の権利を軽んずる考え方として批判された。この税経通信においても，そのような批判の意見がたびたび掲載された。それ故に，3年前〔本書出版時においては9年前〕の私は，これまでにないほど孤独であった。若いころの予想が本当に的中したのである。それでも不思議と世の中を恨む気持ちにはならなかった。

　その結果として，現在の〔本書出版時から見ると，6年前の〕税制調査会で国際的課税逃れに関する検討が正面から行われるようになるまでの，2010年からの3年間，この問題に関する検討が遅れてしまったことは，返す返すも残念なことである。

　しかし，それぞれの論者がそれぞれの立場から議論を戦わすのが，民主主義

社会である。今はただ，この点の重要性について様々な方々を十分に説得することのできなかった当時の己の非力を悔やむだけである。

4 | 国際課税問題と執行問題の連動

　適切な立法を行うためには，正確な情報収集が不可避である。立法のための情報収集権限としては，議員の国政調査権が存在するが，それは，私人や私企業から情報を入手する権限ではない。また，行政庁にも，政府による立法のための特別な調査権限が与えられているわけではない。もちろん，世界に目を転ずれば，前述のアメリカの二つの報告書のように，議会の委員会や行政庁が，「納税者になろうとしない存在」について，極めて詳細な報告書を出すことがあるにはある。しかし，調査の対象とすべき課税逃れ取引は専門技術的な取引であるのみならず秘匿されていることの少なくない行動であり，直接的な調査権限を持たない国会や政府が情報を集めようとしても，難しい点があるという点は認めないわけにはいかないであろう。

　そこで，「納税者になろうとしない存在」については，専門家がその研究活動の一環として理論的な検討を行う必要が出てくるのではなかろうか。そのような考え方に基づいて，税制調査会は，現在〔本稿執筆の，2014年1月当時〕，当面の課題として，国際課税と税務執行に関する議論を行っている。そして，それに対応するかたちで，総会の下には，国際課税のディスカッション・グループと，税務執行のディスカッション・グループの二つが置かれている。

　この二つのテーマは相互に関連している。「納税者になろうとしない存在」にアプローチするためには，国際課税のメカニズムを整備し，また，情報収集のメカニズムを適正なものにすることが前提となるからである。ここに，課税逃れ取引についての，正確な情報に基づいて理論的な議論がはじめて公的に行われることになったのであるが，ここまで来るには，紆余曲折の長い道のりがあったことをご理解いただければ幸いである。

5 | 今後の税制調査会の在り方

　以上述べたように，ここ30年程〔本書出版時点においては35年程〕の時間の流れの間に，現在の租税法研究者は，経済取引の実態と，その背後に存在する経済理論・私法理論を理解していなければ，独り立ちは難しいような状況になってしまった。そのような状態を前提とするならば，税制調査会における議論も，今後，一定の変化を迫られるようになるかもしれない。例えば，経済学の専門家による経済理論に基づいた議論とともに，次のような視点が重要となってくるのではなかろうか。

　第一に，マイナンバーや税務執行について議論するディスカッション・グループが存在することが端的に示しているが，従来の税制調査会においてはあまり触れられることのなかった，手続や執行の問題が重要な論点として議論されていくであろう。そのような問題を真剣に議論していくならば，納税の現場において納税者の遭遇する種々の困難を無視した税制改革の議論は，今後は行われなくなるのではなかろうか。経済取引が行われ，それに基づいて申告が行われ，その結果として納税がなされるわけであるから，これは当然のこととしえよう。

　また，第二に，国際課税のディスカッション・グループにおける検討課題が示すように，国際的な議論が必須のものとなろう。全所得主義から帰属主義への移行の問題や，インターネット取引に関連する消費税の国際的課税の問題に関連した法改正が具体的に議論される〔これらについては，立法がなされた〕とともに，OECDやG20における国際的な課税逃れ（BEPS, or Base Erosion and Profit Shifting）に関する議論を無視したような税制改革の議論はありえないものとして批判されるであろう。

　さらに，第三は，将来に関する明るい展望である。少子高齢化の中で将来のしかかってくるであろう租税負担に関する不安感に押しつぶされ，暗い気持ちで未来を暗澹たるものとしてとらえた議論のみを行っていては，国民に見放されてしまうであろう。意見の異なる者に対する揚げ足取りに終始するのではなく，明るい未来をどのように構築していくかという点に目を向ける必要があろ

う。
　租税に関する専門家である私たちは，様々な立場の方々の様々な意見に真摯に耳を傾けながら，現実的な対応を図るべく努力をし，日々の業務を行う必要があるのではなかろうか。私自身，今後も，謙虚な気持ちで努力を続けていきたいと考えている。

五　私の租税教育論

(税務弘報 63 巻 13 号 74-77 頁，2015 年 12 月号)

はじめに

　教育というと，知識・経験のある者がそうでない者に対して上から下へ知識・経験を伝えるという，学ぶものにとって受動的なイメージがある。しかし，ここではあえて，個々人が自らの努力で知識・経験を身に付けていくという能動的な意味をも含めて教育というものをとらえたい。租税に関する知識は，読み・書き・そろばんといった生活に必要な基本的な技術と同じく，社会人として生きていく上で極めて重要なものである。しかし，それにもかかわらず，租税に関する知識・経験は結局は大人の世界に属する高度なものであり，その習得については，生活に必要な基本的な技術（これらは，受動的に教えられる場合が多いであろう）とはかなり異なり，個々人の能動的かつ自発的な努力が大きくものをいうからである。

　そもそも，人間が社会的に大人になるとは，租税を意識するということに他ならないとさえいってもよいのではなかろうか。以下，このような視点から，人の成長段階に応ずるかたちで，それぞれの段階における租税教育について考えてみたい。

　なお，以下における叙述の一部は，テーマの関係で，前に発表したエッセー[40]と内容において多少重複する部分があるという点をご理解いただきたい。

40　中里実「全国納税貯蓄組合連合会，シャウプ勧告，租税教育」税経通信 2015 年 4 月号巻頭言，本書第三部第六論文，参照。

1 小中高校での教育

　この段階で，租税に関する基本的な常識を学ぶことには，国という存在を感じるという点で意味があるといえよう。子供たちが，少なくとも，一定の場合には公共財の提供が必要であるという点と，公的部門はつきつめれば租税収入により運営されているという点について，多少なりとも具体的なイメージを持てるようにすることは，子供たちの社会性を涵養するために有意義である。

　そして，この段階での教育について，私は，実は，国税庁や日本税理士会連合会が日本各地で行っている租税教育に深い関心を寄せている。そこにおいては，単なる基本的な知識や考え方の提供という目の前の効果を考えるだけではなく，税の専門家集団が子供達に対して税について実体験も含めて語りかけるというそのこと自体の中に，民主主義社会の根幹に関連する大きな意義を見いだせると信じているからである。

　ところで，初等・中等教育の過程において，社会人になった際に現実に役に立つようなかたちで租税に関する教育を行うことは，実際にはかなり困難であるように思われる。なぜならば，生徒達は，社会において行われている経済活動について知識も経験もあまり有していない場合がほとんどだからである。したがって，そこでの教育は，もっぱら単なる制度の基本の解説にとどまる場合が少なくないであろう。しかし，ここにおいては，租税制度の建前だけに絞った解説に加えて，本音の部分の話もほんの少しだけでもあってもよいのではないかと，私は考えている。例えばの話ではあるが，現実に行われている単純な節税策についてほんの少しふれるだけでも，学生の反応が根本的に異なってくるのではなかろうか。

　いずれにせよ，この段階で，税という不可思議な存在について子供たちがとりあえず自分の頭で考えてみておくこと自体が，彼らの以後の人生において重要な意味を有することになるのではなかろうか。それは，租税制度の理解にとどまらず，将来必ず遭遇するであろう様々なかたちの複雑怪奇な社会現象について目を向けるための極めて重要な訓練となるであろう。

2 | 大学での教育

　初等・中等教育におけると異なり，大学においては，専門の講義が行われているために，踏み込んだかたちで租税について学ぶことができる。私自身は，大学3年生の時の貝塚啓明先生の財政学の講義に続いて，大学4年生の卒業間際の冬学期（昭和52年10月から翌年3月にかけて）に，金子宏先生の租税法の講義を受講した結果，租税現象における法律学と経済学が見事に有機的に融合された中身に大いに感動し，それが今の職業に就く最終的要因となった。

　また，金子先生の授業の際には，東大の租税法講座が，昭和25年のシャウプ第二次勧告に基づいて昭和26年に開設されたことを知った。大きな驚きであった。このシャウプ第二次勧告における，法学部に租税法の講座を設けるべきであるという提案は，シャウプ使節団のメンバーだったスタンリー・サリー教授の発意によるものであること，また，サリー教授がハーバード大学における金子先生の恩師であることも同時に教えて頂いた。

　なお，法学部や大学院における租税に関する科目以外の授業においても，経済取引にはすべからく課税がつきまとうという点についてごく簡単に説明するだけでも，卒業後大いに役立つのではなかろうか。特に，経済活動がタックスの影響を大きく受けていることについて理解しておくことは，将来どのような職業に就くにせよ，社会人として必須といえよう。また，私の場合，金子先生の授業で，租税回避に対応する判例理論に関するアメリカ連邦最高裁のGregory v. Helvering 判決が取り上げられ，その解説をお聞きしたことが，その後，私が課税逃れ商品について研究する直接のきっかけとなった。

　現在，私自身，税にあまり興味がないかもしれない学生達に，今年も，そして今後も，税について語りかけることになるが，そのような人生を歩んでいることをとても不思議に思うと同時に，何か縁のようなものを感じ，随分と楽しいことであると考えている。

3 社会人教育

　租税についての知識・経験が社会において経済活動に携わる際に必須のものであるという事実に鑑みるならば、社会人教育こそ、租税教育の王道なのではなかろうかと思われる。社会人たる者、積極的に、租税に関する知識・経験の取得に励むことは、仕事や生活において大いに有用であるのみならず、有権者として選挙権を行使するに際しても重要であるといえよう。

　その際には、何よりも、客観的で正確な情報を利用することが大切である。特に、租税制度は複雑であるが故に、誤解等が生じやすいので、客観的で正確な情報が社会全般に対して利用しやすいかたちで提供されているということが重要である。そして、そのような情報の提供は、課税当局や、税理士会等の使命ということになろう。そのことが、究極の納税者サービスである。

　社会人が租税について知識・経験を蓄積する際には、何よりも、客観的で正確な情報に基づいて価値判断を行わなければ、致命的なミスを犯す恐れがあることに留意しなければならない。例えば、私は、「103万円の壁」が存在するので税制を何とかしてほしいということを労働政策の専門家の方から真顔でお話しされたことがある。しかし、ご承知のように配偶者特別控除でこの問題は租税制度に関しては一応解決されており、むしろ、多くの企業で、配偶者手当は103万円で打ち切られるという賃金体系になっていることが多い点こそ「103万円の壁」の現実の正体であるということを、その人がまったくお考えになっていらっしゃらなかったようで、本当にびっくりしたことがある〔この問題は、平成29年度税制改正における配偶者控除の引き上げにより、かなりの部分解決された〕。このような初歩的な「誤解」に陥らないようにするために、最小限度の基本的な知識を、容易に入手できるようにするための制度整備の努力を続けていかなければならないであろう。その点において、そのような正確な知識の提供について、課税庁や税理士会という専門家集団の役割が極めて大きいという点を踏まえておく必要があることは言うまでもなかろう。

4 | 専門家教育

　租税の専門家には，税務の専門家と法務の専門家と公共経済学の専門家の三種類が存在し，租税に関するそれぞれの専門とする高度な知識を用いて活躍していらっしゃる。しかし，それらの専門家の方々も，租税に関する知識であっても，自らの専門とする領域以外のことについては，必ずしも理解が十分でないこともありうるかもしれない。

　例えば，税理士や課税庁職員に代表される税務の専門家については，正確な課税関係の構築のためには，課税の対象である取引の私法的性格の正確な把握に必要な民法等の理解が要求されると考えられる。また，弁護士に代表される法務の専門家には，租税制度の詳細な理解や課税所得算定の会計的構造の正確な理解が要求されるのではなかろうか。また，公共経済学の専門家には，(税務の専門家と，法務の専門家の行っている)実務における基本的知識の習得が要求されるといえよう。

　租税に関連する事柄を学問の縦割りの中でのみ理解しようとすれば，全体像を知ることが困難なことは自明のことといえよう。それ故に，専門家たる者，一定の範囲でいいので，自らの専門外の知識の幅広い習得にも務めるべきであろう。専門家は，どうしても自らの専門領域に閉じこもる傾向があるが，租税の専門家である以上，租税に関連する様々な専門領域の知識を一定程度幅広く有していることが望ましいことはいうまでもない。

5 | 自分の経験

　今から45年前の，昭和45年3月19日付で，当時中学生であった私は，全国納税貯蓄組合連合会の荘寛会長(板橋区にある荘病院の元院長で，日本女子大学目白会の初代会長であった先生ではないかと思われる)から，私の書いた作文について表彰していただいた。その懐かしい賞状を，私は今も手元にもっている。

　すなわち，私が中学校3年生の時に校長先生から急に校長室に呼び出されて，

税務署から中学校に依頼があった税務署と全国納税貯蓄組合連合会主催の催しの一環で税金についての作文を書くように指示されたのである。そして，その時に，ほとんどなじみのなかった税金というものについて，本当に生まれて初めて真剣に考えてみた。当時の田舎では，国税を納めているような人は少なく，所得税や法人税について話題になることもあまりなかった。要するに，北関東の寒村に生まれ育った私にとって，税というものは自分とまったく無縁のはるか遠くにある存在でしかなかった。

もちろん，中学校の社会科で，地租改正とか，フランス革命やアメリカ独立革命の原因とか，シャウプ勧告によりもたらされた直接税中心の租税体系とか，直接税と間接税の負担構造とかについて習ってはいたものの，それはあくまでも漠然とした抽象的な知識の断片にすぎず，私の租税に関する知識には，何分にも現実感がまったく伴っていなかった。

そのような状況の中で，百科事典等の乏しい資料を用いながらいろいろ財政について考えてみたことは，自分のその後の生き方にとって非常に有益であったのではないかと思う。実際，その経験がなければ，私が租税法を専攻するということが果してあったか否か，疑問であるとさえいえよう。

そして，その時に何よりも感じたのは，例えば国が何らかの政策を実現しようとして，そのための法律を作ったとしても，その法律に定められたことを実際に行うための資金がないと現実には何もできないという，極めて当たり前の事実であった。確かに憲法25条は健康で文化的な最低限度の生活を保障しているが，しかし，貧しい人を救うにも，何をするにも，資金がないと国は何もできないということが，本当に心の底から実感できた。このことは国のすべての活動について妥当することであり，何か法律を制定しても，そこに定められた政策や施策の具体的な実現には，予算の裏付けがなければ国は何も実現できない。その時に，そのようなことを考えた結果として，私は，財政全般について興味を持つことができたのである。

ま と め

　また，租税が納税者にとっての経済的負担である以上，租税制度に関しては，全員が満足するという状態はなかなか存在しにくいという点にも留意しなければならない。かつ，一部の者のみが満足する租税制度の下では，必ず他の人達が不満足であるということが多い。そのように考えると，結局，全ての人が少しずつ「負担感」を持つような制度が，公平で望ましい租税制度といえなくもない。

　さらに，租税制度や財政制度をめぐる議論においては，「ない袖は振れない」，「うまい話はない」という極めて当たり前の基本的な点を常に押さえておく必要があるように思われてならない。このような常識的な点を踏まえずに，いたずらにありそうもないユートピアを語るという姿勢では，建設的で実りある議論は到底望めない。すなわち，租税教育の前段階として，経済問題・財政問題の議論に際しては，冷徹な常識こそが出発点であるということを国民が理解していくことこそが重要なのではなかろうか。

六　全国納税貯蓄組合連合会，シャウプ勧告，租税教育
（税経通信70巻4号（通巻995号）2-3頁，2015年4月号）

1 | 全国納税貯蓄組合連合会の荘寛会長

　全国納税貯蓄組合連合会が行っている，税についての作文という企画が，昔から存在し，現在もある。これは，全国の中学生から税についての作文を募集し，優秀なものを表彰するというものである。実は，今から45年前〔本書出版時からは49年前〕の，昭和45年3月19日付で，私も，同連合会の荘寛会長（板橋区にある荘病院の元院長で，日本女子大学目白会の初代会長であった先生ではないかと思われる）からいただいた懐かしい賞状を今も手元に持っている。

　北関東の寒村に生まれ育った私にとって，税というものは自分とまったく無縁の遥か遠くにある存在であった。中学校の社会科で，地租改正とか，フランス革命やアメリカ独立革命の原因とか，シャウプ勧告によりもたらされた直接税中心の租税体系とか，直接税と間接税の負担構造とかについて習ってはいたものの，漠然とした抽象的な知識にすぎず，何分にも現実感がまったく伴っていなかった。

　しかし，校長先生の指示でこの作文コンクールに応募することになって，必要に迫られ，いろいろと調べたり，考えたりしてみざるを得ないこととなった。といっても，田舎の中学校の図書室に税についての特別な書物があるはずもなく，基本的に百科事典等に依拠した勉強ではあったが，結果として，私は，以下のような様々な興味深い点を，本当に実感として理解することができた。

- 税は，大昔から国家の統治構造と密接に結び付いていたこと
- 税に関する不満が市民革命の原動力になっていたこと
- 明治憲法と日本国憲法に租税法律主義に関する定めがあること
- 戦後，税収不足に悩む政府がシャウプ使節団を招いたこと
- シャウプ勧告が，戦後の日本税制の基本となっていること

- 何よりも，国は，租税により得られる収入がないと，何もできないこと

その結果，必然的に，私は，国の財政というものに興味を持つこととなったのである。

2 ｜ 金子宏先生によるシャウプ勧告の授業

　昭和49年に東京大学に入学し，法学部の4年生の秋（昭和52年）から，金子宏先生の租税法を履修した際にも，シャウプ勧告について充実した講義があり，東大の租税法講座が，昭和25年のシャウプ第二次勧告に基づいて昭和26年に開設されたことを知った。驚きであった。この第二次勧告における，法学部に租税法の講座を設けるべきであるという提案は，シャウプ使節団のメンバーだったスタンリー・サリー教授の発意によるものであり，また，サリー教授がハーバード大学における金子先生の恩師であることも教えていただいた。

　そして，この授業を聞いている最中に突然，私が小学校4年生の時（昭和39年）にテレビで映し出されていた，その前年に暗殺されたケネディ大統領の母校であるハーバード大学の緑あふれる美しいキャンパスにとても感動したことを教室の映像と共に思い出した。そして，私の頭のファイルの中にあったハーバード大学の美しいキャンパスと，昔書いた税に関する作文が，金子先生の授業を媒介として突然に結び付いたのである。そこで生じたのは，まさに，過去の記憶のクリスタライゼーションであった。その直後，私は，金子先生のところに出向き，租税法の助手に採用していただきたいと申し出たのである。恥ずかしながら，今思えば，無謀で単純な生き方であったと言わざるを得ない。

　しかし，人の一生は実はそれほど計画的に動いているわけではなく，偶然に記憶していたことがらがあれこれと結び付いて進路が決まるというようなことは，ままあることであり，私の場合は，その時の金子先生の授業で職業選択のきっかけを与えていただいたといえよう（もう一つ，金子先生の授業で取り上げられた，租税回避の否認に関するアメリカ連邦最高裁のGregory v. Helvering判決が，その後，私が課税逃れ商品について研究するきっかけとなったことも忘れられない思い出で

ある)。

　教育とは脳細胞に不可逆的な変化を惹起する危険な作業である，というのは，法学部の私の同僚の言葉であるが，その結果として，私は租税法を専攻する研究者となって現在に至っている。小学生の時にテレビで見たハーバード大学にも何度か滞在するのみならず，授業を担当することができた。そして，何よりも今，税経通信という税の専門家の読む雑誌に現実にこの文章を書いている。まさに，事実は小説よりも奇なりである。

　そういう意味で，人の一生とは，たまたま目についたことに関する様々な記憶が，脳の複雑なメカニズムの中であれこれと結び付いて，人間がその結果を自分の判断としてとらえて，それに従って決断を下していくという作業の連続なのかもしれない。偶然といえば偶然であるが，必然といえば必然といえなくもない。とにかく，不可思議な現象といえよう。

3 ｜ 日本税理士会連合会と租税教育

　ところで，このような不可思議な現象が，合理主義的なマインドの持ち主から批判されることがあることは仕方のないことである。不正確な記憶であるが，税についての作文に関する国税庁からの補助についても，無駄遣いという批判が出たという話をどこかで聞いたことがある。確かに，中学生に作文を書いてもらったからといって，急に納税意識が高まるわけではなかろう。しかしながら，若い多感な時期に，たとえ一握りの生徒であったとしても，税について考えてみるということが無駄であるとは思われない。たとえ，中学生の作文が，ありきたりな，社会における税の大切さを強調するだけのものであったとしても，税という不可思議な存在についてとりあえず自分の頭で考えてみることは重要なことなのではなかろうか。それは，複雑怪奇な社会現象について目を向けるための極めて重要な訓練となるであろう。そもそも，人間が大人になるとは，税を意識するということに他ならないとさえいってもよいのではなかろうか。

　そういうわけで，私は，国税庁や日本税理士会連合会が日本各地で行ってい

る租税教育に深い関心を寄せている。短兵急な効果を考えるのではなく，税の専門家集団が子供達に対して税について語りかけるというそのこと自体の中に，民主主義社会の根幹に関連する大きな意義を見い出せると信じているからである。私自身も，税にあまり興味のない学生達に，今年も，そして今後も，税について語りかけることになるが，そのような人生を歩んでいることをとても不思議に思うと同時に，随分と楽しいことであると心から感じている。

七　借用概念と事実認定——租税法における社会通念
（税経通信 62 巻 14 号（通巻 886 号）17-23 頁，2007 年 11 月号）

はじめに

　憲法により租税法律主義のしばりを受ける租税法の解釈・適用においても，実際には，社会通念の果たす役割は決して小さくはない。このことは，罪刑法定主義のしばりを受ける刑法においてさえ，例えば，わいせつ性の判断基準が社会通念であることを考えれば，特に驚くには値しない。

　その背景をなしているのは，課税が，私法に基づいて行われる取引に対してなされ，その私法においては，社会通念が重要な役割を果たしているという事実である。すなわち，租税法において私法からの借用概念が用いられている場合，それは基本的に私法におけると同じ意義に解すべきである（租税法による多少の修正はあっても，基本は私法によるべきであり，租税法による修正が行われる場合であっても，修正の範囲内でのみ租税法が優先する）とされるが，その借用概念の解釈や，それに関連する事実認定において，社会通念が一定の役割を果たすのである。

1 社会通念論

(1) 借用概念と事実認定の結び付き

　租税法において借用概念が用いられている事案においては，私法に関連する事実認定が重要な意義を有する場合が少なくない（もちろん，事実認定は，租税法上の概念が借用概念でない場合にも重要なものであるが，特に租税法においては，借用概念との関連において重視される場合が少なくない）。

私法により規律される取引から生ずる経済的成果に対して課税がなされる（あるいは，契約等当事者の意思により形成される取引関係において生ずる経済的成果に対して課税がなされる）という点を考えれば，租税法において借用概念が用いられている場合においては，私法関係に関する事実認定が重要な意義を有するのは当然かもしれない。

(2) 事実認定と租税回避

納税者が課税要件の充足を回避すべくわざわざ迂回的な契約等を結んだ上で，当該契約等が私法上有効に成立しているのであるから課税要件は充足されていないとして課税が行われないことを主張する場合がある。これが，いわゆる租税回避である。

この場合に，租税回避の否認が行われることがある。租税回避の否認とは，取引が私法上有効に成立しているにもかかわらず，それを無視して，課税要件が充足しているものとして課税することであり，法律上，明文の定め（租税回避否認規定）がなければ認められない。

また，たとえ租税回避否認規定が存在しなくとも，納税者の締結した契約等が不存在又は無効であると認定された場合には，当事者が意図した法律効果が発生せず，したがって，その発生を前提とした課税要件の不充足が覆され，結果として課税要件が充足されるようになることがある。このように，事実認定による結果として課税要件が充足されているとして課税を行うことは，取引の私法上の効力を無視して課税する租税回避の否認とは異なるので，「事実認定による『否認』」と呼ばれている。

(3) 社 会 通 念

事実認定の問題について議論する際に注意しなければならないのが，社会通念の問題である。特に，一見したところ会計処理の問題に見えるものが，実際には，法の世界における事実認定の問題であると考えられる場合が存在する。

この点が顕著にあらわれたのが，いわゆる興銀訴訟である。この事案におい

ては，銀行の住専に対する貸付金について，貸倒損失の計上が許されるか否かが争われた。最高裁平成16年12月24判決・民集58巻9号2637頁は，債権の回収不能に関して，

> 債務者側の事情のみならず，債権回収に必要な労力，債権額と取立費用との比較衡量，債権回収を強行することによって生ずる他の債権者とのあつれきなどによる経営的損失等といった債権者側の事情，経済的環境等を踏まえ，**社会通念に従って総合的に判断されるべきものである**（強調・筆者）

という基準を提示した上で，本件における貸倒損失の計上を認めた。貸倒損失をいつ計上することが許されるかという問題について，**会計的な議論に左右されることなく**，**法律学的な事実認定の問題として判断する**こととしたのである。特に，重要なのは，そのような事実認定に際して，社会通念に従って総合的に判断する必要性を述べた点である。

また，電力会社の火力発電所の除却損失の計上が認められるか否かがあらそわれた，いわゆる有姿除却に関する東京地裁平成19年1月31日判決（判例集未搭載）においても，裁判所は，

> 以上の諸点を総合すれば，本件火力発電設備の廃止の時点で，各発電設備を構成する個々の資産は，そのほとんどが，**社会通念上**，その本来の用法に従って事業の用に供される可能性がなかったもの，すなわち，再使用が不可能であったものと認めるのが相当であるから，実際に解体済みであったものを除き，いまだその用法に従って事業の用に供される可能性がないと客観的に認められるような状態には至っていなかったとする被告の主張は，採用することができない（強調・筆者）

と判示している。ここにおいても，社会通念に従った事実認定の結果として，法的に除却損失の計上時期に関する判断が下されている。

さらに、法解釈の問題に関しても、社会通念の意味は大きい。例えば、所得税法161条6号の「貸付金（これに準ずるものを含む。）」の「利子」という概念の内容が争われた事案において、東京地裁平成19年4月17日判決（判例集未搭載）は、以下のように判示している。

> 税法の解釈において使用される用語の用法が通常の用語の用法に反する場合、当該税法が客観性を失うことになるため、納税者の予測可能性を害し、また、法的安定性をも害することになることからすれば、税法中に用いられた用語が法文上明確に定義されておらず、他の特定の法律からの借用した概念であるともいえない場合であっても、その用語は、特段の事情がない限り、**言葉の通常の用法に従って解釈されるべきである。**（強調・筆者）

> 所得税法161条6号『貸付金（これに準ずるものを含む。）』の『利子』とは、消費貸借契約に基づく貸付債権を基本としつつ、その性質、内容等がこれとおおむね同様ないし類似の債権の利子ということができる。したがって、付帯する合意いかんでは資産の譲渡や役務の提供の対価として発生する債権に付随して発生した利益をも含むと解する余地があるといえ、その意味で、原因となる法律行為の法形式のみからその適用の有無を判断できるものではないが、他方、**社会通念上**、私法上の消費貸借契約における貸付債権とその性質、内容等がおおむね同様ないし類似するか否かが問題となる。その意味において、その法形式等を全く考慮することなく、経済的効果のみに着目して、同条号の『貸付金（これに準ずるものを含む。）』の『利子』に該当するか否かを判断することもできないというべきである。（強調・筆者）

これは、**必ずしも借用概念とはいえない用語の解釈に関しても、社会通念にしたがって、私法を参考にして解釈すべきであるということを述べた、極めて注目すべき判決**であり、今後の租税法解釈において少なからぬ意味を持つものと考えられる。

2 | 具体的な事例

(1) 借用概念としての「住所」「居所」

さて、比較的最近の課税問題で、借用概念にからむ事実認定との関連で社会通念が特に重要な意味を有するのではないかと思われるのが、所得税法上の居住者の認定における「住所」の概念の問題であろう。この問題については、法解釈及び事実認定の両方の観点から理論的に検討すべきことが少なくないと思われる。

〔なお、以下は、本稿の執筆された 2007 年当時の法令に関する議論である点に留意されたい。〕

所得税法2条1項3号は、「居住者」を「国内に住所を有し、又は現在まで引き続いて1年以上居所を有する個人をいう」と定義している。また、所得税法3条は、居住者及び非居住者の区分に関して、以下のような定めをおいていた。

> 1項　国家公務員又は地方公務員（これらのうち日本の国籍を有しない者その他政令で定める者を除く。）は、国内に住所を有しない期間についても国内に住所を有するものとみなして、この法律（—中略—）の規定を適用する。
> 2項　前項に定めるもののほか、居住者及び非居住者の区分に関し、個人が国内に住所を有するかどうかの判定について必要な事項は、政令で定める。

他方、所得税法の規定を受けて、所得税法施行令14条と15条が設けられていた。ただし、所得税法施行令14条は、「国内に住所を有する者と推定する場合」に関する定めであり、また、所得税法施行令15条は、「国内に住所を有しない者と推定する場合」に関する定めであり、いずれも推定規定である点に留意しなければならない。

しかし、いずれにせよ、所得税法が、「住所」や「居所」について決して包括的に定めてはいない点は重要である。したがって、所得税法3条による修正はあるものの、基本的に、所得税法2条1項3号の「住所」や「居所」の概念は借用概念であることにかわりはなく、この問題に関する出発点は、以下の民法の規定であるということになろう。

> （住所）
> 第22条　各人の生活の本拠をその者の住所とする。
> （居所）
> 第23条　住所が知れない場合には、居所を住所とみなす。
> 2　日本に住所を有しない者は、その者が日本人又は外国人のいずれであるかを問わず、日本における居所をその者の住所とみなす。ただし、準拠法を定める法律に従いその者の住所地法によるべき場合は、この限りでない。

租税法律は、基本的に、これらの民法の定めを借用しているのであるから、所得税法3条等による修正を除けば、原則として、民法に従って、所得税法における住所の解釈がなされるのであり、租税法独自の観点から、「住所」の解釈がなされるわけではないという点に留意しなければならない。また、住所の有無に関する事実認定も、基本的には、私法上の判断として行うべきであり、租税法独自の判断として行うべきではない。

(2)　住所と租税回避

前述のように、租税回避否認とは、当事者が採用した私法上の法形式を無視して課税要件を充足させることであり、これは租税法上の明文の規定がない限り認められない。ところで、所得税法上の「住所」に関する規定は、基本的に、民法上の「住所」に関する定めを修正したり、私法上認定された住所を無視するというかたちの定めにはなっていない。したがって、所得税に関する「住

所」の概念に関する事案においては，納税者の租税支払税額減少の意図等とは一応は独立に，私法の観点から，客観的に住所の認定をすべきであるということになろう。所得税法上の「住所」という概念の解釈においても，納税者の住所の認定に関する事実認定においても，私法上の住所とは独立に，租税法独自の「住所」というものが存在するわけではないのである。それゆえに，問題は，住所に関する民法の定めと私法上の事実認定により判断されるということになろう。

　もっとも，仮に所得税法等の国内法により住所に関連する否認規定を設けたとしても，租税条約との関係が問題となりうる。住所の判定に関する事実認定の問題であれば，基本的には日本私法の解釈適用の問題となるであろうが，私法を乗り越える租税法上の否認規定の適用ということになると，租税条約における居住者の定めとの関係を無視することはできないかもしれないからである。

　しかし，いずれにせよ，所得税法上，住所に関する租税回避否認規定が基本的に存在しない現在において，住所・居所については，最終的には，私法に関連する事実認定が重要な意味を有するということになろう。この問題は，租税法と私法の関係，国内法と条約の関係について考える際の適切な素材であり，住所，居所の意義について，どのように考えるかという道筋を整理しておくことは無駄ではなかろう。

(3) 実務上の取扱い

　所得税基本通達においては，「住所」とは，民法22条を受けてのことと思われるが，「個人の生活の本拠」をいうとされており，また，「生活の本拠」かどうかは「客観的事実によって判定する」こととされている（所得税基本通達2-1）。これを受けて，課税当局の実務上は，納税者の生活がそこを中心に営まれている場所かどうかで住所が決まるという説明がなされている[41]。

　また，2007年当時の，国税庁のタックスアンサーの，No.2012「居住者・非居住者の判定（複数の滞在地がある人の場合）」[42] は，以下のように述べていた。

41　国税庁のタックスアンサーの，No. 2875「居住者と非居住者の区分」，http://www.nta.go.jp/taxes/shiraberu/taxanswer/gensen/2875.htm

> 1　居住者と非居住者
> 　わが国の所得税法上,『居住者』とは,国内に『住所』があり,または,現在まで引き続いて1年以上『居所』がある個人をいいます。(一略—)
> 2　住所と居所
> 　『住所』とは,『各人の生活の本拠』をいい,国内に『生活の本拠』があるかどうかは,客観的事実によって判断することになっています。
> 　また,『居所』とは,『その人の生活の本拠という程度には至らないが,その人が現実に居住している場所』とされています。
> 3　複数の滞在地がある人
> 　ある人の滞在地が2か国以上にわたる場合に,その住所がどこにあるかを判定するためには,例えば,住居,職業,資産の所在,親族の居住状況,国籍等の客観的事実によって判断することになります。
> (注)滞在日数のみによって判断するものでないことから,外国に1年の半分(183日)以上滞在している場合であっても,わが国の居住者となる場合があります。
> 　1年の間に居住地を数か国にわたって転々と移動する,いわゆる『永遠の旅人(Perpetual Traveler, Permanent Traveler)』の場合であっても,その人の生活の本拠がわが国にあれば,わが国の居住者となります。

　ここで注意すべきなのは,上で述べられた居住者の判定基準は,一見したところ,民法とは別に,所得税法独自の住所の判定基準が存在するかのような印象を与えるが,実は,そうではないという点である。所得税法に住所に関する基本的な定めが存在しない以上,基本となるのは,あくまでも民法上の住所の概念であるということになろう。したがって,問題は,むしろ,上の,「住居,職業,資産の所在,親族の居住状況,国籍等の客観的事実によって判断する」という作業の具体的な内容如何ということになる。留意すべきは,このような判断は,租税法独自の観点からなされるわけではなく,基本的に,民法に関連する事実認定の問題として行われることになるという点である。このように,

---

42　http://www.nta.go.jp/taxes/shiraberu/taxanswer/shotoku/2012.htm

客観主義に基づく事実認定の作業であるが故に，社会通念の果たす役割は大きいといえよう。

(4) 事実認定の重要性

いずれにせよ，諸事情を勘案して，客観的に事実認定を行い，どこが住所であるかを確定する権限を最終的に有するのは，裁判所ということになる。納税者の課税上の動機の問題等を離れ，どこが生活の本拠であるかを，社会通念等を踏まえながら，様々な証拠から個別具体的に確定していく事実認定のプロセスは，まさに，司法権の領域であるといえよう。

他方，課税庁は，民法上の住所の概念を踏まえた上で，その信ずるところに従って処分を行うということになるから，最終的に訴訟にいたる場合も出てくるということになるかもしれない。しかし，最終的には，今後の裁判例の蓄積を通じて，具体的な基準が形成されていくことであろう。

もっとも，一般論として考えると，住所を海外に移してまで日本の租税をまぬかれようとする行為に対しては国民感情としてはフラストレーションがあるのは当然のことかもしれない。しかしながら，憲法が，居住移転の自由を定めているという点も無視するわけにもいかない。これは，いわば，経済学者のいうところの，足による投票が現実に行われていると考えることも不可能ではなかろう。そこで，一層，社会通念の役割が重要となってくるものと思われる。

(5) その他の最近の事例

そのほかにも，比較的最近の事例としては，例えば，買収防衛策に関する課税繰延の要件の事例等があるので，多少のコメントをしておくこととする。

一時話題となった買収防衛策として，新株予約権を全株主に対して発行した後に，当該新株予約権を特定の株主から発行会社が取得する際には，取得の対価として現金を支払い，他方，当該新株予約権を一般株主から取得する場合の対価としては，発行会社の株式を交付するというものがあった。すなわち，このような場合については，所得税法57条の4第3項5号，法人税法61条の2

第14項5号における，課税繰延の要件としての，新株予約権の「取得事由の発生によりその取得の対価として」「当該取得をする法人の株式のみが交付される場合」という定めの解釈・適用が問題となるであろう。この点に関しては，一般株主に対する取得の手続は，ファンド等の特定の株主に対する取得の手続とは切り離されたものとして，一般株主に対する関係においては課税繰延の要件を満たすものとして扱うべきであろう。しかし，買収防衛策の内容によっては，様々な解釈問題が生じてくるかもしれない。また，ファンド等の特定の株主に対して現金が支払われる場合において，ファンド自体に対しては，それが法人形態をとっていない場合，基本的に法人税の課税は及ばないであろう。さらに，現金が支払われる際の会計処理の方式についても，議論すべき点が存在するかもしれない。いずれにしても，会社法を十分に踏まえた課税関係の処理が必要な分野であるといえよう。

次に，会社関連の課税問題の一つとして，三角合併における課税繰延の要件としての事業準備会社の認定については，法的に微妙な判断が必要とされる場合もありうる。また，日本子会社がすでに日本で事業活動を展開している場合であっても，課税繰延のためには，当該子会社が，外国の直接の完全親会社の株式を保有している必要があるが，子会社にどのように親会社株式を保有させるかという手法をめぐり，課税上の問題が生ずるかもしれない。これらは，私法との関係が問題になるというよりも，租税法上の要件の解釈・適用が問題となる事案であろう。この点，国税庁は，三角合併に関して，Q&Aを出すとともに，事前照会を受け付けているが，デリケートな判断を必要とする分野であるだけに，不必要な訴訟を避けるためにも，そのような課税当局の姿勢は，望ましいものといえよう。このような地道な努力が，結局は，課税逃れの防止や公平な課税の実現という，いわば，社会通念に基づく執行に結び付くのではなかろうか。

同時に，三角合併によりもたらさせるであろう国内財産の国外財産への変更や，内国法人が外国法人の子会社になること（Corporate Inversion）については，一定の立法上の手当てがなされたものの，未だ必ずしも十分ではないかも知れず，本来日本において課税すべき利益が適正に日本において課税できるようにさらに調整が必要かもしれない。そのような立法の整備においても，社会通念

の果たす役割は存在するかもしれない。

ま と め

　租税制度の差異を利用して課税上の恩典を享受することを，租税裁定取引という。居住地の選択は，比較的単純な租税裁定取引の例である。しかし，租税制度が複雑であればあるほど，裁定の機会は増加する。これに対して，一般的に，簡素な税制は，裁定の機会を減少させ，公平性・中立性にも資するものである。したがって，公平な租税制度を構築するためには，簡素であるが故に逃れにくい租税制度の確立が重要である。しかしながら，課税の公平性を考えるならば，租税制度が一定程度複雑になることは不可避であるから，租税裁定取引の可能性が高まることもまた不可避である。

　そのような租税裁定取引をコントロールするために，租税回避否認規定や，事実認定による「否認」の理論の果たす役割が，今後，増大するであろう。その際に，社会通念の果たす役割に留意すべきである。

八　興銀事件に見る租税法と社会通念

（税務事例43巻5号（通巻500号）38-47頁，2011年5月号）

最高裁平成16年12月24日第二小法廷判決
平成14年（行ヒ）第147号法人税更正処分等取消請求事件
民集58巻9号2637頁・判例時報1883号31頁

はじめに

　本件について検討することは，バブル崩壊後の日本経済が，不良債権の処理をいかにして乗り切っていったかという問題を考える上において，極めて重大な意味を有する。しかし，それにとどまらず，本件は，課税に関する紛争解決のあり方を根本的に変えたという意味で，歴史に残るものといってよかろう。

　本件事件においては，一審は納税者側が全面勝訴，二審は課税庁側が逆転全面勝訴，そして，最高裁においては再び納税者側が再逆転全面勝訴という展開が，社会の注目を集めた。しかし，そのような点や争われた金額の大きさのような単なる表層的事象にとどまらず，本件事件は，実は，租税法理論の面においても，その社会的影響力の大きさにおいても，日本の訴訟の歴史を根本的に変えたものといってよいのではないかと思われる。

　それ故に，私は，この事件を，日本における長い租税訴訟の発展の歴史の中で，最も重要なものの一つとして位置付けている。すなわち，本判決は，第一に，租税法理論の観点において，事実認定の重要性，及び，事実認定における社会通念の重要性について明らかにした極めて意義深い判決である。それとともに，本判決は，第二に，納税者が勝訴することが困難であったという租税訴訟に関する社会的な常識を覆し，その後の日本の租税事件の健全な発展の方向性を示したという意味において，極めて重要である。

　その点から，ここでは，通常の判例解説とやや異なるかたちで，**社会通念という観点に焦点を定めて**，本件の解説を試みることとしたい。なお，本稿は，

かつて私が『租税判例百選第4版』(2005年) においてコラム③として発表したものに，大幅な加筆・修正を加えたものであるという点に留意されたい。なお，判決文における強調は，全て筆者による。

1 │ 出訴に至る事実関係

いわゆるバブル崩壊に伴う不良債権の処理は，本件課税処分の行われた1990年代半ばにおいては，あらゆる金融機関にとって極めて大きな経営上の課題であった。その過程で，いくつかの銀行が，当時の政府の方針にそって，住専（住宅金融専門会社）のメインバンクとして住専の破綻処理への協力を要請され，母体行債権の全額放棄を余儀なくされた。

本件訴訟の原告である日本興業銀行（現みずほ銀行）も，平成7年12月19日の閣議決定に従い，日本ハウジングローン株式会社（以下「JHL」という）の母体行として，平成8年3月末に，JHLに対する3,760億円余の債権を放棄した。同行は，この額を，平成7事業年度（平成8年3月に終了）の損金の額に算入して確定申告を行った。

これに対して，被告税務署長は，①本件債権は平成8年3月末時点においてその全額が回収不能とは認められず，また，②本件債権放棄には解除条件が付されているから本件事業年度内には確定しておらず，債権放棄額を本件事業年度の損金の額に算入することはできないとして，更正処分等を行った。これに対して，日本興業銀行が出訴したのが本件である。

2 │ 地裁判決，高裁判決，最高裁判決

第一審の東京地裁平成13年3月2日判決（判例時報1742号25頁）は，①債権が回収不能であるか否かは合理的な経済活動に関する**社会通念**に照らして判断するのが相当であり，事実関係に照らすと，本件債権は本件事業年度において**社会通念上回収不能の状態**にあったとして，本件債権相当額の損金参入を認

めた。また，裁判所は，②念のためにとして，本件債権放棄は経済的に見て合理的であり，**解除条件**が付されていても，**本件債権放棄の効力は発生している**と判示した。①の点についてより詳しく述べると，同判決は，「**法的措置を講ずれば，ある程度の回収を図れる可能性**がないとはいえない場合においても，債務者の負債及び資産状況，事業の性質，債権者と債務者との関係，債権者が置かれている経済的状況，強制執行が可能な債務名義が既に取得されているか否か，これを取得していない場合には，債務者が債権の存在を認めているか否かなど債務名義取得の可能性の程度やその取得に要する費用と時間，強制執行が奏功する可能性とその程度，法的措置をとることに対する債務者等の利害関係人からの対抗手段等の発生が予想されるリスクとの対比等諸般の**事情を総合的に考慮**し，法的措置を講ずることが，有害又は無益であって経済的に見て非合理的で行うに値しない行為であると評価できる場合には，もはや当該債権は経済的に無価値となり，**社会通念**上当該債権の回収が不能であると評価すべきである」と判示した。

これに対して，第二審の東京高裁平成14年3月14日判決（判例時報1783号52頁）は，第一審判決と正反対の結論を下した。すなわち，第二審判決は，①債権を貸倒として直接償却する（すなわち，損失計上する）ためには全額回収不能であることが必要であり，この点について債務者の資産状況や支払能力等から客観的に認知しうる時点で損金算入すべきであり，事実関係に照らして，本件においては本件債権は全額回収不能とはいえず，また，②解除条件付きの債権放棄は，解除条件の不成就が確定した事業年度に損金算入すべきであるとして，本件処分は適法であるとした。すなわち，①の点についてより詳しく述べると，同判決は，法人税法22条4項が「単なる会計処理の基準に従うとはせず，それが一般に公正妥当であることを要するとしている趣旨は，当該会計処理の基準が一般**社会通念**に照らして公正で妥当であると評価され得るものでなければならないとしたものである」として，「未だ平成8年3月時点においては，本件債権が関係金融機関の合意により又は**社会通念**上弁済順序において法的に最劣後のものとなっていたということはできない」と述べている。

このように，第一審と第二審の判断は，まさに正反対のものとなった。いずれの判決もそれぞれの考え方を正面から述べたものであるので，これらについ

ても、ぜひ原文に当たっていただきたい。

これに対して、最高裁は、以下のように判示して、原判決を取消し、第一審を基本的に支持する考え方を述べた（強調・中里）。

> 法人の各事業年度の所得の金額の計算において、金銭債権の貸倒損失を法人税法22条3項3号にいう『当該事業年度の損失の額』として当該事業年度の損金の額に算入するためには、当該金銭債権の全額が回収不能であることを要すると解される。そして、その全額が回収不能であることは客観的に明らかでなければならないが、そのことは、債務者の資産状況、支払能力等の債務者側の事情のみならず、債権回収に必要な労力、債権額と取立費用との比較衡量、債権回収を強行することによって生ずる他の債権者とのあつれきなどによる経営的損失等といった**債権者側の事情、経済的環境等も踏まえ、社会通念に従って総合的に判断**されるべきものである。
>
> 母体5社は、本件閣議決定及び本件閣議了解で示された住専処理計画に沿ってA社の処理計画を策定し、同計画において、B銀は、本件債権を全額放棄すること…を公にしたということができる。…仮に住専処理法及び住専処理に係る公的資金を盛り込んだ予算が成立しなかった場合に、B銀が、社会的批判や…経営的損失を覚悟してまで、非母体金融機関に対し、改めて債権額に応じた損失の平等負担を主張することができたとは、**社会通念上想定し難い**。
>
> 以上によれば、B銀が本件債権について非母体金融機関に対して債権額に応じた損失の平等負担を主張することは、それが前記債権譲渡担保契約に係る被担保債権に含まれているかどうかを問わず、平成8年3月末までの間に**社会通念上不可能**となっており、当時のA社の資産等の状況からすると、本件債権の全額が回収不能であることは客観的に明らかとなっていたというべきである。そして、このことは、本件債権の放棄が解除条件付きでされたことによって左右されるものではない。
>
> したがって、本件債権相当額に本件事業年度の損失の額として損金の額に算入されるべきであり…本件各処分は違法である。

そして，この判決の結果，約 1,500 億円の課税処分が取り消され，その額が返還されるとともに，還付加算金として約 1,000 億円が納税者側に支払われた。また，それに合わせて同時に，地方税についても，支払税額と還付加算金を合わせて約 700 億円ほどが納税者に対して支払われたものと思われる。この一点のみを見ても，本件は，争われた金額の大きさにおいて，まさに，空前絶後の事件であったといえよう。

3 ｜ 本最高裁判決の法的な意義―社会通念

　本判決の法的な意義は，債権の回収不能性に関して，「債務者側の事情のみならず，債権回収に必要な労力，債権額と取立費用との比較衡量，債権回収を強行することによって生ずるあつれきなどによる経営的損失等といった債権者側の事情，経済的環境等も踏まえ，**社会通念に従って総合的に判断**されるべきものである」という，斬新ではあるが極めて常識的な基準を提示した点であろう。

　本件課税処分が行われた直後から，私には，政府から破綻処理への協力を要請された銀行に対して，母体行の住専に対する貸付金が貸し倒れていないという理由で課税処分を行うということが――もちろん，その背後には様々な事情があったのかもしれないが，仮にそうであったとしても――社会通念に反することのように思えてならなかった。銀行には，政府の方針に従って債権放棄をする以外の選択肢は，事実上，存在しなかったのではないかと思われるからである。

　そこで，私は，この事件に関して裁判所に提出した平成 11 年 5 月 25 日付鑑定書において，債権の無価値とは，「当該債権から最早一銭たりとも回収できないという程に厳格なものではなく，その**回収に要する費用**や回収に踏み切った**場合に被る損害等を考慮して，社会通念上当該債権から実質的に意味のある経済的利益を回収できなくなった状態**を含む概念である」と述べた。その点が，万が一，第一審判決や最高裁判決にほんの少しの影響でも与えたのであるとすれば，専門家としては光栄なことであるが，しかし，この鑑定書の「社会通念」

という考え方は，実は，私が考え出したものではないという点を述べておかなければならない。

実は，これは，法人税基本通達（昭和44年5月1日直審（法）25（例規））の前文が，同通達の適用に際しての留意点について以下のように述べている点を考慮して，それを貸倒の認定に適用し，貸倒についての判断基準として述べたものなのである。

> この通達の具体的な運用に当たっては，法令の規定の趣旨，制度の背景のみならず，条理，**社会通念をも勘案**しつつ，個々の具体的事案に妥当する処理を図るように努められたい。いやしくも，通達の規定中の部分的字句について形式的解釈に固執し，全体の趣旨から逸脱した運用を行ったり，通達中に例示がないとか通達に規定されていないとかの理由だけで法令の規定の趣旨や社会通念等に即しない解釈におちいったりすることのないように留意されたい。

この通達前文は，名文の誉れ高いものであるが，租税法規の執行に携わる者の心構えを真正面から説いたものとして，長く記憶にとどめるべきものであろう。

本件判決を受けて，国税庁は，そのホームページに，「平成16年12月24日最高裁判決を踏まえた金銭債権の貸倒損失の損金算入に係る事前照会について」と題する文書を掲げて，次のように述べている。

> 平成16年12月24日最高裁判所判決を踏まえた金銭債権の貸倒損失の損金算入に係る納税者の皆様からの事前照会については，国税局の審理課（東京，大阪の各国税局）若しくは審理官（札幌，仙台，関東信越，金沢，名古屋，広島，高松，福岡，熊本の各国税局）又は沖縄国税事務所の法人課税課若しくは調査課においてご照会に応じています。

これからも明らかなように，本件判決は，今後の貸倒損失の認定に大きな影響を及ぼすであろう。のみならず，本判決は，事実認定に関して社会通念を尊重すべき点を正面から明らかにした点で，後々の裁判例に大きな影響を与えたものとして評価することができる。

4 租税法における社会通念の概念について

事実認定と**法解釈**の双方における社会通念[43]の果たす役割については，法人税基本通達や所得税基本通達の前文，あるいは，本件最高裁判決において，その重要性が容易に理解されるのみならず，例えば，後述の中部電力火力発電所設備有姿除却訴訟（東京地方裁判所平成19年1月31日，確定）や，住友信託レポ訴訟（東京高裁平成20年3月12日判決，東京地裁平成19年4月17日判決，高裁で確定）等において，判断の決め手となったと考えられる。そこで，ここでは，租税法における社会通念についての判決のごく一部について，整理してみよう（なお，この租税裁判例全般における社会通念の問題については，いずれ，詳しい論文を執筆したい）。

社会通念という概念に正面からふれた最高裁判決としては，本判決の前のものを新しい順番に列挙すると，以下のようなものがある（なお，この他に，最高裁平成9年11月11日判決において，尾崎行信最高裁判事が，「物品税の課税対象とされる乗用自動車の範囲については，同法は，これを単に普通乗用自動車という文言で規定しているにすぎず，本件各自動車のように専ら自動車競走場における自動車競走の目的のみに使用され，そのための構造，装置を有している自動車が特殊の用途に供するものではない普通乗用自動車に該当するとの解釈が，**社会通念**に照らして，少なくとも明確であるとは認められない」という少数意見を述べておられる）。

① 最高裁平成元年3月28日判決は，「右規定〔租税特別措置法35条1項〕は，当該家屋を居住の用に供しなくなったのちの所定期間内の譲渡は，依

---

[43] この概念の租税法における意義については，中里実「借用概念と事実認定—租税法における社会通念—」税経通信64巻14号（886号）17-23頁（2007年），第三部第七論文，参照。

然**社会通念**上居住用財産の譲渡といいうるとみて，これにつき右特別控除を認めるものと解される」と判示している。
② 最高裁昭和51年3月18日判決は，「右（一）ないし（四）の事実のみから直ちに，係争の雇人費がDらにおいて上告人の事業に従事したことの対価であることを否定し，家族間の扶養の一態様として支給された生活費にすぎないとみることは，**社会通念に照らし**当を得たものとはいいがたい」と述べている。
③ 最高裁昭和51年3月16日判決は，質問検査権の行使に関して，「記録によれば，所論収税官吏Ａの検査につき**社会通念**上相当な限度内のものであるとした原判断は相当である」としている。
④ 最高裁昭和49年9月26日判決は，「その額〔損金算入されない役員賞与の額〕の算出にあたり，原判決の支持した第一審判決が，経済界の一般的取引の実情に照らし**社会通念上相当**として採用した年一割の利率は，右法令に基づく合理的なものと認められる」と述べている。
⑤ 最高裁昭和48年7月10日判決は，質問検査権に関するものであるが，「質問検査の範囲，程度，時期，場所等実定法上特段の定めのない実施の細目については，右にいう質問検査の必要があり，かつ，これと相手方の私的利益との衡量において**社会通念上相当な限度**にとどまるかぎり，権限ある税務職員の合理的な選択に委ねられているものと解すべく…」と述べている。
⑥ 最高裁昭和35年4月12日判決は，酒税法に関するものであるが，付随的に，「なお，酒税法2条1項にいう『飲料』とは**社会通念**上飲用に供することができる液体と解するを相当とするから，本件調みりんを同条項にいう飲料に当るとした原判決は結局正当である」と述べている。

　これらの先例と比べた場合に，本件最高裁判決は，貸倒の有無という租税実体法上基本的な点に関する判断において，**社会通念**に基づいて正面から結論を下したものであって，その重要性はこれらの判決と比べてかなり大きいといえよう。また，本件最高裁判決以後のものとしては，以下の判決が極めて重要である。
⑦ 最高裁平成20年9月12日判決は，宗教法人が死亡したペットの飼い主

から依頼を受けて葬儀，供養等を行う事業が法人税法2条13号所定の収益事業に当たるとされた事例であるが，以下のように述べて，**社会通念に照らして諸事情を総合的に検討して判断を下す**という点を明示している。

> 法人税法が，公益法人等の所得のうち収益事業から生じた所得について，…これを課税の対象としていることにかんがみれば，宗教法人の行う上記のような形態を有する事業が法人税法施行令5条1項10号の請負業等に該当するか否かについては，事業に伴う財貨の移転が役務等の対価の支払として行われる性質のものか，それとも役務等の対価でなく喜捨等の性格を有するものか，また，当該事業が宗教法人以外の法人の一般的に行う事業と競合するものか否か等の観点を踏まえた上で，当該事業の目的，内容，様態等の**諸事情を社会通念に照らして総合的に検討**して判断するのが相当である。

この「諸事情を社会通念に照らして総合的に検討」するという表現の中に，司法の司法たる本質が凝縮されている。

さらに，参考のために，事実認定及び法解釈双方の幅広い範囲において社会通念について言及した租税法に関する高裁と地裁の判決のうち比較的新しい代表的なもののみを，特に整理せずに単に新しい順番に列挙すると，以下のものが挙げられる。

⑧ 東京地裁平成22年3月5日判決は，法人税基本通達2-3-7の，「当該有価証券の発行価額を『決定する日の現況における当該発行法人の有価証券の価額』…に比して**社会通念上相当**と認められる価額を下回る価額で発行されているか否かで判定する」という定めを引用している。

⑨ 東京地裁平成22年2月12日判決は，「〔所得税〕法2条1項3号の『住所』の意義については，民法22条の『住所』と異なる解釈をすべき特段の事由があるとは認め難いことからすれば，…**社会通念**に照らし，その場所が客観的に生活の本拠たる実体を具備しているか否か，すなわちその者がその地に定住する者として，その社会生活上の諸問題を処理する拠点となる地であるか否かによって判断されるべきである」と述べている。

⑩ 東京地裁平成21年5月28日判決は，タックス・ヘイブン対策税制の適

用除外要件について，「特定外国子会社等の『主たる事業』の判定…は，…事業実態の具体的な事実関係に即した客観的な観察によって，当該事業の目的，内容，態様等の諸般の事情…を**社会通念に照らして総合的に考慮して個別具体的**に行われるべき」である等，何回も，社会通念について言及している。

⑪　東京高裁平成20年10月30日判決は，固定資産税における「境内地」という概念につき「地方税法348条2項3号の要件該当性の判断は，一般の**社会通念**に基づいて外形的，客観的にこれを行うべきである」等，何回も，社会通念について言及している。

⑫　東京高裁平成20年7月10日判決は，「地方税法700条の4第1項5号…〔にいう〕『製造』とは，文言どおり，**社会通念**に従い材料又は原料に物理的若しくは化学的な変化を与え，操作を加えることにより，軽油を造り出し，造られた軽油の所有権を原始的に取得することを意味する」と判示している。

⑬　東京高裁平成20年4月23日判決は，固定資産税について，「減免事由に該当する要件…該当性の判断の前提となった事情が事実的基礎を有し，その判断が社会通念に照らして，当該要件に該当するとき（要件判断の裁量に合理性があるとき）に限り，減免処分が許される」と述べている（なお，その一審である東京地裁平成19年7月20日判決参照）。

⑭　東京高裁平成20年3月12日判決（住友信託レポ訴訟）は，所得税法161条6号の「貸付金（これに準ずるものを含む）。」の「利子」について，「**社会通念**上，私法上の消費貸借契約における貸付債権とその性質，内容等がおおむね同様ないし類似するか否かが問題となり，その法形式等を全く考慮することなく，経済的効果のみに着目して判断することもできない」と述べている（その一審である，東京地裁平成19年4月17日判決参照）。

⑮　大阪地裁平成20年2月29日判決は，退職給与該当性の判断における職務の内容等に関して，何か所か，**社会通念**に言及している。

⑯　大阪地裁平成20年2月29日判決は，固定資産税について，「本件全証拠によっても上記土地の貯溜水をかんがいの用に利用し得るものと**社会通念**上考えられる位置関係にある地域に田畑が存在することを認めるに足り

ない」とか，「**社会通念**に照らしても，当該敷地部分の地目は，固定資産評価基準にいう宅地に該当する」とか，何か所か，社会通念に言及している。

⑰　東京地裁平成19年12月19日判決は，「**社会通念**上，法人が役員等の社葬を行うことは広く行われているのに対し，法人が役員の結婚披露宴を主催することが一般的であるなどとは到底いえないから，社葬費用の損金算入が認められていることから，結婚披露宴が法人の交際費となることを肯定することはでき」ないとしている。

⑱　福岡地裁平成19年6月22日判決は，「所得税法64条2項…にいう『保証債務を履行するため資産の譲渡があつた場合』とは，一般に，保証債務を履行するため資産を譲渡し，**社会通念**上相当な期間内にその代金でその保証債務を履行した場合又は保証債務を代物弁済した場合における資産の譲渡をいう」と述べている。

⑲　大阪高裁平成19年3月29日判決は，「本件相続開始時において，**社会通念**に照らし客観的にみて本件単位土地の全体が前記認定のような構造及び規模を有する本件建物等の敷地予定地として一体として利用されていた」と判示している（その一審である，大阪地裁平成18年9月13日判決参照）。

⑳　東京地裁平成19年2月8日判決は，「隣接する2筆以上の宅地が一体として利用されている以上は，それぞれの宅地の所有者が異なっていても，これらの一体をなしている宅地の集合体を一個の取引単位とみて，その全体の取引価格を評価することが**社会通念**上相当である」と述べている。

㉑　東京地裁平成19年1月31日判決（中部電力有姿除却訴訟）は，火力発電所設備を「費用と時間をかけて再稼働したとしても，低効率で経済性が劣る経年火力発電設備が再稼働されるにすぎないから，原告がこのような選択をするはずがないことは，**社会通念**上明らか」であると述べて，主に，社会通念に依拠して，有姿除却を認めている。

㉒　東京地裁平成18年10月20日判決は，事業所用建物の「新築」について，「いつの時点をもって『新築』…というべきか」は「事業所用家屋の新増設に係る事業所税の課税目的を考慮しつつ，**社会通念**によりこれを決するほかない」としている。

㉓　東京高裁平成18年8月17日判決は，デット・アサンプション契約によ

る「差額分の支払が預金の利子ではないとする**社会通念**があるとは認め難」いとしている（その一審である，東京地裁平成 18 年 1 月 24 日判決，参照）。

㉔　さいたま地裁平成 18 年 4 月 19 日判決は，「租税法規の用語については…定義規定のないものについては，既存の立法制度を前提とする特別の用語や法令用語であるものは別として，当該租税法規の趣旨，目的，前後関係等に照らして，一般**社会通念**に従い，経済的実質をも勘案して，解釈されるべきである」と述べている（不動産取得税に関する事件）。

㉕　名古屋地裁平成 18 年 3 月 23 日判決は，「特段の合理的理由がないのに，ある法的・経済的目的を達成するための法的形式としては著しく迂遠，複雑なものであって，**社会通念**上，到底その合理性を是認できないと客観的に判断される場合には，その外形的な手段，形式にかかわらず，当事者の真意がいずれにあったのかという事実認定上の問題を避けて通ることはできない」としている。

㉖　仙台高裁平成 18 年 3 月 16 日判決は，事業所税についての条例には，「なるほど，『キャバレー等』については『その他これらに類するもの』との文言があるが，これも，名称はともかくとしてその実質が**社会通念**に照らして『キャバレー，カフェー，ナイトクラブ』と同視し得るか，ほとんど同視し得るものに限定される」とする等，数か所において，社会通念に言及している。

㉗　大阪高裁平成 18 年 3 月 14 日判決は，「上記都市計画法，同施行令，同施行規則の規定をもとに，**社会通念**に基づき，市街化区域の意義を解釈し，これをもとに市街化区域に当たるか否かを認定することは十分可能であるから，市街化区域の定義が不明確なものであるということはでき」ないとしている。

㉘　名古屋地裁平成 18 年 2 月 23 日判決は，「譲渡した土地等が居住用家屋の敷地に該当するかどうかは，前記（措置法通達 31 の 3-12）のとおり，その具体的利用状況，土地に関する権利関係，当事者の認識等を総合して，**社会通念**に従い，当該土地等が当該家屋と一体として利用されている土地等であったかどうかにより判断するのが相当である」と述べている。

㉙　東京地裁平成 18 年 1 月 27 日判決は，「不動産貸付業について都局長通

達が定める事業性の判定基準のうち，通達第4の2(3)については，原告もその合理性及び妥当性を争っておらず，**社会通念**に照らしても不合理な基準とはいえないから，事業性の判定基準として妥当性を有する」としている。

㉚　名古屋地裁平成17年11月24日判決は，「ある者がこのような事業者に当たるか否かについては，当該事業の遂行に際して行われる法律行為の名義に着目するのはもとより，当該事業への出資の状況，収支の管理状況，従業員に対する指揮監督状況などを総合し，経営主体としての実体を有するかを**社会通念**に従って判断すべきである」と判示している。

㉛　名古屋地裁平成17年9月15日判決は，「原告による本件株式の売買が，**社会通念**上，著しく迂遠ないし複雑であって，その合理性を到底肯認できない異常な法形式であるとはいえない」と述べている。

㉜　東京地裁平成17年7月28日判決は，「社葬費用は，当該行事に参加した者に事業関係者がいるかどうかだけではなく，会社が主催し，死者が会社に功労があったなどして，会社が主催して行う理由が**社会通念**上認められる場合に費用として認められる」とする等，社葬に関して社会通念を重視している。

㉝　さいたま地裁平成17年1月12日判決は，「〔相続税法7〕条…にいう『著しく低い価額の対価』に該当するかどうかは，当該財産の譲受の状況，当該譲受の対価，当該財産の性質，当該譲受に係る財産の市場価額等を勘案して**社会通念**に従い判断すべき」であると判示している。

㉞　東京地裁平成16年3月16日判決（同様の事件が2件ある）は，「〔給与所得に関する〕所得税法28条1項は，…一般的な給与概念を前提として，それに類するものを給与所得としているのであるから，**社会通念**上給与ということができないような給付までが給与所得に含まれるものではない」と述べている。

㉟　東京地裁平成16年2月26日判決，法人税基本通達9-4-1において「法人がその…子会社等のために債務の引き受けその他損失の負担または債権放棄等をした場合において，その損失負担等をしなければ今後より大きな損失を被ることになることが**社会通念**上明らかであると認められるためや

むを得ずその損失負担等をするに至った等そのことについて相当な理由があると認められるときは，その損失負担等により供与する経済的利益の額は，寄付金の額に該当しない」ものとされると判示している。

㊱　広島高裁平成15年9月24日判決は，「固定資産税の課税客体となる『家屋』といえるか…の判断は，建造物自体の物理的状態を基礎として**社会通念**によって決せられるべきものであり，敷地利用権の有無によって左右されるものではない」と述べている。

㊲　名古屋高裁平成15年5月22日判決は，「〔地方税〕法341条5号にいう『適正な時価』とは，**社会通念**上正常な取引において成立する当該土地の取引価格すなわち客観的な交換価値をいう」としている。

㊳　仙台高裁平成14年10月31日判決は，「農事組合法人が公益性を有する団体としても，地方税法348条により課税の除外がされてない限り，その団体の所有する固定資産が**社会通念**上家屋と認められれば，課税される」と述べている（その一審である，盛岡地裁平成14年5月10日判決，参照）。

㊴　京都地裁平成14年9月27日判決は，「当該物件が，不動産登記法の建物に該当するか否かの判断は，不動産登記事務取扱手続準則136条1項…の規定を参考にしつつ，**社会通念**により決するのが相当である」と述べている。

㊵　大阪地裁平成14年7月25日判決は，地方税法348条2項10号の7の非課税要件に関して，「一定の規模で反復継続して無料又は低額入所者の利用があり，**社会通念**上『事業』と認められるものであれば，社会福祉事業に該当する」と述べている。

㊶　岡山地裁平成14年7月23日判決は，「無利息による貸借が行われた場合は，法人税法上無償による役務の提供に該当し，**社会通念**上妥当な利息相当額の収益が発生し，また低額な利息の約定がなされていても，**社会通念**上妥当な利率による利息相当額との差額について同様に収益が発生する」と判示している。

㊷　広島高裁平成14年6月28日判決は，「ある支出を不動産所得の必要経費として控除することができるためには，当該支出が，不動産所得を得るために直接に要した費用か，又は，不動産所得を生ずべき事業について生

じた費用で，**社会通念**上，当該事業の維持・遂行のために客観的に必要又は有益であると認められる場合であることを要する」としている。

㊸　東京高裁平成14年3月20日判決は，「このような経緯に照らせば，本件譲渡土地と本件購入土地の譲渡につき，被控訴人ら，三井不動産販売及びＡがそれぞれ別個の売買契約を締結したことは，むしろ自然なことというべきであり，これをもって**社会通念**上不合理なものあるいは租税負担を不当に回避することを企図した濫用目的に出たものであるとはいい難い」としている。

㊹　京都地裁平成13年3月30日判決は，「税務調査において，税務職員が納税者に対し，**社会通念上**当然に要求される程度の努力を行って，適法に法定帳簿や法定請求書等の提示を求めたのに対し，納税者がこれを明確に拒絶したと認められる場合には，納税者は，そもそも法定帳簿等を保管していない，又はそれらを何らかの形で保管していても，少なくとも前記のような意味での保存がなかったとの推認が強く働く」と判示している。

㊺　東京地裁平成12年12月21日判決は，特別土地保有税に関するものであるが，何回も社会通念に言及した上で，「前記土地は，基準日現在において，…**社会通念**上既に恒久的な建物の敷地と同視し得る状況にあったと認められるから，前記土地は，地方税法603条の2第1項1号の特別土地保有税の納税義務免除対象土地に該当する」と結論している。

㊻　東京地裁平成12年11月30日判決は，興銀事件の意見書を書く際に，私が大いに注目したものであるが，「回収不能になったものと認められるかどうかの判断については，債務者の資産状況その他の状況からみて，支払能力がなく，債権の回収が客観的に不能と認められる場合，すなわち，債務者において破産などの清算手続を経たが債権の全額が回収できなかった場合などのほか，これに準じ，債務者の負債及び資産状況，事業の性質，債権者と債務者との関係，債権者及び債務者が置かれている経済的状況等諸般の事情を総合的に考慮したときに，**社会通念**上債権の回収が不能であると認められる場合には，金銭債権が回収不能になったものとして，当該事業年度において損金に算入することができる」と述べている。

㊼　宮崎地裁平成12年11月27日判決は，「公正処理基準の観点から，損金

に算入できる保証料額は，諸般の事情に照らし**社会通念**の許容する合理的な範囲内の金額に限られる」としている。

㊽　東京地裁平成 12 年 7 月 24 日判決は，「〔租税特別措置法 35 条 1〕項に規定する『居住の用に供している家屋』とは，個人が生活の拠点として利用している家屋をいうものと解すべきであり，当該家屋が生活の拠点として利用されているか否かは，当該個人及び**社会通念**上その者と同居することが通常であると認められる配偶者や子等の日常生活の状況，当該家屋への入居目的，当該家屋の構造及び設備の状況その他の事情を総合勘案して判断すべき」であるとしている。

㊾　東京地裁平成 12 年 5 月 30 日判決は，「〔相続税法 7〕条にいう『著しく低い価額の対価』に該当するか否かは，当該財産の譲受けの事情，当該譲受けの対価，当該譲受けに係る財産の市場価額，当該財産の相続税評価額などを勘案して**社会通念**に従い判断すべき」であると判示している。

㊿　広島地裁平成 12 年 1 月 19 日判決は，「所得税法 33 条 1 項…にいう『資産』の意義は**社会通念**に従い，現実の社会生活において金銭に評価できるもの，すなわち現実に有償譲渡の可能性のあるもの（経済的価値を有するもの）をいう」と判示している。

　ここでは，租税法における社会通念の意義に関する裁判例の分析を十分に行う余裕はないが，以上から明らかなように，租税法の事件においては，法解釈に関しても，事実認定に関しても，かなり広範囲に「社会通念」という概念が用いられてきたことがわかる。これは，結局，個別具体的な事情に応じて裁判所が判断をするということであり，法律の定めが不明確であるというのとは次元の異なる問題である。もし，「社会通念」という概念を用いた司法判断を信じられないというのであれば，それは，とりもなおさず裁判を通じた権利救済を信じられないということに等しいといえるかもしれない。それだけに，裁判所の役割は重要であり，責任も重いのである。

5 | 本件訴訟の社会的意義

　日本における数多い租税訴訟の中で，興銀事件ほど，その後の租税をめぐる租税訴訟の在り方を根本的に変えたものはないのではないかと思われる。この事件において訴訟提起がなされて以来，日本において，大企業が多額の税額をめぐり課税庁と裁判所で正面から争うことが珍しいことではなくなったという意味において，本事件は，まさに，エポックメーキングな事件であった。以後，巨大法律事務所の超一流の弁護士達がチームを組んで，大規模な訴訟活動を行うという方式が定着したという点においても，それは，日本の裁判のあり方を変えるような事件であった。

　本判決の法的観点からの意義はIIIで述べたとおりであるが，本事件は，それにとどまらず，さらに，以下のような広範な影響を日本社会に対して及ぼした。

(1) 企業による租税訴訟提起の増加

　その第一は，租税訴訟の増加である。本事件以前の租税訴訟においては，納税者の勝訴率が著しく低かった。その背景には，租税訴訟を政治的表現の一種として用いて，訴訟の勝ち負けよりも問題提起を重視するようなものも見られたという点もあるかもしれない。いずれにせよ，大企業が正面から国税当局と裁判所で争うということは，極めてまれであった。

　しかし，本件訴訟の提起や，第一審における納税者の勝訴判決を受けて，銀行税訴訟を初めとする，大企業を原告とする大型の租税訴訟が次々と提起されるようになった。その意味において，本判決は，まさに日本の租税訴訟のあり方を根本的に変えたといってよいであろう。

　納税者の意識が変わるだけではなく，課税庁の側も，一種の無謬神話から解き放たれ，処分の適否に関する判断を最終的に裁判所に委ねることが許されるようになれば，より幅広く課税処分をうつことが可能になるかもしれない。その意味で，本件は，課税庁の行動様式にも一定の影響を与えるといってよかろう。

(2) 司法国家化の進展

　本事件の及ぼした社会的影響の第二は，裁判所で問題を解決するという姿勢が，納税者側においても，課税庁側においても，明確になってきたという点であろう（いわゆる司法国家化の進展）。紛争の解決を，裁判の場において，正面から主張をぶつけ合うことにより図るというアメリカ的なメンタリティーは，今後の日本社会において，ますます強くなるのではなかろうか。

　その意味において，本件課税処分が行われた時点において，日本興業銀行の経営陣が出訴を決断したことの意味は非常に大きいといえよう。

(3) 企業経営への影響

　本判決により貸倒の認定に関して常識的な判断が下されたことにより，不良債権の問題について，企業が対応しやすくなったのみならず，社会通念に根ざす思考方法が，課税上の他の分野にも影響を及ぼすようになるであろう（すなわち，本件判決の「社会通念」という考え方の影響が，貸倒損失以外の様々な分野に見られるようになることもあるかもしれない）。

(4) 租税訴訟の在り方の変容

　本件事件をきっかけに，租税事件の中に，経済的合理性を追求する，より法的技術性の強いものが増えることとなった。そのことは，租税事件において，憲法や行政法の理論と並んで，私法的な発想が自然なかたちで持ち込まれる基盤が提供されることを意味している。このような方向性は，個人的に，そのようなビジネスローの一環としての，私法との連携に立つ租税法をずっと目指してきた研究者として，私が大いに望んできたところである。

〔参考資料〕
　部分貸倒の損金算入を認めるべきであるとする，金子宏「部分貸倒れの損金算入―不良債権処理の一方策」ジュリスト1219号115頁は，今後の貸倒の問題を考える上で大

いに参考になる。また，社会通念については，横内龍三「課税要件の事実認定と社会通念」税務弘報 2001 年 9 月号 148 頁，参照。

　本判決を担当した弁護士による論文として，岩倉正和「2 件の大型税務訴訟に現れた銀行取引の特質」中里実・神田秀樹編『ビジネスタックス』(有斐閣 2005) 所収，参照。また，本事件について，一貫して課税庁側を支持してきた品川芳宣教授による，「条件付債権放棄と貸倒損失の計上時期」TKC 税研情報 10 巻 5 号 1 頁，「興銀判決とそれが貸倒処理に及ぼす影響」TKC 税研情報 14 巻 3 号 58 頁も，本件を理解する上で参考になる。

　また，中里実『デフレ下の法人課税改革』(有斐閣 2003) 第 3 章，参照。

第四部

海外の動き

一　2016年秋　日税連海外調査ドイツ・スイス
（税理士界1345号　2016年10月15日）

はじめに

　2016年8月28日に羽田を出発してから，9月3日に再び羽田に戻るまでの，1週間に及ぶ，神津信一日本税理士会連合会会長を団長とするドイツとスイスへの調査旅行に，私も，日本税理士会連合会の国際税務情報研究会会長という立場で参加させていただいた。調査団のメンバーは，日本税理士会連合会の神津会長，石丸修太郎副会長，友利博明副会長，国際部の田尻吉正副部長と松岡宣明副部長らであった。短い日程で訪問先は多く，かなりハードな調査であったが，私自身，これまで様々な機会に何度か海外調査に参加した中で，今回ほど実りの多かったものはあまりないというのが偽らざる実感である。このように，個人的にとても実り多い調査だったので，せっかくの機会であるから，その際の感想について，ここに若干報告させていただくこととしたい。

　私たちプロフェッショナルは，何よりも客観的事実を重んじなければならない世界に生きており，何事についても，自ら足を運んで，自分の目と耳で確かめることが第一であるということに反対する方々は少ないのではなかろうか。これは，外国の租税制度についても全く同様で，もちろん，それについて書物や雑誌論文等で様々な情報を得ることは一定程度は可能であるが，それでも，直接に当該外国に出掛けることをしなければ得られないような種類の情報も少なくない。

　今回は，附加価値税制度の具体的な内容とその運用の実際の状況について，EU型の附加価値税が比較的適正に執行されていると思われるドイツと，ようやく1990年代になって，世界各国の附加価値税の制度上及び運用上の反省点を十分に比較検討した上で現実的な附加価値税制度を導入したといわれるスイスという，対照的な二つの国を訪問して，詳しい調査を行った。

第四部　海外の動き

　その調査の具体的な内容について詳しくは，日本税理士会連合会から公表されるであろう報告書に委ねることとし，ここでは，私の個人的な感想のみを若干述べることとしたい。

1 | 調査の目的

　今回のドイツとスイス訪問の直接の目的は，日本税理士会連合会の会長とドイツ連邦税理士会の会長が交代した際には慣例上お互いに相手国を訪問するということに従来からなっており，この夏に，ドイツ連邦税理士会の新しい会長ラウル・リードリンガー氏が日本税理士会連合会を訪問したことの答礼として，神津会長が，ベルリンのドイツ連邦税理士会を訪問するという儀礼的なことであった。そして，このような両国の税理士会の親密な国際交流の意義は，税理士という独自の資格を有する代表的な二つの国の税理士会にとって極めて大きなものである。

　ところで，そのような訪問を企画している中で，神津会長の指示の下，日本税理士会連合会の国際部と国際税務情報研究会のメンバーの話し合いが何回か行われ，せっかくの機会なので，この会長交代に伴う表敬訪問の際に，ドイツの租税制度について普段疑問に感じていることを調査してはどうかという話がごく自然の成り行きとして出てきた。

　これに加えて，さらにせっかくの機会ということで，ドイツだけではなく，EUに近接する地域にありながら，EUに加盟しておらず，しかも効率的な附加価値税制度を持つといわれるスイスも訪問先に加えてはどうかということになったのである。そのために，調査旅行の準備段階から，かなり詳細なプランや面会の依頼や質問項目票の作成のみならず，出発を前にした慌ただしい状況の中で，訪問先での本格的な調査に取り掛かるための様々な準備が行われ，どうにか出発直前に完了したのであった。

　調査の項目は極めて多岐にわたるが，今回特に力点が置かれたのは，日本の税理士がもっとも強く関心を有するものとして，附加価値税の複数税率制度やインボイス制度の執行の実態と，中小企業税制についてであった。ここでは，

前者を中心に述べることとしたい。

2 | 調査のための訪問先

　何よりも，今回の訪問の直接の目的は，ベルリンにあるドイツ連邦税理士会の表敬訪問であった。ドイツ連邦税理士会では，私たちを大いに歓迎し，様々な質問に答えてくださった。ここに，日本とドイツの税理士会の交流という目的は，無事に達成された。

　ところで，今回の調査にあたっては，最近のヨーロッパは，場所によってではあるが治安面に多少の不安があるので，十分な安全対策を講ずることが重要であるという判断が重視された。その結果，財務省主税局にお願いして，特に，在ドイツ日本大使館と，在スイス日本大使館に，安全確保に関する情報や，経済・税制に関する様々な情報を提供していただくことをお願いした。

　また，大変に幸運なことであったが，極めてご多忙な時期にもかかわらず，八木毅ドイツ駐箚(ちゅうさつ)特命全権大使と，本田悦朗スイス駐箚特命全権大使兼欧州金融経済担当大使をそれぞれの大使公邸に表敬訪問して，それぞれの国の実情についてレクチャーしていただく機会を得ることができた。これは，私たちにとって，めったにない貴重な経験であった。そして，両大使が，私たちを大使公邸にまでお招きくださったことは，光栄の至りであった。このようなことをしてくださった，八木大使と在ドイツ日本大使館の皆様及び本田大使と在スイス日本大使館の皆様に，ここで改めて心よりお礼を申し上げるとともに，日本税理士会連合会の海外調査の重要性に同意し，両国大使への仲介の労をお取りくださった財務省主税局の方々に，心から感謝申し上げたい。

　そして，このような事前の入念な準備の下に，ドイツとスイスの両国において実際に租税制度の企画立案を担当するそれぞれの国の連邦財務省を訪問したところ，日本の財務省主税局と，両国の日本大使館からのご紹介のおかげで，お忙しい中を，ドイツ連邦財務省では主税局長が，またスイス連邦財務省では税務副局長がわざわざ時間をとってくださり，また，それぞれ極めて親切かつ丁寧に直接質問に答えてくださった。

第四部　海外の動き

　さらに，税務署，税理士会，税理士事務所，会計事務所，その他多数の場所を訪問するとともに，そこで様々な専門家の方々にお会いし，活発に質問をし，かつ議論を行った。幸いなことに，ドイツでは，ドイツ税理士としてご活躍中の田中泉先生が通訳をしてくださり，また，スイスでは，石丸修太郎副会長が通訳をしてくださったおかげで，極めてスムーズな会合が実現した。私も，随分長く（それこそ高校生のころから）ドイツ語を一生懸命に勉強してきたつもりであったが，相手の話していることはほんの少し理解できるものの，どうにもうまく話ができないのには，ほとほとがっかりした。特に，田中税理士は，ご自身がドイツの税理士であるために，語学のみならず，制度の中身に適応した解説をしてくださったので，わかりにくいところも実に明快に理解することができた。

　今回の調査で注意した点は，制度の調査において過度に細かな点にこだわりすぎることなく，あくまでも執行の現状についてのおおまかな感覚をつかむことであった。このあたりのことは，書物や雑誌論文を読んでも皆目わからないことであり，やはり，現地で目の前のプロの方々から直接お聞きする以外にない事柄であろうと思われたからである。

　また，今回の調査旅行に際して，参加者全員が，実際に，小さな小売店，ファストフード店，レストラン，デパート，電器店等で買い物をして，インボイスの実物を可能な限り集めてみたのも，かなり，制度の実際の運用に関する理解に役に立った。何よりも，利用者の視点で物事を違った角度から見ることは，プロフェッショナルである私たちにとっても，極めて重要であることを改めて認識した。

3 ｜ 調査の内容

　調査結果の詳細については調査団から発表されるであろう報告書に委ねることとし，ここに書くことはしないで，以下においては，両国の附加価値税制度やその執行状況について私が受けたごくおおまかな印象についてだけ，かいつまんで述べてみたい。

ドイツの附加価値税については，各所での説明を聞く限り，複雑な制度の厳格で公正な執行が比較的スムーズに行われているという印象であった。もっとも，理論一辺倒で苛斂誅求かというと決してそうではなく，ゼル主税局長が，「私たちは研究者と異なり，現実の世界における政治的妥協を十分に考慮して立法作業を行っているのであり，理論の追求のみを目的とはしていない」と述べておられたのが印象的であった。**ドイツの租税制度に関して，それが日本で紹介される場合には，日本の学者がドイツの学者の学説を紹介するという形で行われることが多いが，それはドイツの租税制度のごく表層を紹介しているにすぎない場合もあるのではないか**という，当然といえば当然の疑問が生じた次第である。現実は千変万化なものであり，理論のみで割り切ることができないのは，制度を動かすのが人間である以上，いかに理論を重んずるドイツにおいても，いわば当然のことなのかもしれない。

　他方，スイスにおいては，附加価値税の導入が比較的遅く，1990年代であったこともあってか，EUの制度の欠点を徹底的に研究した上でこれを可能な限り除去し，関係者の利用しやすい現実的で柔軟な制度設計を行うことにより，制度の効率的な執行が可能となっているように見受けられた。例えば，私が，朝の散歩の際に立ち寄ったベルンの町の小さな小売店で，標準税率の物品と軽減税率の物品の両方を購入して，スイスフランではなくユーロで支払いをしたところ，間違いない金額でスイスフランのおつりがすぐに出てくることにはびっくりした。外貨換算と税額計算と現金支払いのためのシステムがしっかりしているのは，レジのためのソフトウェアが優れているということであろう。領収書も，とてもわかりやすくできていた。

　個人的な附加価値税の負担感については，出掛ける前には，ドイツの標準税率の19％はさすがにずしりと財布に響くのではないかと考えていたが，内税方式のためか，あまりそのような感じはしなかった。むしろ，スイスでは標準税率が8％と，ドイツよりも遥かに低いにもかかわらず，物価そのものが高いせいか，スイスの方がドイツよりも負担感が大きいと感じたのには，自分でもびっくりした。人間は，外国に行った時に，日本における自分の日常の経験（価格に関する感覚）に依拠して日本と比較して物事を考えるのだということを実感した次第である。

かつまた，ドイツやスイスの実態を，私が最近訪問したその他の諸国のそれとつぶさに比較することができたことも幸運なことであった。私は，ここ1, 2年に限定しても，

- 一昨年〔2014年〕の秋に台湾を訪問
- 昨年〔2015年〕の春にフランスとベルギーを訪問
- 一昨年〔2014年〕と昨年〔2015年〕の秋にシンガポールを訪問
- 昨年〔2015年〕の年末にアメリカの中西部を訪問
- 今年〔2016年〕の春にアメリカ東部とカナダを訪問

と，様々な場所を訪問し，また，実際に商店で物品を購入するなどして，消費に関する租税制度関係の調査を行った。そこからわかったことは，いずれの国においても，比較的スムーズに複数税率の附加価値税の執行が行われているという点であった。単に一つの国の訪問ではなく，複数の国（附加価値税の存在しないアメリカも含めて）を実際に訪問して制度を比較することにより，日本では未だ経験していない複数税率の附加価値税の運用の実態が，ある程度，立体的に理解できるようになった点は大きな成果であったといえよう。

これらは，いずれも，書物や雑誌論文を読んで制度の表面的な説明を理解する机上調査とは異なり，実際の商店のレジ担当の方がどのように対応しているかという点を自分の目の前で見ながらの実地調査であったから，個人的には得られるものも大きかった。附加価値税を有するどこの国も，それなりの努力で，執行の困難な複数税率の運用を行っているように見受けられた。もっとも，複数税率が大きな問題点を抱えていることは事実であり，よくいわれるように，食料品が軽減税率に服する場合の，外食（普通税率）と食料品（軽減税率）の区分に関する小売りの現場での対応等については，いずれの国においてもかなりの困難を抱えているように見える。

また，インボイスについては，ドイツが，その真面目な国民性を反映してか比較的厳格な制度の運用を行っているのに対して，スイスにおいてはかなり柔軟で，仕入税額控除をできるだけ寛容に認めようという現実的な方向（すなわち，形式的不備のみを理由に，仕入税額控除を簡単に否定しないという方向）での執行が行われている点は，特に注目に値すると感じた。実際のところ，附加価値税の複数税率のような**複雑な制度を円滑に運用するためには，少なくとも一定程度，**

柔軟な制度運用が不可避であることは容易に想像がつくことであり，この点，スイスにおける執行は，大人のやり方であるように思われる。スイスは，附加価値税の運用について，定期的にイタリアから情報を得ているとのことで，そのような不断の努力が実を結んでいるといってもよいのかもしれない。

　スイスでは，簡易課税についても，面白い説明を聞いた。例えば，零細事業者の簡易課税の仕入の割合が70％とされている場合を考えてみよう。この場合，日本の簡易課税では，売上に8％を乗じた額から，売上に係る税額の70％を仕入税額として税額控除する（その結果，税額は，売上額の2.4％となる）と，説明する。これに対して，スイスでは，この場合，売上の2.4％の代替税率が適用され，仕入税額控除は否定される，という説明がなされるのである。スイスの方式の方が，軽減税率の適用を受ける零細事業者には感覚的にわかりやすいかもしれないと感じた。

　なお，余談になるが，かつて訪問した国で私が一番驚いたのは，デンマークであった。そこでは，食料品も含めて25％の単一税率（但し，新聞はゼロ税率）が採用されており，複数税率の煩わしさが感じられず，執行は比較的スムーズであるように見受けられた。他方，なぜ，このような高い負担を国民が前向きに受け入れているのかという点について疑問があったが，先方の答えは，高い附加価値税率は厚い福祉の対価であり，国民は，それを必要な負担として理解しているということであったのを今でも鮮明に覚えている。

　租税制度の構築において，負担の高低のみならず，納税者の理解がいかに大切か，その時に肌で感じることができた。

4 その他の論点

(1) ドイツで進行中の相続税改革について

　今回の調査において，附加価値税以外の税目についても，可能な限り様々な調査・質問を行ったが，中でも個人的にもっとも興味深かったのが，ドイツにおける家族企業の相続税課税についてであった。ドイツにおいては，各地に家

第四部　海外の動き

族経営の有力企業が数多く存在し，それが重要な社会的・経済的地位を占めている。家族企業関係者の政治力も強く，租税制度の構築についてもその意向が尊重される場合も少なくない。

　ところが，ドイツでは，2007年1月31日に，相続税における相続財産の評価方法について，連邦憲法裁判所（Bundesverfassungsgericht）が画期的な違憲判決を下した（Az.: 1 BvL 10/02）のである。これは，現金と比して，不動産，非上場会社の持ち分，農林関係の資産等が著しく低い価額で評価されているのは平等原則に反すること等を理由とするものであった[1]。

　また，2014年12月17日の連邦憲法裁判所の判決[2]においても，事業用財産の相続時の移転に際しての相続税の免除に関する定め（相続税法13a条と13b条）は，その対象範囲が広く，また裁量も広いので，「全ての人は，法の前に平等である」と定める基本法（＝ドイツの憲法）3条1項に反して，違憲であると判示している[3]。

　これらの状況を前に，現在，ドイツにおいては，家族会社の持ち分や事業用財産の相続の際に，それを一定の限度で非課税とする立法が審議されているとのことであった。

　これは，相続財産評価の不平等を放置してきた従来の状態を解消させるために，政策的な観点から多額の非課税限度を導入しようという，いわば，究極の選択ということになろうか。しかし，これで評価の不平等は解消されるのかもしれないが，一部の者のみが相続税負担を軽減されるという意味の別の不平等が生まれる点が，今後は，深刻な問題となるのではないかと感じた。

1　Vgl. Axel Schrinner, Bundesverfassungsgericht entscheidet über Zukunft der Erbschaftsteuer【連邦憲法裁判所，相続税の未来について判決を下す】, Karlsruhe schafft Klarheit für Erben, Handelsblatt, 30. 01. 2007 09:15 Uhr.
2　Urteil des Ersten Senats vom 17. Dezember 2014, 1 BvL 21/12.
3　カール＝フリードリッヒ・レンツ，「相続税法に関する違憲判決【ドイツ連邦憲法裁判所2014・12・17判決】」（ドイツ憲法判例研究183）自治研究92巻7号154〜162ページ，2016年6月。

(2) EU 対アップル

　今回の調査期間中に，EU における，アップルに対する 1 兆円を超える課税の可能性についての新聞報道が出た。私も，調査期間中のホテルで，必死になって，インターネットを通じてこの問題に関する情報収集を行った。これは，法的に見た場合には様々な問題を抱えた課税であると思われるが，今後の EU とアメリカの関係を見る上で，また，租税法と競争法の関係を考える上で大変に興味深い事例であることは間違いない。もっとも，この点については，ここではこれ以上立ち入ることはできない。

(3) ドイツにおける学説の扱いについて

　前述のように，ドイツの連邦財務省のゼル主税局長が，学者の理論は理論として，自分たちは政治的あるいは政策的判断を重視しながら現実の税制改革を行っているという点を強調しておられたのが，極めて印象的であった。税制改革が国民の間の利害調整の面を強く有していることは疑いのない事実であり，理論のほかにも，政策，政治，執行といった様々なことを考慮しなければ，現実に意味のある税制改革は成し遂げられないということであろう。ドイツの租税制度といえば，学者の理論が非常に尊重されているように語られることが多いが，立法作業の現場においては，実際には必ずしもそうではないのかもしれないということで，とても興味がわいた。

(4) さらに訪問すべき国について

　スイス連邦財務省での面会の際に，彼らが一様に指摘したのは，「理想的」な附加価値税制度を見たいなら，ニュージーランドを訪ねるべきであるという点であった。この国の GST（Goods and Services Tax）は，一律の税率 15 ％で，ほぼ全ての財・サービスについて課され，世界で最も広い課税ベースを誇っている。理論的な観点から見て望ましいと彼らがいう附加価値税の，現実の執行状況を子細に見るために，今後は，ニュージーランドの調査が必要なのではない

かと考えた。また，ニュージーランドと並んで，単一税率を採用するデンマークの調査も意味があるかもしれない。

5 | 調査の意義

　極めて当然のことであるが，外国の制度の調査については，わざわざ費用をかけて外国に行くまでしなくとも，法律の条文や書物や雑誌論文を読めば，少なくとも，表面的な点は比較的容易に理解することができるし，費用もあまりかからない。そして，このように文章を読むことによりわかることは少なくないのであるから，専門家たるもの，そのような机上の調査を継続的に行っていく必要があることは論を俟たない。

　しかし，これもまた当然のことであるが，ある国における制度の運用の実態や，国民の感情等については，いくら法律の条文や書物や雑誌論文を読んでも，わかることはあまりないのではなかろうか。実際に現地に行かないとわからない点としては，実に，多方面に及ぶ様々なものがある。例えば，経済や治安の実際的状況は，現地で街を歩かないとわからないかもしれない。特に，租税制度の執行の状態については，現地であれこれとインタビュー等を繰り返しながら慎重に現実を把握しつつ，先方にいろいろと質問しないとわからない場合が多いであろう。そして，そのような国民の意識や執行の現状を正確に理解しないで，法律の条文，判例の文章，研究者の論文をどんなに勉強しても，それは，その国の状況の一端を理解しているにすぎないといえよう。税こそ民主主義（2016 年 9 月 9 日の税制調査会第 1 回総会における安倍総理大臣のご発言）であることを考えれば，やはり，現地に出向く調査は必須といえよう。

　もちろん，外国における税制改革の動きについては，それぞれの国における日本大使館の経済班の方々が，その国に定住する形で丁寧に勉強しているのであり，私たちプロフェッショナルにとってそのような情報は貴重である。幸い，今回の調査においては，在ドイツ日本大使館及び在スイス日本大使館の方々のご厚意で，私たちも，それぞれの国における租税制度について様々なお話を伺うことができたことは幸運であった。

また，外国の訪問先の方々との議論や質疑応答を通じて，今まで考えもしなかった事実や論点にぶつかることも少なくないという点を，今回，改めて認識した。これこそが，実際にお会いする形の情報収集の醍醐味ということになろう。

　さらには，同一の問題や現象についての，調査団のメンバー相互間の議論も大きな意味を持つ。今回も，和気あいあいとした雰囲気の中で，このような有意義な議論を，食事中や，移動のバスの中や，空港での待ち時間において，自由闊達に行うことができたことは大きな成果であった。後になって考えれば，このようなざっくばらんな議論が，往々にして大きな意味を持つことは少なくない。私も，大いに勉強をさせていただいた。

6　調査の結果

　今回の調査は，前述のように，第一義的にはドイツ連邦税理士会の会長交代に伴う表敬訪問ではあったが，それは目的の一部であり，実際には，調査に主眼があり，連日，調査とインタビューの連続であった。その中で，私があれこれと感じたことを，ここで改めて整理してみると，以下のような点を挙げることができよう。

　第一に，スイスにおける柔軟な税務執行のあり方等，実際に現地調査をしないとわからない点をいくつも発見できたことが，何よりの収穫であったといえよう。繰り返しになるが，とかく，書物から得られる知識は一面的な場合が少なくなく，実情というものは，現場に行って感じるしかないという当たり前のことを再確認することができた。

　第二に，ドイツとスイスという近接する２国の制度の相違がかなり大きく，その相違を比較できたことが，興味深い視点を私たちに与えてくれた。例えば，
　① 制度を厳格に執行するドイツと，緩やかに執行するスイスの違い
　② EUの中核をなすドイツと，EUの外部ながら近縁に位置するスイスの政治的な感覚の差異
　③ 深刻な移民問題を抱えるドイツと，それほどではないスイスの違い

一等々,あれこれと考えていく際のヒントを多く得ることができた。

第三に,ドイツ連邦財務省の主税局長や,スイス連邦財務省の税務副局長といった,普段なかなかお会いすることのできない幹部の方々と直接にお話しすることにより,両国の租税政策の企画立案を行っている方々の本音をかなり聞くことができたこと,また,ドイツとスイスの第一線で活躍なさっている実務家の方々と親しくお話しすることができたことの意義は大きい。

第四に,これは私だけの個人的な感想になると思うが,日本の税理士の先生方の知的水準の高さに大きな感銘を受けた。どのような場所でどのような方にお目にかかる場合であっても堂々と対応する姿は,頼もしいものであった。

今回の調査には,以上のように様々な大きな成果があったと考えるが,それを今後具体的にどのような形で税理士会の運営や税制改革への提言に生かしていくかという点が,今後の重要な課題ということになろう。

まとめ

私がこれまで行ってきた海外調査は,研究者としての個人的な立場からのもの(この場合,自分自身の論文を執筆するために必要な書物や法令や判決の入手や,大学関係者との議論が中心になる)と,税制調査会等の公的な調査団のメンバーとして参加するもの(この場合,調査の目的に応じた,外国の官公庁関係者との面談が中心になる)と,大きく二つに分かれる。

ところが,今回は,このいずれでもない経験をすることができた。そして,前述の二つを合わせたような,自由でありながら,しかし組織としての統一のとれた調査団のメンバーに加えていただいたことで,税制調査会や大学の関係の調査とはかなり異なる視点・立場でものを見ることができた。

最後に,今回の調査で得た知識や経験を,論文その他に有意義な形で反映させていただくつもりである。

二　2017年秋　日税連海外調査ニュージーランド
(税理士界 1360 号　2018 年 1 月 15 日)

はじめに

　今さらということになるのかもしれないが，外国の情勢を知るには，百聞は一見にしかずというのは，本当のことである。私はこれまでに幾つかの国や地域を訪問したことがあるが，実際に現地に赴いて，街を歩き，人と話し，買い物や食事をすることによって初めてわかることが，実にたくさんある。今回のニュージーランド訪問においても，期間は短かったものの，そのような感想を持った。

　もちろん，私たちのような法律学研究者は，外国の法律の条文や判例を直接に読むことにより，当該外国を実際に訪問しないでも，当該外国の法制度の表面的な概観について知ることが可能である。しかし，そこには自ずから限界があり，やはり現地を訪問しないとわからないことが多いのである。

1　今回の調査の経緯

　日税連による，2016 年の秋のドイツ及びスイスにおける中小企業課税や消費税制度の調査に続いて，昨年の 2017 年に，10 月 8 日から 13 日にかけて，日税連の神津信一会長及び国際部や国際税務情報研究会の先生方と一緒に，ニュージーランドに，主に消費税 (Goods and Services Tax) の調査に出かけた。これは，2016 年の調査の際に，スイス財務省の主税局の幹部の方々から，消費税について調べるには，理論的水準の高いニュージーランドの制度を調査することが望ましいと勧められたからであった。神津会長が率直にこの助言に従ったことは，結果的に，大きな成功であった。

特に，ヨーロッパで附加価値税と呼んでいるものの欠点を丁寧に調査して1980年代に消費税が導入されたニュージーランドにおいては，ヨーロッパの附加価値税とあえて区別するために，Goods and Services Tax と名付けたという一点からも，自らの制度についてニュージーランドの方々の有する自負心を目の当たりにすることのできた訪問であった。

今回の海外調査の成果の報告については，税理士界1359号に石丸修太郎先生による詳細な報告が掲載され，また，太田直樹担当副会長の下，国際部による成果の詳しいまとめが作成される予定になっている。

そこで私は，今回の調査のバックグラウンドや理論的側面について若干補足するための報告を行うことにする。

2 | 調査の準備

他国の制度と比較した場合に初めて，自国の制度についてよりよく知ることができるということは，ままあることである。今回，私たちは，虚心坦懐に単一税率15％で課税範囲の極めて広いニュージーランドの Goods and Services Tax について，そのあるがままの状態を把握することにより，日本の消費税の現状について考えるきっかけにしようという点を第一の心構えとして，謙虚な姿勢で調査を行った。むろん，法律制度の調査自体は，現地に出かけなくとも，表面的にはある程度知ることができるのであるが，制度運営の実態や国民の感覚については，現地に出かけないとわからないことが少なくないからである。

かつ，今回の調査において，私の役割は，あくまでも部外者として，できるだけ事前の準備（アポイントメントの取り付け等）のお手伝いをすることに徹し，後は全てメンバーの先生方が全面的に対応するという方式で臨んだ。今回のニュージーランドにおけるアポイントメントの取得等については，財務省主税局，及び，（財務省から出向中の）オークランド領事館の早坂達也氏に何もかもお世話になったことを付記し，ここに改めてお礼申し上げたい。

3 | 国　　情

　ニュージーランドは，面積こそ日本とさほど変わらないものの，人口が500万人にも満たない小さな国である。しかし，自然環境に恵まれた豊かな国であり，政情も極めて安定している。今回面会した全ての方々に共通していることであるが，フレンドリーであり，私達に対しても極めて親切であった。

　かつて1980年代に，公的部門の肥大化や経済失速による財政破綻に直面し，青息吐息でそこからどうにか脱却した国の，現在における活力ある姿を目にすることができて，本当に幸運であった。世界経済の変化は急速で，どの国であっても，頂上からどん底への転落も早く，逆もまたしかりである。過度の楽天主義や悲観主義を排し，冷静に対応することの重要性を認識することができた。

　ニュージーランドにおいては，現在，比較的，（少なくとも表面上は）人種差別や移民排斥は見当たらないが，それでも，多数の移民が押し寄せて職を奪われるのは困るという感情がないわけではない。特に，多数の移民のオークランド等の大都市への急激な流入により，家賃等が高騰すればなおさらである。したがって，今回の総選挙で，第二位の労働党（比較的に移民の急激な増加に消極的なように見受けられる）と，第三位のニュージーランド・ファーストが連立した結果として，そのような移民の数の制限の方向が打ち出される可能性もあるかもしれない。

　いずれにせよ，この平和で豊かな小国が今後どのようになっていくかについては，注意深く見守る必要があるといえよう。

　なお，ニュージーランドにおいては，環境への配慮からか，水力発電，風力発電，地熱発電等に力を入れているとのことで，その結果として電力の値段が高く，日本の三倍程はするという話があったことは記憶に新しい。

4 | 当局が税務情報を入手することについての国民の対応

今回の調査で感じたのは、国民の課税当局に対する信頼の厚さであった。この点は、2017年の春に税制調査会の海外調査で訪れたスウェーデンやエストニアとの強い類似性が見られる。人口が少なく、比較的豊かな国では、そのような傾向が強くなるのであろうか。

また、課税におけるプライバシーについての感覚の差も、ニュージーランドは、スウェーデンやエストニアと多少類似しているように感じた。すなわち、課税庁に自らの課税に関する情報を提出することに関して国民の抵抗感はあまり強くはないように見受けられた。もちろん、これを単に政府への信頼ということで単純に片付けられるかどうかについては、今後検討する必要があろう。

なお、この問題の背景については、ニュージーランドが財政破綻等で混乱していた時期に書かれた論文[4]における記述が参考になるのではないかと思われる。

5 | 電子化の推進について

ニュージーランドにおいては、現状における電子申告等の普及が今一つであり、日本と同様に、租税手続の電子化を熱心に推し進めている。この点は、日本と同様、世界的な潮流に沿ったものであるといえよう。もっとも、この点に関するニュージーランド国税庁の担当者の発言で驚いたのは、ICT化の推進とともに、今後、かなりの数の職員数の削減を予定しているという点であった。

現在のように、国際的な課税逃れ取引等が先鋭化している状況の下では、電子化の推進で余力の生じた人員は調査の方に振り向けるという選択肢も当然にあると考えられるが、ニュージーランドでは、政治的な状況もあるのであろう

---

4 Kenneth J. Keith, Open Government in New Zealand, 17 Victoria University of Wellington Law Review 333, 1987, Victoria University of Wellington Legal Research Paper Series, Keith Paper No.6/2017.

か，人員整理という選択になったのではないかと推察される。ただし，労働党政権の成立により，その点については変化が生ずるかもしれない。

もっとも，日本においては，2017年10月28日の日本経済新聞電子版の，「3銀行大リストラ時代　3.2万人分業務削減へ」という記事におけるように，「みずほフィナンシャルグループ（FG）など3メガバンクが大規模な構造改革に乗り出す。デジタル技術による効率化などにより，単純合算で3.2万人分に上る業務量を減らす」ということであるから，ICT化促進による人員削減圧力は，今後，日本経済のあらゆる分野に及ぶのかもしれない。この点こそは，今後の経済活動の在り方を考える際に，見逃せない視点である。

6 ｜ 税　　制

ニュージーランドの租税制度の詳細については，前述の，石丸先生の報告，及び，国際部の報告に委ねたいが，アメリカやイギリスやドイツやフランスといった大国の租税制度の調査の場合と異なり，ニュージーランドの調査においては，2016年の秋に出かけたスイスの調査の場合と同様，小国故か，税制改革についての政府の機動性の高さが印象に残っている。また，税制が全体としてシンプルで効率的な点も重要である。その特徴の幾つかを挙げると，例えば，以下のようなものがある。

第一に，ニュージーランドの国税庁（New Zealand Inland Revenue Department）が，税務とともに社会保険を所掌している関係で，課税と給付の一元化が行われているという点が極めて重要であるように思われる。その結果，数の多い確定申告のかなりの部分は，租税を支払うためではなく，社会保障給付を受けるためのものとなっている。すなわち，端的にいえば，確定申告という名の下に，所得の低い人たちによる給付申請が行われているということである。したがって，これを税額控除という表面的形式でとらえて，給付付き税額控除と呼ぶべきかどうかという点については，多少の疑問が残る。すなわち，社会保障給付を得るための単なる申請としての確定申告という名の手続を，租税制度の構成要素として重視することは，課税と社会保障が分離された日本のような国において

は意味をなさないからである。

　第二は，ニュージーランドにおいては，所得税の最高税率が33％と低く，また相続税・贈与税が存在しないにもかかわらず，再分配に関する不満があまり大きくないように感じられた点である。日本との比較において，この点に関する調査・分析をより一層真剣に行う必要性を痛感した。

　第三は，消費税（Goods and Services Tax）においてゼロ税率が多用されているという点である。この点について，詳しくは調査団の報告書に委ねたいが，輸出のみならず，土地取引や金融取引にも利用されている。

　第四に，インボイスに税額の記載がないという点である。これは，まさに単一税率であればこその制度であろう。そしてそれは，現在の日本における帳簿方式（これも，単一税率と密接に関連する，なかなか優れた制度である）と基本的に同様といえないこともない。

　第五に，制度のいたるところに柔軟な発想が見られ，形式的・画一的な管理という発想ではなく，納税者の能力に応じた税務手続の採用が行われているように見受けられるという点であろう。

7 税制の暗い面

　他方，今回の調査の際にニュージーランドの方々からは指摘がなかったが，同国が世界の富裕層の課税逃れの拠点になっているという厳しい指摘があるという点についても忘れてはならないであろう。例えば，以下の二つの報道を参考にしていただきたい。

「ニュージーランド，課税逃れの有力拠点に──パナマ文書で明らかに」[5]
「訂正：ニュージーランド，パナマ文書で課税逃れの有力拠点に＝報告書」[6]

　この点において実務上重要な意味を持つのが，以下の文献にも見られるよう

5　http://toyokeizai.net/articles/-/117121
6　http://www.newsweekjapan.jp/headlines/world/2016/05/169436.php

に，ニュージーランドにおける海外信託（ないし，オフショアトラスト）の制度の，海外資産家による利用である。

古橋隆之「海外信託『オフショアトラスト』の特徴と設立のメリット」[7]
Edward Power, New Zealand, foreign trusts and the Panama papers, 08 September 2016.[8]

もっとも，本稿の趣旨からは外れるので，この点について，ここではこれ以上踏み込まないこととする。なお，この点については，中里実「外国の信託及び信託類似制度に対する課税上の取り扱いに関する国際的概観」[9]参照。

まとめ―アジア・太平洋地域へのまなざし

最後に，今後の展望として，今回の調査で得られた一般的な感想について，若干付け加えておこう。

第一に，今回の調査で感じたのは，小国であるニュージーランドが，アジア・太平洋圏の経済的躍進という未来を見据えて，その中でしたたかに自らの役割の増大を図ろうとしているという点である。特に，アジア・太平洋圏の発展途上国における中間層の急速な拡大を，自らの国にとってのビジネス・チャンスととらえ，その中での国家運営を考えているのである。

他方，第二に，ニュージーランドが，アジア・太平洋地域との連携を深めるために，最近におけるICT化の進展を利用して，経済の拡大を考えているように思われるという点である。その意味で，ニュージーランドの動きを知ることは，日本が将来すべきことを考える上で，一つの参考になるといえよう。

7　http://gentosha-go.com/articles/-/1031
8　https://www.lawsociety.org.nz/lawtalk/lawtalk-archives/issue-896/new-zealand,-foreign-trusts-and-the-panama-papers
9　財団法人トラスト60研究叢書・信託税制研究会「信託税制研究・海外編」179～198頁所収，1997年。

三　2018年冬　日税連海外調査アメリカ
（税理士界1374号8-10頁　2019年3月15日）

はじめに

　今回は，日税連の国際税務情報研究会のメンバーの方々と総勢5人で，昨年の11月29から12月5日にかけてという短い期間に，ニューヨーク市・ワシントン・ロスアンゼルス市を相次いで訪問し，主として，トランプ税制の日本への影響という点について，詳細な聞き取り調査を行い，12月6日の早朝（＝5日の深夜）にロスアンゼルスを出て，7日の早朝に帰国した。アメリカ国内の移動もメンバーが運転する等，自助努力方式の極めて慌ただしい調査であったが，私にとっては，とても実りの多い感慨深いものであった。

　この海外調査における訪問先や質問事項や回答等について詳しくは，参加されたそれぞれの先生方の手になる詳細な報告書が作成されているので，ぜひ，そちらをご覧いただきたい。ここでは，私は，より一般的な形で，もっぱら，それらの報告について理解する際の参考資料となる，アメリカの政治的背景，経済的背景，社会的背景に関する最新の状況についてのラフな鳥瞰図をお伝えすることとしたい。それらの背景についてヨーロッパ等との比較において正確に把握することこそが，アメリカの税制や，日本の税制の今後の動きについて知る上での大前提となると考えるからである。もちろん，私は法律家であって，アメリカの政治情勢や経済情勢や社会情勢の分析の専門家ではないから，思い違いや多少不正確な点もあるかもしれないが，それについてはあらかじめお許しいただきたい。

1 | トランプ大統領登場の背景としての中間層の経済的苦境

　ここ4年ほどの間に，私は，世界の各地をかなり頻繁に訪問した（具体的には，「2015年以降の外国訪問先国等一覧」を参照されたい）が，その度ごとに，それぞれの地域における中間層の剥落という現実を目の当たりにしてきた。この点こそが，本稿の大前提となる。若いころの私は，21世紀においては，20世紀におけるよりも，人々は豊かに暮らしていると素朴に信じていたために，最近の海外調査で目の当たりにした，現在の世界各地における中間層の剥落は，極めてショックな現象として，私の脳裏に焼き付けられた。

　すなわち，最初にその現象について深刻に意識したのは，2015年3月に，AOTCA（アジア・オセアニア税理士連盟）の大阪会議にヨーロッパからゲスト・スピーカーを招くべく池田隼啓AOTCA会長（当時）とご一緒に，フランスとベルギーを訪問した際であった。その時，訪問先のパリとブリュッセルにおいて，私は，深刻な治安の悪化を実感して，とても驚いた。特に，パリの治安の悪化は深刻で，モンマルトルの丘の上にある，サクレ・クール寺院（Basilique du Sacré-Cœur）前の広場には，経済的に困った人達の救済のための署名を求める人々がたくさん見受けられたが，その中には，署名したら，その場で現金を要求される場合もあるという話を，現地の方からお聞きした際には大きなショックを受けた。のみならず，ベルギーのブリュッセルにおいては，私たちの帰国直後の3月22日に深刻なテロがあった。

　また，2015年12月に，私が1972年から1年間の高校生生活を送ったウィスコンシンを家族と共に個人的に訪問した際には，実直で勤勉な中西部の中間層の人たちが，自分たちの足元が不安定になりつつあることの不安を漠然と意識していることに気が付き，驚愕した。あの豊かで自信にあふれたアメリカ中西部の力強い中間層は一体どこにいってしまったのか，信じられない思いであった。

　次いで，2016年5月に政府税調の調査でアメリカのワシントンとカナダのオタワを訪問した際にも，好景気のはずなのに，アメリカ社会を覆いつつあるある種の閉塞感を感じてびっくりしたのを今でも鮮明に覚えている。

そのような次第で，私は，経済的に苦悩するアメリカ中産階級の苦悩を前に，2016年11月に予定されていたアメリカ大統領選挙におけるクリントン氏の苦戦を，直感的に感じたのである。クリントン氏が，どのように熱心に理念や理想に基づいて弱者救済を唱えても，自らが弱者になるかもしれないとおびえる中西部の中間層の心には，ほとんど届いていないのではないかと感じられたからである。そこで，同年の5月31日の日本租税研究協会の定時総会における報告において，私は，中西部におけるクリントン氏の不人気（これは，驚くべきほどであった）とトランプ氏の躍進による，トランプ氏の11月に行われる大統領選当選の可能性と，その社会的・経済的背景についてあえて報告したのである。今考えると，これは，自分がアメリカ政治の専門家でないからこそできた思い切った報告であった。

　さらに，2016年の8月から9月にかけての，事業承継税制を中心とする，日税連のドイツ・スイス調査においては，ドイツにおける移民問題の深刻さを実感した。ベルリンの治安は，パリほどは悪化してはいなかったが，それでも一流ホテルのラウンジの中で置き引きがあったり，朝の散歩中に「移民は帰れ」という暴言を浴びたりしたことは，今でも記憶に新しい。これに対して，スイスにおいては，ベルンという静かな街を訪れたためか，相当数の移民を受け入れながら，日常生活は穏やかであったので，ドイツにおけるようなことはなかった。むしろ，多くの移民の方が乳母車を押している姿が記憶に残っている。現地の方にお聞きすると，これは，育児手当でそれなりの生活ができるからということのようであった。治安の良い場所においても，移民の影響が感じられるのであった。

　このような中で，私は，遅くとも2016年の9月の段階においては，アメリカ大統領選挙におけるトランプ氏の当選を確信するに至っていた。日本の新聞やテレビの報道とは真逆の予想であった。そして，その私の予想どおり，2016年11月の大統領選挙においては，五大湖周辺等のラストベルト（Rust Belt, すなわち，アメリカ中西部等の，工場等の国外移転により錆びついてしまった地域のこと。具体的には，かつての工業地帯であった，ペンシルベニア州，オハイオ州，ミシガン州，インディアナ州，ウィスコンシン州等）における，生産拠点の海外移転による中間層の経済的没落を背景とする様々な不満を抱えた選挙民の支持を集め，トラン

プ氏が大統領に当選したのであった。

　これらの海外調査を通じて，私は，現代社会を理解するキーワードは，生産拠点の海外移転や移民の増加により，先進諸国の特定の地域で特に激しい様相を呈することになる，中間層の経済的没落なのではないかと考えるに至った。そして，税制改革における最大のテーマも，そのような先進国における中間層の没落の防止なのではないかと考えるようになった。今，仮に，先進国とは，分厚い中間層を有する国々のことであると考えると，中間層が薄くなることは，政治的，社会的，経済的に先進国が危機的状況に陥ることを意味する。もちろん，それについて，税制でできることは限られているにせよ，何かをしなければならない，そう考えるようになったのである。これはまた，日本政府の方針や，政府税調において取り上げてきたテーマと軌を一にするものであった。

2｜2017年から2018年秋までの海外調査

　アメリカ大統領選の後も，私は，継続的に，幾つかの海外調査を継続して行った。

　まず，トランプ政権登場後の2017年2月に，私は，2週間ほど，コロンビア・ロースクールに客員教授として滞在したが，ニューヨークは治安が非常に良く，ウィスコンシンとは異なり，空前の経済的繁栄を謳歌しているように見受けられた。

　これに対して，同年5月に，政府税調の海外調査で，エストニアとスウェーデンを訪問した際には，ストックホルムの地下鉄の構内で物乞いをする少なからぬ数のホームレスと思われる人たちを見て，福祉国家の財政的基盤を維持することの困難さを実感させられた。また，ストックホルムの官庁街の昼食時のレストランにおいて，置き引きがあったことにもびっくりさせられた。まさに，これが福祉先進国のスウェーデンであることが信じられない思いであった。

　他方，同年10月の，附加価値税のインボイス等の在り方を中心とする，日税連のニュージーランドでの調査においては，多数の移民を抱えながらも，穏やかな経済運営を行っている様子が感じられた。同じく多くの移民を抱えながら，

ヨーロッパとニュージーランドの差はどこにあるのかと考え込んでしまった。

また，2018年2月には，再び，コロンビア・ロースクールに客員教授としてニューヨークに滞在し，その期間にハーバード・ロースクールも訪れたが，いずれにおいても，治安はよく，経済は順調であった。ボストンにおいては，かつては少しごみごみしていた地域が，多くのバイオ系やIT系のベンチャー企業の設立に伴って開発され，若い人たちのしゃれた住宅街になっている様子が衝撃的であった。

他方，同年4月には，ドイツのニュルンベルクを訪れたが，こちらでは，地方都市であるためか，2016年のベルリン訪問の際とは異なり，人々の平穏な日常が感じられた。

さらに，2018年の9月には，(2015年12月に訪れた) ウィスコンシンを再訪したが，かなりの経済的な活気が感じられた。シカゴのオヘア空港から北に向かうミシガン湖沿いのフリーウェイ沿いにおいては，幾つもの建設中の場所が見受けられたし，雇用環境も良いようであった。しかし，そのことにより中間層の没落に伴う人々の不満が劇的に改善されているわけではなかったという点にも気が付いた。他方，それに引き続いて，ボストンにも出かけたが，若い人達の活気にあふれる街並みで，2月の訪問時と変わらぬ穏やかな日常がうかがわれた。

結局，このアメリカ大統領選挙後の2017年から2018年秋にかけての幾つかの海外調査においては，ヨーロッパは相変わらず苦悩を続けているのに対して，アメリカにおいては，中西部でも2015年ごろよりも経済状況は多少よくはなっていたものの，東海岸と比べた場合の，相変わらずの経済的繁栄の地域格差の存在に愕然としたというのが，正直な感想である。

3 ｜ 昨年の秋からの状況—2018年11月の中間選挙以降

さて，昨年の2018年11月のアメリカの中間選挙においては，共和党が上院を押さえたのに対して，下院は民主党が多数を取るという，アメリカ国民のある種の良識が反映された，極めてバランスの取れた結果となった。他方で，

2016年11月の大統領選挙においてトランプ大統領当選の基盤となったラストベルトのペンシルベニア州，ミシガン州，ウィスコンシン州においては，民主党が州知事のポストを取った。この結果についてどう考えるかであるが，この点についての分析はなかなか難しく，未だ，将来の方向性に関する予測はできないでいるというのが現状である。しかし，少なくとも，中西部を中心に，2016年の大統領選挙の際に濃厚に感じられた中間層の没落についての危機感が，アメリカの有権者の脳裏から消えたとまではいうことができないのではなかろうか。

また，2018年11月末から12月初めにかけての，日税連の国際税務情報研究会の今回のニューヨーク市，ワシントン市，ロスアンゼルス市訪問において，私たちは，東海岸と西海岸を代表するそれぞれの街の経済的繁栄と治安の良さを実感した。クリスマス前ということもあったかもしれないが，人々は実に活気にあふれていた。したがって，今後は，そのような東海岸と西海岸の反映を，日税連でまだ訪れていない中西部の状況と比較してみることが必要なのではないかと，現在は考えている。今後は，アメリカ中西部やカナダを訪問して，アメリカ大陸全体の経済状況と，人々の感覚を調査すると，興味深い結論が得られるのではなかろうか。

さらに，2018年12月の，私個人の，短期間のオーストラリアのシドニー訪問においては，昨年の11月のニュージーランド訪問の際に感じたのと同じく，オーストラリアも，多数の移民を抱えながら，活発な経済運営を行っている様子が感じられた。もちろん，オーストラリアにはオーストラリアなりの移民問題があることは，聞き取り調査でわかったが，街の様子は比較的落ち着いていて，人口が多い分，ニュージーランドより活気にあふれていた。

これに対して，今後の焦点は，むしろフランスの動向なのではないかと考えている。マクロン大統領の大企業優先のエリート主義に反発した現場労働者の方々の，いわゆるイエロー・ベスト運動（Mouvement des Gilets jaunes）は，フランスにおいて没落しつつある中間層の不満を雄弁に物語っているといえよう。周知のように，フランスのエリート主義は日本などとは比較にならぬほど極端で，それに移民問題が加わるのであるから，今回の運動が，そう簡単に収束するとは到底思えない。現在のパリは混沌の中にあるといっても過言ではなかろう。

この運動の根はかなり深く，今後は，国民戦線のマリーヌ・ル・ペン氏の行動に注目が集まる状況かもしれない。ル・ペン氏を単に極右という一言で片付けてしまうわけにはいかないほど，同氏の政策への共感は高まっているように感じられる。したがって，フランスについても，現地調査の必要性を実感している状況である。

4 地域的な格差の拡大

このように，現在は，世界のどの国のどの地域を訪れるかにより，治安の状況や経済的状況が極端に異なるのであるが，総じて，多くの移民を受け入れてきたヨーロッパの苦悩が極めて深刻であることは確かである。ドイツの移民排斥問題，フランスのイエローベスト運動，イギリスのEU脱退問題，北欧等における移民排斥の動き等，社会の不安定要因は枚挙にいとまがない。注目すべきは，それらが全て，移民問題等に起因する，没落しつつある中間層の不満を反映したものであるように思われる点である。

他方，アメリカにおいては，東海岸・西海岸は経済的に大いに潤っているのに対して，内陸部は，2015年の末と比べると，少なくとも2018年の秋には経済的活気が感じられたが，それでも東海岸・西海岸と比べるとかなりの格差があるように思われる。特に，五大湖周辺のいわゆるラストベルトにおいては，ヨーロッパほどではないにせよ，依然として，中間層の不満が根強く渦巻いているのを感じた。したがって，このあたりについてより詳細な実地調査と現状分析が必要であろう。

さらに，オセアニアは，独自の路線を貫きながら，その直面する様々な問題をある程度解決しつつ，相対的な安定を保っているように見える。もっとも，その背後に存在する，多民族国家であるが故の苦悩ないし努力について，さらに見ていく必要があろう。

いずれにせよ，現代が，世界的な中間層の剥落の時代であることに変わりはない。この点は，これまで述べてきたように，特に，ヨーロッパ諸国とアメリカのラストベルトで著しい。これらの地域は，かつて，豊かで分厚い中間層を

擁する（それらの地域における）政治的安定の基盤をなす場所であった。しかし，現在は，それらの地域においては，苦しい生活を強いられつつある人たちが多く，経済的繁栄を謳歌する他の地域の人たちと比べて格差が極めて大きい。その，自分たちが取り残されているという不満が，大きな政治的うねりをもたらすという事実の存在は，2016年のアメリカ大統領選挙の時期と何ら変わっていないのではなかろうか。

　以上，要するに，アメリカにおけるトランプ大統領の登場も，イギリスのEU脱退も，ヨーロッパにおける移民排斥の動きも，最近のフランスのイエローベストの運動も，全ては中間層の一部の没落と不満を物語っていると考えてよいのではなかろうか。

　これに対して，オセアニアや，カナダや，日本においては，少なくとも現在においては，中間層の没落を救済すべく政府が積極的に格差是正策に打って出ているためか，ヨーロッパ諸国やアメリカのラストベルトと比べると，多少の差ではあるが，状況が悪くないように感じられる。しかし，ほんの少しの経済的要因の変化で将来何が起こるかわからないという点においては，それらの地域も，実は，ヨーロッパ諸国やラストベルトと異なるところはないのかもしれない。

　それ故に，経済的な活力を維持しながら，格差を是正し，中間層の今以上の没落を食い止め，社会を安定化させるために，租税政策において何をしたらいいのかという点こそが，現代の租税専門家に突き付けられた究極の問いであるといえよう。この問題について的確な答えを用意できなければ，私たちのプロフェッショナルとしての力量が疑われるかもしれないのである。

5 | 現地を訪問する定点観測の重要性

　以上，様々なことを述べてきたが，やや口幅ったい言い方になることをお許しいただけるならば，そのようなことをコメントすることができるのも，全て，私が現場に直接に出向いて，状況を目の当たりにしたためであるように思われる。学問においても，現実の素材を扱うことにより議論は説得力を増すが，経

済情勢の変化について語る場合においては，直接に現場を見ることが何よりも重要であること，論を俟たない。

考えてみれば，外国駐在といっても，ワシントンで，ニューヨーク・タイムズを読み，CNN を見，アメリカのエリート層とのみ仕事をしていれば，ラストベルトにおける中間層の苦悩がわからないのは，ある意味で当然のことであろう。かといって，そのような方が突然にラストベルトを訪れても，現地の方々がそのような異邦人に対して心を開いて本音を語ってくれるとはとても思えない。

それ故に，実際に出向いて現場を見ることや，あるいは現地の友人から話を聞くことが何よりも重要であるということになろう。そうすることにより，報道のみからはうかがい知れないことがわかる場合も，時にはあるであろうし，何よりも臨場感を持って物事を分析することが可能になるのではなかろうか。

その意味で，日本の税制改革について議論する際にも，世界各国の経済状況や税制改革の流れについての現地調査を踏まえた議論には，かなりの説得力が生まれるのである。もちろん，実際に現場に出向いて調査を行うためには，大きな時間的負担や経済的負担が伴うので，個人でできることには，当然のことながら限界がある。しかし，日税連のようなプロフェッショナルの組織においては，そのようなことが一定程度は可能なのではなかろうか。その意味で，今回の日税連の国際税務情報研究会のアメリカ調査は，時宜にかなった有意義なものであったといえるように思われる。

もし外国の状況について，書物から得られる知識や，報道のみを用いて判断するしかないとすれば，たとえ，どのように優秀なプロフェッショナルであっても，正しい情勢判断を行うことが可能とは考えられないであろう。優秀なプロフェッショナルが現地に赴いて調査をすることによってのみ得られる情報は少なくないのである。

6 アメリカ社会の動き

ところで，改めて述べるまでもないことであるが，日本の税制改革について

考える際に，アメリカの影響は計り知れないほど大きいという点は，否定の余地がない。それ故に，私たちが，日本の税制改革について考える際には，常に，アメリカにおける税制改革の動きや，その背景をなす経済状態の変化に十分に配慮しなければならないことも，また，言うまでもない。そのためにも，税のプロフェッショナルによる，特にアメリカにおける現地調査は必須のものであると考えられる。

　すでに述べたことであるが，アメリカは，ここ10年ほど，空前の好景気を謳歌してきているが，それにより受ける恩恵の程度は，地域によりかなり異なり，また社会階層によって大きく異なる。その結果として，深刻な地域的分断（東海岸・西海岸対内陸部），あるいは，社会的分断（高所得層対その他の階層）がますます進み，大きな経済的格差が広がっているのが現状である。このような状況について正確に理解することなしに，一般論として，アメリカにおいては云々というような分析手法を用いていては，正しい判断は到底おぼつかないであろう。やはり，ここは，プロフェッショナルによる定期的な情報収集の努力が必要であるというしかなかろう。

　なお，同様の経済的・社会的分断という深刻な状況は，ヨーロッパ諸国においても顕著に生じている。その結果として，没落しつつある中間層の不満を背景にした様々な政治的勢力が勢いを増しているということであろう。これらの動きの背景を正確に理解した上で，そこで行われている税制改革の動きを正確に位置付けることは，日本における税制改革の方向性を正しく導くための必須の作業であろう。

7 ｜ 今後の動き

　ここに詳しく述べてきたように，トランプ大統領は，2016年の大統領選挙において，中西部の，没落の危機におびえる中間層の不満に訴えて当選したと考えられる。しかし，昨年の中間選挙においては，中西部において共和党の支持に多少の勢いの衰えが見られた。しかしながら，このことは，内陸部における中間層の不満が解消したということを必ずしも意味しないのではないかと思

〔2015年以降の外国訪問先国等一覧〕

2015年3月	フランス・ベルギー（AOTCA）
2015年12月	シンガポール
2015年12月	ウィスコンシン
2016年5月	アメリカ・カナダ（税調）
	（2016年5月31日　日本租税研究協会定時総会で報告）
2016年8・9月	ドイツ・スイス（日税連）
2016年10月	香港（AOTCA）
	（2016年11月　アメリカ大統領選挙）
2017年2月	コロンビア大学滞在
2017年5月	エストニア・スウェーデン（税調）
2017年10月	フィリピン（AOTCA）
2017年10月	ニュージーランド（日税連）
2018年2月	コロンビア大学滞在，ハーバード大学訪問
2018年4月	ドイツ
2018年9月	モンゴル（AOTCA）
2018年9月	ウィスコンシン・ボストン
	（2018年11月　アメリカ中間選挙）
2018年11・12月	今回のアメリカ訪問（日税連）
2018年12月	オーストラリア

われる。

　それ故に，トランプ大統領は，今後，2020年秋の大統領選挙における再選をかけて，強い決意を持って，没落しつつある中間層の支持の回復を狙って，幾多の政治的問題に立ち向かっていくことが予想される。そのような問題としては，何といっても，移民問題と通商問題が挙げられる。その結果，日本については，特に通商問題がクローズアップされ，そのことが，日本の通商政策のみならず，場合によっては，租税政策に影響を及ぼすのではないかという危機感を拭い去ることができない。それが具体的にどのような形を取るかという点については，ここで簡単に述べることはできないが，法人税のみならず，消費税も影響を被るかもしれない。

そのような状況の下，将来を占う上で，今回行われたような日税連による海外調査を通じた現場の情報の入手・整理・分析が大きな意味を持ってくるのである。もっとも，実際の海外調査は，相手方に対する的確な質問を用意し，時差に悩まされながら数多くの訪問先を訪れ，相手方と外国語でやり取りをし，その結果を整理し，その上で，将来の状況について分析するという，参加者にとって極めて精神的・肉体的負担の大きな作業である。それ故に，今後とも，我こそはという税理士の先生方がこのようなプロジェクトに積極的に身を投じ，税のプロフェッショナルとして，外国と比較した上で，日本の税制改革についての提言を行うという強い姿勢を保持していただきたいと考えている。

　最後に，今回のアメリカ調査でご一緒した先生方に，心より感謝を申し上げる次第である。

第五部

将来に向けて

一　税制改革とアメリカ大統領選挙
（日本租税研究協会平成28年5月30日開催の第68回定時総会報告）

はじめに

　ご紹介いただきました中里でございます。今日は官庁のOBの方や，日本の経済界を代表する方々の前でお話をする機会を頂戴できまして光栄です。このような機会を頂戴できまして，本当にありがとうございます。

　「税制改革とアメリカ大統領選挙」というタイトルですが，内容はより広範囲に及びます。今，世界的に中間層が削げ落ちている結果として，各国で財政赤字が深刻化しています。このような中間層剥落の中での税制改革の方向は，次の二つに集約できるだろうと思っております。

　一つは，主に法人税の世界で，企業の国際的課税逃れに対抗する動きです。ここでいう企業に日本企業はあまり含まれていないと思いますけれども，企業の国際的課税逃れの中で，税収不足をどう補うかという動き，これがOECDでBEPS，国際的課税逃れ対応策の議論になっているのだろうと思います。

　それから，二つ目は，主に所得税で，中間層が没落する中で，所得の再分配をどうしたらいいか。その中で，単なる再分配に終わらせず，経済刺激をも両立させる。そういう方向を目指す所得税改革はどう行ったらいいのかということです。

　今の日本の政府税制調査会の議論はこの二つを行ってきており，今後も，この二つが主な論点になるのだろうと思います。

1 ｜ 前提となる三つの国際秩序と，その変化

　私は研究者ですから，少し基本的な議論をさせていただきます。話半分でお

聞きください。

　現代の世界秩序は，主に三つの基本構造からなると思っています。一つは，1648年にプロテスタントとカトリックの間の戦いである三十年戦争を終結させたウェストファリア条約により成立した，それぞれ独立の主権国家の併存状態からなる国際秩序です。

　主権国家がそれぞれ独立して，国家主権を持って対立し合うという構造は，このときに実定法化され，それが今も続いている。それぞれ独立した主権国家の間の利害調整に関する法が国際法ですから，国際法もこのときに生まれたといえるかもしれません。

　それからもう一つは，名誉革命で成立した財政と金融の一体化した経済秩序です。これを歴史学では財政軍事国家（fiscal military state）と呼んでいるわけですが，ウィリアム3世はオランダからイングランドに進攻するときに，何万人もの軍人と一緒に，オランダのバンカー，金融資本家を連れてイングランドに進攻します。その結果，オランダの非常に進んだ金融技術を使いまして，イングランドで金融革命が起こる。この金融革命というのは，政府にとっては，要するに国債の発行をどうやって低金利で行うかということなのですけれども，国債の発行を低金利で行うためには，国債の信用を高めることであり，そうすれば低リスクですから，利率も低くなります。

　そのために租税法律主義を作り上げまして，議会（Parliament）が保証した，将来の税収で償還を約束した国債は信認があるということで，低金利で国債を発行することにイングランドは成功しました。

　イングランドの利率が何%だったか忘れてしまいましたけれども，経済規模において4倍くらいあった当時のフランスの国債は王が個人的に発行するもので，何度もデフォルトを起こしていて，信用が低く，税率は極めて高いものでした。

　結果として，低金利で戦争の資金を調達することのできたイングランドが，世界の覇者になるという，これが名誉革命で成立した財政軍事国家（fiscal military state）というものの意味であり，この財政と金融の密接な関係は今も続いています。中央銀行の独立とかいろいろ言いますけれども，政策金利の決定についてはそうでしょうけれども，それはそれとして，財政と金融が密接に，不可

分一体に関連しているという秩序はこのときにできました。

　それからもう一つは，ブレトンウッズ協定により成立した，自由な GATT-IMF 体制で，これは戦後成立したものです。この三つで世界経済がずっと回ってきて，それに東西冷戦があったものですから，日本は非常に有利な中で，戦後の復興を成し遂げ，世界の経済大国になることに成功したということができます。日本人が努力した，これも事実でしょう。しかし，それ以上に，運が良かったということもあるのではないかと思います。

　ところが，大きな変化が起こったのが 1989 年でございまして，要するにベルリンの壁が崩壊したということです。1989 年以降何が起こったかというと，それまでは世界人口 50 億のうち，アメリカとヨーロッパと日本にいる 5 億人だけが豊かという状況があったわけです。

　途上国は，絶望的に豊かになれない。旧共産国は，豊かになりにくい国家運営をわざとなさっていたわけですから，われわれは 50 億中の 5 億に入っているだけで豊かでいられた。別に遊んでいたわけではないのですが，比較的容易に豊かでいられたということなのだろうと思います。

　ところが今は，人口が世界で 70 億いる中で，中国，ロシア，ブラジル，インドを入れますと，70 億中 35 億くらいが，豊かであるか，豊かになろうとしているという，そういう世界です。10 人に 1 人を豊かにする世界経済というのは，割と運用しやすいのかもしれませんが，70 億のうち 35 億が豊かになろうと努力する世界というのは，なかなか，今までリッチだった国にとっては悲惨な状況がもたらされるであろうことは，これはある程度必然的なことだと思います。

　そういう中で，先進諸国，すなわち，ヨーロッパ，アメリカ，日本における中間層の剥落が起こった。アメリカ，ヨーロッパ，日本における中間層が剥落して，その富はどこに行ったかというと，中国やインドの豊かな人たちのところに行った。日本人の中間層の富が外国に行ったことが悪いといっているのではなくて，そういうことが起こったのではないかという推測を述べています。

　財政というのは，数の多い健全な中間層が支えるものでございまして，この健全な中間層が崩壊しつつある状況の下で財政危機が起こるのは，ある意味当然のことで，これがヨーロッパでもアメリカでも日本でも起こっているという

ことでしょう。

　だから、1989年の段階で、今の中間層の剥落、及びそこから生ずる財政危機というものを、本当は私たちが予測しなければならなかったのかもしれませんが、そのようなことができるはずもありません。

2 ｜アメリカにおける中間層の剥落と、大統領選挙
地方の意向が強く反映される大統領選挙──昨年〔2015年〕末と今春の訪米の報告

(1)　伝統的な中間層優位の構造

　一つの例としてアメリカを例に、中間層の剥落と、それが大統領選挙等に及ぼす影響について、ごく簡単にお話をしたいと思います。

　日本におけるテレビや新聞の報道を見ておりますと、ワシントンを中心に報道がなされるわけですけれども、ワシントンは普通のアメリカではない、特殊な世界でございまして、あそこで情報を取っても、アメリカ全体の動きを見ることは決してできないことは、アメリカでお暮らしになった方、あるいはアメリカをお訪ねになった方、皆さんおわかりだろうと思います。

　特にアメリカというのは偉大なる田舎の集合体ですから、田舎がアメリカを支配しているといっても過言ではなく、地方の意向が強く反映されるということが、特に大統領選挙では起こってまいります。

　そこで、去年〔2015年〕の12月の末に、10日間ほど、私はアメリカのウィスコンシン州に行ってまいりました。これは、今から43年から44年前、1972年から73年にかけて、高校生の頃、ウィスコンシン州のミシガン湖畔のグリーンベイの近くでホームステイしていたことがあって、その田舎に出掛けていって、レストランのウェートレスの人とか、教会に来ている人たちとか、スーパーに来ている人たちとか、いろいろな人に聞いてみたわけです。

　私はジャーナリストでも何でもありませんし、しかも、現地の私のホストファミリーと一緒に行動しているものですから、「40年以上も前に高校に来ていた中里が帰ってきた」ということで、安心して本音を語ってくれるということがあります。

その町（Manitowoc 市）は，人口3万5千人くらいで，ほとんどの住民は白人ですけれども，驚いたのが，クリントンさんの評判があまり良くない。それから，トランプさんの評判が良いということで，日本における報道との違いに驚きました。
　日本における報道を見ますと，去年〔2015年〕の末の段階ですから，もうヒラリー・クリントンさんに決まりだというような状況でした。これに対して，トランプさんというのはちょっと，何か難しい方だということでしたが，ウィスコンシンの田舎に行くと，クリントンさんは人気があまりない。
　それで，「トランプさんは日本では難しい方だというふうに報道されているけれど」と言ったら，「己の才覚で何度もつぶれた会社を立て直した，腕でのし上がった男だ」というのです。アメリカ人が好きなパターンです。
　ハーバードを出たり，イェールを出たりという大統領がずっと続いてきたわけです。ブッシュのお父さん，息子さん，クリントンさんの旦那，それから今の大統領，皆さんそうですが，「もう，超一流大学を出たエリートの口先だけの話は聞き飽きた」，という，要するに，ワシントンインサイダーに対する強い不信の念を，一般の人は持っている。
　それらの感情は，日本の新聞の分析ですと，ブルーカラーの，要するにアメリカの中間層の下の方が持っているという分析ですけれども，必ずしもそれだけではないですね。中流の上の方も持っているというのが私の印象でございました。もちろんボストンに行ったりワシントンに行けば，話は違うのでしょうけれども。
　それから，この3月の末に，税制調査会の海外調査で，ワシントンとオタワに出向きましたけれども，トランプさんの台頭についてワシントンは戦々恐々としているという状況でした。ただし，当選は難しいのではないだろうかという安心感もあったという，そのような感じでしょうか。ところがオタワに行くと，いろいろな方に聞いたのですが，「トランプさんが来るかもしれない」ということをおっしゃる方もいました。
　そこで，これらのことを，せっかくですから分析してみましょう。アメリカの伝統的な中間層優位の構造に関しては，北部産業資本家をバックとする共和党と，南部の農業経営者をバックとする民主党，この両者の対立が1960年代

くらいまで続きました。

　北部産業資本家を一つのグループにまとめたのはリンカーンで，共和党はもともとウィスコンシンで始まったわけですけれども，リンカーンはそういう産業資本家の代表だったということなのでしょうか。だから，奴隷を解放しても，困るのは南部の農業経営者ということがあったのかもしれません。

(2) 歴　　史

　ところが，60 年代に少し状況が変わりまして，民主党政権下で公民権運動が起こりました。当時のアメリカの選挙では，黒人の方は投票できなかった。というのは，選挙人名簿に登録することが事実上できなかったからです。随分嫌みをされて，結局できなかった。バスに乗るにしても，後ろに乗るとか，この水飲み場で水を飲むのは駄目だとか，南部では悲しいことがいっぱいありました。

　そういうのを何とかしようと，公民権運動が起こったわけです。私は 1972 年に，ウィスコンシン州に留学して，高校で，単にアメリカン・ヒストリーを勉強しても面白くないということで，マイノリティー・ヒストリーという授業を取って，これが非常に面白いものでした。

　アメリカで少数民族の人がどうやって迫害を受けつつ頑張ってきたか，当時ですから，まだあまり日の目は見ていない分野でしたが，それを勉強することができました。

　公民権運動というのは何を意味するかというと，黒人の方が目覚めるということですから，黒人の労働力に頼っていた南部の農業経営者の力が落ちつつあるということを意味するわけでしょう。

　そこで，共和党のリチャード・ニクソンが Southern Strategy というのを展開することになります。これは，駒場の大学の 1 年生のときに，政治学の先生に教えていただいたのですけれども，そういう言葉を私は知りませんでした。私がホームステイしていたときにウォーターゲート事件がありまして，それをずっとテレビで見ていたのですが，この大統領が Southern Strategy という革命的な手法を編み出した方だなどというイメージは持っていませんでした。

これは，北部の産業資本家だけではなくて，南部の保守的な伝統的旧民主党支持者を共和党に取り込むという共和党の戦略です。つまり，民主党政権下で公民権運動が起こったということは，南部の農業資本家に対するいわば裏切りを民主党がしたということになるのかもしれません。黒人の方を目覚めさせたということですから，今まで差別に特に反対してこなかった民主党が急に，公民権だとか言い出して，旧来の民主党支持者は混乱してしまったのかもしれません。

　そうなると，ずっと民主党を支持してきた南部の白人は困りますよね。この間隙を突いて，北部産業資本家を支持母体とする共和党のリチャード・ニクソンが，伝統的旧民主党支持者である南部の白人を共和党支持者へと変えていった。これがSouthern Strategyで，実をいいますと，その後の共和党の基本戦略となるもので，今もこれが続いているということができます。

(3)　現代の共和党と民主党の基本戦略

　現在の共和党と民主党の基本戦略は，次のように整理することができます。共和党の経済政策は「小さな政府」ですが，これは，経済学的には，小さな政府，税金は軽くというと，ただそれだけですが，効果としてはマイノリティーへの給付が少ないということになると思います。

　つまり，マイノリティーは貧しいわけですから，中間層から取ってマイノリティーに配る際の，マイノリティーへの給付が少ないということを「小さな政府」という，ニュートラルな言葉に言い換えているわけではないでしょうが，結果としてはそういうことになるのかもしれません。

　中間層，サイレント・マジョリティーにとって，差別的なことをいうことは，politically incorrect, 政治的に適正ではありませんから，ではどういうかというと，「小さな政府」ということで，結局同じことをいっているのかもしれません。これは，経済界の意向に沿うとともに，没落しつつある中間層の意向にも沿うのではないかという感じもいたします。

　対する民主党の経済政策の意味は，マイノリティーへの給付を増やして票を獲得する。要するに，お金を配るから，投票してくださいというのが，民主党

のストラテジーでしょう。ヒスパニックの方と黒人の方に優しくするために，白人の中間層から取ってそちらに配るということでしょうから，これでは両者対立するのは明らかでしょう。

　もっとも，民主党のやり方も，サイレント・マジョリティーの中間層の白人の方々の経済基盤が安定していた時代には余裕がありますから，多少税金を払って貧しい人に配るのもいいという，そういうことは可能だったわけでしょう。

　だからクリントン政権とか，ジミー・カーター政権とか，ニクソン以降も民主党政権が出てきたのだと思います。しかし，肝心の，マイノリティーに配る金を出す人たちが経済的に不安定になったら，自分が不安定なのに，人に金を出すことはできないということになってきて，それが今の時代なのではないかと思います。

(4)　トランプ現象の背景

　トランプ現象の背景というのは，世界的な中間層の崩壊の中で，今まで経済的に安定していた中間層，サイレント・マジョリティーが生活不安を感じるようになった。特にオバマ・ケアなどは最たるもので，「自分たちも経済的に苦しいのに，なぜ，マイノリティーのためにいろいろなことをしなければいけないのか」という，気持ちを口には出せない，ここがポイントです，口に出したら差別的であるといわれておしまいなので，口には出せない反感を募らせたのではないか，中間層の不満が出てきたのではないかというふうに感じます。

　それから，先ほど申しましたエリートへの不信です。「ワシントンのインサイダーの人たちは，きれい事ばかり言って，結局うまいことやっているだけではないか。ハーバードとイェールの出身者だけの支配が継続するというのは異常な状況ではないか」。もっとも，トランプさんもペンシルベニア大学を出ていますから，かなりのインテリなのですが，そこにはちょっと目をつぶるのでしょうか。

　口先だけ，理論だけという，民主党エリートへの批判は，かなり根強かったので，これはびっくりしました。クリントンさんがどういう方か，私はお会い

したこともないし，全然わからないのですが，相当な批判です。

　民主党も共和党も高学歴のプロフェッショナルがいいように庶民を，要するにハードワーキング・ミドルクラスをいじめているのではないかというイメージが固定化されてきているという状況ではないかということです。

　サイレント・マジョリティーの本音は，自らが経済的に没落しつつあるにもかかわらず，これ以上誰かのために負担を強いられるのはごめんだという，極めて正直な本音でしょう。今までは余裕があったから，彼らは，「かわいそうなのだから」と言っていたのが，「自分の足元に火が付いているのだから」というふうになったのではないかということです。

　トランプさんは実業で成功した方ですが，伝統的にアメリカでは，腕一本でのし上がった人に対する信頼が強く，だからレジュメに「ひょっとするとひょっとするかも」と書きましたが，最初に，1月にある講演で，「アメリカの田舎で，トランプさんが来るかもしれない」という話をしたら，ちょっと笑われるという感じでございました。今は笑う人はいません。まだわかりませんが，トランプ氏当選はありうるのではないかと思います。

　共和党保守本流によるネガティブ・キャンペーンが，トランプさんに対して張られてきたわけですが，これは，経済界の意向を反映しているのでしょうけれども，共和党というのはいろいろなグループの集合体ですが，しかし剥落しつつある中間層の意向を反映しているかというと，とてもではないけれど反映していないということなのでしょう。この中間層の本音を重視するトランプ氏の影響で，アメリカは深刻な分裂状態になっているのではないかという気がいたします。

　マイノリティー重視の民主党対経済界重視の共和党保守本流，この対立に第三極として剥落する中間層や若年層を捉えたトランプさんやサンダースさんが出てきて，この第三極が力を増しているということなのだろうと，これがアメリカの現状の分析ではないかと思いますけれども，同じことは，恐らくヨーロッパや日本でも起きつつあるのではないでしょうか。政府税制調査会で所得税の検討を去年〔2015年〕も今年〔2016年〕もずっと行ってきましたけれども，結局，非正規雇用等で中間層の一部の方々が剥落しつつある。この方々にどうしたら元気になっていただけるかという，この1点なのです。

付言するに，現在問題となっている，イギリスのEU離脱に関する国民投票で，離脱賛成派の方々の考え方の根本には，やはり，剥落しつつある中間層のいら立ちが強く反映されていると思います。

そんなに簡単に，これをこうすれば，こちらのものをこちらにすればうまくいくというものではありませんけれども，そのような中間層の気持ちを理解することが今の政治家の先生方にとって重要なものになっている。

所得税について根本的な検討をすべきであるという諮問が総理から政府税制調査会になされるという背景には，剥落する中間層の声をどのように聞いて，そのような現象に歯止めをかけ，この国をしかるべき方向に導くという，政治家として非常に良心的なお考えがあるのだろうということです。

(5) 税制改革への影響

このようなことが税制改革にどのような影響を及ぼすかという点ですけれども，アメリカでは小さな政府志向の共和党と，大きな政府志向の民主党の対立は，要するに，豊かな人から取って貧しい人に配るのをどの程度やるかというもので，今後，この対立が先鋭化するということでしょう。

日本への影響ですけれども，恐らく，外国企業課税強化につながるのではないかという気持ちを持っております。トランプさんの政治的なインパクトというのは大きいですから，トランプ大統領が誕生したらそうなるでしょうし，また，クリントンさんが大統領になったとしても，トランプさんが相当の票を取るでしょうから，その主張に対して目をつぶることは，クリントンさんが大統領になってもできないとすれば，そういうことがありうるのではないか。

そもそも，クリントン大統領，ご主人の方は，外国の企業がアメリカの税金を多額に抜いているというキャンペーンをしたという事実がありますから，奥さんも同じことをいうこともあるのかもしれませんし，外国企業をターゲットにすれば誰からも恨まれないということもあるかもしれません。

だから，通商問題がある程度激化するということと，国防に関する費用負担要求というのが，これは，トランプさんはこういうことをおっしゃっていますが，クリントンさんも，その意見をまったく無視はできないだろうということ

で，なかなか日本の財界や政府にとっては厳しい状況が来るだろうというふうに思いますが，今までもこういうことはあり，日本は何とか乗り越えてきたのですから，そこは政府や官僚組織の努力によって，何とかしのいでいけるのではないかと私は楽観視しております。これで絶望的になるというようなことは思っておりません。

　税制改革ですけれども，所得課税をどうするかは政党にもよるのですが，いずれせよ中間層への所得増税というのは，程度にもよりますが，これは世界的に少し困難だろうという気がします。

　日本は，所得税の上の方の50％を55％にしたわけですが，50％を55％にできたというものの，高額所得者の方の不満はたまっていると思います。

　それから，租税政策をずっとなさってきた方の間でも，せっかく50％まで持ってきたのに，また55％かという気持ちはあるのだろうと思いますが，あくまでも，中間層が剥落する中で，多少の負担をお願いするということ，これは，税率が増えた方々もおわかりになっていらっしゃるので，賛成・反対についてあれこれ私がいう立場にありませんが，まあまあ納得はそれなりに得られているのかもしれません。

　いずれにせよ，中間層への所得税増税が困難であるという中で，アメリカのJoint Committee on Taxation（議会の上院と下院の連合の税制に関する委員会）の活動があります。先日，税制調査会の海外調査でJoint Committee on TaxationのChief of StaffのThomas Bartholdさんとお会いしてきました。

　これは，今から10年ぐらい前〔2006年ころ〕，石先生のお供で出掛けたときに，彼はstaffだったのですが，今度はChief of Staffになっていました。前に会ったことがあるということで，お互いにびっくりしたのですが，何をやっているかというと，消費課税の検討をしています。

　ここでいう消費課税というのは，日本の附加価値税のようなものだけではなくて，消費型の所得税，要するに，投資に回した分，貯蓄に回した分について非課税とする，そういう所得税についても議論しているようです。

　それから，国際課税の強化については，これは世界的な流れができていると見ていいのではないでしょうか。これについては後でご説明します。

　日本のビジネスに対して厳しい環境となるのではないかと思いますが，日本

のビジネスは，基本的にアグレッシブな国際的課税逃れをやっていませんので，あまり，そういう意味では影響は受けないのではないかという気もしますが，何もやっていないのに痛め付けられるとすると，これは悲惨ですから，そういうことのないように対応することが必要になってくるということだと思います。

それで，一番のポイントは，情報収集の強化の動きが課税庁から出てくるのではないかという点です。もうすでに出ていますが。これは，国際戦略として課税情報を集めるということ，国防のための課税情報の収集という点もあるのではないかと思いますし，政治的武器としての情報の利用というのもあるのではないかと考えられますので，これについて少しご説明というか，事実がそういうものであるという，そういう話ではなくて，このようなこともありえないわけではないという，そういう想像のお話しをいたしましょう。

3 │ 国際課税と連動した課税庁による情報収集強化の動き

個人情報を集めて，税務その他の目的で利用する動きが世界的に加速し，外国との情報交換も活発化しています。この情報収集強化の動きについて，統合的に考察する必要があるというのが前置きです。

それで，BEPS の実際の意味というのはいろいろあるのですけれども，情報の面にだけ着目して，財務情報の話をしようと思います。

(1) 財 務 情 報

Union Bank of Switzerland とアメリカ内国歳入庁の長期間にわたる，裁判その他を通じた対立があって，結局，スイスの金融当局も，それから Union Bank of Switzerland も，アメリカの内国歳入庁に協力するようになったといっていいかもしれません[1]。場合により，スイスは一定の金融情報をアメリカの内国歳入庁に差し出さざるをえない状況になった，実際にどこまで出しているかそれはわかりませんけれど，一応そういえるのではないかと思います。

①この流れというか，アメリカの内国歳入庁が広範囲に情報を収集している

という動きが目に付くように思います。昔の課税逃れ関係の記事はもっぱら「ニューヨーク・タイムズ」だったのですが，最近はもっぱら「ガーディアン」ということになりますけれども，「ガーディアン」を毎日読んでいますが，"Spain's Princess Cristina takes stand at her tax evasion trial"ということですが，スペイン国王の妹さんとそのご主人が，税金関係のことで当局の調査というのでしょうか，それを受けているらしいという，こういうことが新聞記事になっています (The Guardian, 3 March 2016)。

②それから，FIFAの副会長が何人も，スイスの金融当局により取り調べられたわけですけれども，これは，税研183号（2015年9月）14頁に私が書いた「税制展望BEPSとFIFA」[2]というのをご覧になっていただきたいのですが，BEPSとFIFA事件の関係について推理してみましょうという，執筆時点における単なる推測的なもので，要約すると次のようになります。

> これは，マネー・ロンダリング等と報道されているが，課税問題が関連することは容易に想像され，腐敗や課税逃れを面白おかしく議論するのは考え物であるが，通常，人の想像力の範囲内のことに目を配ることも時には必要である。頭に浮かぶのが次の三つの疑問である。
>
> 第一に，なぜこの時期（2015年5月末）にこの問題がクローズアップされたのか。アメリカの当局は，この問題につきかなり前から情報をつかんでおり，発表のタイミングを計っていたが，去年（2015年）の秋にBEPSの行動計画が出そう前の，去年の春の段階で，BEPSについての本気度をためすため発表を行ったというのは，考えすぎかもしれないが，一つの推理かもしれない。
>
> 第二に，同種の問題がどの程度の範囲で広がっているかである。果たしてFIFAだけなのか，他にも同種の問題が存在するのかという疑問は，容

---

1 cf. Department of Justice, Office of Public Affairs, FOR IMMEDIATE RELEASE, Wednesday, February 18, 2009: UBS Enters into Deferred Prosecution Agreement, Bank Admits to Helping U.S. Taxpayers Hide Accounts from IRS; Agrees to Identify Customers & Pay $780 Million, https://www.justice.gov/opa/pr/ubs-enters-deferred-prosecution-agreement.
2 第一部23a（88頁）。

> 易に答えられるようなものではない（これを書いた段階で頭の中に描いていたのは，オリンピック関係に波及する可能性であった）。
> 　第三に，この関連でFIFAの会計監査人の責任が議論されるかもしれない。

　この中にも，この会計事務所の方がいらっしゃるかもしれませんが，日本の会計事務所は無関係です。スイスの事務所ですから，同じ名だからといってあれこれいうのは考え物ですけれども，この事務所は鋭い批判をニューヨーク・タイムズから受けています。

　すると，FIFAに対して，アメリカの内国歳入庁とスイスの金融当局が共同して対応し，マネー・ロンダリングに警告を発した，アメリカ内国歳入庁はスイスの金融情報を持っているという推測が可能かもしれず，その効果は他にも及ぶという見方が可能かもしれません。

　③それから，アメリカとカトリック教会との情報協定が結ばれたというワシントン・ポストの記事があります。"Vatican and the U. S. Sign Historic Agreement to Go After Tax Evaders"（Washington Post, June 10, 2015）。バチカンには金融部門があるわけですが，そことアメリカの内国歳入庁との間で情報を交換し，FATCA（Foreign Account Tax Compliance Act）というアメリカの情報収集の国内立法により，アメリカはカトリック教会からも情報が取れるようになったということの意味は大きいでしょう。

　④それからオリンピック招致に関連するフランス刑事当局の動きで，"French police widen corruption investigation to 2016 and 2020 Olympic bids"という，これもガーディアンですが，記事が出ました（The Guardian, 1 March 2016）。2016年のオリンピックについて何かがあるだろうというのは，FIFAのときに何となく想像がつきましたけれども，2020年大会まで巻き込まれるとはとても思っていませんでした。

　しかし，日本がそんなに多額のお金を外国にばらまくことはちょっと考えにくいですから，私はこれは，日本は巻き込まれただけと考えています。もちろん，いろいろ説明をこれからしていかなければならないということはありますが，ただ，巻き込まれただけではないかと思っていますけれども，しかしこう

いう記事が出てしまい残念です。

⑤それからさらに，最近ですと，グーグルとマクドナルドに対してフランスの司法当局が脱税の捜査に入ったという記事が出ました[3]。フランスの警察当局が入り込んでガサ入れするというのは，ただ事ではないということをおわかりいただけるだろうと思います。それから，武器関係の取引について，やはりニュースを見たこともあります。

これらを見ていますと，単に偶然に情報が明らかにされてニュースで報道されているというよりは，これら全ての間に，何か相互関係があるのかもしれないという想像さえありえないこともないかもしれません。

パナマ文書についても，なぜ，南ドイツ新聞とガーディアンがメインなのか，なぜパナマか，考え出すとよくわからないことがあるのですが，そういう点については想像のしようもありません。

もっとも，だれかを攻撃しようという気は，私にはまったくありません。単純に，こんなところもありうるのかなと妄想しているだけであり，私ごときに事実がわかろうはずもないわけで，情報も入ってきませんし，単純に，一種の妄想を語っているだけです。

(2) 国際的情報交換と税務

国際的情報交換と税務というところに行きますが，結局，ケイマンでもバミューダでもバハマでも全部，租税条約を日本と結んだ。ここ数年の間に結んで，そこにある情報は日本の国税庁が持っていますから，今さらパナマ文書が出たからといって，必ずしも急にどうこうということではなくて，情報はかなり日本の国税当局には，租税条約に基づいて送られてきております。

これに対して情報を出してこなかったのが，パナマとバヌアツだったというふうに聞いております。しかし，ごく最近，パナマも日本政府には，条約等を

---

[3] Google offices raided in Paris as prosecutors announce fraud probe, https://www.theguardian.com/technology/2016/may/24/google-offices-paris-raided-french-tax-authorities; McDonald's French HQ searched in tax probe: sources, https://www.reuters.com/article/us-france-mcdonalds-tax-idUSKCN0YH1T7

通じて情報を出すということになりましたから，かなりここは透明性が高まってきているのではないかと思います。

　パナマペーパーズのインパクトですけれども，課税のプロの方から見ると，こんなことが今さら記事になるのかというような話も含まれていまして，当局が何も知らなかったということはあり得ないのかもしれません。国外の財産調書以前の段階であっても日本の国税が情報をまったく知らなかったということはないと思うのです。

　ただ，犯罪等がどうこうとなると，それはちょっとわかりませんし，また，今後も様々な情報取得の努力が必要であるということなのでしょう。

(3) ビッグデータの利用

　今，国税庁が持っている情報をビッグデータとして利用するということが国税庁内部で議論されているようですが，そもそも税金の世界というのは，情報と表裏一体の関係で，公地公民制のときになぜ戸籍が作られたかというと，課税のためです。

　それから，土地の登記簿というのも，戦前は法務省ではなくて，大蔵省が所掌していたわけで，人の把握と財産の把握というのは基本で，情報のない当局というのは動けませんから，それをやってきたということではないかと思います。

4 │ 国際的情報収集

(1) 個人的経験

　国際的な情報収集について，パナマ文書との関係でさらに政治問題化するかもしれません。そうすると，専門家の間で議論されるというよりも，政治的にいろいろ議論され，実務的議論からはなれてしまうことも予想されますので，それに対してどう対応したらいいかということを考えた方がいいのです。

　うちは一切の違法なことはやっておりませんといったところで，名前が出て

しまえば，なかなかレピュテーション・リスクが高いわけですから，どうやったら対応できるかということについて考えてみたいと思います。

まず，個人的な経験ですけれども，当局により行われた課税逃れの実態に関する研究に衝撃を受けたのが，今から35年くらい前，1980年代初頭の私が20歳代のころで，二つのリポートに衝撃を受けました。

一つが「ゴードン・リポート（"Tax havens and their use by United States taxpayers"）」という，1981年にアメリカの内国歳入庁がリチャード・ゴードンさんという人に依頼して，カリブ海等のタックス・ヘイブンについて利用実態を調査させたリポートです。もう一つは，1984年にアメリカの財務省が"Tax Havens in the Caribbean Basin"で，カリブ海のタックス・ヘイブンについて調査した報告書で，今インターネットでどちらも取れますので，ご興味のある方は見てください。

私は，出された直後にこの二つを目にしまして，ものすごく衝撃を受けました。衝撃を受けた結果として，自分はこの課税逃れの実態や手口の研究を一生続けていこうと，20代半ばで決意したという，私にとって思い出深い二つのペーパーです。

当時の法学部の法律学の人間が，課税逃れの手口の研究をやっていて大丈夫かというような時代でした。法律の解釈とか判例の分析をしてこそ法律家ですから，手口の研究というのは何なのかということなのです。例えば刑法の先生が，刑法の条文の勉強をしないで，犯罪の手口，麻薬取引の手口とか，詐欺の手口とか，そんなことばかり研究していたら，これはもう刑法学者としては厳しいでしょう。

しかし，私はあえてその道を選びました。ところが，研究室ではこれを制止されることがなかった。東大や一橋の研究室には「自由にしろ，己のリスクで」というところがあり，大変にありがたかった。ともかく自由にできたということでございます。

だから私にとって課税逃れの手口の研究というのは，研究者人生そのものでございまして，犯罪とかそういう情報は持っていませんけれども，頭を使った課税逃れに関する様々な情報を蓄積してきたということがあります。

日本の大企業で，そういう技術を駆使してうまいこと租税を抜いているとい

うところはほとんど見当たりません。日本の財界の方はまじめだということなのだと思いますが，外国に行くと，アグレッシブにやっているところがあってすごいなという感じでございます。

ところが，2010年から2012年の，税制調査会専門家委員会に納税環境整備の小委員会というのが置かれました。このときに私は，課税逃れの実態や手口について，情報収集を当局が行った方がいいのではないかという，そういう議論をそこでしました。ところが無視されたわけです。そのときの私の気持ちをつづったのが，「納税者になろうとしない存在と租税制度」[4]という論文でございます。

そこには，以下のように書いてあります。

> しかし，専門家委員会や，その下部組織である納税環境整備小委員会において，国税庁に情報収集の権限——課税する権限ではないですよ——を与えようというこれらの提言が取り上げられることはなかった。これらの発言は，全て，「納税者になろうとしない存在」，つまりうまいこと税金を抜いている人たちを念頭に置いてのことであったことは読者の方々には容易におわかりいただけよう。当時，それについての悲しい誤解が存在したことは，今，思い起こしても残念なことであった。
>
> 専門家委員会の経済学者の委員の一部の方々からは私の考えに賛同の意見をいただいたこともあったが，租税法や税務の多くの専門家は，要するに，納税者には弱小な納税者しかいないという目でものを見ていたのですね。目の前の納税者と強大な課税当局の対立関係を主に念頭に置いた議論が中心で，課税当局よりもパワフルな「納税者になろうとしない存在」についての話にあまり耳を貸してくださらなかった。
>
> 納税環境整備小委員会においても，上のような私の考えは採用されなかった。のみならず，むしろそれは，納税者の権利を軽んずる考え方として批判された。税務の専門誌においても，そのような批判の意見が掲載された。それ故に，当時の私は，これまでにないほど孤独であった。

---

[4] 「税経通信」2014年1月号 9-15頁，第三部第四論文。

何か発言すると，弱小の納税者をいじめようとしている人間であるかのように批判されました。

しかし，今になってやっと，その方々もパナマ文書で大騒ぎしていらっしゃいますから，私の考えはどうにか理解されたのだということで，少し安心しています。弱小納税者をいじめようなどという気持ちは持っていません。それよりも，国民や課税庁が，合法的に課税を逃れている企業についての情報くらい持っていてもいいでしょうという，それだけの意味でございます。

以上のように，私は現状把握の必要性を訴えたが，無視された。これによって政府税制調査会のBEPS対応が3年遅れたということで，極めて残念です。

上の反省から，現在の政府税制調査会の最重要項目として，これは官邸からのご指示ですが，国際的な課税逃れを議論しろということになりました。それで，今の政府税制調査会の国際課税ディスカッショングループの第1回会合が2013年10月に開かれましたが，そのときに報告が行われ，一部の企業がどのように課税を逃れているかを実名入りで，奇麗な図解入りで，説明されたということです。

これは，別に特定の企業を批判しようというものではありません。しかし，納税環境整備小委員会のメンバーの方々は，Double Irish with Dutch Sandwichについて2010年10月に報道された[5]後も，もしかすると，それを，納税環境整備の小委員会の方々はご存じなかったのではないか（報道は，納税環境整備小委員会の後であった点に留意）。それから，アメリカの対外情報収集のFATCAという法律が2010年3月に通っていたことについても，もしかしたらあまり興味はなかったのではないかと思います。悪気ではないというのはとてもよくわかります。国税と納税者を比べれば，納税者が弱い存在だというのも，これはある意味当たり前で，この方々の権利を守りたい気持ちは，法律家ですからよくわかります。

しかし，国税の何倍も強い人たちが世の中にいて，その情報を国民や当局が知らないとすれば，あまりに惨めだろうということです。アメリカはその情報収集に，今から35年も前から乗り出していたという，このプロフェッショナルの能力の差だと思います。

5　Google slips $3.1bn through 'Double Irish' tax loophole, https://www.theregister.co.uk/2010/10/22/google_double_irish_tax_loophole/

(2) タックス・ヘイブン

　課税が軽いだけではタックス・ヘイブンにはなれず，政治的に安定とか，英語が話せるとか，英米法が使われているとか，言語や法制度も重要ですし，通信がちゃんとしているとか，弁護士事務所があるとか，インフラ整備も基本です。課税が軽いだけという，そういう話ではありません。

　それで，先進国ごとに御用達の場所があるわけで，ドイツだったらここを使うとか，アメリカだったらここを使うという，先進国とタックス・ヘイブンというのは，ある意味表裏一体の場合も少なくありません。どこの国がいいとか悪いとかということをここで言うつもりはありません。小さな地域が生きていくには，他に方法がないということもよくわかっているつもりです。

　タックス・ヘイブンの利用目的は，必ずしも課税逃れが主ではないと私は思っています。一つは，規制逃れで，例えば便宜置籍船はこれで，日本人の船員だけ乗せていたら，コストパフォーマンスが悪くてどうにもならないから，パナマ船籍にしてということ，これはわからなくはないことかもしれません。日本で国際海運を営めなくなってしまうわけですから，パナマ船籍の船が利用されている。

　それから，中国に投資する際に，投資したはいいけれども，なかなかその投資を引き上げることができない国内法的なルールになっているとすると，日本から直接投資しないで，子会社等をタックス・ヘイブンに作って，そこを通じて中国に投資をすれば，その株を売れば中国の投資を引き上げることができますから，これは一般的に行われていることです。

　いいとか悪いとか言っても仕方ないので，何と言うのか，規制の質にもよりますので，これはそういう使い方もありうるのかもしれないと思います。

　もちろん課税逃れ目的もないわけではない。そういう方々もいらっしゃいます。しかしそれ以上に重要なのは，資金洗浄や資産隠しではないかと思っていまして，これは，税金が掛かるとか掛からないとかというのが必ずしも重要ではなくて，賄賂とか薬物の売買とかで手に入れたお金をどこかに隠しておくというときにタックス・ヘイブンが使われるということでしょう。

　これは犯罪と表裏一体ですから，なかなか実態はわかりにくいのですが，パ

ナマペーパーに意味があるとすると，もしかするとそういう情報が国税の手に，今までも渡っていたのかもしれませんが，より明確にということにあるのではないかと思います。

　それから，資金洗浄や資産隠しとともにもう一つ，取引隠しというのがございまして，これはFIFAの例などがそうですが，賄賂等を受け取るときにわざわざタックス・ヘイブンを通じてやる。あるいは，違法な送金等をそれを通じて行うということで，資産を隠すよりも，取引自体の在り方を隠すためにタックス・ヘイブンが使われる。

　例えば，兵器の売買等について，こういうところを通じて行うと，取引が行われているということ自体がわからなくなるということで，規制逃れや課税逃れよりも資産隠し，さらには取引隠しの方が大きな意味があるかもしれず，これは課税当局というよりも司法当局のマターなのかなという気もしないわけではございません。

　アメリカはそれについての情報収集をやってきたということなのではないでしょうか。アメリカはそうやって非常に努力して蓄積してきたタックス・ヘイブン関係の様々な情報を使って，一種の国防を行っている。例えば，途上国の政府のリーダーがスイスの口座に何千億円持っているかを，アメリカの当局が知っている可能性が—あくまで可能性ですよ—あるかもしれない。だとしたら，もうアメリカに歯向かうということができなくなるとか，これも想像の世界の出来事で，誰も確認したわけではないので，勝手なことを言っていると良くありませんけれども，そういうこともないわけではないということなのかもしれません。

　いずれにせよ，情報を握るということが国防に役に立つ。情報で国を守るというのは，ある意味，非常に賢いことです。

　インテリジェンスというのは，その辺に転がっている情報をかき集めて，それなりの方針をたたき出すことだというのを，外務省関係の偉い方からお聞きしたことがありますけれども，経済的な情報というのは，分析する人が分析すれば，しかるべき意味を持つのだろうなということなのです。

　パナマ文書について分析しているのはジャーナリストの方ですから，ジャーナリストの方というのは課税の専門家ではありませんので，なかなか，見てい

てもわかりにくい点があるかもしれないという気がしますけれども，あれについて，いろいろな国のいろいろな役所がそれなりの情報解析をしているということは当然にあるでしょう。それがどういう意味を持つかということなのではないかと思っています。

(3) 対　　策

　日本が情報収集における国際的競争に遅れないようにするためには，国内法による情報収集，アメリカのFATCAのようなものの導入についてさえも考える必要もあるような事態が生ずるかもしれません。FATCAについてはアメリカの顧客と取引のある外国の金融機関の情報を出してほしいということを，カトリック教会にまで行ったということで，しばらく前には考えつかないことです。そういう，従来ありえないことまでアメリカはやって，そして成功しているのです。

　それから，租税条約での情報交換がありますけれども，情報を取り，それをどう分析するかということで，課税だけではなくて，その国の国力に関わる様々な活動が関連するのではないかというところが重要な点なのではないかと思います。日本の当局も，国税庁だけではなくて様々なところが関連してきそうです。

　そうすると，アメリカの国防に関する部署も，インテリジェンスに関する部署も，政治的なことだけやっていればいいというのではなくて，タックスのこと，経済取引のこと，こういうことに対するエクスパティーズがないと，きちんとしたプロフェッショナルとしての仕事ができないという，そういう状況なのかもしれません。われわれプロフェッショナルが，いろいろな所で活躍ができるということなのかもしれません。

(4)　タックス・ヘイブンとCorporate Governance

　私はこれが日本でもありうるもっとも重要なことなのではないかと思っています。会計監査よりも課税庁による調査の方がコーポレート・ガバナンスのた

めに効果的であるという，公認会計士の方が聞いたらびっくりするような論文が，ハーバード・ビジネススクールの教授によって出されています。

Mihir Desai 等による "Corporate Governance and Taxation" という論文が出ていまして[6]，これは当たり前で，会計監査にも意味があると思うのですが，国税の調査はそれどころではなく重要で，それに備えるために，企業がしかるべく対応するということなのでしょう。

会計士は企業からお金を支払ってもらうわけですが，国税は文字どおり徴収するわけですから，気合の入り方が違います。それから，会計士の方は，企業側が「あなた方の事務所はもういい。次の会計事務所に依頼する」といったら首になってしまうわけですが，国税はそういうことができません。

その延長線上で考えると，会社によるタックス・ヘイブンの不適切な利用自体が，コーポレート・ガバナンスを害するのではないかという，そういう会社法の問題が出てくるのではないかと実は思っております。

すなわち，コーポレート・ガバナンスの問題の一環として，社外役員がどうとかいろいろ言われていますけれども，今やもう，コーポレート・ガバナンスの問題の一環として，あるいはCSR, コーポレート・ソーシャル・レスポンシビリティー，企業の社会的責任の一環として，コーポレート・タックス・レスポンシビリティーというのでしょうか，適正に納税しましょうという，そういうことについて考えるべき時期が来ているのではないかという気がします。

例えばスターバックスがイギリスでやったように，これは合法的なのだから，ほとんど税金を払わないでいいのだ，昔ならそれで済んだのでしょうが，そうすると何が起こったかというと，消費者による不買運動が起こったわけです[7]。確かに，スターバックスのいっていることは違法ではなく正しいのかもしれません。しかし，スターバックスがイギリスでほとんど税金を払っていないということで，スターバックスのコーヒーに対する不買運動が起こったのですから，

---

6 https://www.semanticscholar.org/paper/Corporate-Governance-and-Taxation-Desai-Dyck/e051413b2ae2ffc792c10998147f8bfcf3a03532

7 The British want to stop Starbucks from dodging taxes. It won't work, https://www.washingtonpost.com/news/wonk/wp/2014/04/18/the-british-want-to-stop-starbucks-from-dodging-taxes-it-wont-work/?noredirect=on&utm_term=.3a420844a8b2

会社法上の問題が生じうるのではないでしょうか。

　企業の権利を追求する結果として，社会的責任を果たしていたかというとそうでもないからこそ，一般の消費者が怒って，「もうスターバックスのコーヒーは飲まない」とか，いろいろな問題が起こってきてしまって，ちょっと気の毒かなという，そういう気もします。ただ，消費者がそっぽを向いたら，お客さんと直接向きあう企業というのは，厳しいでしょう。

　それから，フランスの司法当局は，マクドナルドに脱税調査に入った[8]。これはもう，消費者と直結する会社としては，本当に厳しい状況になるのではないかということは当然のこととしていえるでしょう。

　そうすると，あまりアグレッシブな課税逃れというか，節税をしたら，総スカンを食らう。そういうのは企業の経営として賢くないのみならず，会社法上問題も生じうるのではないかという，そういう意味で日本の企業は，しっかりしていると思います。あまりすれっからしなことをなさっていらっしゃらない。

　別に日本の国税が怖いとか，そういうことではなくて，企業の経営者の方が品がいいのだと思います。一見，損しているように見えるけれども，長期的に見ると，「結構ジェントルマンだよね」という感じが出てくるのではないかという気さえしています。「ぎりぎりまで抜こう」というのは，それは一つの立場ですけれども，そうではなくて，納税すべきものは納税して，払うべきでないものは払わないという適正な是々非々でいきましょうというのは，賢いのではないかということです。

　つまり，企業活動が社会あるいは国民に対して与える影響を織り込んで考えるならば，アグレッシブなタックス・プランニングには，法的，倫理的に問題があるといえるかもしれないということです。これは租税法の問題ではなくて，会社法の問題です。会社法の方々にこういうことを考えていただきたいわけです。

　イギリスでいわゆるグーグルタックスの動きがある[9]わけですけれども，こ

---

[8] McDonald's French HQ searched in tax probe: sources, https://www.reuters.com/article/us-france-mcdonalds-tax-idUSKCN0YH1T7

[9] UK to introduce 'Google tax' in 2020, https://www.politico.eu/article/uk-to-bring-in-digital-services-tax-in-2020/

の点などは，それを如実に示しているということなのでしょう。

　節税を全く行わずに，不要な課税を甘んじて受けている経営者は，確かに株主の利益を害しているかもしれません。だから，ある程度の節税はしなければいけないと思います。それは経営者の義務かもしれません。しかし逆に，アグレッシブな課税逃れを行っていると，それはそれで問題である。経営者の責任を問われかねないというのが，今の状況ではないかと思うのです。

　そうすると，どこまで許されるかという問題が当然出てくるわけです。これはもう租税法の問題ではないのだろうと思います。会社法の問題ではないか。ところが，会社法の先生に，こういうことを考えてくれといっても，それはそちらの問題だからと投げ返されてしまうのですが，私が会社法に入っていってもあまり説得力がないのですけれども，恐らくこれは弁護士事務所のお仕事になるのだろうと思いますが，このくらいのタックス・プランニングなら許されるとか，これはちょっと行き過ぎだというものを判断するような弁護士や税理士の先生のお墨付きというのか，そういうのもどこかであってもいいかなと思うのです。

　その際，一つの提案なのですが，会社の外部役員，社外監査役とか社外取締役，社外監査役がいいのでしょうか，それに，弁護士とか税理士とか，税務の専門家を任命しておく。会社法の専門家というよりも税務の専門家ですね，これはやり過ぎだということを一言いってくださる方を任命しておくことによって，その企業のコンプライアンスはさらに高まるのではないか。

　要するに，課税のプロフェッショナルにちょっと相談してということがあるだけで，だいぶ違ってくるのではないか。ぎりぎりまで抜こうという課税の専門家の方をいっているのではありません。もっと大所高所から，これはちょっとという，相場観をおっしゃってくださる社外監査役の方とかいらしたらいいのではないかと最近思うようになりました。

　社外監査役とかというと弁護士が会社法の観点からとか，あるいはいろいろな学者の方とかというのはあるのですが，税務の専門家の方というのも一つの選択肢として，業種によってはあるのではないかという気がしているわけでございます。

　今日はどなたかの悪口を言うというようなことは一切申し上げなかったつも

355

りですし，これは，どこが悪いとかいいとかという話ではないのです。名指しされている企業も株主のために一生懸命経営しているのでしょう。それを，単に「けしからん」と，そういう話はよくないと思います。

しかし，だからといって，やっていることを隠すのは，もうそういう時代ではないのではないか。抜いているなら抜いているでいいけれども，それは正々堂々と明らかにしてくださいという時代が来ているのではないかということが一番言いたかったことでございます。

いずれにせよ，こういう会社法のマターにまで税務の専門家が出ていく時代が来たということで，やはり35年前〔本書出版時点においては，40年前〕に，課税逃れの手法の専門家になろうと決心した，あのときの自分を褒めてあげたいと思います。

ご清聴どうもありがとうございました。

二　世界の中間層の本音とどう向き合うか
（日本租税研究協会平成29年5月30日開催の第69回定時総会報告）

はじめに

　69回の総会が無事に終了ということで，おめでとうございます。本日は，よろしくお願いいたします。あまり大した話もできないのですが，少し考えていることを述べさせていただきたいと思います。

　先ほど星野主税局長のお話がございましたが，日本の税制改革も，また世界の税制改革も，今何をしようとしているかという大きなトレンドをどう捉えるかということなのだと思います。管仲・鮑叔の「管鮑の交わり」という言葉がありますが，あの管仲の述べたことをまとめた『管子』という本があって，その霸言編というところに「大数を明らかにする者は人を得，小計をつまびらかにする者は人を失う（明大數者得人，審小計者失人）」とあります。どういう意味かといいますと，大数というのは別に大きな数という意味ではありませんで，大局を明らかにしようとする者には人が付いてくるけれども，小計，小さなことをつまびらかにする，小さなことにこだわる人間からは人は離れていくということのようです。

　税制改革においても，世界中で大局をフォローした上で改革をしていきませんと，国民の支持を得ることはできないということなのではないかと思っています。それについてお話しするということで，お許しいただきたいと思います。

　「はじめに」のところで問題の所在を申し上げます。世界中で中間層が苦悩しているということが全ての出発点なのではないかと思っています。日本の主税局はここ数年何をしてきたかというと，この苦悩する中間層がこれ以上落ち込まないようにどうしたらいいかということに全力を傾けてきたということを，皆さんもご理解くださっていらっしゃると思います。外国は，国によって中間層に対する対応が，不十分であったり十分であったりというまだら模様になっ

ているところがございます。日本は，苦悩する中間層に対する対応が，後に申し上げますように多少はできているかもしれませんが，外国では必ずしもそうではない場所もあります。それが，いろいろな政治的な不安定につながっているようなところがございます。

　その点について，昨年の5月30日のこちらの68回の定時総会でやはり私が報告させていただきまして[10]，そこで何を申し上げたかというと，トランプ大統領が誕生するかもしれないという予想を申し上げました。誰もが半信半疑でお聞きになっていらしたのを覚えています。それが常識というものだと思います。しかし，そのとき申し上げましたとおり，私はその前の年，つまり2015年の12月に，今から45年前の高校生のときにホームステイしていたウィスコンシンを訪ねておりました。これはスインギング・ステートの一つで，選挙ごとに民主党に寄ったり，共和党に寄ったりします。しかも，昔の工業地帯ですから，ラストベルトの端っこの方にあります。ここに出掛けていってそこの現地の人たちの話を聞くと，不満が渦巻いていました。特に民主党に対する不満です。その不満というのは，「きれい事ばかり言って，結局，自分たち中間層から税金を取って，不法移民に配っているだけではないか」という，端的に言ってしまうとそういう身もふたもないような不満だったのです。それは，大国であるアメリカの国民の発言としては少しさみしいものだと思うのです。しかし，あの豊かだったアメリカの中間層が今はそこまで追い詰められているということは理解しないといけないということなのではないかと思います。トランプさんは，それを見事に捕まえたということなのでしょう。

　日本のジャーナリストの方は大変優秀ですが，やはりニューヨークやワシントンで取材している限りにおいて，ペンシルベニアだとかオハイオだとかミシガンだとかインディアナだとかウィスコンシンだとかそういうところの苦悩の真っただ中にいる中間層の気持ちというのはわかりにくいかもしれません。また，いきなり日本の新聞社の方が出掛けていっても，中西部の苦悩している中間層の人たちが本音を言うわけもありません。中間層の方が本音を言うと，「それは差別だ」と糾弾されてしまいますから，本音は言えないのではないで

10　中里実「税制改革とアメリカ大統領選挙」租税研究2016年8月号，所収，本書第五部第一論文。

二　世界の中間層の本音とどう向き合うか

しょうか。私は，45年前に，そこに高校生のころに行っていましたから，ある種インサイダーで，しかも何度も行っていますので，私には本音を教えてくれたということでしょう。大学に行っていないブルーカラーの人がトランプさんを支持しているという新聞報道でしたが，私の見る限りそんなことはありませんでした。中間層の大学院まで出た人が結構トランプさんを支持しているということを昨年申し上げたと思います。

　そこで私はどういう表現を使ったかというと，「ひょっとすると，ひょっとするかもしれない」という表現を使いました。それが現実のものになったということです。もっとも，今日は，「自分の予想が当たった」と言いに来たわけではありません。私はアメリカ政治の専門家ではないので，別にそれが当たったからといってどうということもないですし，租研の報告でこういうことを述べたがそれが当たったといっても，誰も取材に来ないし，誰も褒めてくれないという状況です。別にそのことによって何かを得たわけでもございません。それでいいのだと思います。玄人の方は玄人の方であるが故に，言いたいことが言えません。したがって，トランプさんが当選するかもしれないなんて，きっと言いたくても言えなかったのではないかと思うのです。

　では，そのときの苦悩する中間層の状況が，トランプさんの当選によって少しでも変わったかといいますと，あまり変わっていません。むしろもうちょっと深刻化しているのではないかということでございます。

1 ｜ 中間層の剝落

　去年も中間層の剝落という言葉を使いましたが，先進諸国で中間層がどんどん経済的に苦しくなっています。中間層が上に上がるのであれば中間層がなくなっても別に構わないのかもしれませんが，下に落ちていってしまっています。アメリカで，内陸部中心にそれが起こっているのはなぜかといいますと，メーカーがものを作らなくなっているからでしょう。アメリカのメーカーの製造拠点はもはやほとんど外国ですから，アメリカのメーカーというのは何をするかといったら，チェコスロバキアの工場やベトナムの工場に指示を出して「こう

359

いう規格のものを作れ」というこれがアメリカのメーカーです。つまり国内で工具の方を雇うとかそういうことがなされていません。国内でものを作らないメーカーということですから，当然これでアメリカに職が少なくなるということは仕方のないことでございます。

　ヨーロッパも同じようなことがあります。移民をだいぶ多く受け入れました。私は，移民を受け入れることが悪いと言っているわけではありません。これはそれぞれの国の判断ですから，一切それについては個人的な価値判断があるわけではありませんが，移民を受け入れる数が多かった結果として，それが社会的な不安定要因となっていると考える人がいるのではないかという点です。フランスの大統領選挙は，ルペンさんがだいぶ得票数を伸ばしました。ルペンさんはお父さんと異なり随分現実的な方で，得票が25％程度でした。しかも，既存政党の左も右も両方駄目になってしまったということです。

　マクロンさんが当選して，ではそれで国内が安定するかというと，多分そう簡単なことはなくて，来月国民議会選挙がありまして，その結果にもよるのではないでしょうか。これも私はフランス政治の専門家ではありませんから勝手なことは言えませんが，失業率の問題など，課題が山積みだと思います。

　他の国について見てみると，極右政党が伸びているというふうに新聞報道はなされていますが，極右というと何かナチスドイツみたいですが，そういう方もいらっしゃるのかもしれませんが，現実はちょっと別かもしれません。要するに，これ以上不法移民に入ってこられたら自分たちの生活が危ないという苦悩する中間層の本音の吐露なのだというふうに考えると，これを単に極右で済ませてしまうわけにもいかないかもしれません。そういう考え方に賛成しているということではありません。ただ，中間層の本音に対して，単純に塩をまくわけにはいかないのではないかという気がしています。

　そのことを実感したのは，今年〔2017年の〕5月の第1週です。5月1〜7日まで政府税調の海外調査で，ICT化に伴う納税手続の効率化の調査のためにエストニアとスウェーデンに出掛けました。かなり強行軍だったのですが，その後半がスウェーデンでした。スウェーデンで，日本でいうならばこの大手町とか丸の内の辺のかなりいいレストランでみんなでお昼ご飯を食べていたのです。高い椅子で高いテーブルで床の上に荷物を置いてご飯を食べていたら，我々の

メンバーの一人のかばんが置き引きに遭いました。幸い重要なものは入っていなかったのですが，しかし置き引きに遭ったのです。ちょっとこれは言ってしまっていいのかどうかわかりませんが，その後，あるスウェーデンのインテリの方にその話をしたのです。そしたら，その方は極めてまっとうな本流のプロフェッショナルですが，「最近この国では治安が悪化している」と言いました。恐らく現場の感覚としては，福祉の国とはいえ，治安が乱れていて，いろいろフラストレーションがたまるということもあったのかもしれません。それで，びっくりしたわけです。

　実は，昨年〔2016年〕の秋に，ドイツとスイスに参りました。そのときに，ドイツでも，これは税理士の先生方と一緒に出掛けたのですが，日本でいうならば帝国ホテルみたいなところでしょうか。そういう立派なホテルのラウンジで，ソファにかばんを置いてお酒を飲んでいたメンバーの方が，やはりそのかばんをそっくり置き引きというのでしょうか。脇に置いてあったのをそのまま持っていかれてしまいました。もちろん後から出てきたのですが，iPadとかお金とかは出てきませんでした。途中，訪問先で書いたメモだけが返ってきました。ベルリンで超高級のところでそういうことが起こるというのは，おどろきです。

　それから，スイスにも参りました。現地の方に聞いてみると，移民の方を随分受け入れていて，手厚い福祉を行っているとのことでした。

　そういうことを続けられるだけの経済的基盤があればそれはとてもいいことだと思うのですが，では誰からそのお金が出るかといったら，結局は中間層から出るのでしょう。もちろん上流階級からも出ますが，上流の方というのはそもそも数が少ないですから，やはり中間層からお金を取ってそういう方々に配るということになるわけでしょう。そうすると，ある程度まではそれは可能だけれど，場合によっては中間層の不満も出てくるのではないかという話を聞きました。私は移民に反対しているわけではありませんので，くれぐれもその点はご理解ください。ただ，中間層の本音を見るとそんなところではないかというか，そういう話を聞いたということなのです。

　それと比べると，日本は，中間層をサポートする様々なシステムを政府が考えていらっしゃいますから，幾分状況はいいのだとは思いますが，それでもそ

ういうのが世界的な状況なのではないかと思います。

2 | リベラルな理念の中間層の本音からの遊離

　アメリカやヨーロッパで何が起こっているかということですが、理想的なリベラルな理念の、苦悩する中間層の本音からの乖離が起こっているのではないかと思います。どういうことかというと、リベラルな方というのは、福祉のために負担を増やしてお金を集めようとします。―そして、結局、その負担というのは多く中間層にかかるわけですから、要するに中間層の方々からお金を集めて―それを貧しい人たちに配るという、これがリベラルということのようです。ところが、それは要するに、ひとさまからお金を取って貧しい人に配っていい顔をしているというふうに、没落しつつある中間層からは見えるような状況が世界各地で生じているのではないでしょうか。「なぜ私たちからお金を取ってあなた方がいい顔をして大統領になったり大臣になったりするのだ」という本音は、アメリカやヨーロッパである程度聞きました。特に、アメリカ中西部では深刻なものとして、そういう本音が聞こえてきたわけです。

　中間層が盤石にしっかりしている国であれば、中間層の方々に負担を求めて集めたお金を用いて貧しい方々をサポートするというのは、美しい社会の在り方ですから、反対できないし、私も賛成です。ですが、そういう理念を貫徹するためには、中間層は盤石なものとしてどんとしていなければいけません。その中間層が揺らいでいるときに、そのようなビジネスモデルというのか、国家モデルが継続できるかといったら、これはかなり難しいのかもしれません。**財政的負担を負うであろう中間層の方々が「嫌だ」と言い始めたら、福祉国家というのは成り立たないのです**。これはどうしようもない現実でございます。それをいいことだと申し上げるつもりはありませんが、おそらくそれが現実なのでしょう。

　結局、リベラルな方々がその理念を追求するのは、それはそれでよろしいことですが、そのための費用は結局中間層が負担させられているという状況に、中間層が、アメリカでもヨーロッパでも気付いたのではないでしょうか。リベ

ラルな政治家の方が大統領になったり国会議員になって，いわば理想を説きます。しかし，その理想を実現するための費用をなぜ私たちが出さなければいけないのかと中間層が感じ始めているということなのではないでしょうか。こういうのは結構悲しい話です。そこまでヨーロッパやアメリカの中間層が追いつめられているのかと，ちょっと考えるだけで悲しくなりますが，そういう状況があるのではないかと思います。

　したがいまして，問題は，**経済的苦境**に立っている**中間層**が，どこまでその**費用負担**に**耐**えられるかというこの１点にかかっているのではないかと思います。アメリカではどうもそれがもう費用負担できないというふうに中間層が判断した結果として，トランプ大統領は当選し，民主党は政権を失ったように見えます。もう嫌だということでしょうか。メキシコの国境を不法に越えて密入国してきて，アメリカでどうやって働いているかというと，偽の身分証明書と偽のソーシャルセキュリティ番号を使って，それで働いて堂々と胸を張られても，そもそもあなたはここにいられる資格のない不法移民でしょうという感覚が，どうもアメリカの中間層の間で結構出てきているような気がします。それを，リベラルな人たちは差別だというふうに非難するわけです。確かに，差別なのかもしれません。しかしながら，非難したところで，中間層の人たちの苦境が解決するわけではないというところに，非常に現代政治のジレンマというのでしょうか，つらいものがあるのだろうと思います。だからといって，トランプ大統領のような方法で問題が解決するかといったら，必ずしもそうではないと思うので，ではどうしたらいいのか。どうしたらいいのかといわれても，簡単な解決策はないのだと思います。唯一，解決策があるとすれば，中間層の経済的基盤を補強するような経済政策をとることでしょうが，それもそう簡単に実現できるものではなさそうです。結局は様々な考え方を様々な方からお聞きして，その妥協の中で，全員が満足するわけではないにしても，多くの方が少しずつ不満だけれども仕方がないというところに落ち着かせていくのが今後の政治になっていくのではないかと思えてなりません。打ち出の小槌はないのです。

3 「狭量」なリベラル？

　リベラルな方々というのは理想主義的な方が多いです。理想主義的な方というのは，他を批判するときに語調が少し激しくなるのでしょうか。正義を背負って理想を説く人は，どうしても，「あなた方は正義から離れている。差別主義者だ」と，他者を批判しがちなところがあるのかもしれません。理想を掲げる以上，自分と違う理想を認めるのは難しいですから，他者を批判するという姿勢はある程度不可避なものでしょう。まして，掲げる理想が人権保護だったりすると，それを背負っている方は（心の中では）常に正しいわけですから，常に正しい方が，苦しい本音を言っている中間層を批判するということは，簡単にできるのでしょう。クリントンさんは，選挙運動の最中に何をおっしゃったかというと，トランプさんの批判なら，対立候補ですからしてもいいと思うのです。しかし，トランプさんの支持層を「嘆かわしい人達 (the deplorable)」とかその種の批判をなさったわけです。

　理想は本音の隠れ蓑かもしれないでしょうから，ここにクリントンさんのリベラルとしての本音というのが出ているのかもしれません。自分の理想がわからない人間は嘆かわしいのではないかという，ある種思い上がりなのかもしれません。

　理念に基づく他者批判というのは，妥協を許さないものになりがちです。これを，中間層の方が聞いたらどう思うでしょうか。こういう理念を，「この人はきれい事を言っているけれども，結局私たちのお金を当てにして，それで貧しい人たちに配っていい顔をしているだけではないか」という感じになるのかもしれません。アメリカでは，そういう声が聞こえてきました。それは，ワシントンにいたら聞こえてこない声です。ニューヨークにいても聞こえてこないのでしょう。この２月にニューヨークに行ってきましたが，景気が良くて，とても落ち込んでいるという雰囲気ではありませんでした。アメリカの本音というのは田舎にあるのでしょう。内陸部の田舎の大部分というのは共和党の地盤ですが，中西部の五大湖の近辺だけは，選挙のたびに，あちらへ行ったりこちらへ行ったり揺れるところで，ここでの本音がすごく重要です。トランプさん

は，そこに集中的にキャンペーンをかけた，大変賢いやり方だったのではないかと思います。

　結局，理念に基づいて主張をなさると，利害調整という視点がどうしても欠如しがちです。これはやむを得ないことです。利害調整というのは，理念をある程度捨てないとできないものです。こちらの理念もあるし，あちらの理念もあります。そうすると，両方それなりにこの辺でということになります。それは，美しい理念を掲げている方から見ればどうにもつまらないものに見えてしまうということなのではないかということです。そういう中間層非難について，ヨーロッパでもアメリカでも，だんだんこれではまずいというふうに思ってきている方々も出ているのではないかと思うのです。でも，アメリカの民主党とかヨーロッパのそういうリベラルな政党がそう簡単にその立場を変えるとは思えませんから，まだまだこういう対立状況は続くのでしょうか。

　妥協について一つだけ最近感じたことをお話しします。配偶者控除についてです。配偶者控除について，新聞等の論調では夫婦控除にするのだということでした。要するに，共稼ぎの人もメリットを得られるように夫婦控除にして，片稼ぎであろうと共稼ぎであろうと一定の控除が得られるようにするのだということです。政府税調では改革のメニューを提出して，その中の一つとしてそういうものがありました。これがいいのではないかということで，様々な方がそれを強く推していらっしゃったのではないかと思います。それ故に，結果的には，103万円を上げるという決着がなされたときに，政府税調の存在意義はなくなったとか，厳しいご批判を頂戴いたしました。審議会のプレゼンスを高めること自体にあまり意味があるとも思えませんので，そのようなご批判を謙虚にお聞きしました。

　ただ一つだけ，私は最初から最後まで夫婦控除がいいということは言いませんでした。そこまで確信していたわけではないですが，これを通すのは難しいのではないかと思っていました。それは，専業主婦のいる家庭が反対するとかそういう政治的なことを考えてそうしたわけではありません。理由はたった一つです。民法752条があるからです。税制を議論する経済学者の方とかは，民法にあまり興味がないのかもしれません。けれども，われわれは民法からスタートしますから，民法752条というのは夫婦の相互扶助義務を定めたもので，

夫婦というのはお互いに助け合わなければいけないということです。例えば私が働いていて配偶者が専業主婦をしていると，私は稼ぎのかなりの部分を配偶者に渡さなければいけないという生活保持義務が夫婦間では生じます。共稼ぎの夫婦は，一方が他方にお金を渡すということは，基本的にないのかもしれません。しかし，専業の配偶者，これが男でも女でもいいのですが，家事を専業にしている人を抱えている家庭では，市場労働で働いている人がその稼ぎのかなりの部分を他方に移転するというこれは，民法上の義務です。民法上金を渡せという義務をかぶせておいて，それについて所得税法上何の挨拶もないというのは，まずいのではないかと真面目に思っていたのです。けれど，そんなことを言うと誤解を受けそうで，発言を控えておりました。

だから，103万円を上げるというあのような方策というのは，民法の存在を前提とすると，それはありうる一つの選択肢です。賛成，反対はいろいろあると思うのですが，少なくともあれが間違っているというふうに言うことはできないと私は考えています。このように，多方面から大局を見ていろいろな検討をすると，唯一これが正しいなんてそう簡単に言えないのが税制でございます。「この理念はこうだ」と言うのは簡単だと思いますが，実際にはそういうわけにはいかない場合もあるといういい例だったのではないかと思います。

4 ｜ 研究者層の悲哀とめざすべき方向性

アメリカ政治や政治学がご専門の方で，トランプ大統領をということをおっしゃった方はあまりいなかったようです。なぜかというと，専門家というのは言っていいことと悪いことがあるのでしょう。あの状況でトランプさんが来るということを専門の方がおっしゃったら，批判されるというか，そういう状況があり得たのではないでしょうか。そんな気もします。

では，そういう立場というのが，中間層の本音から乖離してしまっている場合に，これをどうしたらいいのか。学者の言っていることが現実から遊離したものになっているのではないかと思える場合もあります。しかし，政治家の方は票を取りに行くわけですから，理論だけ振り回したら，票が逃げていくので

はないか。それがアメリカでも起こったし，ヨーロッパでも起こったし，日本でも起こらないとは限らないということなのかもしれません。もうきれい事は聞き飽きたというふうに中間層の方がお思いになれば，中間層というのは一番数が多いわけですから，その方々にそっぽを向かれれば政治的にはなかなか厳しい状況になるのではないかということです。

　現実の日本政治の分析とかそういうことは私にはとても議論する意欲もありませんし，その能力もありませんので，それは皆様方がそれぞれのお立場でお考えになっていただきたいと思うのです。

　美しい理念と比べたら，本音というのはあまり美しいものではありません。要は「自分は損をしたくない」という話ですから，あまり美しいものではありません。しかし，美しくない本音を無視したら，政治というのは成り立ちません。だから，美しい理念とあまり美しくない本音のバランスをどう取るかが政治家の方々の器量ということになるのではないでしょうか。

5 ｜ アメリカ新政権の税制改革の提案

　トランプ政権が成立して，その中で税制改革の提案がいろいろなされました。今もいろいろなことが提言されていますし，いろいろなことがあると思いますが，現実にこれはどうなるか，今の段階ではまだわからないというのが本当のところではないかと思います。今年〔2017年〕の年末ぐらいまで待たないと，ある種の方向性というのはわからないのではないかと思います。そうすると，アメリカがどうなるか，ヨーロッパがどうなるかというのがはっきりとした段階で，トランプ大統領の税制改革というのが具体的に条文の形を取った段階でないと，日本はどうしたらいいかということに関して必ずしも100％適切な対応は取れないのではないかと思っています。

　だから，日本企業への影響とか日本の税制改革への影響ということを聞かれても，今答えられるのはしばらく様子を見ましょうというのが唯一正しい方向性なのではないか。もちろん共和党がこういう案を出してきてどうのこうのといろいろな事実の紹介を述べることはできます。しかし，そうしたところで，

将来予想はちょっと今はまだ早すぎるのではないかと思っています。

　この辺でやっと税制改革の話題に行きますが，日本の税制改革は，税制調査会が6月の中旬に総会を開いて，また秋口にかけての議論が再開されていくのではないかというふうに思います。6月19日に税調の総会が開かれるのですが，これは海外調査の報告ということになっています。それについてもっといろいろ国民の皆様に議論していただいて，実質は秋口からまた本格的な議論をというふうにどうしてもなっていくことでしょう。

　われわれはどうしたらいいかというと，今できることをしていくというこれに尽きるのではないかと思います。あまりアメリカがこうなると心配ばかりしていてもしょうがないので，今できることをやって，来年の年度改正を考えていくということなのではないか。そのときに，今できることの中で一番重要なのは何かということをちょっと考えてみたいと思います。

6 ｜ 税制上の対応，特に手続的対応

　現在の中間層対策ということですが，政府税調はもうここ3年間くらいずっとこの中間層の救済をどうしたらいいかということを考えてきました。それが所得税改革で，一通りの方向性というのは出しています。あとは政治がそれに対してどう対応してくださるかに尽きるわけです。専門家にうかがうと，現在の日本の雇用者対策というのは，相応に進んでいるのではないかということです。ある日本の労働法の権威である方が，現政権になってから労働者保護立法が随分多く成立しているとおっしゃっておられました。

　政府税調に下りてきた諮問等も，この所得税改革について中間層が没落しないように，女性が働きやすいようにどうしたらいいのかを真剣に考えろというもので，だからいろいろな統計資料を使って主税局，それから政府税調，必死になってそれに対する対応をしてきたという事実があります。それは，単なる掛け声ではなくて，法律の形にも表れていますので，比較的中間層の没落に対する対応というのは行われてきていますが，もちろんまだ不十分です。非正規雇用の方々をどうするとかいろいろな問題があるのです。

したがって，個人課税の改革の議論というのは，政治的な判断を待つ状況なので，政府税調でどうのこうのということではないと思います。それから，アメリカの法人税改革がどうなるかというのはまだわかりませんから，それを今から予定してどうこうというわけにもなかなかいかないのではないかと思います。

　そうすると，取りあえずできることといったら，先ほどBEPSの話が出ましたが，あれでタックス・ヘイブン対策税制は昭和53年にできてから，途中にもいろいろありましたが，このたび，本当に初めての本格的な改正が今年なされました。その次は，移転価格についての様々な具体的な議論をしていかなければならないということで，これはもう既定の路線ではないかと思います。BEPSに合せて国内法をどう調整していくかということを，かなり技術的なことですが，引き続き続けていくということです。

　それと，もう一つ何か今できることといったら，先ほどもちょっとお話に出ましたが，**納税の手続に関する改革**なのではないかと思っているわけでございます。特に世の中でICT化，Information and Communication Technologyですか。情報通信革命，情報通信技術の発展で世の中が随分変わってしまいました。これに対応して，確定申告のやり方とか税務調査のやり方を変えていく必要があります。その際には，納税者利便の向上，それから公平・公正な課税の確保，この二つをバランスよく組み合わせていくということが重要です。結局，公平・公正な課税を確保すれば，それは善良な納税者にとってプラスになるわけです。それから，効率的な納税者の利便に資するような申告手続とか源泉徴収の手続とかというのが導入されれば，実はこれは国税当局の現場の調査官にとっても省力化になります。だから，二つは対立するものではなくて，実はハンド・イン・ハンドの関係にあるものですから，これをいかに推し進めていくかということ，これが重要なのではないかということで，今年の初めとかの税調でそういう方向を少しずつ小出しにして，そして海外調査に臨み，今後それについてさらに本格的にやっていくという段階になっています。

369

(1) 申告の改革―「納税実務等をめぐる近年の環境変化への対応」

　確定申告の改革について，政府税調では，去年〔2016年〕の秋から今年〔2017年〕の春にかけてちょっとやってきました。この春にそこで何を言ったかというと，「納税実務等を巡る近年の環境変化への対応」ということを述べました。こういうタイトル，看板の下に何を考えてきたかというと，去年の秋の総会でも申し上げ，今年〔2017年〕外国出張にメンバーを送るというのを決めた1月の総会でも申し上げたのですが，納税者利便の向上と適正・公平な課税の実現という観点からの執行面・手続面のさらなる改善に向けての課題に取り掛かっていこうということでございます。

　政府税調は伝統的に経済学者の方が中心でして，法律家があまりいなかったというのも一つの理由かもしれませんが，基本的にこういう租税制度が望ましいという租税制度の仕組みについての議論が中心で，どういうふうに執行したら効率的な，納税者利便の向上に資する，あるいは公平・公正な課税の実現に資するようになるかというような実務的な話というのは，あまり議論してきませんでした。経済学者の方が執行の具体的なことに興味を持つということも，少なくとも昔はあまりなかったようです。それはそれで，その時代はよかったのですが，今のICT化の進展を見ると，とてもではないけれどもこのままでは駄目だろうということは，我々だれでも言えるわけです。

　例えば，大学の授業もものすごく変わってきています。我々が学生だったころとは全然違います。今は授業をどうやるかというと，授業の前に我々が授業で話す内容について詳しいレジュメを作って，資料も用意して，それをインターネットで学生たち向けにアップするわけです。学生たちは，それをコンピュータで見ながら授業を受けます。教員は必死になって消費者サービスに努めています。黒板に文字を少し書いたらそれで終わりというような授業をやっていたら，今はとてもではないけれど生きていけないということです。しかし，それも，インターネットに資料を大量にアップできるということが前提となっているわけです。六法全書も持ち歩かずに，スティックに入っているようなそういうので六法を見るとか，現実にネットで調べたりとかいろいろなことを学生はやっています。そういう状況になっているのです。

こういう，保守的な大学の授業でさえそう変わっている中で，ビジネスもえらい変わりようなのは，ビジネスの前線にいらっしゃる皆様がよくご存じだろうと思います。それに合わせて当然国税も対応していかなければいけません。それで，国税通則法とか国税犯則取締法の改正がなされました。刑事訴訟法でさえICT化に合わせて改正されたのに，国税犯則取締法の方は刑事訴訟法が変わったのに全然変わっていませんでした。これでは，実際に査察とかに行ってもどうにもできないというので，国税犯則取締法という古い法律を全面的に変えて，それを国税通則法の一部にしました。その背後にはICT化があるわけです。そういう一つ一つの個別的な努力がこれからも続いていくでしょう。その中で重要だと思ったのは，確定申告とか年末調整とか源泉徴収とかそういう点について，どのようにしたら納税者利便の向上に資するか，公平・公正な課税の実現に資するかというこの点でございました。

(2) 海外調査の重要性

それで，今年〔2017年〕の1月の総会で，海外調査をしようということで委員の皆様に提案しまして，結局アメリカ・カナダにいらっしゃるチーム，イギリス・フランスにいらっしゃるチーム，それから韓国にいらっしゃるチーム，それからスウェーデン・エストニアに行く私が属しているチームという，この4方向に委員が派遣されました。それぞれに法律家と経済学者一人ずつで，加えて，若手の職員でないとICT化がわからないかもしれませんので，総務省も財務省も国税庁もなるたけ若手の職員に，自分の目で確かめてもらおうという方向で本当に一生懸命調査しました。もちろん多方面に行くためにはお金が足りないものですから，予算を節約しないといけません。そのために，日数が短縮されました。日数を短縮すると，例えば，夜中に出て昼間にヨーロッパに着くというようなスケジュールで，休みがほとんどないというものです。帰りも夜出てこちらに夜帰ってくるようなスケジュールにせざるをえません。でも，よかったと思うのです。コスト削減は当然のことでございまして，多少疲れるだけですから。

エストニアというのは，電子政府が非常に進んだ国でございまして，エスト

ニアに視察にいらっしゃる方も多いのではないでしょうか。治安のいい美しい国です。5月の初旬なのにすごく寒かったのにはびっくりしましたが，夏はいいのではないでしょうか。ここの，柳沢陽子大使は，大変に現地になじんでいらっしゃる優秀な方で，いろいろと電子政府についても調べてくださっていますし，若い優秀な職員も大使館にいます。小さな大使館のこととて予算が限られているのだと思いますが，とても熱心に頑張っていらっしゃいます。

エストニア政府が全面的にICT化を推し進めています。全員がeID（電子ID）というのでしょうか，電子化されたIDを持っていて，それはもうオープンです。申告書の内容もオープンです。大統領が幾ら申告したとか見えるという状況まで来ています。そういう姿勢が評価されて，エストニアの公的な機関についての国民の人気投票で，国税庁は上から2番目でした。国民の絶大なる支持を国税庁が受けています。全体的にとてもクリーンな印象の国でした。

政府の方で，記入済み申告書を納税者に送ってくるということでした。日本人は，それをすごく嫌だと思うかもしれませんが，これは考えようによっては課税庁による年末調整です。日本では，勤め先が年末調整をするわけですが，勤め先がその情報を国税庁に渡せば年末調整を国税庁がやるのと一緒で，記入済み申告書ができてしまうので，同じことなのかもしれません。しかし，企業がやるのか，その情報を国税庁が取って自ら行うのかの差は大きいので，びっくりしました。治安がよくて，景気もかなりよかった感じです。

他方，スウェーデンの方でも非常に驚きました。スウェーデンというのは福祉の充実した国だと思っていたのですが，浮浪者の方が地下鉄の駅とかに結構目立ちました。それから，紙コップを持って「お金ください」と言う方も何回か出くわしました。この2月，ニューヨークのコロンビア大学に滞在した際には見なかった光景です。地下鉄に乗りましたが，1回だけ「お金をください」という人がいましたが，それだけで，後は全然見なかったです。それから，コロンビア大学は126丁目とかそちらにあります。ブロードウェーを70何丁目からずっと夜中に歩きましたが，一切怖いことはありませんでしたから，ニューヨークは今，安全です。それから，ハーレムに降りてみましたが，多少ごみが落ちている程度で何の問題もなかったわけですが，スウェーデンの方がむしろちょっとびっくりしたという感じです。スウェーデンでも記入済み申告

書というのがありますし，納税者番号，他人の申告書も，これは個別の取引を全部見られるわけではないのですが，総所得金額が幾らで税額が幾らとかというような情報は見られます。

エストニアに至ってはもっとすごくて，私ども日本人も e-resident ということでエストニアの居住者登録ができて，そういう ID を取れるのだそうで，ちょっとびっくりしました。

今のようなことを〔2017年6月〕19日に税調の総会でご報告申し上げますが，しかし，政府税調では，みんなの税務情報を集めてだれでものぞけるようにするとかそういうことを考えているわけでは，もちろんありません。また，記入済み申告書のような極端なことを考えているわけではありません。小さな国とこれだけ資本主義の発達した日本のような大きい国と，自ずと国情も違いますから，そういうことを考えているのではなくて，そこで使われている便利な技術をどういうふうに持ってくるかということに興味があります。特に納税者利便の向上のための技術です。納税者にとって有利なことは，結局は国税の現場の方にとっても便利なものになるわけですから，そういうものをどうやって取り入れていくのか，その下資料としてこの海外調査の報告書を出そうということを考えているわけです。

(3) 執行の重要性

かつての政府税調は，執行について正面から議論してきませんでした。しかしながら，執行の不可能な制度というのは，経済理論的にどんなに望ましくても無意味です。執行できない制度は，これは経済理論的に正しいのだと言ったところで，自己満足としか言いようがないものかもしれません。執行できるものを制度と呼ぶわけで，執行できないものはもう制度ではありえないということです。これまでは，個別の租税制度の構築に絡んで，それへの付随的なものとして執行面について政府税調で調査したことはあったのでしょうが，今回の調査は，執行の現状の調査それ自体がメインであるということで，かなり踏み込んでいます。経済学者の方にこの執行の重要性ということを本当に真剣にわかっていただいたのではないかと思います。経済学者の方4人に外国に行って

いただいたわけですから、その方々はなるほどと言っていました。やはり自分で見ないとなかなかわからないということがあります。それを感じていただいたというそれだけでも非常に価値があるのではないかと思います。

(4) 考えられる具体的な論点

　これについて今私が話しても、これからのことですからしょうがないので、触りの部分だけです。申告納税制度というのは、二つの柱からなっています。その第一は、納税者の経済活動に関する情報を納税者自身が正確に収集し申告を行うということですが、この自分自身に関する情報の収集というのが結構面倒くさいということは、確定申告をなさった方はおわかりいただけると思います。確定申告を私もしていますが、そのときになるといろいろな書類をひっくり返して、「ああ、あの書類がなくなったな、どうしよう」とかなって、ものすごい時間がかかるものです。

　何かアメリカの友達に聞いたら、アメリカは全員が確定申告しなければいけませんから、「ターボタックス」という50ドルぐらいで買えるソフトウェアでやるのだけども、3日から1週間かかると言っていました。そんなにマンパワーをかけて納税するということですが、税金を払ってもいいからもうちょっと手間暇を楽にしようというのは誰でも考えることでございます。しかし、国税庁からしてみれば、適正でないと困るという考え方があるのも当然です。だから、その間をどう取るかということなのですが、事業活動をしている方はともかくとしても、例えば、サラリーマンの方の医療費控除であれば、ごく簡単に、それこそスマートフォンでぱぱっと申告ができるような制度に切り替えるということは夢ではないのではないかと思っています。もちろん、それを現実に実現するためにはいろいろと具体的なことはあるのですが、すぐに簡単にできるというわけではないのかもしれませんが、やろうと思ってできないことはないと思っています。

　納税者利便の向上というのは、納税者が自分の情報をどのように効率的に整理収集するかというところにかかっているのですが、自分のことは自分が知っているとしても、なかなかそれはそう簡単にはいかないということです。そう

すると，年末調整を有効に利用する，企業の負担にならないようなかたちで年末調整をうまく利用するというのも，一つの手かもしれません。年末調整というのは企業に負担をかけますから，あまり企業に何もかも押し付けるというのはよくないのですが，いろいろな情報がオートマチックに企業の方にすーっと入るようにして，それがコンピューターでソーティングできれば，年末調整の負担は企業にとってはそんなに増えず，むしろ減るかもしれません。それで納税者は結構助かるというようなことがありますから，この辺はイマジネーションの持って行き方だと思うのです。そうすると，主税局と国税と税理士会と，それから経団連なり商工会議所との間でいろいろお話をしていただいて，方向を出していただくというのは，健全な在り方ではないでしょうか。

執行について改正を行う際には，現場のお考えをお聞きするというのが主税局の方針でもありますし，政府税調の考えでもあります。結局現場の考えを聞かずに執行の改革はできません。それは，税理士の先生方，企業の方々，あるいは商工会議所，経団連も含めた企業の方々，この方々のご意見を丁寧にお聞きして，その上で執行の改革を成し遂げていくというのが一番健全です。私は，個人的にもいろいろな税理士の先生方に，こんなところはどうなのだということを聞いています。それから，国税の現場の職員の方にも，「こういう点はどうなのか」と本音のところをお聞きするようにしています。それが100％正しいかどうかわかりませんが，一応頭の中にそういう情報を入れた上である方向の可能性を考えるというのは必要ではないかと思うからでございます。

それから，第二は，申告納税制度というのは課税庁が収集した情報に基づいて納税者の申告を更正処分等で修正するというものです。納税者が全部正確に申告してくださればいいのですが，納税者自身間違うこともあるし，それから中には正しくない申告をなさる方もいないわけでもないですから，それをどうしたらいいかということです。これは適正・公平な課税の実現ということで，国税庁がどういうふうに正確に情報を入手するかということです。もちろんプライバシーにわたるような部分についてはあまり立ち入らないで，経済的な情報だけをどういうふうに取るのかという話です。

以上の二つの柱，両方ともICT化によって随分効率性を高めていくことができるのではないかと思っています。

執行上の論点の具体例というと，まず，電子申告です。日本の国税庁の確定申告作成サイトはよくできていまして，あれは非常にいいものです。ただ，そうは言っても，所得税の全体的な構造が少しわかっていないと，いきなりあれをやっても難しい場合もあります。その辺，もうちょっとわかりやすくする努力というのは常にしていった方がいいと思います。今以上に，さらにわかりやすくということです。納税者にとって便利な形の簡便であまり手間のかからない電子申告というのが望まれます。そうすると，究極的にはスマホでしょうけれども，そう簡単にそこまですぐには行かないと思いますが，そういう方向を理想のものとして少しでも進めていくということではないでしょうか。

　「適正・公平な課税の実現に資する電子申告の在り方について，諸外国の例を参考にしながら今後の方向性を考えることが重要」と書きましたが，適正・公平な課税の実現だけではなくて，それに加えて，これが納税者利便にも資するということで，常に二つの柱が出てくるということです。単に電子申告といっても，国税にとってだけ便利な電子申告では困りますし，納税者にとってだけいかようにでも適宜というのでも困りますから，その納税者利便の向上と適正・公平な課税の実現の両方をバランスを取る形でということです。これは必ずできると思うのです。

　ただ，電子申告の制度を簡便化すると，どうしても所得課税の制度自体をある種簡便化する必要も，場合によっては出てくるのではないでしょうか。例えば給与所得控除というのはその一つの例です。あれについては，いろいろ批判する方もいらっしゃいますが，もっと費用がかかっているという方は別途申告をやっていただくことにして，多くの方は「費用はちょっとよくわからないから，この辺で」というので，ぽっきり幾らというふうに出てくるというのはある種簡便な制度です。医療費控除なんかについても，領収書を全部付けなくていいとかいろいろ少し先に進みましたが，これについてももうちょっと簡便なやり方を，どこまでできるかというのはありますが，できないわけではないだろうという考えもありえます。

　要するに，今簡便さが実現できるとすれば，生命保険料の控除と医療費控除，この二つでしょう。しかし，企業側，人を雇っている側の年末調整の負担というのが結構ありますので，全て企業側に負わせてしまうと大変です。したがっ

て，今は，生命保険料控除については，本人が保険会社から受け取った書類を職場に提出するというかたちで年末調整でやっていますが，医療費控除については確定申告で処理しています。しかし，医療費控除は，健康保険機関等から職場に電子的に情報が届くようにし，また，生命保険料控除も本人が書類を受け取ることなく保険会社から電子的に職場に直接に情報が届くようにして，これを全て年末調整で対応するというようなシステムの組み方をすれば，年末調整を行う企業にとって負担は増えないのだけども，納税者側は非常に助かります。あるいは，住宅ローンもそうかもしれません。やりようによっては，これは少し制度を簡便にしなければいけないというところがあるかもしれませんが，うまくやるとかなりのヒットになるのではないかと思っています。その際に，ふるさと納税についての処理方式も参考になるかもしれません。

　そんなことをされたら税理士の業務が減るではないかと思われるかもしれませんが，そういうことはないと思います。もともとサラリーマンの方は税理士に依頼していないのですから，今とあまり変化はありません。これに対して，ビジネスをやっている方はただ簡単にというわけにはいかないでしょう。もちろん簡便化は図れる余地があると思いますが，これはきっちりとやっていただくということでございます。

　そこに「税理士制度への波及」と書きましたが，プロフェッショナルの業務というのは果たして人工知能に取って代わられてしまうのかということで，戦々恐々としていらっしゃる方もいらっしゃるかもしれません。アメリカのロースクールの卒業生か入学者だかが，ピークのときから見てここ３年間で３割減っているという状況があります。日本の法科大学院の入学者・希望者も随分と減っています。昔何万人もいらしたのが今は何千人とかになってしまっている状況なのですが，これは司法制度改革が失敗したというご意見の方もいらっしゃるのですが，そうではなくて，弁護士数の増加の中で，競争が激化した結果かもしれません。

　また，機械で代わられるところについて，要するに若い弁護士の先生のマンパワーを投入してやっていた仕事，デューデリジェンスとかそういうものについて，ある程度コンピューター化が進められるようになった結果もあるかもしれません。そのことを敏感に察したアメリカの学生がロースクールに行くのを

少し控えて3割ほど減ったとか，そういうことではないかと思います。これは必然ですから，蒸気機関の発明によって必要とされる労働力が少し減ったのと同じように，コンピューター化，AI, ICT の進展によって，ホワイトカラーの方も少し打撃を受けるというのはそうなのですが，では全てなくなるかといったらそんなことはありえないわけで，また新たなビジネスというのはそこに出てくるということなのだと思います。ここは新たなビジネスモデルを誰がどう作り出してその業界の勝者になるかということです。だから，今，まさに競争が始まったばかりです。今うまく乗ると大きなビジネスチャンスだという時代にわれわれはいるのではないかと思っています。

　さらに，行動経済学の理論の利用についても，余計なことなのかもしれませんが，少し述べておきましょう。台湾ではインボイスに宝くじが付いているようです。これは別に遊びで付いているわけではなくて，消費者の方は何もなければ「インボイスをくれ」と言わないでしょう。そうすると，売る方もインボイスを出さないでしょう。仕入れ控除を取れない人が単に消費についてインボイスをもらってもしょうがないわけです。そうすると，インボイスを発行しないで簿外で売ってしまうなんていうことが出てくるかもしれません。ところが，これは宝くじを付けるとどんな消費者もインボイスをよこせと言うでしょうから，要するに消費者の行動によってインボイス制度がしっかりと執行されます。これはだれかに迷惑を掛けるということではなくて，喜んでやってもらう方向で執行がよくなるという方向です。上から命令してある方向になんて言っても，人間はそんなわけにはいかないですから，できれば喜んでやっていただく方向が何かないかなというので，世界の事例とか調べました。行動経済学の応用と言うとちょっと言い過ぎですが，そういうところがあるということでございます。

(5) 将来の方向性

　将来の方向性ということで，ごく簡単なまとめにかからせていただきます。税制の人間が税制にこもった議論をしていたら，税制改革はできないということなのではないでしょうか。もちろん大言壮語して何から何までというのは

二　世界の中間層の本音とどう向き合うか

ちょっと眉唾になってしまうわけですが，いろいろなことを考え合わせながら世の中のことを考えていくと，結構昔からいろいろなことが言われてきたことの中に，参考になるものというのはいっぱいあるということです。一番初めに『管子』を出しましたが，考えてみれば当たり前のことを昔の人は言っていたということがあります。そういうのも含めながら，いろいろなことを情報収集して整理し，日本の国，国民にとって何が一番望ましいかということを考えていけば，日本の未来もそうそう暗いものではないと思っているということでございます。

　では，一応これでお話は終わりにさせていただきます。ご清聴ありがとうございました（拍手）。

三　トランプ税制の行方と経済環境の変化
（日本租税研究協会平成30年5月30日開催の第70回定時総会報告）

はじめに

　ご紹介いただきました中里でございます。佃会長をはじめとする日本租税研究協会の役員の皆様や、星野主税局長の前でお話しするのは、なかなか緊張するもので、先ほど大学で授業をしてきたのですけれど、あれも相当緊張するのですが、比較になりません。しかも私、この定時総会、3年連続となっておりまして、過去2回、あまり変なことを言っていなかったということなのでしょうけれど、自信がありません。
　研究者の仕事というのは、一見、気楽に思えるかもしれませんが、なかなか難しいところがございます。
　それは、発想というものは、自然にどこかから湧いてくるというものでは必ずしもなくて、よくわからないのですけれども、一見したところ無関係な複数のものの間の関係を考える、あるいは、それなりに関係あるのだけれど、それは一体どのような関係があるのだろうかという現象を見ていくということが重要な意味を持ってきます。
　2年前は、トランプさんが大統領選挙に勝つだろうという話をして皆さんをびっくりさせ、去年は、そのトランプ税制の中身の日本に対する影響というお話をしたのですが、そのトランプ3部作で、今年は、トランプさんの登場の背景にある経済情勢、それが日本でどのような意味を持ち、今後どう変わっていくかということに関してあくまでも中立的な立場からお話しさせていただきたいと思います。
　私は経済学者ではありませんし、まして社会学者でもありませんので、そういう話は本来専門ではありません。専門でないということは、多少柔軟にお話をしても、いいではないかというところがございますので、その点はお許しい

ただきたいと思います。

　将来の展望といっても，将来はだれにもわかりませんので，それなりに考えてみて，トランプ税制と，日本のデフレと，そしてプラットフォーム経済と，こういう一見関係あるような，なさそうな，そういうものについて関係をお話ししてみたいと思います。

　まったくでたらめというわけでもない，いわく言い難い微妙なバランスの中に真理が見えてくるというのか，そういうところがあるのではないかと思います。

1 ｜ トランプ税制

(1)　トランプ大統領登場の背景

　初めにトランプ税制なのですが，これについては財務省主税局の日向寺さん達がコンパクト，かつわかりやすくまとめた報告書をインターネット等で公開しております[11]。非常に良くできているので，その中身を私がここで繰り返すとかそのような必要はない。その作業を参考に，トランプ税制の中身をごく要約してここに書いておきました。別にその内容を紹介することに意味があるわけではなくて，一体この背後に何が流れているのだろうという，そういうことを申し上げたいと思います。

　トランプ大統領登場の背景については2年前（2016年）の報告で，要するに，アメリカで，1989年のベルリンの壁の崩壊以降，仕事が外国に出ていってしまった。アメリカの製造業に従事する健全なる中産階級が，その結果として職を失ったり，給料が減ったりということが起こった。それが特にどこで起こったかというと，特に，中西部，五大湖周辺で起こった。

　この五大湖周辺は大統領選挙のたびに，民主党側に振れたり，共和党側に振れたりということで，ここを押さえるということが大統領になる一番の道です。

11　https://www.mof.go.jp/public_relations/finance/201802/201802h.html

東海岸と西海岸は，民主党支持で，これは動きません。内陸部というのは基本的には共和党支持で，その南側は共和党支持で動かないのですが，北の五大湖の周りは，場合によっては動くということで，トランプさんはここに全力を懸けて，その人たちに受ける政策を強調して出して，その結果として当選なさった。

批判も強いようで，いろいろなことをおっしゃいますので賛成・反対は分かれますが，何か，底流を流れるところは，勝負に強い，ハードネゴシエーターという感じです。

実は，トランプ税制の成立が，大統領としての大きな業績になるのではないかと思っております。レーガン大統領の 1986 年の「Tax Reform Act」以来の，30 年ぶりというのでしょうか，本当に大改正を成し遂げました。

(2) 税制改革法成立の背景

それで，この税制改革法成立の背景ですけれども，徹底的に今年の年末に行われるであろう中間選挙を強く意識した内容になっています。2 年前の選挙のときに，五大湖近辺の，要するに没落しつつある中産階級を意識した選挙運動をしたのと同じように，今度も，中間選挙を強く意識した内容になっていまして，それにかなりの部分成功しているような気がします。

当初はいろいろなことがあるものですから，成立が危ぶまれていたのですが，結果的には何とか力業で成立しました。

そこで大きな力を発揮したのが，下院議長，ハウスのスピーカーのポール・ライアンという人ですけれども，2 年前のこの租研の定時総会で私が申し上げたのは，その前の，3 年前の 12 月に実はウィスコンシンに行ってきて，それでいろいろ聞いたら，トランプさんの評判が良かった。だからトランプさんが勝つのではないかということを申し上げたのですが，ポール・ライアンというのは，そのウィスコンシン出身です。

ウィスコンシン州には，共和党の将来有望な方が 2 人いまして，1 人がこのポール・ライアン下院議長で，48 歳だったと思います。それからもう 1 人は，州知事のスコット・ウォーカーです。これが 50 歳でしょうか。どちらも新進

気鋭の共和党の将来を担う人間だと思います。

　それで，ポール・ライアンは，政治的にはティー・パーティですから小さな政府を徹底的に目指す方でございまして，減税派の方です。

(3) トランプ税制の内容「Tax Cuts and Jobs Act」

　そのトランプ税制の内容についてですが，「Tax Cuts and Jobs Act」，この名前がいいですね。減税と仕事法案と，そのままではないですか。これを見ただけで，感じが伝わってきます。名は体を表すというところがございまして，どういう名前を付けるかは重要です。この法律は，ストレートなネーミングですけれども，インパクトが伝わってきます。

　去年の12月21日に大統領が税制改正法案に署名して，これが，先ほど申しましたとおり，1986年のレーガン大統領の下の「Tax Reform Act of 1986」以来の大改正となっているということなのです。

　中身については，皆さんも新聞等でいろいろご存じでしょうから，全部見る必要はないと思いますが，所得税について，当初よりはちょっと後退した形でありますが，税率が7段階です。

　そして，1人当たり4,050ドルの人的控除は概算控除に統合した上で拡大ということですが，日本でも，先ほど星野局長がおっしゃったように，給与所得控除を削って基礎控除を増やすということで，一種，軌を一にしているところがございます。

　でも，本当にすごいと思ったのは，その次の地方税控除に上限額を設定したという点です。アメリカでは，財産税とか，いろいろな税金が地方で，州なり市町村でかけられているわけですが，その地方税について，連邦所得税の計算上損金算入というのか，落とせるというシステムになっています。

　この地方税控除に上限額を設定するということの政治的意味というのが，実に計算し尽くされた感じで，皆さんも新聞等でご存じだと思いますが，地方税を多く払っている州というのは，大体，カリフォルニア州等西海岸と東海岸，要するに民主党の牙城では地方税をいっぱい払っている。

　これはなぜかというと，土地の値段が高いから固定資産税の額が多いという

ことなのです。その固定資産税その他の地方税の控除というのか損金算入というのか，それを制限するということは，東海岸と西海岸に打撃を与えるということです。

　土地の値段の低い内陸部には，あまり打撃は与えないという，共和党の支持母体に優しい，共和党を支持する州に優しい税制改正を，全体的な税制改革の中で必要だというような言い方で通してしまったというわけです。

　それから，代替的ミニマム税というのは，非常にアメリカの制度を混乱させているくどい，普通の所得計算とは別に理念的な計算をやって，特別措置の恩恵に浴している納税者にも最低限これだけは払ってもらおうという制度ですけれども，これを廃止した。多大なる簡素化になるわけです。

　次に，一番のトランプさんの経済政策等が出るのは法人税でございますけれども，経済活性化と雇用創出のために，税率を35％から21％に引き下げました。もちろん課税ベースも拡大していますから，そんなに税収が極端に減るとか，そこまでは行っていないのでしょうけれども，35％から21％という，この数字を見た人間に対して与えるインパクトというのでしょうか，それはすごいなという気がします。

　いろいろな国で20％台の後半のところに持っていこうということで，あるいは，頑張っているところでも25％のところまでなのに，一挙にそれを飛び越えて21％というのは，かなりの話です。これは日本では難しいと思いますけれども。

　法人税についての代替的ミニマム税の廃止も簡素化で，それから一定の固定資産に限られた話でありますけれども，取得時の全額償却もやっております。

　トランプさんの方針が最も強く出るのが，国際課税でございます。

　まず，全世界所得課税からテリトリアル，領域課税方式に移行ということですが，これは実は日本も少し前にやっていますから，そういう意味ではアメリカは後追いということなのでしょうけれども，外国子会社からの受取配当の益金不算入，これはイギリスがやって，日本がやって，アメリカもそれに追い付いたということなのでしょう。

　そういうふうに外国進出を後押しするかと思うと，外国子会社の無形資産から生ずる所得についての課税強化で，BEPS対応に近いようなこともなされて

いますし，それから，アメリカではBEPSとは呼んでおらず，BEATと呼んでいますが，Base Erosion and Anti-abuse税というのを導入しまして，OECDのやり方を見ながら，OECDとは少し違う路線で似たようなことをやるということなのでしょう。こういうことがなされています。

(4) トランプ税制の評価

　この中身については，様々な専門家の方が，より詳しく，トランプ税制の所得税の改正の内容についてとか，あるいは法人税についての中身とか，国際課税についての中身とか，解説をなさると思いますので，そちらをお聞きになればよろしいと思います。これについての評価ですけれども，中身についての評価もいろいろあるのですが，調べてみたところ，政治的側面への注目度が大きかったように感じました。

　税制改革の中身よりも，こういう税制改革を通した手腕に驚くというような，そのような感じの評価が多かったのです。もしかすると税制改革は通らないのではないかと思っていたところ，成功させたことの意味は大きかったのでしょう。

　それから，あれほど嫌っていたオバマケアを実質廃止に追い込んだということで，「あれ，就任1年かそこらで，ここまでやってしまうのか」ということで，それに対して驚きをもって迎えられているように思います。アメリカのマスコミというのは，新聞社もテレビもほとんど民主党寄りですし，アメリカの大学の先生の大多数は民主党支持ですから，私どもがアメリカで会う人の多くはトランプさんのことを批判するけれども，しかし，いろいろ見ていると，この中身について賛成・反対いろいろあると思うのですが，手腕が感じられます。

(5) トランプ税制の影響

　このトランプ税制の影響について，先ほどの日本の財務省の論文は，次のような紹介を挙げています。両院合同租税委員会，Joint Committee on Taxationというのがアメリカの上院と下院の合同の委員会として連邦議会にありますけれ

ども,そこの試算によると,10年間で1.46兆ドルの赤字ですから,大変な額になります。

ところが,これについてアメリカの財務省の経済成長や税収見通しですと,この改正によって実質GDPが年平均2.9％成長する。その結果,1.8兆ドルの税収増だということです。そうすると,差し引き3,000億ドルほど税収が増えるというのですけれど,なかなかこのようにうまくいくかどうかわかりませんけれども,一応そういう計算になっているということが注目されます。

この影響の読み方というのは,法律の条文だけ読んでもどうにもなりませんで,これはもう現実に現地に行って調べる以外に方法がないのではないかということで,アメリカに出掛けて,各地域に出掛けて,それぞれの税制改革の影響について,今年,来年と何度も行って調べたいと思いますが,具体的には,私,この9月の末に,ハーバードに行く機会がありますので,その前の段階で一度ウィスコンシンに3〜4日寄って,また中西部でどのような雰囲気なのかを見,聞き,そしてその後ボストンに行って,東海岸の様子を聞こうと思っています。

それから,ニューヨークには今年の2月に,コロンビア大学に2〜3週間いましたので,そこでいろいろ現地調査をしてきましたので,何となくわかっていますが,加えて,今度,ボストンと,それからシカゴに行く。

それから,年末にかけて,これはワシントンに行こうか,カリフォルニアに行こうか,今悩んでいるところですけれども,しばらく行っていませんのでシリコンバレーにちょっと行ってきて,また様子も見てみようかなということで,全体的な調査をしようと思っているのです。主税局等でも,あるいは租研等でも,あるいは税理士会等でも,そういう現地調査の機会というのをできるだけおつくりになって,特に若い方を送って,現地の様子を見てくるというのは,大変に大きな意味があるのではないか思います。

例えばカナダに行って,スーパーで買い物をして,GSTの,向こうの消費税の,領収書を見るとこうなっているのかということが見ただけでわかる。いろいろな偉い人のところに行ってお話を聞くというのも重要でしょうけれども,そういうちょっとしたところから現地のことがわかるということの方が重要なのではないかと思います。

(6) 影響の読み方

　日本及び諸外国への影響については，今のところ，そう簡単にこうなるということを言うのは無責任だと思いますので，なお調査をしていかなければいけないと思うのです。

　それぞれ経済学者の方とかが理論的に，これはこういう影響を持つのだとかとおっしゃるかもしれませんが，現実にどのようなことになるかというのは，今後を見てみないとわからないことがあるのだろうということで，全て今後の課題です。

　いろいろな方にそういう調査をやっていただいて，お話をお聞きになったら，この伝統あるシャウプ勧告以来の日本租税研究協会について，いろいろな意味で，社会に対する影響力が，なお一層増すのではないかというふうに思っております。

　以上のようなトランプ税制を見てきますと，非常に世の中の流れに敏感な大統領のお考えを，政治的な妥協はもちろんありますけれども，それなりに反映した中身になっていますので，そこから何かが見えてくるのではないかとずっと考えておりました。

　特に，この２月に２週間ちょっとコロンビア大学に行っているときに，大した授業もしていないのですがコロンビアロースクールの方でアパートを用意してくださいました。非常に眺めのいいところで，その近辺を詳しく見て歩いたのです。アメリカの大学は，大学まで歩いて５分ぐらいのアパートを，自分自身の財産として持っていて，外国から客が来たら，そこに滞在させるということで，アメリカ経済の奥深さというようなものを感じたわけですが，どうもニューヨークの様子を見ていると，経済状態が非常にいいわけです。

　去年もいいと思ったのですが，今年はなおさらいいのではないかと思いまして，それで，アパートの家賃とかがものすごく上がってしまって，留学生が２ベッドルームを３人で分けて滞在しているとか，外食するのも高くて大変だというようなことが，日本からの留学生についてもいわれているくらい，アメリカの物価水準が上がって，ある意味日本が取り残されているというようなところがあるのかもしれませんけれども，トランプさんの経済運営は，今のところ

うまくいっているのではないかと，思っています。

　私が着いた2月5日に，株価がどっと下がったのです。株価がどっと下がって，さらに木曜日ぐらいにまた下がったのですが，アメリカ人に聞くと，何も気にしていないのです。「また戻るよ」で終わりで，そのようなことを言っていていいのかと思って，こちらは冷や冷やものでしたけれども，まあまあ戻りました。

(7) 背後に，経済取引や国家の在り方の本質的変容

　背後に，やはりトランプさんが独自の嗅覚で得た経済取引や国家の在り方の本質的変容に対応するための対策というのでしょうか，それをしているのではないかという気がします。

　ここ30年程度の間で一番大きな現象といったら，ベルリンの壁崩壊以降の中国の台頭，これに尽きるわけです。他の国もいろいろなことがありますが，やはり，これは大きなできごとです。

　その中国の台頭によって，アメリカでは中西部の五大湖周辺の工業地帯が大打撃を被った。日本では，中国の安い賃金と張り合うために，日本の正規雇用が打撃を受け，非正規労働が拡大したというような，中国の経済的な影響力の高まりとともに，他の先進国に本当に大きな影響が出ている。

　ベルリンの壁崩壊以降の中国の台頭，そのことによるビジネスと国家の変容というのが今起こっていることで，これをどういうふうに，直感的に捉えて，それを自分の政策に生かしていくという，そういうことなのではないかということです。

　政策というのは，一度決めたら，あとは絶対動かさないという姿勢では，多分駄目なのだと思うのです。状況が変わったら，さっと手のひらを返すというフレキシビリティが常に要求される。

　株式投資でも何でもそうですけれども，いったん自分でポジションを取ったら，てこでも動かない。どのように値崩れしても，ずっと持ち続ける。要するに損切りのできない人というのが，市場から撤退を強いられるのでしょう。損切りというのは非常に重要なことなのだと思いますけれども，トランプさんは

損切りという意識もなく，自由に考え方を変えることのできる方なのだと思います。

こういう中で企業間競争や国家間競争が激化していると，まず位置付けることができます。

トランプさんはアメリカを前提として，こういう税制改革を行ったけれど，では日本ではどうしたらいいかというと，これは状況が違いますから，アメリカと同じことをやればいいということにはならないでしょう。国によって状況が違うということになります。

2 日本のデフレ

(1) 実物経済で考える

日本のデフレについて見ていきますと，これは，私は財政や金融の人間なのですが，ここでは，実物経済でものを見てみました。財政や金融でものを見るのと，実物でものを見るのと，だいぶ見方が違ってきます。

実物経済で考えると，先ほど述べたことの繰り返しになりますが，1989年のベルリンの壁の崩壊，そして社会主義国の市場経済への参入，そして生産拠点の海外移転，その結果，先進国における賃金の低下という，こういう連鎖がひとつ非常に重要なものとして考えられるのではないかと思います。

先進国の賃金低下は，日本ですと非正規雇用の拡大ということになるのだと思いますが，これは中国の賃金の上昇とパラレルです。世界に賃金のすごく安い，当時日本の30分の1ぐらいだったと思いますが，ものすごく安い国と，高い国があって，その間を，それまでは壁で区切っていたのが，壁がなくなって移動が自由になったというのが1989年のベルリンの壁崩壊の意味ですから，そうすると，自由になると，中国の賃金は上がり，日本の賃金は下がるというのは，そんなに難しい話ではありません。それが現実に起こった。

アメリカは，全土で起こったわけではありません。アメリカは中西部で特にそれが激しく起こり，カリフォルニア等では，むしろ賃金が上がっているわけ

ですが，これは別の産業を投入したということなのでしょう。

　先進国の賃金低下は，中国の賃金の上昇とパラレルで，賃金は時間の経過とともに均衡するということですから，これが日本の賃金低下，デフレの最も大きな要因の一つです。しかし，これに加えてもう一つはICTの発展が大きな意味を持つと思います。これまで人間のやっていたことを機械，コンピューターがやるようになれば，当然，労働力は要らなくなりますから賃金が下がるのは，ある意味当たり前のことです。

　このうち，税制調査会の方では，この二つの流れを全面的に正面から受け止めまして，前者も後者も引っくるめてですけれども，賃金の低下とか非正規雇用の増大に対して，一体，所得税法は何ができるのかということで，先ほど星野局長からご説明のあった，給与所得控除を圧縮しながら基礎控除を拡大し，非正規雇用の方にも，給与所得控除を取れない方にも，基礎控除という形でそれが取れるようにしたというようなことは，まさにこれを言っているわけですし，それからICTの発展については，今やっているところですけれども，去年特にやりましたけれども，スマートフォン1個で簡単な還付申告ならできるようにしようとか，電子申告の拡大というようなことをいろいろやってきたということですから，我々なりに努力はしてきたと思います。

　ただ，それではもちろん十分な状況ではなく，もっと，より本質的な変化というのが私たちに押し寄せてきているのではないかという気がしてならないわけです。

(2) 実物経済から生じた現象を金融でどれだけ解決できるか

　それはまた後でお話しするとして，このように実物経済の変化から生じた現象を，金融でどれだけ解決できるかという問題が生じます。実物と金融というのは経済の両局面ですけれども，実物経済の問題点から発生したいろいろな事象を，金融によってどこまで解決できるかというのが今問われているところで，これが今，日本銀行等で一生懸命なさっているわけですが，これがどこまでどうなのかということに関して，通貨供給量を増やせば実物経済が反応するということも，ある程度それはもちろんあるのでしょうけれども，相互連関につい

てもうちょっと調べるということは必要になるかもしれません。

　そのことは金融の問題ですからそれでいいのですが，その中で租税政策をどうしたらいいのかということが，私たちに突き付けられた課題です。

⑶　より高い附加価値を生み出す新規性のあるモデルの必要性

　とてもそれについて答えが出るものではありませんけれども，租税はそれでいいのですが，ビジネスの方はそうはいきません。いろいろな動きがある中で，では日本が生きていく道は何かというと，カリフォルニアのような生き方ということなのでしょうか。

　カリフォルニア州で，1985 年に 20 万ドルくらいだった住宅が，今は 150 万ドルぐらいになっているのでしょうか。30 年で 7 倍になってしまったわけです。シリコンバレーの住宅地の中の住宅は 2 億円ぐらいしています。

　そういう状況になっていますから，カリフォルニアに住んでいる限りは，家さえ買っておけば必ず値上がりして，1 年で 1 割とか値上がりしますから，損はしないのでしょう。株も上がりますが，それ以上に住宅が上がって，なぜ上がるかというと，どんどん移民がやって来て，中国とかインドとか，お金を持って移民してきますから，その人たちがそれなりの住宅を買うので，どんどん値段が上がるという，そういう状況が起こっているのだと思います。

　カリフォルニアでなぜそれが可能かというと，IT 企業というのでしょうか，高い附加価値を生み出す企業が，新規性のあるモデルを市場に投入していろいろなことをやっている。

　日本でも大型の IPO はありますが，アメリカだともっとすごいのがいっぱい起こるということなのでしょう。なぜそういうことが可能なのかということを見ていきたいと思います。

3 | プラットフォーム経済

(1) 自己規定が本質を決定する

　私はプラットフォーム経済の専門家ではありませんので，多少不確実なことを言います。

　まず，これは，一橋の国際企業戦略研究科，神田の大学院にいらっしゃった竹内弘高先生は，今はハーバードのビジネススクールだと思いますが，竹内先生からお聞きしたことだと記憶しています。竹内先生と私は，同じ年に一橋に赴任しました。1983年のことです。竹内先生は，バークレーのビジネススクールを出て，ハーバードのビジネススクールの助教授をなさっていたのでしょうか，それを三顧の礼でお呼びして，一橋の助教授になっていただいたわけです。私はいろいろなことを教えていただいたのですが，その中で，今も耳から離れない言葉があって，それは「自己規定が本質を決定する」という，こういう言葉なのです。

　私が，「私は租税法学者です」というふうに自己規定すると，租税法だけやる人間になってしまう。言葉というのは魔力があります。昔の万葉集の歌は，折口信夫先生の解釈だと，言霊というのが言葉には宿っているというのですが，それはある程度事実で，「私は租税法学者です」というふうに自己規定すると，租税法律の解釈と租税判例の分析をする人間になります。

　「私は租税政策に興味のある法律学者です」というふうに自己規定すると，もっと幅広い研究対象がそこに広がってきて，自分自身も変わっていくということなのだと思うのです。

　自己規定が本質を決定するというのは重要なことでございまして，例えば，自分は社長なのだと思った瞬間，中身も社長になるということが起こるのだろうということだと思います。決してこれはなおざりにできないことなのです。

　自己規定というのは名前を付けるということであり，名前を付けるということは定義するということであり，そのことによって自分の行動も変わってくるということなのです。

それから，そこに「呼び名による関係性の確定」と書いてありますが，呼び名，相手をどう呼ぶかによって，相手との関係性が決まってくるということです。

例えば，配偶者を呼ぶときに，さん付けで呼ぶようにすると，これは実は非常にいい効果がございます。つまり，さん付けで相手を呼ぶことによって，向こうもさん付けで呼びますから，そうするとお互いに相手を尊重しようという気が，ほんのちょっとでてくるのではないでしょうか。形から入るということは重要です。

記者会見についても，ある記者会見の仕切り方を企業に教える会社の講演会というのに出席をさせていただいて，非常に勉強になったのです。そこで教わったことは，記者の方の背後に存在する国民の方にメッセージを送るチャンスだというのです。

政府税調の会議の後の記者会見においても，私は，誠実に，できる限り丁寧にご説明し，記者の方に，国民に対して税調における議論を正確にお伝えしていただくようにしています。

背後にいる国民の方にメッセージを送るチャンスだとまで考えていたわけではないのですが，結果としてはそれをやってきたように思います。

記者の方と記者会見をやっていると，この方々が税調の立場を国民に届けてくださるのだと思うと，ありがたい気持ちになるわけです。

記者の方々も，時々厳しいことをおっしゃいますが，最後には必ず，「何かご批判がございましたら，どのようなことでも結構です。ご指摘ください。そして私どもの気持ちを国民にお届けください」というふうに言うようにしてきました。

(2) 政府税調：ICT化の進展と租税行政

ところで，政府税調ではICT化の進展と租税行政の変化についてあれこれとやってきたわけですけれども，実はこれは，ほんの序の口なのではないかと私は考えるようになりました。

ICT化が進展するから，それに合わせて電子申告をという，それだけの技術

的な話ではないのではないかと思うようになったわけです。技術的変革を超えた，より実質的な変革に注目する必要があるのではないか。

　何が起こっているかというと，いろいろなことが起こっているのですが，その中で私が一番注目しているのは，プラットフォームエコノミーの進展ということです。

(3)　プラットフォームエコノミーの進展

　プラットフォーム事業者というのは，最近あちこちで耳にする言葉で，皆さんご存じだと思いますが，ついこの間まで聞き慣れないものでした。これは，デパートのビジネスモデルをお考えになっていただくとわかりやすいと思います。

　デパートは，様々なブランドの店に売り場を提供しています。その中で売れ行きのいい店に中身を替えていくわけです。場を提供して，売れ行きのいい店に入っていただくということを繰り返しながら，デパート全体の活性化を図るということをなさっています。

　同じことがアウトレットでもいえます。不動産会社はアウトレットを持っていますが，アウトレットも，シビアな競争でいろいろな人に店を出してもらって，売れ行きの振るわないところから，売れ行きのいいところに替えていくということをやっています。こういうふうに場を提供するビジネスがプラットフォーム事業ということになります。

　デパートやアウトレットは，本当に場所を提供しているわけですが，これを，例えばインターネットの中で店を開いてもらうという形で場を提供している企業もあります。そこでは，常に店に対する客の評判をチェックしていますので，安心して買うことができる。そういうプラットフォーム事業者が今花盛りです。それは，事業者が店を開く形ですが，個人が個人に物を売る，その場を提供するという，こういうプラットフォーム事業者もあります。

　プラットフォーム事業者がプラットフォーム事業をやっていること自体は，驚くべきことではないのですが，より大胆な発想を私は発見してびっくりしたわけです。それは，ANAホールディングスの片野坂真哉社長の記事を見てい

ますと，ANA経済圏という言葉で，「われわれはプラットフォーム事業者なのだ」という自己規定だったのです。

プラットフォーム事業者というふうに自己規定すると，そこからいろいろなところに出て行くことができます。

でも皆さん，ちょっと疑問に思われるかもしれませんが，ネット上のプラットフォーム事業者との共通点はカードなのです。マイレージのカードがございますでしょう。あれは，利用マイルに応じて，ダイヤモンド，プラチナ，ブロンズ，一般会員というふうに分かれています。

このカードを使って買い物をする，ホテルを押さえる，他の旅行をするとか，いろいろなことがそれを通じて行われる。マイレージを使って様々な業種に入るということが現実に行われていて，だから持ち株会社の中で，航空事業部門はそれにぶら下がっているけれども，他にもいろいろなものがぶら下がっていて，全体として見るとプラットフォーム事業なのだという自己規定は，本当に，すごいと思いました。

本来，われわれ学者が考えるようなことを，もうとっくに実務に生かしているというところがすごいところではないかと思います。

さらに，国家のプラットフォーム化というのも私は感じています。実は税調のICT関係の調査で，私は去年の5月にエストニアに行ったのですが，エストニアについての紹介というのはe-government中心で，何でも番号でもって政府のサービスを受けられるという，電子政府のことばかりが強調されています。

けれども，私はそうは思わなかったのです。国民にサービスを提供するだけではなく，もっと他に何かあるに違いない，と。

見ていると，エストニアで企業を設立するのは，ごく短時間でできるではないですか。それから，e-residenceといって，私がエストニアの電子居住者になるということも，番号を取ってできます。

なぜこのようなことをやっているのでしょうか。それは，気の利いた人で，豊かな人を自分のところに引き寄せて，情報を集め，ビジネスにつなげたいからではないでしょうか。しかもその情報を，こちらから集めにいくのではありません，その人たちが自分から提示してくる（オプト・イン）のです。

そこで，はたと思ったわけです。かつてのタックス・ヘイブンというのは税

金が安いだけで、ケイマンとかみんなそうですが、税金が安くて、自分のところに会社を設立してください、我々には登録料が少し落ちてきますからという、考えようによっては単純なことでした。

しかしエストニアは、税金が安いだけではなくて、ケイマンはやっていないこと、つまり情報収集をし、ビジネスの機会を提供して次に備えているのではないか。つまり、エストニアという国家がプラットフォームを提供して、これを使っていろいろなことをやってくださいということで、その情報を持ちながら、国家自体も浮かび上がろうとしているのではないかというふうに思ったわけです。

もちろん、自信はないのですけれども、しかし、人口百数十万しかいない国があそこまでやるからには、何かあるだろうと、そのような気がしてならないわけです。恐らくシンガポールも似たようなことをやるかもしれません。

そこで重要なのは、お金持ちが現実に来る必要はなく、電子的に来てくれればいいわけです。お金持ちが自発的にそこに登録してくださって、情報も開示してくださってという状況、そういう情報を持っている国が強い国になるのではないかと思ったのです。強い国というか、豊かな国です。

アメリカは黙っていてもいろいろな人が来ます。密入国者まで来る国ですから、アメリカのトランプさんは、豊かな人に来てくれというストラテジーに今後変えようということなのでしょうか。

そうすると、これは、アメリカの国土、国家、インフラを使っていろいろなことをやってくださいということのように見えます。そのように考えますと、国家というのは究極のプラットフォーム事業者なのでしょう。

うちの国のインフラを使って様々なビジネスをやって、いっぱい稼いで、少し税金を納めてくださいというふうに考えると、エストニアとはまた違った意味でアメリカもプラットフォーム事業者で、国家の中で一番強い競争力を持つプラットフォーム事業者ではないかと思えてきます。その中でもカリフォルニアというのは最強でしょう。そのような気がいたします。そういう競争の時代が今来ているのではないかということです。

ここに、プラットフォーム事業を行っている企業が、ある種、国家化すると考えることができます。自分のところのプラットフォームを利用している人た

ちの情報を保有し，公権力ということはないですが，一定のサービスを供給する（言葉をかえれば，一定の規律を及ぼす）ことによって企業の国家化というのが起こりますが，逆に国家が企業化して，国家がプラットフォーム事業者になるというようなことも起こります。

　プラットフォームを提供し，情報を収集し，利益を上げるという，これを企業も国も行うようになっている。それを，今までも明示的に自覚することなくやってきたのですけれども，プラットフォームという概念を使って，認識して，自発的にというか，意図的にそれを行うようになっているということが重要なのではないか。それを行っていないところは没落していくのではないかと思います。

　私は，今から20年くらい前，「電子商取引と鎌倉幕府」という論文を書いたのです。これはどういうことかというと，電子商取引が発展すると課税の調査が難しくなるから，国は税収が上がらなくなる。国が，税収が上がらなくなると何が起こるかというと，企業が治安維持とかそういう公共財の提供を行うようになるのではないか。

　例えばアメリカとかそうですが，ゲーティッドコミュニティというのがあります。塀で囲まれた高級住宅地の内部がものすごく安全です。これは，国はもう治安維持サービスを提供するだけの税収が上がらないので，最低限の治安維持しかやらない。もっと質の高い治安維持は，企業に金を払ってマーケットで提供してもらうのだということです。これこそ国家が退却し，企業が国家の公共財の提供に切り込んでくる一つの例だろうと思って，そういう論文を書いたのです。

　その背後にあったのは「羅生門」の世界です。映画の「羅生門」だと，治安維持サービスを律令政府は提供できませんから，羅生門の上で髪を抜いているとか，鬼のような世界が広がっていました。検非違使とかあっても名前だけで，治安維持サービスを律令政府は提供できなくなった。

　そのときに企業として出てきて，治安維持サービスを自発的に提供するようになったのは何かといったら，侍集団ということになります。侍というのは農地開拓企業者ですから，治安維持サービスを自分のテリトリーの中で自分が提供するのだという，要するに侍集団というのは，そういうふうに公共財の提供

を狙った企業のようなものではないかと私は思ったのです。

　そうすると，そういうものがどんどん増えていくだろう。国家の役割というのは厳しくなっていくのではないかという，そこまでは20年前に考えたのですが，今思うのはプラットフォームの重要性です。昔は税収を国が上げられなくなるという，そこばかり考えていたのですが，企業が税収ではなくて，企業のプラットフォーム化の推進によって，もっと情報を取るようになって，企業の力がますます高まる。そういうふうに自己規定した企業は伸びていく。そうではない企業は，その自己規定どおりの仕事しかしなくなる。それが悪いということではないのですが，そうなるのではないかと思っています。

　さらに，このプラットフォーム化には，もう一つ深刻な状況がありまして，それは金融が変化するであろうということです。端的に言いますと，ポイントが通貨化するのではないかということです。そうすると，私的通貨が出てきますから，私的通貨が出てくると，中央銀行の金利統制能力は落ちるでしょう。

　現にこれは仮想通貨の方で起こっていますが，ポイントの方もなかなかこれから強烈になってくるのではないかと思っています。そうすると，金融というのは一番打撃を受けやすい。逆に言うと，それを使うと，企業はものすごく伸びていけるという，こういうことが起こってくるのではないかと思ったのです。

4　課税問題と会社法

(1)　コーポレート・ガバナンスの実質化

　もう一つ考えたのがガバナンスの話です。トランプさんの話からガバナンスの方へ話が行くのは何なのかとお思いになるかもしれませんけれども，大統領の大胆な政策提言にもかかわらずガバナンスが微動だにしていないというのが，やはりアメリカのすごさで，そこは，特に企業行動についてのアメリカ会社法の影響が大きいのではないかと思います。課税問題との絡みで私は考えざるを得なかったのですが，あまりアグレッシブな課税逃れはすべきではないというかたちで，もっとコーポレート・ガバナンスが実質化するのではないかと思い

ます。

　これは実は，危機管理と表裏一体だということが非常に重要だということです。単に形を整えて，ガバナンスを整えましたということではなくて，何が起こるかわからない中で，危機管理をどうしたらいいかということで，どのようなところにも必ずいろいろな問題が起こってきます。いろいろな問題が起こるときにどうしたらいいかという，このガバナンスの話は，コーポレートだけの話ではありません。

(2) 租税制度と会社法との連動の進展

　例えば租税との関係の話ですが，租税制度と会社法との連動が，さらに進展していくのではないかと思っています。タックス・プランニングは，単なる課税問題ではなくて，もはや会社法の問題なのです。アグレッシブなタックス・プランニングをやるということ自体が会社法上問題だという，そういう動きが出てきていますし，会社法上そういう動きが現実にあります。

　例えば，親子会社については，会社法の362条4項6号というのがあって，ごく単純化すると，親会社（の取締役会）は子会社のためにいろいろなことをしなければいけないという，そういうことが書いてあります。すると，例えば移転価格における，親子会社間で物の売り買いをするときにどのような価格付けをするかという問題について，我々税務の人間は，これは租税特別措置法何条によって，この価格付けはあれだから課税処分だというように，租税問題としてしか考えておりません。しかし，親会社と子会社の間で自由に価格設定ができるわけではないのではないでしょうか。362条4項6号とかを考えると，親会社・子会社の間とはいえ，いい加減な価格付けというのは会社法上難しいかもしれないと思うのです。

　そうすると，会社法を考えると，一定の基準をクリアした価格付けが行われるわけですから，そこを国税が攻めるときに，会社法のことを考えずに，「課税上こうなっているのだから処分する」と言ってきても，「これは会社法上何の問題もありません」と企業から言われたときに，国税は果たしてその攻め方で足りるのかという問題が起こってきます。

タックス・ヘイブンもそうです。同じようなことが起こりますし，連結納税もそうだと思うのですが，こういうふうに税務のことだけ考えているだけでは，もう駄目なのだというふうに思うわけです。

(3) 税務のみ切り出して考えることの危険性

先ほどのトランプ税制を考えていただけるとわかりますが，実に幅広い発想から税制ができていますので，税務のところだけ考えても意味がないのです。税務のみ切り出して考えるということは，非常に危険であると思っています。

この点において，税務しか考えない戦略というのは，限界があるのではないかという気がしてなりません。

税務だけ考えても駄目で，税務の背後にコーポレート・ガバナンスがあることをわすれては問題が生じます。そして，コーポレート・ガバナンスというのは，これは会社法の世界なのです。

だから，法務の発想も入れながら税務を仕切らないと，税務だけで自己完結していても，会社法上責任を負い，代表訴訟を食らうなどということが起こるかもしれないのです。そういう時代がもう既に来ているのではないかと思います。

法務の一環としての税務という発想が重要です。法務があって，その中の一つとして税務があって，労働があって，知的財産があって，広報があってというふうに，大きな法務の中にいろいろなものがぶら下がっている。法務というのはプラットフォームなのだということです。

弁護士の先生は，そういうふうに意識していないかもしれませんけれども，私はそういうふうに意識しています。そうすると，そういう発想を持った弁護士事務所が全体的なアレンジメントに乗り出してくると，非常に強いのではないかと思います。

国税の方でも，税務に関するコーポレート・ガバナンスというふうにおっしゃっていますが，税務に関するだけコーポレート・ガバナンスを利かせても不十分なので，全体的なコーポレート・ガバナンスのプラットフォームを用意する弁護士事務所がヘゲモニーを握り，その中で税務の部分はここ，別の問題

はここというように，そういうふうに分かれていく時代が来ているのではないかと思っています。

会社法とその他の法律，例えば租税法とか労働法とか刑法とかの連関ということを考えるというのは，まさに，東大のビジネス・ローの発想です。会社法が中心にどんとあって，そのプラットフォームにわれわれ租税法の人間とか労働法の人間とかが乗っていくという形で全体を仕切るようになっています。これは，会社という場所でいろいろなことが起こるから，そこにわれわれはコミットしていくという意味です。上下関係を言っているのではありません。そういうことだと思うのです。

(4) 課税における法律事務所の役割の拡大・ジャーナリストの役割の拡大

そうしますと，これから，課税において法律事務所の役割が拡大していくのではないかと思っています。私が法学部の人間だからこのようなことを言っているわけではありません。

コンプライアンスというのはリーガルな話ですから，その中で，弁護士事務所の役割がある程度強くなるのは，これは自然なことで，その中に自分がどうコミットして，自分の役割を拡大していくかというのが，税務の専門家や会計の専門家の考えるべきことではないでしょうか。

私は税理士の先生や会計士の先生の友人が多いものですから，ある種の危機感を持っており，それを今申し上げた次第です。

要するに，税金のことを税務の技術としてのみとらえ，「自分は税務の技術には詳しいんだ」という自己認識，自己規定には限界があるということなのでしょう。

もちろん，税務の詳しい知識も重要なのですが，自分は，会社の業務全体についてのガバナンスの専門家だと自己認識すると，あるいは自己規定すると，より活躍の場が広がっていくのではないか。これは別に弁護士のバッジを着けていようが，会計士のバッジを着けていようが，税理士のバッジを着けていようが，同じことだと思うのです。

特定の閉じられた領域だけの専門家だというふうに自己規定してしまうと、それしか考えない人間になってしまう。もちろんそれは重要なのですけれど、プラスアルファがあった方がいいのではないか。

全体的なリーガルガバナンス、あるいはリスクマネジメント、コンプライアンスと、こういうものを出していくということが、今望まれていることで、この主導権をどこが取るのか、私にはわかりませんが、今後厳しい競争が予想されます。

それぞれの企業が、自分の会社というのは何の会社なのだろうということを新たに再定義してみるということがあってもいいのではないかと思っています。

自己規定が本質を決定するということの怖さを認識せずに、本当に、狭いところでだけ自己完結した中で自分たちはすごいのだということで終わってしまうのは、もったいないと思うのです。日本は、もっとずっとキャパシティの広い国なのではないかと私は思っていますので、それが今一番言いたいことなのです。

私が今話していることは、租税法とあまり関係ないかもしれません。それは私が、自分を租税の専門家として自己規定していないからです。では何の専門家かと言われると困るのですが、税金を軸としていろいろなことを考える専門家というふうに思っているのでしょうか。

一番の問題は、私は課税逃れの規律を研究する専門家ですから、コンプライアンスを満たす制度というのはどのようなものかという点の専門家として自分を認識しているということなのだと思うのです。

(5) 税調の新たなテーマ？　経済学を超えた制度のマネジメント

政府税調の新たなテーマ、いろいろそれは考えられるのですけれども、技術的な税務の問題のみを扱うことから、ここしばらく、少し自己拡大をしてきて、社会経済の大きな変化の中で所得税制をどうしたらいいかとか、非正規雇用の増大への対応とか、大きなことをやってきました。成果はそれだけかと言われると困るのですが、これからまだまだ出てきます。

社会経済の変化に伴う税制の対応ということをやってきました。それから

ICT 化に伴う税務の役割ということもやってきましたけれども，それをさらに拡大して，税制を超えた制度のマネジメントというのでしょうか，国家のマネジメントという発想を持ちながら，その中で税制はこういう役割を果たす，大きな枠組みを見ながら，その中の税制を見るような組織体に政府税調もなっていったらいいなと思います。

　幸い，税調には，いろいろな専門家の方がいらっしゃり，税務の専門家の方はむしろ数が少ないわけです。その方々に税務の細かいことをお聞きするよりは，それぞれの知恵を持ち寄って，何かいろいろなことを考えていったらいいのではないか。

　税制を超えた税制調査会というのは論理矛盾のような気がしますけれども，例えば主税局もそういうことを考えている場所だと私は思っています。税制だけ考えているわけではないでしょう。非常にいろいろなことをお考えになっていまして，それをどう発信していくかということに関しては，また，それは役所ですからいろいろなことがあるのかもしれませんが，そういうことも考えているのではないでしょうか。

　そこでは経済学の理論だけ議論していても仕方ないし，法律の理論だけ議論していても仕方ない。税制を超えた国家全体のマネジメントの中での税制というのを考えていけたらいいなというのが，私の今の希望です。

　どこまでできるか，わかりませんけれども，ぜひそういう方向で頑張っていきたいと思います。

　というわけで，ご清聴ありがとうございました。なお，本日，いろいろとお話ししましたが，それは，トランプ大統領のお考えや政策に関する賛成・反対といった意見の表明ではなく，単に事実の分析である点を，最後にもう一度確認させていただきたいと思います。

論文初出一覧
(掲載順)

第一部　租税史回廊

「租税史回廊（第1回）　連載開始にあたって」『税経通信』70巻5号（通巻996号）6-7頁（2015年5月号）

「租税史回廊（第2回）　時代区分と財産権のあり方」『税経通信』70巻6号（通巻997号）6-7頁（2015年6月号）

「租税史回廊（第3回）　歴史における制度の重要性」『税経通信』70巻7号（通巻998号）14-16頁（2015年7月号）

「租税史回廊（第4回）〔古代〕ローマ，塩税，租庸調，徴税請負人」『税経通信』70巻9号（通巻1000号）6-7頁（2015年8月号）

「租税史回廊（第5回）〔中世〕リアリズム，財産権としての課税権，十字軍と議会の課税承認」『税経通信』70巻10号（通巻1001号）6-7頁（2015年9月号）

「租税史回廊（第6回）〔近世1〕ウェストファリア条約と主権国家の成立」『税経通信』70巻11号（通巻1002号）4-5頁（2015年10月号）

「租税史回廊（第7回）〔近世2〕名誉革命から現在に至る財政・金融秩序の成立」『税経通信』70巻13号（通巻1004号）14-15頁（2015年11月号）

「租税史回廊（第8回）〔近世3〕名誉革命以降の財政と金融の融合」『税経通信』70巻14号（通巻1005号）6-7頁（2015年12月号）

「租税史回廊（第9回）〔近代1〕市民革命」『税経通信』71巻1号（通巻1006号）6-7頁（2016年1月号）

「租税史回廊（第10回）〔近代2〕明治維新と明治国家」『税経通信』71巻2号（通巻1007号）6-7頁（2016年2月号）

「租税史回廊（第11回）〔近代3〕租税法律主義と法律による行政の原理」『税経通信』71巻3号（通巻1008号）4-5頁（2016年3月号）

「租税史回廊（第12回）〔近代4〕租税に関する学問―19世紀における財政に関する学問の変遷―」『税経通信』71巻4号（通巻1009号）6-7頁（2016年4月号）

「租税史回廊（第13回）〔現代1〕所得概念の発展―アメリカとヨーロッパ」『税経通信』71巻5号（通巻1010号）4-5頁（2016年5月号）

「租税史回廊（第14回）〔現代2〕フランスにおける所得税の総合化―分類所得税から単一の所得税へ」『税経通信』71巻6号（通巻1011号）8-9頁（2016年6月号）

「租税史回廊（第15回）　法人税の課税」『税経通信』71巻7号（通巻1012号）6-7頁（2016年7月号）

「所得税と法人税の関係」『税研』204号（2019年3月）

「租税史回廊（第16回）　シャウプ勧告」『税経通信』71巻9号（通巻1014号）4-5頁（2016年8月号）

「租税史回廊（第17回）　附加価値税の誕生と発展」『税経通信』71巻10号（通巻

1015 号) 6-7 頁（2016 年 9 月号）
「複雑な制度の円滑な執行」『税研』186 号（2016 年 3 月）
「EU 税制の統一化－ヨーロッパ租税法の開拓者を偲ぶ」『税研』164 号（2012 年 7 月）
「租税史回廊（第 18 回） 国際課税制度の変遷」『税経通信』71 巻 11 号（通巻 1016 号）6-7 頁（2016 年 10 月号）
「租税史回廊（第 19 回）〔最近の動き〕税制改革と政治・世論」『税経通信』71 巻 13 号（通巻 1018 号）6-7 頁（2016 年 11 月号）
「租税史回廊（第 20 回）〔最近の動き 2〕租税と経済理論」『税経通信』71 巻 14 号（通巻 1019 号）6-7 頁（2016 年 12 月号）
「実物取引と金融緩和」『税研』170 号（2013 年 7 月）
「租税史回廊（第 21 回）〔最近の動き 3〕 納税者憲章と小さな政府」『税経通信』72 巻 1 号（通巻 1020 号）6-8 頁（2017 年 1 月号）
「納税者の権利章典」『税研』149 号（2010 年 1 月）
「租税史回廊（第 22 回）〔最近の動き 4〕課税逃れ商品」『税経通信』72 巻 2 号（通巻 1021 号）6-7 頁（2017 年 2 月号）
「納税者になろうとしない存在」『税研』173 号（2014 年 1 月）
「租税史回廊（第 23 回）〔最近の動き 5〕BEPS について」『税経通信』72 巻 3 号（通巻 1022 号）6-7 頁（2017 年 3 月号）
「BEPS と FIFA」『税研』183 号（2015 年 9 月）
「租税史回廊（第 24 回）〔最近の動き 6〕2 年間の連載のまとめ」『税経通信』72 巻 4 号（通巻 1023 号）6-7 頁（2017 年 4 月号）

第二部　続租税史回廊

「続租税史回廊（第 1 回）　連載開始にあたって」『税経通信』72 巻 5 号（通巻 1024 号）6-8 頁（2017 年 5 月号）
「続租税史回廊（第 2 回）〔制度論の補充①〕 明治以降の税目の変化と経済発展」『税経通信』72 巻 6 号（通巻 1025 号）6-7 頁（2017 年 6 月号）
「続租税史回廊（第 3 回）〔制度論の補充②〕申告納税制度と税理士制度」『税経通信』72 巻 7 号（通巻 1026 号）6-7 頁（2017 年 7 月号）
「続租税史回廊（第 4 回）〔制度論の補充③〕 税制調査会の活動」『税経通信』72 巻 9 号（通巻 1028 号）6-7 頁（2017 年 8 月号）
「震災復興財源」『税研』158 号（2011 年 7 月）
「続租税史回廊（第 5 回）〔制度論の補充④〕 資産税・流通税・個別消費税・地方税」『税経通信』72 巻 10 号（通巻 1029 号）6-7 頁（2017 年 9 月号）
「続租税史回廊（第 6 回）〔制度論の補充⑤〕 租税教育」『税経通信』72 巻 11 号（通巻 1030 号）6-7 頁（2017 年 10 月号）
「続租税史回廊（第 7 回）〔現代における動き①〕 課税の役割の拡張」『税経通信』72 巻 13 号（通巻 1032 号）6-7 頁（2017 年 11 月号）
「金子名誉教授の国際人道税構想から生まれた国際連帯税」『税研』155 号（2011 年 1

月)
「続租税史回廊(第8回)〔現代における動き②〕 政策と外部不経済の内部化」『税経通信』72 巻 14 号(通巻 1033 号)6-7 頁(2017 年 12 月号)
「Bads 課税と狙い撃ち」『税研』152 号(2010 年 7 月)
「租税特別措置の延長」『税研』139 号(2008 年 5 月)
「続租税史回廊(第9回)〔現代における動き③〕 課税庁による情報収集」『税経通信』73 巻 1 号(通巻 1034 号)4-5 頁(2018 年 1 月号)
「北欧等の『記入済み申告制度』と申告納税制度」『税研』195 号(2017 年 9 月)
「「新たに得られた情報」の意義」『税研』201 号(2018 年 9 月)
「続租税史回廊(第10回)〔現代における動き④〕 課税とコーポレート・ガバナンス」『税経通信』73 巻 2 号(通巻 1035 号)14-15 頁(2018 年 2 月号)
「タックスヘイブン子会社の利用と会社法」『税研』189 号(2016 年 9 月)
「続租税史回廊(第11回)〔現代における動き⑤〕 課税逃れ産業の構造」『税経通信』73 巻 3 号(通巻 1036 号)4-5 頁(2018 年 3 月号)
「続租税史回廊(第12回)〔現代における動き⑥〕 財政赤字の蔓延」『税経通信』73 巻 4 号(通巻 1037 号)2-3 頁(2018 年 4 月号)
「財政赤字増大の不可避性とブキャナン」『税研』167 号(2013 年 1 月)
「続租税史回廊(第13回)〔現代における動き⑦〕 租税心理学と財政錯覚」『税経通信』73 巻 5 号(通巻 1038 号)4-5 頁(2018 年 5 月号)
「続租税史回廊(第14回)〔現代における動き⑧〕課税と政治―保守派と進歩派、大きな政府と小さな政府等」『税経通信』73 巻 6 号(通巻 1039 号)6-7 頁(2018 年 6 月号)
「組織再編税制と連結納税制度」『税研』198 号(2018 年 3 月)
「続租税史回廊(第15回)〔現代における動き⑨〕税制改革のプロセス」『税経通信』73 巻 7 号(通巻 1040 号)4-5 頁(2018 年 7 月号)
「税制改革に影響を及ぼす要素」『税研』180 号(2015 年 3 月)
「続租税史回廊(第16回)〔現代における動き⑩〕 税理士制度―外国との比較」『税経通信』73 巻 9 号(通巻 1042 号)2-3 頁(2018 年 8 月号)
「続租税史回廊(第17回)〔現代における動き⑪〕税務と法務」『税経通信』73 巻 10 号(通巻 1043 号)2-3 頁(2018 年 9 月号)
「税務訴訟と租税訴訟」税研 145 号(2009 年 5 月)
「続租税史回廊(第18回)〔現代における動き⑫〕 租税訴訟の変化」『税経通信』73 巻 11 号(通巻 1044 号)2-3 頁(2018 年 10 月号)
「続租税史回廊(第19回)〔戦後日本における理論的対立①〕 シャウプ勧告による租税法講座の設立」『税経通信』73 巻 13 号(通巻 1046 号)2-3 頁(2018 年 11 月号)
「続租税史回廊(第20回)〔戦後日本における理論的対立②〕 租税回避をめぐる議論」『税経通信』73 巻 14 号(通巻 1047 号)2-3 頁(2018 年 12 月号)
「存在を否認すべきではない組織」『税研』176 号(2014 年 7 月)
「続租税史回廊(第21回)〔戦後日本における理論的対立③〕 他の学問分野との関

係」『税経通信』74 巻 1 号（通巻 1048 号）2-3 頁（2019 年 1 月号）
「配偶者控除と民法」『税研』192 号（2017 年 3 月）
「続租税史回廊（第 22 回）〔戦後日本における理論的対立④〕 裁判の動き」『税経通信』74 巻 2 号（通巻 1049 号）2-3 頁（2019 年 2 月号）
「金銭債権としての租税債権と，私法的な納税者の救済」『税研』161 号（2012 年 1 月）
「続租税史回廊（第 23 回）〔戦後日本における理論的対立⑤〕 残された問題点」『税経通信』74 巻 3 号（通巻 1050 号）2-3 頁（2019 年 3 月号）
「相続税廃止論者が見落としていること」『税研』142 号（2008 年 11 月）
「続租税史回廊（第 24 回） 連載を振り返って」『税経通信』74 巻 4 号（通巻 1051 号）2-3 頁（2019 年 4 月号）

第三部　関連論文
「制度の効率性と租税」『論究ジュリスト』第 10 号 84-91 頁（2014 年夏号）
「フランスにおける流通税の歴史」『税大ジャーナル』11 号 1-10 頁（2009 年 6 月）
「租税法と市場経済取引」『学士会会報』843 号 46-51 頁（2003 年 4 号）
「納税者になろうとしない存在と租税制度」『税経通信』69 巻 1 号（通巻 978 号）9-15 頁（2014 年 1 月号）
「私の租税教育論」『税務弘報』63 巻 13 号 74-77 頁（2015 年 12 月号）
「全国納税貯蓄組合連合会，シャウプ勧告，租税教育」『税経通信』70 巻 4 号（通巻 995 号）2-3 頁（2007 年 11 月号）
「借用概念と事実認定―租税法における社会通念」『税経通信』62 巻 14 号（通巻 886 号）17-23 頁（2007 年 11 月号）
「興銀事件に見る租税法と社会通念」『税務事例』43 巻 5 号（通巻 500 号）38-47 頁（2011 年 5 月号）

第四部　海外の動き
「特別寄稿　ドイツ・スイス調査報告」『税理士界』第 1345 号（2016 年 10 月 15 日）
「日税連海外調査 2017　ニュージーランド」『税理士界』第 1360 号（2018 年 1 月 15 日）
「特別寄稿　2018 年冬　アメリカ視察報告」『税理士界』第 1374 号（2019 年 3 月 15 日）

第五部　将来に向けて
「税制改革とアメリカ大統領選挙」『租税研究』第 802 号 4-18 頁（2016 年 8 月号）
「世界の中間層の本音とどう向き合うか」『租税研究』第 815 号 5-18 頁（2017 年 9 月号）
「トランプ税制の行方と経済環境の変化」『租税研究』第 826 号 5-18 頁（2018 年 8 月号）

事項索引

【A】

AI ·· 378
aide féodale ····························· 18, 226
Amazon ·· 140
attorney client privilege ················ 164

【B】

Bads 課税 ····································· 127
belief structures ······················ 11, 208
BEPS（Base Erosion and Profit Shifting）············ 84, 85, 86, 88, 216
BEPS プロジェクト ···························· 51
Bundesverfassungsgericht ············ 304

【C】

cameralism ····································· 39
coercion-constraining institutions
 ··· 212
contract-enforcement institutions
 ··· 212
Corporate Governance ·················· 352
Corporate Governance and Taxation
 ··· 353
Corporate Inversion ······················ 274
Corporate Tax Responsibility ······· 140
corporation ····································· 14
Crown Dependency ······················ 115

【D】

Department of Treasury ··············· 158
dime saladine ······························ 225
disappearing taxpayer ···················· 50

Double Irish with Dutch Sandwich
 ··· 349
droit d'enregistrement ·················· 224
droits de timbre ····················· 224, 231
droits ··· 223
droits d'enregistrement ················ 230
droits domaniaux ························· 224

【E】

economy ·· 38
eminent domain ····························· 21
enrolled agent ······························ 164
e-resident ···································· 373
escheat ·· 21
États-Généraux ···························· 222
EU ··· 298

【F】

FIFA ·· 343
FIFA 事件 ······································ 88
financial intermediary ·················· 182
fiscal illusion ································ 152
Fiscal Military State ·············· 24, 332
fiscus ··· 13
Foreign Account Tax Compliance Act（FATCA）······················· 344, 349

【G】

GATT-IMF 体制 ····························· 333
Goods and Services Tax（GTS）
 ································· 305, 309, 310
Google（グーグル）················ 140, 345
Google Tax（グーグルタックス）

409

.... 140, 345
Gregory v. Helvering 判決 ···· 256, 262
Guernsey ·· 115

【H】

historical method ································ 197
home economics ·································· 38

【I】

ICT ································· 107, 378, 393
ICT 化 ·· 131
institution ··· 10
Institution としての租税制度 ········ 213
institution の束 ·································· 205
International Tax Program ····· 56, 177

【J～K】

Japanese Law : An Economic
　Approach ·· 244
Joint Committee on Taxation（JCT）
　································ 159, 341, 385
Kameralismus ······································· 39

【L】

la parafiscalité ···································· 116
le movement Poujade ······················ 150
les quatre vieilles contributions
　directes ·································· 25, 29
Les Six Livres de la République ····· 20
LPS ·· 185

【M】

Mandatory Disclosure Rule ···· 83, 133
mens hebes ad verum per materialia
　surgit ··· 16
Mouvement des Gilets janues ······ 321

【N～O】

New Zealand Inland Revenue
　Department ································· 313
No taxation without representation
　··· 30
Notaire ··· 165
OECD モデル租税条約 ····················· 65

【P】

papier timbré ····································· 232
Parliament ·· 24
path dependence ····························· 207
police power ······································· 21
politically incorrect ·························· 337
Power of the Purse ·························· 23
Proposition 13 ·································· 151
publican ·· 15

【R】

relation-specific investment ········ 207
Report On Japanese Taxation By
　The Shoup Misson ···················· 53
Rust Belt（ラストベルト）
　······················· 318, 321, 322, 358

【S】

Southern Strategy ··························· 336
Starbucks（スターバックス）
　··· 140, 353
Steuerberater ···································· 165
steuerrechtliche Gesetzesvorbehalt
　··· 36
Systéme Caillaux ································ 45

【T】

Tax Cuts and Jobs Act ················ 383
Tax Havens in the Caribbean Basin
　·· 243, 347
Tax Mission ······························· 55
the deplorable ························· 364
The king must live of his own ······· 18

【U】

Union Bank of Switzerland ········· 342
universitas ································ 14

【V】

valeur ajoutée ··························· 56
value added ····························· 56
vanishing taxpayer ··················· 51

【あ】

青色申告制度 ···························· 54
アテナイの学堂 ························ 16
アメリカ大統領選挙 ········· 318, 331
アメリカ独立革命 ················ 28, 30
アラスカ ·································· 21
新たに得られた情報 ··············· 135
アルビジョア十字軍 ··············· 219
あるべき税制 ·························· 127
アンシャン・レジーム ············ 29
アンドラ ·································· 17

【い】

イエロー・ベスト運動 ············ 321
一般行政権力 ···························· 37
一般社団法人 ·························· 183
一般所得税 ······························ 46
一般的租税回避否認規程

　·· 83, 144, 179, 221
移民 ··· 360
イングランド銀行 ···················· 26
印紙税 ······························ 224, 231
印紙税一揆 ····························· 232
印紙法 ····································· 30
インボイス ······················· 59, 302

【う】

ヴァロア朝 ······························ 18
ウィスコンシン ···· 320, 334, 358, 382
ウェストファリア条約 ······· 19, 332
うまい話はない ····················· 260
ウルヘル ································· 17

【え】

永久税制度 ····························· 129
英仏百年戦争 ··························· 26
エコノミスト誌 ······················· 50
エストニア ················ 134, 371, 395
エタージェネロー ············ 222, 227
援助金 ······························· 18, 226
塩税 ·································· 14, 141
塩鉄論 ····································· 14
塩の密売人 ······················ 142, 247

【お】

押印文書 ································ 232
王の家計 ································· 38
王の収入 ······························· 223
王は自立すべし ······················· 18
大きな政府 ····························· 153
オールド・ウェスト・チャーチ ······· 30
オック語 ································ 219
オバマ・ケア ·························· 338
オフショアトラスト ··············· 315

411

オプト・イン……………………………395
オリンピック……………………………344

【か】

ガーディアン……………………………343
ガーンジー………………………17, 21, 115
海外調査……………………………134, 371
会計……………………………………105, 198
会計学…………………………………40, 198
会計監査人の責任………………………344
会計法……………………………………198
外国税額控除……………………………64
外国税額控除判決………………………189
概算課税…………………………………155
会社法………………………………137, 399
会社法の租税回避抑圧機能……………137
会社法務…………………………………168
改正国税通則法…………………………135
外部的徴憑………………………………29
外部不経済の内部化……………………124
下院の Ways and Means Committee
　……………………………………………159
学生の権利章典…………………………79
確率密度関数……………………………234
加算法による附加価値計算……………57
貸倒損失…………………………………281
貸倒損失の計上…………………………267
貸倒の有無………………………………171
果実…………………………………………43
貨殖列伝…………………………………90
家政学……………………………………38
課税権……………………………………214
課税権と財産権の衝突…………………21
課税承認……………………………18, 226
課税承認権…………………………129, 204
課税所得と企業利益……………………49

課税庁による情報収集…………………130
課税逃れ業界……………………………82
課税逃れ産業……………………………141
課税逃れ産業の特質……………………143
課税逃れ商品……………………………80
課税逃れ商品の構造……………………142
課税逃れ取引……………………………242
課税逃れ取引の特殊性…………………246
課税逃れの蔓延…………………………146
課税の三層構造…………………………245
課税の役割………………………………120
課税目的…………………………………121
課税要件…………………………………176
カタリ派…………………………………219
カトリック教会…………………………344
ガバナンスの在り方……………………208
貨幣鋳造権………………………………28
鎌倉幕府……………………………14, 247
カロリング朝……………………………223
環境税………………………………114, 124
関係依存的な投資………………………207
管子………………………………………357
患者の権利章典…………………………79
関税………………………………………32
関税自主権………………………………32
簡素………………………………………59
鑑定書……………………………………280
還付加算金………………………………280
元物………………………………………43
官房学……………………………………38
管鮑の交わり……………………………357

【き】

消えゆく租税……………………………216
議会の財政権……8, 21, 25, 35, 36, 129
議会の財政権限…………………………7

412

議会の立法権 ……………… 8, 21, 25, 35
企業会計と会社法 …………………… 166
企業課税における課税所得算定の
法的構造 ………………………………… 62
企業経営への影響 …………………… 293
企業行動による税制の変容 ………… 162
企業のアグレッシブな租税回避と会社法
 ………………………………………… 137
企業の理論 ……………………………… 71
基準性原則 ………………………… 40, 62
帰属主義 ………………………………… 66
記入済み申告書 ……………………… 134
記入済み申告制度 …………………… 133
基本的人権 …………………………… 119
キャピタル・ゲイン …………………… 43
キャピタル・ゲイン税 ………………… 48
キャプティブ ………………………… 243
旧制度 …………………………………… 29
教育 …………………………………… 255
共時的 …………………………………… 4
共通税制 ………………………………… 58
共和党 ………………………………… 335
居所 …………………………………… 269
銀行券 …………………………………… 28
金銭債権 ………………………………… 17
金銭債権としての租税債権 ………… 190
金銭の貸借 ……………………………… 73
金融 …………………………………… 390
金融革命 ………………………………… 26
金融資産 ………………………………… 72
金融仲介機関 ………………………… 182
金融取引と課税 ……………………… 243

【く】

グーグル（Google）………… 140, 345
グーグルタックス（Google Tax）
 ……………………………………… 140, 345
グノーシス派 ………………………… 219
クリスタライゼーション …………… 262

【け】

経済学 …………………………… 70, 235
経済史 ………………………………… 12
経済停滞 ……………………………… 146
経済的訴訟 …………………………… 172
経済発展 ……………………………… 214
経済理論 ………………………………… 69
形式的法律 ……………………………… 37
契約を強制する制度 ………………… 212
経路依存性 …………………………… 205, 207
ゲーティッドコミュニティ ………… 397
欠損金の振替え ……………………… 157
現在価値 ……………………………… 190
権利章典 ……………………………… 23, 76
権力的活動 …………………………… 14
権力を制限する制度 ………………… 212

【こ】

公益法人等 ………………………… 52, 183
公会計 ………………………………… 198
公共経済学 …………………………… 71, 204
公共財の提供 ………………………… 147
公共選択論 …………………………… 148
興銀事件 ……………………………… 276, 292
興銀訴訟 ………………………… 171, 183, 266
公証人 ………………………………… 165
控除法による附加価値計算 …………… 57
更正の請求 …………………………… 191
黄巣の乱 ……………………………… 142
公地公民 ……………………………… 14
行動経済学 …………………………… 378
高等法院 ……………………………… 231

413

公民権運動	336
コースの企業の理論	125
ゴードン・レポート	87, 243, 347
コーポレート・ガバナンス	136, 140, 167, 398
顧客の権利章典	79
国債	24, 27, 28, 226
国際課税	63
国際人道税	123
国際的政治構造	22
国際取引と課税	243
国税庁	255
国税徴収法	191
国税通則法74条の11第6項	136
国税通則法改正	78
国税通則法の制定に関する答申	179
国内財産	195
国法学	39
国民戦線	322
五大湖周辺	381
国家学	39, 69
国家観	120
国家の私法的行為	22
国家賠償	191
国境税調整	59
国庫	13
国庫債務負担	28
国庫理論	26
固定資産税	191
誤納金	191
こぶとり爺さん	73
個別消費税	114
コロサイの信徒への手紙	38
コロンビア・ロースクール	319
コロンビア大学	387
婚姻費用の分担	101

困難は分割せよ	234

【さ】

債権者側の事情	280
債権の回収不能	267
債権の回収不能性	280
債権の無価値	280
債権放棄	278
財産権	8
財産権概念	214
財産権同士の衝突	21
財産権の内在的制約	21
財政	105, 198
財政赤字	144
財政赤字増大	148
財政学	39
財政軍事国家	23, 33, 332
財政権	33
財政権としての課税権	17
財政権力	37
財政錯覚	150, 152, 155
財政と金融	9, 23, 25, 332
財政と金融の法的構造	9
財政物資	14
最適課税論	14, 247
裁判の動き	187
再分配	122
財務省	158
財務省主税局	160
サイレント・マジョリティー	339
作文コンクール	261
サクレ・クール寺院	317
雑税整理	103
サン・ドゥニ教会	16
三角合併	274
三十年戦争	20, 332

三段階構造 …………………… 86, 137	シャウプ勧告の授業 ……………… 262
三部会 ………………… 29, 222, 226, 227	シャウプ使節団 …………………… 53, 194

【し】

仕入税額控除 ……………………………… 59	シャウプ税制 ………………………… 177
時間選好 ……………………………… 44	シャウプ第一次勧告 ………………… 54
史記 …………………………………… 90	シャウプ第二次勧告 … 40, 54, 175, 256
事業仕分け …………………………… 117	社会人教育 …………………………… 257
事業税の外形標準 …………………… 58	社会通念 …… 172, 265, 266, 276, 282
思考構造 ………………………… 11, 208	社会通念上回収不能 ………………… 277
自己規定が本質を決定する ……… 392	社会通念に従って総合的に判断 …… 280
四古税 ……………………………… 25, 29	社会通念の意義に関する裁判例 …… 291
資産移転税 …………………………… 113	借用概念 ……………………………… 265
事実認定 ………………… 265, 273, 276	収益事業 ……………………………… 183
事実認定・社会通念の重視 ……… 189	重回帰分析 …………………………… 234
事実認定と租税回避 ………………… 266	十字軍 …………………………… 18, 225
事実認定と法解釈 …………………… 282	住所 ……………………………… 269, 271
市場経済取引 ………………………… 236	住所と租税回避 ……………………… 270
時代区分 ………………………………… 6	住専 …………………………………… 277
執行 ………………………… 107, 111, 251	柔軟な制度運用 ……………………… 303
執行困難な制度 ……………………… 60	自由の女神 …………………………… 31
執行の民主化 ………………………… 104	主権概念 ………………………… 13, 19
実体法重視 …………………………… 188	主権国家の成立 ……………………… 19
実物経済 ……………………………… 389	主権国家の成立と課税権の変容
実物資産 ……………………………… 72	…………………………………… 17, 204
実物取引 ……………………………… 72	主権国家の併存状態 ……… 20, 22, 332
私的通貨 ……………………………… 398	出国税 ………………………………… 66
司法国家化 …………………………… 293	取得価額 ……………………………… 195
私法重視 ……………………………… 189	取得課税方式 ………………………… 195
私法的活動 …………………………… 14	守秘義務・証言拒絶権 ……………… 164
私法的な納税者の救済 ……………… 190	春秋左氏伝 …………………………… 117
市民革命 ……………………………… 28	上院 Finance Committee …………… 159
諮問 …………………………………… 110	貞永式目 ……………………………… 15
諮問機関 ……………………………… 110	商工業利益 …………………………… 46
ジャーナリスト ……………………… 401	譲渡所得の平準化 …………………… 54
シャウプ勧告 ……………… 53, 103, 105	消費型所得概念 ……………………… 44
	消費税 ………………………………… 309
	情報収集 ………………………… 342, 352

415

所得概念 …………………………… 42	税制改正大綱 ……………………… 160
所得源泉説 …………………………… 42	税制建議 ……………………………… 68
所得税額控除 ………………………… 51	税制審議会 …………………………… 68
所得税と法人税の関係 ……………… 51	税制調査会 ……… 67, 108, 160, 252
所得分類 ……………………………… 44	税制調査会専門家委員会 ………… 348
諸般の事情を総合的に考慮 ……… 278	税制調査会令 ……………………… 108
人格なき社団等 ……………………… 52	税調専門家委員会 …………………… 81
新株予約権 ………………………… 273	制定法 ……………………………… 221
申告納税制度 ……………… 54, 105, 374	制定法の解釈 ……………………… 229
震災復興 …………………………… 111	制定法の解釈と普通法の発見 …… 220
新制度派経済学 ……… 9, 203, 205, 206	制度 …………………………………… 9
進歩派 ……………………………… 153	制度と発展の物語 ………………… 209
新約聖書 ………………………… 15, 38	制度と歴史の関係 ………………… 209
	制度の効率性 ………………… 11, 203
【す】	制度の発展 ………………………… 12
隋 …………………………………… 15	制度の複雑化 ……………………… 60
スイス ……………………… 298, 301, 361	制度のマネジメント ……………… 402
スウェーデン ……………………… 360	制度分析 …………………………… 212
数量的実証 ………………………… 11	税の累積 …………………………… 59
スターバックス（Starbucks）	政府紙幣 …………………………… 28
………………………… 140, 353	政府税制調査会 ……………… 67, 126
スチュアート朝 …………………… 24	政府の銀行 ………………………… 27
ストックホルム …………………… 319	成文法 ……………………………… 117
住友信託銀行レポ訴訟 ……… 172, 282	税務 ………………………………… 106
	税務執行 …………………………… 152
【せ】	税務訴訟 …………………………… 169
正確な情報収集 …………………… 251	税務調査 …………………………… 135
制限的所得概念 ………………… 42, 45	税務と会社法 ……………………… 167
制限納税義務者 …………………… 64	税務と法務 ………………………… 166
政策税制 ……………………… 122, 154	生命保険判決 ……………………… 190
生産要素 …………………………… 56	税理士制度 ……………… 54, 105, 163
政治的訴訟 ………………………… 172	石油臨時特別税 …………………… 112
税制改革 …………………………… 152	絶対主義国家 ……………………… 121
税制改革とアメリカ大統領選挙 …… 77	全国納税貯蓄組合連合会
税制改革のプロセス ……………… 158	………………… 117, 258, 261
税制改革法 ………………………… 382	前段階税額控除 …………………… 59

専門家 …………………………………… 68
専門家委員会 ………………… 109, 143, 248
専門家教育 ……………………………… 258

【そ】

荘園 ……………………………… 142, 247
相互扶助義務 …………………………… 193
相続税 …………………………………… 304
相続税と贈与税の統合 ………………… 54
相続税廃止論者 ………………………… 195
総務省自治税務局 ……………………… 160
贈与 ……………………………………… 226
組織再編税制 …………………………… 157
租税回避の概念 ………………………… 178
租税回避の否認 ………………………… 179
租税回避否認規程 ……………………… 155
租税議会主義 …………………………… 37
租税教育 ………………………… 116, 254
租税行政の効率化 ……………………… 132
租税債権 ………………………… 17, 204, 215
租税債権の私法的構成 ………………… 204
租税実体法 ……………………………… 176
租税条約 ………………………………… 65
租税心理学 ……………………………… 150
租税政策 ………………………………… 67
租税訴訟 ………………………… 169, 217
租税訴訟提起の増加 …………………… 292
租税訴訟の在り方の変容 ……………… 293
租税訴訟の変化 ………………………… 171
租税特別措置 …………………………… 122
租税特別措置の延長 …………………… 129
租税の定義 ……………………………… 122
租税法講座 ……………………… 40, 256
租税法講座の開設 ……………………… 175
租税法上の法律の留保 ………………… 36
租税法専門弁護士 ……………………… 165

租税法と私法 …………………… 220, 239
租税法と民法等との関係 ……………… 183
租税法の会社法に対する影響 ………… 138
租税法の講座 …………………… 54, 175
租税法律主義 ……… 35, 215, 226, 332
ソフトロー ……………………………… 239
租庸調 …………………… 14, 91, 142, 247
存在を否認すべきではない組織 ……… 181

【た】

第13号提案 ……………………………… 151
大化の改新 ……………………… 14, 247
大数 ……………………………………… 357
大数を明らかにする者は人を得 …… 357
大政奉還 ………………………………… 32
大日本帝国憲法 ………………… 32, 198
代表訴訟 ………………………………… 400
代表なくして課税なし ………………… 30
タクシーの乗客の権利章典 …………… 79
武富士贈与税事件 ……………………… 183
タックス・コンプライアンス ……… 167
タックス・ヘイブン …………………… 350
タックスシェルター …………………… 244
炭素税法案 ……………………………… 128

【ち】

小さな政府 ……………………… 74, 153, 337
地租 ……………………………………… 32
地租改正 ………………………… 34, 103, 207
地方税 …………………………………… 115
地方税控除 ……………………………… 383
地方分権 ………………………………… 154
茶税法 …………………………………… 30
中央銀行 ………………………………… 28
中央銀行の独立性 ……………………… 25
中央集権的租税 ………………………… 20

417

中間選挙	320
中間層の救済	368
中間層の剥落	317, 323, 334, 359
中間層の本音	362
中間持株会社	182
中国の台頭	388
中世の荘園	15, 210
中世フランス	223
中長期的視点	110
徴税請負人	15, 25, 29
直接税中心主義	54
貯蓄の二重課税	44

【つ】

通時的	4
通常の課税	225
通常の収入	223

【て】

ティー・パーティー	151, 383
適切な納税行動	140
デフレ	389
デラウェア州LPS	185
デリバティブ	245
電子化	118
電子化の推進	312
電子商取引と鎌倉幕府	397
電子申告	376
デンマーク	303

【と】

ドイツ	298, 361
ドイツ租税調整法	83
ドイツの附加価値税	301
ドイツ連邦税理士会	298
登録税	224, 230

徳島小学校遊動円木事件	191
ドッジ・ライン	53
トランプ現象	338
トランプ税制	381, 383
トランプ大統領登場の背景	381
トランプ大統領の税制改革	367
取引実態把握	87
取引類型	70

【な】

内閣府本府組織令	108
内在的制約	8
ない袖は振れない	260
嘆かわしい人達	364
ナチス	83, 144, 180

【に】

21世紀COEプロジェクト	239
日米租税条約	64
日米租税条約10条3項(b)	185
日米租税条約4条6項(e)	185
日露戦争	34
日本興業銀行	277
日本税理士会連合会	255, 263
日本の歴史	215
日本法令予算論	33
ニュージーランド	305, 309
ニュージーランドの国税庁	313
ニューヨーク	316
ニューヨーク・タイムズ	343
ニュルンベルク	320

【ね】

狙い撃ち	127
年金基金	185
年末調整	106, 134

【の】

納税環境整備小委員会
　　　……………81, 141, 143, 250, 348
納税義務 ………………………………74
納税実務等を巡る近年の環境変化への
　対応 ………………………………370
納税者憲章 ………………………74, 76
納税者権利章典 …………………76, 79
納税者になろうとしない存在
　　　………………82, 83, 241, 348
納税者の権利と義務 …………………75
納税者利便の向上 …………………132
納税の義務 ……………………………74
納税の手続に関する改革 …………369
ノルマンディー公爵 ……………17, 21

【は】

ハーバード・ロースクール …… 56, 177
ハーバード大学 ……………………262
配偶者控除 ………… 101, 184, 186, 365
配偶者控除改正 ……………………193
配偶者特別控除 ……………………257
買収防衛策 …………………………273
排水課徴金 …………………………124
廃藩置県 ………………………………32
パナマ ………………………………345
パナマ文書 ……………………314, 346
パリ習慣法 …………………………219
パルルマン ……………………219, 231
反税運動 …………………………77, 150
版籍奉還 ………………………………32
班田収授の法 ………………………142
ハンブルグ大学 ………………………62

【ひ】

ピグー税 ……………………………125
ビッグデータ ………………………346
必需品課税 …………………………247
否認されない租税回避 ……………180
貧窮問答歌 ……………………………91

【ふ】

ファイナンス取引 …………………244
フィルムリース事件 ………………190
プージャード運動 …………………150
夫婦控除 ………………………184, 365
附加価値 ………………………………56
附加価値税 ……………………………56
附加価値税の執行 …………………302
附加価値割 ……………………………58
賦課金 ………………………………115
不確実性原理 ………………………234
不換紙幣 ………………………………28
福祉国家 ……………………………121
複数税率 ……………………………302
武士団 …………………………142, 247
扶助義務 ……………………………186
普通法 ………………………………221
不当利得返還請求 …………………191
不法移民 ……………………………360
プラット・フォーム ………………168
プラットフォームエコノミー ……394
プラットフォーム経済 ……………392
フランス革命 ……… 16, 22, 28, 29, 211
フランス憲法院 ……………………128
フランスにおける流通税 …………219
フランスの受信料 …………………116
ブレトンウッズ協定 ………………333
分類所得税 ………………………42, 45

【へ】

ベルリン ……………………………… 299
ベルリンの壁 ………………………… 333
ベルン ………………………………… 318
偏微分 ………………………………… 234

【ほ】

包括的所得税 …………………… 42, 177
封建的地代 ……………………………… 20
法人 ……………………………………… 14
法人擬制説 ……………………… 48, 54
法人実在説 ……………………………… 48
法人税 …………………………………… 48
法人税基本通達 ……………………… 281
法人税法 68 条 ………………………… 52
法人税法 68 条 2 項 ………………… 183
法人臨時特別税 ……………………… 112
法治主義 ………………………………… 35
法と経済学 …………………… 194, 235
法律事務所 …………………………… 401
法律による行政の原理 ………………… 35
法律の法規創造力 ……………………… 35
法律の優位 ……………………………… 35
法律の留保 ……………………………… 35
ポーツマス条約 ………………… 34, 161
ボーモル・オーツ税 ………………… 125
北周 ……………………………………… 15
保守派 ………………………………… 153
ボストン ………………………………… 30
ボストン・ティー・パーティー …… 232
ボストン茶会事件 ……………………… 30

【ま】

マクドナルド …………………… 140, 345
マグナカルタ ………………………… 222

魔法の杖 ………………………………… 99

【み】

身分制議会 …………………… 129, 226
民主主義社会の宿命 ………………… 145
民主党 ………………………………… 335
民主党の経済政策 …………………… 337
民法 …………………………… 186, 228
民法 752 条 ……… 101, 186, 193, 365

【む〜も】

無制限納税義務者 ……………………… 63
明治維新 ………………………… 32, 207
明治政府 ……………………………… 103
名誉革命 ……………… 9, 22, 210, 332
持株会社 ……………………………… 182

【や〜よ】

夜警国家 ……………………………… 121
有害な税の競争 ………………………… 86
有姿除却 …………………… 267, 282
ユグノー戦争 …………………………… 19
輸出免税 ………………………………… 59
予算承認 ………………………………… 36
予算法律 ………………………………… 37
与党税制調査会 ………………………… 67

【ら】

羅生門 ………………………………… 397
ラストベルト（Rust Belt）
 ………………… 318, 321, 322, 358
ラプラスの悪魔 ……………………… 234
ラングドック ………………………… 219

【り】

リアリズム ……………………………… 16

利害調整 ································ 66, 127	
利子 ···268	
理性の濫用 ·····························128	
立法権 ··33	
リベラル ··································364	
リベラルな理念 ·····················362	
流通税 ·······························113, 230	
両院合同租税委員会 ···············385	
領主権 ·························17, 18, 19, 204	
領邦領主 ······························8, 115	
理論と現実の対立 ····················98	
理論と実務 ······························192	
臨時的・偶発的利得 ················42	
臨時的な収入 ··························223	

【る～ろ】

累進性 ······································154	
歴史学 ······································197	
歴史学研究法 ··························197	
歴史の扱い ································91	
連結納税制度 ··························156	
連邦憲法裁判所 ·····················304	
ローマ法 ····································13	
ロスアンゼルス ·····················316	
ロスアンゼルス大地震 ··········112	

【わ】

ワシントン ······························316	
湾岸危機 ··································112	

人名索引

【あ行】

アヴナー・グライフ（Avner Greif）
……………………………… 212
我妻栄 ……………………… 207
アドルフ・ワーグナー（Adolf Wagner）
……………………………… 39
アリストテレス（Aristotelēs）……… 16
アルバート・レードラー（Albert J. Rädler）……………………… 61
アントワーヌ・ラボアジェ（Antoine Laurent de Lavoisier）……… 16, 25
石弘光 ……………………… 160
一木喜徳郎 …………………… 33
ウィリアム・ヴィックリー（William Vickrey）……………………… 53
ウィリアム・ウォーレン（William Warren）………………… 53, 176
ウィリアム3世 ………………… 26
江頭憲治郎 ………………… 229
エマニュエル・マクロン（Emmanuel Macron）…………………… 321
エリザベス女王 …………… 17, 21
尾崎行信 …………………… 282
オットー・マイヤー（Otto Mayer）… 37
オリバー・オールドマン（Oliver Oldman）……………… 56, 177
オレンジ公ウィリアム ………… 24

【か行】

カール・シャウプ（Carl Shoup）…… 53
カール・マクルーア（Charles E. McLure）…………………… 55

貝塚啓明 ……………… 235, 256
金子宏
… 5, 34, 40, 44, 123, 176, 256, 262
桓寛 ………………………… 14
管仲 ………………………… 357
ゲオルク・ヴィルヘルム・フリードリヒ・ヘーゲル（Georg Wilhelm Friedrich Hegel）…………………… 39
小村寿太郎 ………………… 161

【さ行】

サラディン ………………… 225
ジェームズ・ブキャナン（James McGill Buchanan Jr.）…………… 148
ジェームズ2世 ……………… 24
子産 ………………………… 117
司馬遷 ……………………… 90
司馬遼太郎 ………………… 162
ジャック・ミンツ（Jack M. Mintz）
……………………………… 55
ジャン・ボーダン（Jean Bodin）…… 19
ジョゼフ・カイヨー（Joseph Caillaux）
……………………………… 45
ジョナサン・メイヒュー（Jonathan Mayhew）………………… 30
ジョン・F・ケネディ（John F. Kennedy）………………… 262
ジョン・ロールズ（John Bordley Rawls）…………………… 154
杉村章三郎 …………………… 40
スコット・ウォーカー（Scott Walker）
……………………………… 382
スタンリー・サリー（Stanley Surrey）

············· 53, 176, 194, 256, 262
ゼル主税局長·················· 305
荘寛····················· 258, 261
ソシュール（Ferdinand de Saussure）
························· 4

【た行】

ダグラス・ノース（Douglass C. North）
····················· 10, 206
トーマス・バーソルド（Thomas Barthold）················ 341
トーマス・ペイン（Thomas Paine）
························· 31
ドナルド・トランプ（Donald Trump）
············ 318, 335, 339, 363

【な行】

ノルマンディー公ウィリアム········· 17

【は行】

ハインリッヒ・クルーゼ（Heinrich Wilhelm Kruse）··········· 130
浜田宏一··················· 237
平井宜雄··················· 237
ヒラリー・クリントン（Hillary Clinton）
··················· 318, 335
フィリップ・オーギュスト（Philippe Auguste）················ 225
プラトン（Plato）············· 16
フリードリヒ・ハイエク（Friedrich Hayek）················· 128
ペギー・マスグレイブ（Peggy Musgrave）················· 55
ヘンリー・ロソフスキー（Henry Rosovsky）········ 34, 207, 216
鮑叔······················· 357

ポール・ライアン（Paul Ryan）····· 382
ポール・ラーバンド（Paul Laband）
························· 37

【ま行】

マーク・ラムザイヤー（Mark Ramseyer）······· 71, 205, 235, 244
マリーヌ・ル・ペン（Marine Le Pen）
··················· 322, 360
ミッチェル・キャロル（Mitchell Carroll）················· 65
ミヒル・デサイ（Mihir Desai）···· 353
ミルカ・カサネグラ（Milka Casanegra）
························ 216

【ら行】

ラウル・リードリンガー（Raoul Riedlinger）··············· 298
ラファエロ・サンティ（Raffaello Santi）
························· 16
リチャード・グード（Richard Goode）
························· 55
リチャード・ニクソン（Richard Nixon）
························ 336
リチャード・バード（Richard Bird）
························· 55
リチャード・マスグレイブ（Richard Musgrave）············· 39, 55
ルイ 16 世··················· 29
ルネ・デカルト（René Descartes）
························ 234
ローレンツ・フォン・シュタイン（Lorenz von Stein）············ 39
ロナルド・コース（Ronald H. Coase）
························· 71

423

【著者紹介】

中里　実

　昭和53年，東京大学法学部卒業。同年，東京大学法学部助手（指導教官，金子宏教授）。その後，一橋大学助手・講師・助教授，東京大学助教授を経て，平成9年1月より，東京大学大学院法学政治学研究科教授。現在に至る。

租税史回廊

2019年11月10日　初版第1刷発行
2025年 4月10日　初版第2刷発行

著　者	中里　実
発行者	大坪克行
発行所	株式会社 税務経理協会 〒161-0033東京都新宿区下落合1丁目1番3号 http://www.zeikei.co.jp 03-6304-0505
印　刷	株式会社技秀堂
製　本	株式会社技秀堂
デザイン	原　宗男（カバー）
編　集	吉冨智子

　本書についての
　ご意見・ご感想はコチラ

http://www.zeikei.co.jp/contact/

本書の無断複製は著作権法上の例外を除き禁じられています。複製される場合は、そのつど事前に、出版者著作権管理機構（電話03-5244-5088、FAX 03-5244-5089、e-mail: info@jcopy.or.jp）の許諾を得てください。

JCOPY ＜出版者著作権管理機構委託出版物＞

ISBN 978-4-419-06657-4　C3032

© 中里　実 2019 Printed in Japan